GOVERNANÇA PÚBLICA
DESAFIO PARA A AMÉRICA LATINA E O CARIBE

JOÃO AUGUSTO RIBEIRO NARDES
DAVID ROGELIO COLMENARES PÁRAMO
LUIS AFONSO GOMES VIEIRA
CRISTIANE NARDES FARINON
EBER OMAR BETANZOS TORRES
ISRAEL GONZÁLEZ DELGADO

GOVERNANÇA PÚBLICA DESAFIO PARA A AMÉRICA LATINA E O CARIBE

Belo Horizonte
FORUM
CONHECIMENTO
2025

FÓRUM
CONHECIMENTO

Luís Cláudio Rodrigues Ferreira
Presidente e Editor

Coordenação editorial: Leonardo Eustáquio Siqueira Araújo
Thaynara Faleiro Malta
Revisão: Ana Cristina Chaves
Capa, projeto gráfico e diagramação: Walter Santos

Rua Paulo Ribeiro Bastos, 211 – Jardim Atlântico – CEP 31710-430
Belo Horizonte – Minas Gerais – Tel.: (31) 99412.0131
www.editoraforum.com.br – editoraforum@editoraforum.com.br

Técnica. Empenho. Zelo. Esses foram alguns dos cuidados aplicados na edição desta obra. No entanto, podem ocorrer erros de impressão, digitação ou mesmo restar alguma dúvida conceitual. Caso se constate algo assim, solicitamos a gentileza de nos comunicar através do *e-mail* editorial@editoraforum.com.br para que possamos esclarecer, no que couber. A sua contribuição é muito importante para mantermos a excelência editorial. A Editora Fórum agradece a sua contribuição.

Dados Internacionais de Catalogação na Publicação (CIP) de acordo com ISBD

N223g Nardes, João Augusto Ribeiro

Governança pública: desafio para a América Latina e o Caribe / João Augusto Ribeiro Nardes, David Rogelio Colmenares Páramo, Luis Afonso Gomes Vieira, Cristiane Nardes Farinon, Eber Omar Betanzos Torres, Israel González Delgado. Belo Horizonte: Fórum, 2025.

408 p. 14,5x21,5cm
ISBN impresso 978-65-5518-680-2
ISBN digital 978-65-5518-679-6

1. Gobernanza. 2. Transparencia. 3. Eficiencia y Eficacia. 4. Políticas Públicas. 5. Participación ciudadana. I. Colmenares Páramo, David Rogelio. II. Vieira, Luis Afonso Gomes. III. Farinon, Cristiane Nardes. IV. Betanzos Torres, Eber Omar. V. González Delgado, Israel. VI. Título.

CDD: 350
CDU: 35

Ficha catalográfica elaborada por Lissandra Ruas Lima – CRB/6 – 2851

Informação bibliográfica deste livro, conforme a NBR 6023:2018 da Associação Brasileira de Normas Técnicas (ABNT):

NARDES, João Augusto Ribeiro; COLMENARES PÁRAMO, David Rogelio; VIEIRA, Luis Afonso Gomes; FARINON, Cristiane Nardes; BETANZOS TORRES, Eber Omar; GONZÁLEZ DELGADO, Israel. *Governança pública*: desafio para a América Latina e o Caribe. Belo Horizonte: Fórum, 2025. 408 p. ISBN 978-65-5518-680-2.

SUMÁRIO

PARTE II

CONCEITOS DE GOVERNANÇA

PARTE III

POR QUE A GOVERNANÇA É IMPORTANTE E DEVE SER IMPLEMENTADA COMO UMA POLÍTICA PÚBLICA?

PARTE IV

PASSOS INICIAIS PARA LANÇAR E IMPLEMENTAR A POLÍTICA DE GOVERNANÇA NOS ENTES SUBNACIONAIS (ESTADOS E MUNICÍPIOS, NO BRASIL)

LISTA DE ILUSTRAÇÕES/QUADROS/TABELAS

FIGURAS

QUADRO

TABELAS

APRESENTAÇÃO

Apresentação do Ministro Augusto Nardes

Caros leitores,

A região da América Latina e do Caribe testemunhou avanços institucionais importantes em sua história recente, após o processo de redemocratização nas décadas de 1980 e 1990. No Brasil, esses acontecimentos foram marcados pela promulgação da Constituição de 1988, que, além da questão institucional, estabeleceu metas ambiciosas para o desenvolvimento da nossa República Federativa, incluindo a edificação de uma sociedade livre, justa e solidária, a erradicação da pobreza, a diminuição das disparidades sociais e regionais, bem como a promoção do bem-estar para todos, sem qualquer forma de discriminação.

Nesse contexto, o Estado assumiu um papel proeminente no crescimento do país, desempenhando funções de regulador, provedor de serviços e investidor. Não obstante os avanços, esse Estado robustecido, como era de se esperar, enfrentou desafios significativos para fazer a transição do subdesenvolvimento para o desenvolvimento. A situação tornou-se particularmente evidente nas manifestações populares ocorridas no ano de 2012, quando o Brasil se preparava para sediar a Copa do Mundo de 2014.

Os protestos organizados naquele momento sensibilizaram todos os ministros do Tribunal de Contas da União (TCU) e a mim, especialmente, que estava, em conjunto com minha equipe, estudando a fundo a sociedade brasileira e seus problemas, preparando-me para assumir a presidência da Casa no biênio 2013-2014.

Foi nessa quadra de acontecimentos, e com a bagagem de tantos anos na vida pública, que tive uma visão mais clara sobre a importância da boa governança para a superação dos desafios que as nações enfrentam em seu processo de desenvolvimento. Com isso, estabeleci um conjunto de diretrizes para a minha gestão, elevando a melhoria da governança pública à condição de prioridade estratégica do Tribunal.

Com os avanços que alcançamos no TCU em relação ao tema, começamos a vislumbrar grandes possibilidades de melhorias no setor público brasileiro. Inicialmente nas organizações do governo nacional, durante os dois anos do meu mandato, e depois, com a criação da Rede Governança Brasil, em 2019, começamos a levar a tese da governança a diversos entes subnacionais do país (estados e municípios). Para registrar aqueles avanços iniciais e deixar um legado para o país, decidi lançar meu primeiro livro sobre o tema em 2014, intitulado "Governança Pública: O Desafio do Brasil".

Passada mais de uma década desde meus primeiros contatos com o assunto, a presente obra, que apresento aos leitores com entusiasmo, representa mais um passo em nossa luta para convencer as lideranças políticas e suas equipes de que a governança pública pode ser uma ferramenta poderosa na superação dos desafios sociais e econômicos enfrentados pelos governos nacionais e subnacionais do Brasil e de outros países da América Latina e do Caribe.

Com o intuito de induzir a melhoria dos diversos governos, exploraremos, na Parte I desta obra, o contexto brasileiro que impulsionou a busca pela especialização das nossas secretarias e a colaboração com organismos internacionais, como a Organização para a Cooperação e Desenvolvimento Econômico (OCDE). Essa parceria, conforme veremos, impulsionou nosso objetivo estratégico relacionado à governança. Nosso corpo técnico elaborou referenciais e indicadores, aprovados pelo Plenário do Tribunal, que nos possibilitaram avançar no papel de indutores do aperfeiçoamento de todo o setor público brasileiro.

Na Parte II, apresentaremos conceitos práticos e acadêmicos sobre governança pública, focando nos três tipos que consideramos os principais: organizacional, de políticas públicas e do Centro de Governo. Destacaremos, a partir dessa classificação, que a definição do Decreto 9.203/2017, replicada em diversos entes subnacionais do Brasil, é a mais conhecida atualmente no país.

Segundo esse normativo, a governança no setor público consiste em um conjunto de mecanismos de liderança, estratégia e controle implementados para avaliar, orientar e monitorar a gestão, com o objetivo de conduzir políticas públicas e prestar serviços de interesse da sociedade. Apresentaremos também nosso conceito favorito, que resume a governança como um conjunto de boas práticas para governar melhor os entes nacionais e subnacionais (estados e municípios, no Brasil).

Na Parte III, abordaremos os desafios globais (especialmente os que compõem a Agenda 2030 da Organização das Nações Unidas – ONU), além das questões nacionais e locais que impactam o desenvolvimento econômico e social das nações. Enfatizaremos, nessa seção, a importância da boa governança como condição primária na superação desses desafios e na melhoria da qualidade de vida das pessoas, de forma sustentável e respeitando o meio ambiente.

Introduziremos, na Parte IV, os passos iniciais necessários para a implementação da governança como uma política pública nos entes subnacionais brasileiros. A divisão de responsabilidades entre o ente nacional e os demais entes, em temas sensíveis para a população, como educação e saúde, exige uma atuação coordenada e eficiente na superação dos desafios. Nesse sentido, ter boas práticas implementadas, de liderança, estratégia e controle, é uma lição que deve ser aprendida por todos os níveis de governo.

Nessa seção, destacaremos o papel crucial da Rede Governança Brasil (RGB) e do Instituto Latino-Americano de Governança e Compliance Público (IGCP) na disseminação desse tema, oferecendo mentorias gratuitas e promovendo a conscientização das lideranças. Na sequência, apresentaremos a importância dos passos seguintes para a implementação da política de governança: sua institucionalização, por meio de uma lei ou um decreto; criação de conselhos e comitês de governança; e desenho e planejamento da política. No desenho são planejados todos os demais passos e prevista a estratégia de implementação.

Na Parte V, discutiremos a possibilidade de um grande projeto de melhoria da governança pública nos países vizinhos, com o apoio da Organização Latino-Americana e do Caribe de Entidades Fiscalizadoras Superiores (Olacefs), que pode induzir o desenvolvimento generalizado dos governos da região, a partir da experiência bem-sucedida brasileira. Finalmente, a Parte VI aborda a questão da supervisão superior e da governança, na perspectiva da Auditoria Superior da Federação do México.

Para nossos leitores, especialmente aqueles com um perfil mais técnico, a exposição sequencial das partes I e II pode ser de suma importância para a compreensão da governança pública como uma premissa fundamental na superação dos desafios locais, nacionais e globais, intrinsecamente relacionados. Com o detalhamento desses desafios, na Parte III, nosso objetivo é deixar claro que as boas práticas de liderança, estratégia e controle proporcionam uma maior capacidade de articulação e integração das organizações, incluindo aquelas do Centro de Governo, para que possam desempenhar suas políticas e serviços públicos de forma mais eficiente, eficaz e efetiva.

A partir desse entendimento, a implementação bem-sucedida das boas práticas de governança nos entes subnacionais brasileiros, conforme sugerido na Parte IV, torna-se mais provável. Além disso, a possibilidade de viabilizar o projeto apresentado na Parte V, para a América Latina e o Caribe, também aumenta significativamente.

Para os governantes que liderarão esse processo, destaco que, além dos esforços técnicos, é necessário possuir grande capacidade de articulação interna e externa para promover uma melhoria abrangente e sustentável nas organizações e políticas públicas sob sua responsabilidade. Recomendo a leitura do meu segundo livro sobre o tema, "Da Governança à Esperança", especialmente para esse público, no qual destaco os esforços que empreendi desde 2012 na articulação com atores nacionais e internacionais, que culminaram na situação atual.

Ao discorrer, na sequência, sobre algumas dessas articulações, recordo que em 20 de setembro de 2005, assumi o cargo de Ministro do Tribunal de Contas da União, após ser eleito pelos meus pares da Câmara dos Deputados do Congresso brasileiro. Naquela época, o TCU estava prestes a completar 115 anos e ainda era relativamente desconhecido pela sociedade brasileira.

Criado em 1890 por Ruy Barbosa, no contexto da Proclamação da República, institucionalizado na Constituição de 1891 e definitivamente instalado em 1893, o Tribunal ampliou muitas de suas competências na Constituição de 1988, especialmente para fiscalizar a eficiência e a eficácia no uso dos recursos públicos. Apesar do excelente desempenho técnico do Tribunal, os impactos de seu trabalho ainda não eram totalmente compreendidos pela sociedade brasileira. Era preciso focar nas causas dos problemas que provocavam tantos insucessos na superação de nossos desafios.

Até assumir a presidência do TCU, no biênio 2013-2014, dediquei-me a conhecer bem a instituição e atuei em diversos processos de grande repercussão. Logo após minha posse, por exemplo, o Brasil vivia um estado de calamidade em suas rodovias, o que me levou a expedir, em outubro de 2005, três medidas cautelares determinando às autoridades dos ministérios responsáveis que iniciassem imediatamente obras emergenciais nos trechos das estradas federais em situação crítica de conservação e manutenção. Tais medidas resultaram no lançamento do Programa Emergencial de Trafegabilidade do Governo Federal (PETSE), mais conhecido como Operação "Tapa-Buracos".

Outro processo de minha relatoria, que teve grande repercussão nacional e internacional, logo após meus dois anos na presidência, foi o julgamento das contas do ano de 2014 da Presidente do Brasil, Dilma Rousseff. Após receber os pareceres da unidade técnica e do Ministério Público junto ao TCU, meu gabinete analisou as irregularidades que resultaram na reprovação das contas, por meio do Acórdão nº 2.461/2015-TCU-Plenário, com votos unânimes de todos os ministros do Tribunal. A rejeição das contas levou, posteriormente, ao afastamento da presidente pelo Congresso Nacional do Brasil, em agosto de 2016.

No âmbito internacional, encontrei, desde 2005, uma ativa atuação do Tribunal na Olacefs, com participação em vários de seus comitês e comissões. No entanto, fui compreendendo, ao fazer parte de alguns desses conselhos, que poderíamos colaborar ainda mais no desenvolvimento do Controle Externo na região. Com esse pensamento, conseguimos que o TCU fosse eleito, por aclamação, para presidir a Olacefs no biênio 2013-2014, após intensas articulações com os países membros daquela Organização.

Logo ao assumir a Presidência da Olacefs, mantive encontros com diversas instituições multilaterais nos Estados Unidos e no Canadá. Estive, por exemplo, com o secretário-geral da OEA, José Miguel Insulza; com a gerente financeira do Banco Mundial e colíder do Comitê INTOSAI-Doadores, Jennifer Thomson; com o diretor-executivo para assuntos do Brasil do BID, Ricardo Carneiro; com o controlador-geral do Government Accountability Office (GAO) dos Estados Unidos, Gene Dodaro; com a administradora do Programa das Nações Unidas para o Desenvolvimento (PNUD), Helen Clark; com a subsecretária-geral da ONU, Carman Lapointe; com o subsecretário-geral da ONU, Wu Hongbo; com o diretor-geral assistente do Auditor General Office do Canadá, Neil Maxwell; e com o diretor para as Américas da Agência Canadense para o Desenvolvimento Internacional (CIDA), Julian Murray.

Sob minha presidência, providências importantes foram tomadas para fortalecer a governança. Para viabilizar a parceria com a OCDE, por exemplo, de que falaremos na Parte I deste livro, estive em Paris, em maio de 2013. Por meio de diversas reuniões com Yves Leterme,

Secretário-Geral Adjunto da OCDE, Janos Bertok, chefe da Public Sector Integrity Division, e Mario Marcel, diretor adjunto de Governança Pública e Desenvolvimento, foram definidas as primeiras linhas do projeto.

Depois da visita à OCDE, estive com o Presidente da Comissão Europeia, José Manuel Durão Barroso, a fim de apresentar a ideia, que contaria com a participação de várias EFS, inclusive da União Europeia, sobre boas práticas em governança pública. Após os referidos contatos, o estudo internacional começava a ganhar corpo e foi intitulado "Fortalecimento da governança pública: boas práticas e o papel das Entidades Fiscalizadoras Superiores". Pela importância do tema para o Brasil, solicitei audiência com a Presidência da República, em 19 de setembro de 2013, para detalhar as linhas gerais desse grande projeto e ressaltar a importância da participação da cúpula do governo.

Nesse ponto, é importante aos leitores compreenderem que as boas práticas de governança que começaram a ser difundidas pelo TCU, não eram uma iniciativa isolada do nosso corpo técnico ou uma "ideia genial" de algum dos ministros. Mas, sim, eram o resultado de uma rica troca de experiências entre o Brasil e os países mais desenvolvidos do planeta, sob a coordenação da OCDE.

Prosseguindo, destaco que no mesmo ano de 2013, sob minha presidência na Olacefs, foi assinada a Declaração de Santiago sobre "Governança, luta contra a corrupção e confiança pública", em Santiago do Chile, e publicada a Declaração de Pequim sobre a promoção da boa governança, durante o XXI Congresso da Organização Internacional de Instituições Superiores de Controle (INTOSAI), realizado na China. Lembro-me de presidir o Congresso por um dia, a convite dos amigos chineses, para falar sobre o tema. Em 2014, a Comissão Técnica de Práticas de Boa Governança (CTPBG) foi criada, sendo presidida pela Argentina, por sugestão minha.

Essa ampla articulação junto à Olacefs e outros grupos regionais da INTOSAI, além de destacar a importância estratégica da boa governança, possibilitou que o TCU ampliasse sua liderança internacional e alcançasse a presidência da Instituição, que representa 192 países. A posse do Ministro Bruno Dantas, como presidente da INTOSAI, ocorreu em novembro de 2022.

Internamente, no Brasil, o processo de fortalecimento da governança também exigiu intensas articulações. Minha experiência parlamentar e minha vocação para o diálogo me auxiliaram nessa tarefa. Para disseminar a tese, visitei todos os estados brasileiros e me dirigi a mais de 40 mil pessoas, incluindo governantes – de todas as vertentes ideológicas –, gestores e servidores públicos, durante meus dois anos como presidente do TCU.

Outra aspiração que tinha enquanto presidente do Tribunal era estreitar os laços com os tribunais de contas dos entes subnacionais brasileiros. A assinatura da Carta de Campo Grande no final de 2012 marcou o início dessa colaboração, com o objetivo de priorizar trabalhos integrados, com destaque para auditorias coordenadas. Duas delas, como veremos na Parte III, focaram nas unidades de conservação do Bioma Amazônia, primeiro no Brasil e depois nos países da região, membros da Olacefs. O ápice dessa atuação integrada das Instituições Superiores de Controle ocorrerá com o Climate Scanner, um trabalho que avaliará, a partir de 2024, a preparação das nações para enfrentar as mudanças climáticas e será viabilizado com a colaboração de instituições vinculadas à INTOSAI de boa parte do planeta.

De todas essas articulações, uma das que mais interessa ao tema desta obra começou durante minha gestão como presidente do TCU, quando levei a tese da governança às lideranças da Presidente Dilma Rousseff, em 2013. Desses contatos, foram estabelecidas as bases para o grande diagnóstico da governança no setor público brasileiro, como detalharemos na Parte I desta obra. O formulário do iGG, indicador de governança do TCU, foi enviado a mais de 8 mil organizações municipais, estaduais e federais. As questões que compuseram o iGG foram elaboradas em conjunto com a Casa Civil da Presidência, à época liderada pelo Ministro Aloísio Mercadante.

O resultado do iGG e de vários outros trabalhos que avaliaram a situação de setores vitais para a população, reforçaram nossa convicção de que os governos, de uma forma geral, necessitavam ter mais eficiência, eficácia e efetividade em suas ações. A falta de integração e articulação na atuação governamental, além da ausência de ferramentas da boa governança, como planejamento, gestão de riscos e indicadores de desempenho, ocasionava insucessos evidentes para a população, especialmente em áreas como educação, saúde, segurança e assistência social. Pelo aprendizado adquirido nas parcerias que estabelecemos, compreendemos que a má governança se constituía em um grande problema coletivo, o que demandava a edição de uma política específica, institucionalizada por meio de uma lei ou decreto, para melhorar a situação encontrada.

Em tratativas com o Presidente Michel Temer, fui percebendo seu interesse e compreensão sobre a importância do tema. Tanto que, em discurso proferido no dia 29/11/2016, por ocasião da entrega do Prêmio

Mérito Brasil de Governança e Gestão Públicas, o Presidente autorizou publicamente que seus principais ministros se articulassem com o Tribunal para darem celeridade às medidas necessárias à implementação de boas práticas de liderança, estratégia e controle.

A partir dessa manifestação presidencial, propus ao Plenário do TCU a formação de um grupo de trabalho para tratar do assunto. Devidamente autorizado, o grupo elaborou um modelo de governança para o país, materializado em uma minuta de lei ou decreto. Esse modelo foi levado ao Presidente Michel Temer e seus principais ministros e técnicos, resultando na publicação do Decreto 9.203/2017, que lançou a Política de Governança no âmbito federal. Posteriormente, em conjunto com a Casa Civil, empreendemos um árduo trabalho de mentoria e convencimento da alta administração.

Essa parceria continuou, em 2019, no governo do Presidente Jair Bolsonaro, que aderiu prontamente à ideia e me convidou para falar, logo nos primeiros momentos de sua gestão, a todas as principais lideranças, em uma das reuniões ministeriais. A pedido do Presidente, continuamos com as mentorias e a disseminação do tema até o final de 2022. Entendemos que essa atuação conjunta entre governo e TCU foi muito importante para a evolução do tema após a edição do Decreto 9.203/2017.

Com o governo que tomou posse em 2023, do Presidente Lula, já iniciamos nossas articulações para que a Política de Governança não seja descontinuada. Alguns contatos importantes foram estabelecidos e ainda aguardamos a retomada de ações que vinham sendo exitosas, como o funcionamento do Comitê Interministerial de Governança. Mas temos grande esperança de que a evolução alcançada desde 2017 será mantida no atual governo.

Apesar do sucesso inicial da Política de Governança no âmbito federal, percebi a necessidade de expandir essa iniciativa para os governantes dos entes subnacionais do Brasil. Dado meu extenso histórico como político, estava bem ciente das dificuldades enfrentadas pelas lideranças locais, sobrecarregadas com as diversas demandas da população. Em 2019, tomei a decisão de fundar a Rede Governança Brasil (RGB) com o objetivo de auxiliar nesse processo. Atualmente, atuo como embaixador da RGB, ministrando palestras em todo o país e oferecendo mentoria a municípios e estados brasileiros.

Para aumentar as chances de sucesso também no projeto proposto para a América Latina e o Caribe, convidei Eber Omar Betanzos Torres, da ISC do México – que está à frente da Secretaria Executiva da

Olacefs –, para se juntar a nós como um dos autores deste livro. Tenho articulado com ele a possibilidade de um piloto do projeto que propusemos, abrangendo, neste primeiro momento, uma ilha do Arquipélago de Galápagos – no Equador, Fernando de Noronha – no Brasil, e uma ilha mexicana, ainda a ser selecionada. A Parte V, coordenada por ele, apresenta essas ideias e analisa a viabilidade do projeto. Finalmente, a Parte VI deste livro inclui um ensaio do Licenciado David Rogelio Colmenares Páramo, Auditor Superior da Federação do México, sobre o papel que a supervisão superior tem na promoção da governação.

Este livro, portanto, nasceu de todos esses movimentos ocorridos principalmente a partir de 2012. É importante ressaltar que nunca tivemos a pretensão de apresentar a governança pública como uma solução milagrosa para todos os problemas do país ou do Continente. No entanto, defendemos que a implementação de boas práticas de liderança, estratégia e controle, sob a forma de uma política pública, é um passo fundamental para superar desafios históricos e contemporâneos.

Esperamos que a leitura das páginas que virão na sequência inspire governantes, gestores e servidores públicos a utilizarem a governança como ferramenta valiosa para transformar nossa realidade local, nacional e regional. Independentemente de qualquer alinhamento ideológico, o objetivo principal é fortalecer a capacidade estatal, para que o setor público colabore – pelo menos de forma proporcional ao volume de recursos que retira dos indivíduos, sob a forma de tributos –, na superação dos desafios que atrasam o desenvolvimento de nossas nações e impede uma condição de vida melhor de nossos cidadãos.

APRESENTAÇÃO

Apresentação do Lic. David Rogelio Colmenares Páramo, Auditor Superior da Federação do México

O presente texto constitui uma amostra do papel que uma Instituição Superior de Controle (ISC) deve desempenhar na promoção da governação em todos os domínios da administração pública. Embora a governação implique a participação não só das entidades e agências governamentais, mas também dos cidadãos, as ISC dispõem dos poderes e capacidades necessários para promover melhorias substanciais na gestão dos recursos públicos.

Dada a posição privilegiada da auditoria suprema, que tem uma perspectiva sobre todo o funcionamento do aparelho governamental, deve ser um elemento que forneça referências técnicas sólidas e neutras para os esforços de melhoria da governação de todas as entidades públicas. Por meio da prática de auditorias, é possível ter um impacto na qualidade e na eficiência da gestão governamental.

O trabalho do Tribunal de Contas da União no processo de modernização estrutural do Brasil assume particular relevância, dada a complexidade das instituições e a necessária coordenação entre elas nos países que assumiram uma arquitetura constitucional federal. Os níveis nacional, subnacional e local apresentam uma grande diversidade de demandas, riscos e capacidades; sem um conjunto comum de princípios para organizar as ações empreendidas nos três níveis de governo, o estabelecimento de um nível uniforme e suficiente de governança corre o risco de ser enviesado.

O México enfrenta uma situação semelhante: enquanto o nível federal tem um patamar de governança largamente consolidado, os níveis estadual e municipal ainda estão atrasados em termos de disponibilidade de recursos materiais e financeiros, das capacidades técnicas dos funcionários públicos e da qualidade do serviço que prestam à sociedade. É, portanto, de extrema importância assumir que a governança deve permear todo o fenômeno administrativo para atingir o objetivo de melhorar substancialmente a qualidade de vida dos cidadãos.

O serviço público não deve ser entendido apenas como um sistema de formalidades, mas como um conjunto de valores que o compromete eticamente com a sociedade e com os cidadãos, de forma a garantir melhores condições de vida, o que constitui a base da legitimidade da ação governativa e da visão do Estado como expressão política da sociedade.

A geração de confiança é uma questão crucial para o relançamento de um país, sob as orientações de um projeto econômico, social e político renovado, uma vez que é precisamente nessa confiança que reside a credibilidade das ações realizadas. A responsabilização e a transparência são práticas indispensáveis para atingir esse objetivo.

A responsabilidade baseia-se na existência de direitos e obrigações. O funcionário público goza, legalmente, de uma série de atribuições, mas a sua liberdade de ação é limitada pela exigência de respeitar regras muito precisas que determinam o exercício dos poderes que lhe são confiados, como garantia de legalidade e de um processo justo.

Entre as principais obrigações dos responsáveis pela gestão dos recursos públicos, e talvez a mais importante, está a de assumir a responsabilidade pública pelas suas ações e decisões enquanto funcionários públicos. Isso permite que os cidadãos saibam o que foi feito com os recursos que contribuem para o tesouro por meio dos impostos e como a sua aplicação se traduz na atenção aos problemas mais prementes enfrentados pelos diferentes setores sociais em termos de desenvolvimento, segurança, acesso à justiça ou outros bens públicos.

A exigência efetiva e o controle atempado da prestação de contas dos funcionários públicos é o limite mais importante que os cidadãos colocam ao exercício de um poder sem restrições. Do mesmo modo, a transparência na gestão pública é consubstancial à responsabilização num Estado democrático e funciona como um contrapeso eficaz para a defesa dos interesses da sociedade.

A transparência e a responsabilidade são elementos que já foram adaptados pela sociedade e pelas instituições como fatores que não podem ser negligenciados para se alcançar um nível mais elevado de desenvolvimento e de governança. A governança democrática estabelece uma relação entre o cidadão como principal e o governo como agente; o principal tem a capacidade de determinar o conteúdo da ação do agente, que por sua vez é obrigado a prestar contas do cumprimento do seu mandato. A transparência e a responsabilidade são, por conseguinte, princípios básicos da governança democrática, na medida em que implicam a obrigação de os intervenientes estatais documentarem e justificarem as suas decisões e sujeitarem sistematicamente as suas ações ao escrutínio e avaliação públicos.

Além disso, a probidade e a ética são indissociáveis da responsabilidade, uma vez que implicam a identificação dos funcionários públicos com um conjunto de valores que ultrapassam o interesse pessoal ou partidário e que pressupõem nas suas ações a aplicação da razão, a maturidade de julgamento, a responsabilidade e o sentido do dever. A governança visa precisamente promover valores coerentes com um Estado em que o desperdício, a discricionariedade e a corrupção não têm lugar.

É preciso ter em conta que a razão de ser do Estado é a preservação e a melhoria do corpo social. O objetivo de todos os órgãos governamentais, leis, instituições e recursos públicos é servir as necessidades da população. O Estado nunca deve ser concebido como um fim em si mesmo, mas como a forma de uma sociedade se dotar da organização e dos instrumentos necessários ao seu bom funcionamento.

Neste sentido, a responsabilização é um fator importante para ajudar as estruturas governamentais a funcionarem corretamente, a evitarem o desperdício, a agirem eficazmente no cumprimento dos seus objetivos, a aumentarem o seu nível de eficiência, a fecharem a porta à corrupção e a realizarem os processos necessários para abordar sistematicamente as áreas de oportunidade detectadas por meio da análise efetuada pela auditoria suprema.

A auditoria suprema não deve ser encarada com reserva pelas entidades auditadas, uma vez que o seu principal objetivo não é sancionar, mas sim melhorar a gestão pública. A prestação de contas representa, pelo contrário, a oportunidade de dispor de uma opinião profissional, objetiva e fiável, numa perspectiva que permite uma maior independência na avaliação dos resultados obtidos do que a daqueles que estão envolvidos em tais processos administrativos.

Os resultados dos trabalhos de auditoria fornecem informações relevantes para promover reformas legislativas, melhorar as políticas públicas e aplicar medidas preventivas para minimizar a ocorrência de práticas irregulares. Contribuem para o reforço das instituições e, por conseguinte, para uma utilização eficiente dos recursos públicos.

A auditoria deve ser flexível e proativa para responder à crescente exigência social de resultados em termos de responsabilização. A eficácia da auditoria depende do fato de as ações emitidas serem acompanhadas da identificação da causa do problema, de promoverem uma menor recorrência de tais irregularidades e de se traduzirem em medidas concretas adaptadas pela entidade auditada para melhorar o seu controle interno.

A vocação da auditoria suprema está orientada para a melhoria da gestão pública, por meio da intervenção ativa e da corresponsabilização da entidade auditada, e não necessariamente assente numa visão exclusivamente orientada para uma vertente punitiva. Neste sentido, é necessário mencionar que a sanção, em si mesma, tem uma função específica e relevante no processo de revisão; no entanto, as medidas preventivas e corretivas têm um maior significado em termos de uma melhor utilização dos recursos públicos e da oferta de um melhor serviço aos cidadãos.

Muitas vezes, a obtenção de melhorias processuais, bem como o aumento da eficácia e eficiência no funcionamento diário dos organismos públicos, não são concebidos como objetivos diretos da auditoria. Em geral, esses objetivos não foram considerados prioritários, tendo sido dada prioridade à deteção e sanção de práticas irregulares.

As recomendações resultantes das auditorias devem ter como objetivo principal a melhoria da gestão das entidades auditadas; os efeitos dissuasores gerados por todo o tipo de ações decorrentes das auditorias são importantes, mas não estão necessariamente ligados à melhoria do desempenho das instituições públicas. Evidentemente, o trabalho de auditoria não termina com a prática de uma auditoria, mas adquire sentido na medida em que a entidade auditada utiliza eficazmente a informação fornecida para aplicar as medidas preventivas ou corretivas adequadas, daí a importância do processo de acompanhamento que se realiza em resposta às observações efetuadas.

Hoje em dia, a auditoria não pode limitar-se a uma análise em termos contabilísticos, pois a dinâmica do aparelho governamental exige que os auditores sejam capazes de ponderar diferentes fatores, como o impacto das políticas públicas na qualidade de vida e no bem-estar da sociedade, que são fatores centrais da governança. As necessidades sociais em termos de bens e serviços tão vitais como a promoção do desenvolvimento local, a oferta de educação, a redução da pobreza e da marginalização, os cuidados de saúde, os cuidados ambientais, ou a tutela da segurança pública, para citar apenas alguns, representam exigências cuja atenção é, em muitos casos, de caráter urgente.

No federalismo, o nível municipal é o órgão mais próximo dos problemas e das necessidades dos cidadãos. Por esta razão, um número considerável de tarefas relacionadas com o bem-estar social foi confiado a esses organismos. Esta abordagem procurou adaptar as políticas públicas às realidades locais, o que conduziu a uma maior eficácia e impacto. Paradoxalmente, trata-se de uma esfera de governo em que se verificam graves atrasos institucionais em termos de governança. Por conseguinte, na medida em que a auditoria governamental conseguir reforçar a responsabilização, a integridade e a transparência de todas as entidades públicas, demonstrar a sua relevância para os interesses dos cidadãos e dar o exemplo, estará a fazer uma verdadeira diferença na vida dos cidadãos.

Há uma série de princípios que a instituição de auditoria deve respeitar para atingir este objetivo, entre os quais se destacam os seguintes 1) salvaguardar a sua independência de quaisquer considerações políticas ou pessoais; 2) realizar auditorias que garantam que os executores das despesas serão responsabilizados pela sua gestão dos recursos públicos; 3) prestar assistência às entidades auditadas na abordagem das constatações de auditoria, bem como na aplicação de medidas corretivas adequadas; 4) comunicar os resultados das suas auditorias, o que permitirá ao público exigir a responsabilização das entidades governamentais; 5) manter-se proativo face às mudanças no ambiente e aos riscos emergentes; 6) comunicar eficazmente com todas as partes interessadas de forma clara e coerente; 7) ser uma fonte credível de informação sobre os resultados das suas auditorias, o que permitirá ao público exigir a responsabilização das entidades governamentais; 8) ser uma fonte credível de informação independente e objetiva e um guia para a implementação de mudanças benéficas no governo; 9) assegurar a transparência e a responsabilização no âmbito da sua própria gestão; 10) assegurar a sua boa governança interna por meio do cumprimento rigoroso do quadro jurídico que as rege; e 11) cumprir sempre as suas próprias políticas e procedimentos de governança interna; 12) respeitar sempre o seu código de ética, tanto no seio da instituição como nas suas relações com as entidades auditadas;

13) procurar a excelência e garantir a qualidade dos serviços que oferece; e 14) promover a formação e a aprendizagem contínuas do seu pessoal, a fim de prestar um serviço profissional e responsável.

A fim de concretizar esses princípios, a ISC deve também estar consciente das expectativas das partes interessadas e responder-lhes em conformidade, de forma atempada e independente, abordando de forma adequada as questões fundamentais que afetam a sociedade, bem como os desafios contínuos que surgem na realidade. Neste sentido, os resultados que as ISC fornecem aos órgãos legislativos devem constituir elementos objetivos que orientem as alterações necessárias aos quadros jurídicos que regem uma determinada política ou programa, mantendo-os autorizados e relevantes para as circunstâncias.

Para avaliar o valor da auditoria suprema, é necessário quantificar os benefícios gerados pela auditoria desses recursos que, pela sua natureza e montante, desempenham um papel central na maximização do bem-estar dos cidadãos. Para o efeito, é necessário, em primeiro lugar, clarificar o que pode ser considerado como "benefícios" decorrentes da prática da auditoria suprema. Em termos gerais, pode dizer-se que a natureza dos benefícios é tanto financeira como não financeira.

Os benefícios financeiros resultantes dos trabalhos de auditoria, incluindo as constatações e recomendações de auditoria, podem ser estimados em termos monetários. Um benefício financeiro pode ser a recuperação de um recurso ou uma estimativa das economias de custos geradas por uma ação ou observação do organismo de auditoria. Os benefícios não financeiros são geralmente o resultado de auditorias concluídas; estão ligados a recomendações específicas e podem ser expressos por meio da melhoria dos serviços prestados ao público, da melhoria da qualidade das atividades da administração pública ou de alterações nos procedimentos, regras e regulamentos.

Assim, é possível afirmar que o real valor e benefício da atuação do órgão de auditoria não é a perseguição nem a ameaça ao servidor público, mas sim o fato de o servidor público ter um aliado neutro no cumprimento de suas responsabilidades. Por meio do exercício da auditoria, as EFS contribuem para identificar riscos e fornecer elementos para melhorar os processos administrativos, evitar desperdícios e obter melhor desempenho, elementos que contribuem para a consolidação da governança na gestão pública.

Por último, vale a pena refletir sobre o que foi alcançado e o que falta fazer em termos de promoção da governança na perspectiva da auditoria suprema. Tanto o México como o Brasil adquiriram uma posição de liderança na região latino-americana, devido à dimensão das suas economias, à diversidade das suas relações externas e à força e modernidade das suas instituições. Ambos os países reconheceram também a urgência de aprofundar as ações de promoção do desenvolvimento inclusivo e sustentável, para que os setores vulneráveis das suas sociedades disponham dos elementos necessários ao seu bem-estar.

Por conseguinte, a participação dos nossos dois países em organismos internacionais como a Organização Latino-Americana e das Caraíbas das Entidades Fiscalizadoras Superiores (OLACEFS), a Organização Internacional das Entidades Fiscalizadoras Superiores (INTOSAI) e outros grupos que promovem a cooperação interinstitucional em questões de interesse comum, é essencial para gerar sinergias e apoiar o desenvolvimento de iniciativas de partilha de conhecimentos e experiências para benefício comum. Trabalhos como este são um exemplo do potencial da comunicação e do intercâmbio de perspectivas para enriquecer um corpo de conhecimentos que contribui, no âmbito das suas competências, para melhorar a vida dos nossos cidadãos.

PARTE I

POLÍTICA DE GOVERNANÇA PÚBLICA – O CASO BRASILEIRO

Resumo

A Parte I desta obra traz uma retrospectiva da Governança Pública no Brasil, desde o ano de 2012, momento em que o país se preparava para sediar a Copa do Mundo de Futebol de 2014. As manifestações populares, nas ruas ou nas redes sociais exigiam padrões FIFA de qualidade na atuação do Estado e de seus governantes, ante o conjunto de desafios sociais e econômicos, que detalharemos no capítulo 1.

Naquele contexto e atento ao que pedia a população, o Tribunal de Contas da União (TCU) – Instituição Superior de Controle do Brasil –, buscou uma maior especialização de seu corpo técnico, a partir do biênio 2013-2014, conforme mostraremos no capítulo 2. Com mais especialização, os auditores se capacitaram para identificar as causas primárias dos problemas brasileiros e difundir as melhores práticas internacionais de governança. Os acordos viabilizados, principalmente em 2013, com a Organização para Cooperação e Desenvolvimento Econômico (OCDE) foram essenciais para o destacado papel do TCU como indutor da governança pública no Brasil. A partir desses acordos e dos trabalhos que já vinham sendo realizados por seu corpo técnico, o TCU editou referenciais de governança – das organizações e das políticas públicas –, além de um referencial para o Centro de Governo, entre outros.

Os trabalhos realizados nas unidades técnicas especializadas do Tribunal – respaldados nos novos conhecimentos catalogados nesses referenciais –, foram valiosos para nossa conclusão, expressa no capítulo 3, de que a causa primária de vários insucessos do Setor Público brasileiro residia na incipiência ou ausência de boas práticas de governança, difundidas e aceitas internacionalmente.

No capítulo 4, contaremos como esse diagnóstico nacional, retratado em indicadores de organizações e de políticas públicas, levou o TCU a propor um Modelo de Governança para o Brasil, em 2017, com base em normativos internacionais (principalmente o norte-americano, australiano e alemão), além das boas práticas disseminadas pela OCDE e nos referenciais do Tribunal. Boa parte da visão de controle e gestão de riscos, normatizada pelo governo nacional do Brasil, em 2016, também ajudou a compor o modelo do TCU.

No capítulo 5, discorreremos sobre o modelo de governança do Brasil – viabilizado pelo governo nacional, tendo por base essa proposta do TCU. Conforme veremos, o modelo do governo foi institucionalizado por meio do Decreto nº 9.203/2017, que lançou a Política de Governança Pública no âmbito federal. No mesmo dia em que editou o decreto, o Presidente da República encaminhou ao Congresso brasileiro o Projeto de Lei nº 9.163/2017, objeto do capítulo 6, que pode estender, quando aprovado, essa política de governança aos demais poderes da República e estimular a edição de normativos semelhantes nos estados subnacionais.

Temos como entendimento, portanto, a partir dessa sequência de fatos narrados, que a Governança Pública brasileira, não obstante várias iniciativas que se notavam no governo nacional, evoluiu, como uma Política Pública, a partir da atuação altamente indutiva do TCU. A Política de Governança Pública, lançada pelo Decreto, deu a várias iniciativas esparsas e eventuais, que já vinham sendo praticadas por governos sucessivos, no âmbito federal, maior poder de concretização, coordenação e perenidade.

Essas boas práticas, institucionalizadas por meio do Decreto e executadas paulatinamente a partir de 2017, conforme mostraremos no capítulo 7, deram, no nosso modo de ver, um caráter de ferramentas de Governança às iniciativas antes eventuais. Com tais ferramentas, o Presidente da República e suas equipes, conforme exporemos no capítulo 8, começaram a ter mais êxito na aplicação das boas práticas, o que se refletiu no iGG, indicador de governança do TCU.

Todo esse esforço de indução do TCU e de assimilação das boas práticas pode ser coroado com o processo de aceitação do Brasil como um dos membros permanentes da OCDE. No capítulo 9, apresentaremos um breve resumo desse processo de acessão do país à organização e refletiremos sobre alguns dos aspectos positivos dessa participação brasileira, inclusive para a consolidação da boa governança.

Ao expormos esses avanços conquistados no Brasil, não defendemos, absolutamente, a governança pública como "uma panaceia", capaz de superar todos os nossos problemas. Até porque, mesmo com a política de governança lançada, em 2017, grandes insucessos nas nossas organizações e demais políticas públicas continuaram a acontecer, conforme veremos ao longo de todos os capítulos deste livro. Mas cremos, sim, e esse é o móvel desta obra, que a implementação da boa governança, na forma de uma política pública, é uma grande premissa para que, ao longo do tempo, governo após governo, grandes desafios, históricos ou novos, possam ser superados.

Por isso entendemos necessário, nesta parte inicial do livro, dar esse panorama do contexto brasileiro, desde 2012, para que sirva de inspiração para os governantes dos entes subnacionais, em suas estratégias para também implementarem suas políticas de governança. Para auxiliar na compreensão, exporemos, na Parte III desta obra, nossa defesa dessa implementação, nos estados e municípios brasileiros, para que seus desafios particulares possam ser mais facilmente superados. Na parte IV, mostraremos os passos iniciais que devem ser dados para que isso ocorra.

Por fim, na Parte V, refletiremos como toda essa experiência brasileira pode ser aproveitada em um grande projeto de governança para a América Latina e Caribe, capitaneado pela Organização Latino-Americana e do Caribe de Entidades Fiscalizadoras Superiores (Olacefs).

CAPÍTULO 1

1.1 O contexto brasileiro em 2012 – quando o TCU intensificou sua atuação indutora da boa governança no Brasil

O Estado Brasileiro ocupava, em 2012, assim como nos dias de hoje, um papel de destaque no desenvolvimento nacional, tendo em vista a magnitude de seus gastos que, naquele ano, levando em conta somente o governo nacional, atingiram o patamar de R$1,9 trilhão, quase 50% do Produto Interno Bruto (PIB), conforme ilustrado no gráfico da Figura 1 a seguir.

Figura 1 – Comparativo do PIB com os gastos públicos federais

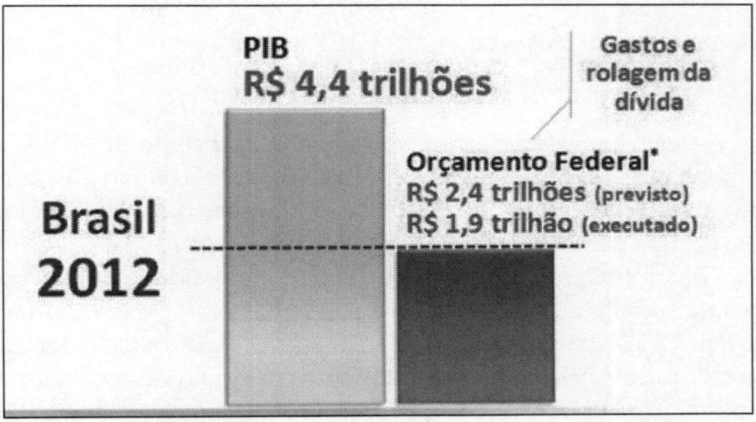

Fonte: Dados extraídos de TCU – Contas de Governo 2012.

Desse montante trilionário, 48%, ou R$933 bilhões, foram comprometidos, em 2012, com a entrega de bens e serviços à sociedade, sendo direcionados 43% para a previdência social, 10% para energia, 8% para saúde, o mesmo percentual para educação, 6% para a assistência social e gastos com as funções "trabalho", "defesa nacional" e outras, conforme demonstra a Figura 2.

Figura 2 – Gastos públicos por Função de Governo

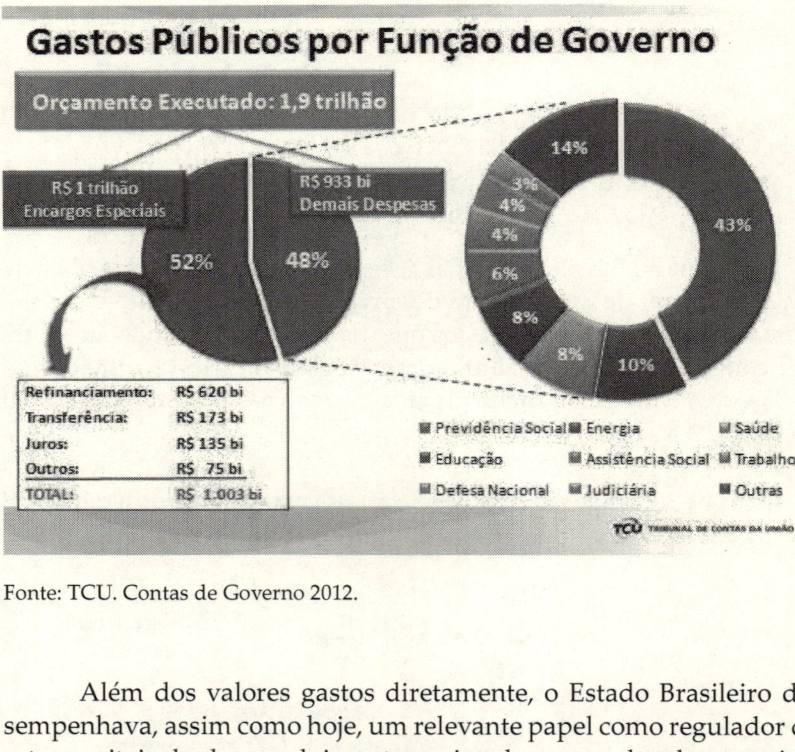

Fonte: TCU. Contas de Governo 2012.

Além dos valores gastos diretamente, o Estado Brasileiro desempenhava, assim como hoje, um relevante papel como regulador de setores vitais do desenvolvimento nacional, como o de telecomunicações, energia e setor financeiro, só para citar alguns.

A contundência dos dados revelava a necessidade de uma solução para superar os gargalos que obstavam o pleno desenvolvimento brasileiro, relacionados com a atuação estatal. Essa visão foi levada a diversos fóruns pelo país e apresentada às principais autoridades dos Poderes Legislativo, Executivo e Judiciário da União e de quase todos os estados da federação.

Em todos esses encontros, era defendida a tese de que, para alcançarmos o tão almejado crescimento econômico, conjugado com qualidade de vida da população, tínhamos que vencer os seguintes desafios (reconhecidos naquele momento pela Academia e pelos Governos, de uma forma geral): manter a estabilidade econômica e financeira; investir mais em educação, inovação tecnológica e obras de infraestrutura; vencer os desequilíbrios sociais e regionais; e racionalizar o gasto público.

Na obra "Governança Pública: O Desafio do Brasil", defendemos a tese de que a Governança Pública era um desafio primário, que, se devidamente enfrentado, poderia criar um círculo virtuoso nos governos e na sociedade, para a superação dos demais gargalos.

De fato, no nosso modo de ver, Governança Pública seria uma Política Pública primária, como uma estrada, que deveria ser concebida, desenhada e implementada para que as políticas públicas de saúde, educação, segurança pública, infraestrutura, inovação, entre outras, pudessem transitar com mais sucesso no país. A Figura 3 a seguir ilustra essa ideia.

Figura 3 – Principais desafios brasileiros para alcançar o desenvolvimento

Fonte: Criação dos autores.

A estabilidade monetária e a responsabilidade fiscal são desafios a serem vencidos todos os dias e sempre. O Plano Real, lançado nos anos 90, foi um grande divisor de águas para a nação brasileira, no nosso modo de entender. O sucesso do Plano alcançado por mérito dos governos que o implantaram e mantiveram suas premissas, deu mais estabilidade monetária ao país, condição essencial para um crescimento sustentável. De igual modo, a manutenção e a fiel observância às amarras seguras da Lei de Responsabilidade Fiscal eram faróis que, entendíamos, deveriam iluminar os caminhos de todos os governos, a fim de se atingir um desenvolvimento consistente e perene.

Mas a melhoria da qualidade de nossa educação representava para nós o maior de todos os desafios, pois, além de influenciar no crescimento socioeconômico, político e cultural do país, poderia alavancar outras oportunidades dignificantes para o ser humano, como: aumentar a empregabilidade e o nível de renda; reduzir as taxas de mortalidade infantil por elevação do nível de escolaridade da mãe; e reduzir a exposição de jovens à violência.

Alguns dados, extraídos de trabalhos do TCU em 2013 e 2014[1] e apresentados em palestras, em todo o país, ilustravam o tamanho do desafio da educação. Em relatório do TCU sobre Educação de 2014 ficou evidenciado que tínhamos 50 milhões de brasileiros cursando o ensino básico, sendo 8,3 milhões no ensino médio; 17% dos alunos do 1º ano do ensino médio eram reprovados; somente 50% dos jovens de 19 anos concluíam o ensino médio, sendo que na região Norte esse valor era de apenas 37%; dos quase 400.000 professores do ensino médio, 60.000 estavam fora das salas de aula e 46.000 não possuíam formação adequada para a disciplina que estão ministrando. Em outro trecho, os macroproblemas do país foram assim resumidos, sob o enfoque das desigualdades:

> O Brasil, apesar de ter melhorado muito seus indicadores educacionais ao longo dos últimos anos, ainda se encontra bastante aquém dos países mais desenvolvidos, em todos os níveis educacionais. Há desigualdades profundas quando se comparam as oportunidades de acesso e os resultados de alunos ricos e pobres, de brancos e negros e de residentes

[1] BRASIL. Tribunal de Contas da União – TCU. *Relatório sistêmico de fiscalização da educação*, 2014. Disponível em: <chrome-extension://efaidnbmnnnibpcajpcglclefindmkaj/https://portal.tcu.gov.br/lumis/portal/file/fileDownload.jsp?fileId=8A8182A15AB466A1015AB96B58C230EC>. Acesso em: 23 dez. 20123.

em áreas urbana e rural. As disparidades de cobertura também são visíveis entre regiões e unidades federativas.

Resultados divulgados pelo Anuário Brasileiro da Educação (2013) destacam que na educação infantil, por exemplo, 44% das crianças do quartil (25%) mais rico da população de 0 a 3 anos estavam em creches em 2012, contra apenas 16,2% das crianças de famílias mais pobres. No ensino fundamental, o percentual de crianças que atingem o mais alto nível de proficiência no Sudeste chega a ser o dobro do verificado na região Norte do país. O nível de proficiência simboliza uma avaliação qualitativa do aprendizado de cada aluno, e é medido a partir de uma escala de resultado obtido na Prova Brasil.

As desigualdades permanecem no ensino médio, com 75% dos jovens de quinze a dezessete anos do quartil mais rico da população matriculados na escola, contra apenas 44,2% do quartil mais pobre que conseguiram chegar a essa etapa na idade adequada. Entre as unidades da federação, a proporção de jovens de dezenove anos que concluiu o ensino médio é maior em São Paulo (68,7%), Distrito Federal (67,5%) e Santa Catarina (62,3%), enquanto Pará e Piauí (35,3%), Alagoas (35,8%) e Maranhão (38,2%) apresentam os piores indicadores. Essa situação acentua as desigualdades de acesso à educação superior: em 2012, havia nove vezes mais jovens de dezoito a 24 anos do primeiro quartil de renda matriculados nesse nível de ensino na comparação com os 25% mais pobres. (TCU, 2013)

Com tantas evidências negativas, era óbvio, para nós, naquele momento, que o incremento de recursos, previsto no Plano Nacional de Educação (PNE), poderia até aumentar em alguma medida a qualidade de nossa educação. No entanto, entendíamos como urgente a necessidade de evolução da governança nas políticas públicas no setor, cujo patamar de recursos alocados poderia chegar a R$440 bilhões. No nosso modo de ver, era muito enfática a evidência de que o problema da nossa Educação não era a falta de recursos, somente.

Em dezembro de 2017, o TCU, em conjunto com os demais Tribunais de Contas do Brasil, iniciou outro grande projeto com a OCDE, com foco na Governança Multinível de políticas descentralizadas, como educação. No âmbito do projeto, batizado de "Integrar", foi diagnosticado, em linha com a visão anterior, que: "A educação é uma área de políticas na qual o Brasil possui um quadro de política nacional comparativamente mais desenvolvido (articulado no Plano Nacional de Educação) com metas e estratégias definidas, e no qual a implementação é amplamente descentralizada; **no entanto, o país enfrenta desafios bem documentados, mais notadamente em termos dos resultados educacionais. O desempenho do sistema educacional também possui impacto vasto na inclusão social, bem como na economia do país, fazendo com que seja um setor crítico que influencia índices de desenvolvimento socioeconômico no Brasil".**

Assim como na educação, a pesquisa e inovação era, de fato, outro desafio que necessitava de mais atenção governamental. Nesse quesito, estávamos muito aquém dos países desenvolvidos, em termos de valores investidos. Aplicávamos apenas em torno de 1,2% do PIB, enquanto o investimento dos países desenvolvidos estava no patamar de 5%. Além disso, diferentemente de países como o Japão, Estados Unidos e Alemanha, no Brasil ainda era tímida a participação do setor privado no apoio à pesquisa. Era preciso estimular o investimento do empresariado.

Outro gargalo para o desenvolvimento do país era a situação da infraestrutura, ainda fortemente dependente do transporte rodoviário, como ainda é hoje. Alternativas de menor custo e baixo impacto ambiental, como as ferrovias e hidrovias, eram, e são, subutilizadas no Brasil em relação aos padrões internacionais. Com relação às nossas rodovias, além da necessidade de uma política efetiva de conservação, o processo precisava ser bem conduzido desde o início, na construção das vias, com planejamento sério, acompanhamento da execução e controle de resultados. Ou tudo isso necessitava de mais participação e investimentos do setor privado.

Por fim, todos os setores da nossa sociedade demandavam dos governos, nas três esferas, uma maior racionalização dos gastos públicos. Conforme mostra a Figura 4 a seguir, o Estado brasileiro que gasta muito, investe pouco. A situação brasileira se agravou consideravelmente após a Pandemia de Covid-19, mas, naquele momento, dos R$933 bilhões de recursos federais direcionados à entrega de bens à população, apenas R$164 bilhões (18%) eram gastos com investimentos.

Figura 4 – Gastos com Investimentos do Governo Federal em 2012

Fonte: TCU. Contas de Governo 2012.

Todas essas evidências negativas, além de variados outros diagnósticos do TCU, em áreas diversas, formavam em nós a certeza de que precisávamos governar melhor nossas cidades, nossos estados, governar melhor o Brasil.

Um Estado que arrecada muito, como o Brasil, gasta muito, mas não executa bem esses gastos, tem que desenvolver, em todos os níveis de governo, um sentido de maior responsabilidade com os resultados e com a melhoria contínua de suas organizações e políticas públicas.

Outra questão de destaque foi o combate à corrupção no serviço público brasileiro. Apesar de ser tema que incomodava o país desde a época colonial, o assunto entrou definitivamente na agenda da população, catalisado pelo poder de disseminação das Redes Sociais. Em todas as manifestações, pessoas das mais variadas classes sociais e faixas etárias pareciam dispostas a mudar a realidade brasileira. Operações policiais identificaram desvios bilionários dos cofres da Petrobras (empresa estatal de petróleo, do Brasil), por exemplo, com o envolvimento de autoridades e servidores da estatal. Os resultados apurados demonstraram que os desvios estavam fortemente correlacionados, entre outros fatores, com deficiências de governança da empresa estatal.

Para nós, estava claro que a população demandava uma melhoria consistente dos governos, de uma forma geral, para que o processo de desenvolvimento fosse acelerado, partindo do pressuposto que o Estado brasileiro era, como já argumentamos, um ator importante nesse processo.

Atento a essa realidade e à sua missão institucional, o TCU, sem descuidar da legalidade e da conformidade, começou a se estruturar e buscar parcerias no plano nacional e internacional para identificar e difundir as melhores práticas de governança, de forma que os interesses da população fossem sempre prioritários aos dos gestores ou de grupos privados.

CAPÍTULO 2

2.1 Atuação estratégica do TCU na indução do tema governança

A separação do poder do Estado em Legislativo, Judiciário e Executivo vem sendo sustentada desde John Locke ("Tratado do Governo Civil") e Montesquieu ("O Espírito das Leis"). Esses três poderes são interdependentes e se fiscalizam mutuamente, criando o sistema de freios e contrapesos, uma espécie de limite para cada um deles.

No Brasil, além desse limitador, o art. 70 da Constituição Federal de 1988 tratou do Controle Externo, definindo que sua titularidade é do Congresso Nacional, a quem compete a fiscalização contábil, financeira, orçamentária, operacional e patrimonial da União e das entidades da administração direta e indireta. Por sua vez, o art. 71 estabelece que o Controle Externo será exercido com auxílio do Tribunal de Contas da União (TCU). Esse modelo é replicado nos estados, resultando em um total de 33 tribunais de contas no Brasil, além do TCU.

Em todo o mundo, existem organizações similares ao TCU, conhecidas como Entidades de Fiscalização Superior (EFS), ou, como vêm sendo chamadas mais recentemente, Instituições Superiores de Controle (ISC).

O TCU (ISC do Brasil) foi criado em 1890 por Ruy Barbosa, no contexto da Proclamação da República, e institucionalizado na Constituição de 1891. Seus membros, até então denominados diretores, só passaram a receber o tratamento de ministros em 1917.

Composto por nove ministros, o TCU atua de forma colegiada, com decisões tomadas pelo Plenário da Corte de Contas. O presidente e o vice-presidente do TCU são eleitos por seus pares para um mandato de um ano, sendo permitida uma reeleição. Nas sessões do Plenário e das Câmaras, é obrigatória a participação dos representantes do Ministério Público especializado que atua perante o Tribunal.

O processo de escolha dos ministros do TCU confere segurança ao sistema de Controle Externo. O Congresso Nacional indica dois terços dos nove Ministros e o Presidente da República apenas um terço – dois escolhidos, alternadamente, dentre auditores e membros do Ministério Público junto ao Tribunal, e todos passam pela aprovação do Senado Federal.

As competências do TCU foram ampliadas ou reduzidas pelas sucessivas Constituições do Brasil. No entanto, a Carta Magna de 1988 conferiu à Corte um extenso leque de atribuições, com destaque para o julgamento das contas dos administradores públicos, a começar pelo Presidente da República. O Tribunal passou também a acompanhar diretamente a eficiência e eficácia da gestão governamental e realizar auditorias nas unidades administrativas dos Três Poderes.

A nova Carta trouxe ainda a possibilidade de qualquer cidadão, partido ou entidade da sociedade civil ser parte legítima para denunciar irregularidades perante o Tribunal. A Constituição Cidadã inovou, mais uma vez, ao conferir ao TCU competência para apreciar a legalidade da contratação de pessoal nas administrações direta e indireta, inclusive fundações públicas.

Em seus trabalhos diários, o TCU e demais tribunais de contas analisam e julgam temas das mais variadas complexidades. Em suas fiscalizações e análises das prestações de contas, controlam a eficiência, eficácia e efetividade de gastos que abrangem desde a merenda e transporte escolar até obras de grande porte como rodovias e usinas nucleares, além dos hospitais e escolas. O TCU também é responsável por análises de editais de concessões nos setores rodoviário, hidroviário, aeroportuário e petrolífero, oportunidade em que tem a chance de intervir nos custos das tarifas a serem cobradas dos usuários.

Essa gama de competências deriva da Constituição Federal. O exercício do Controle Externo, embora caiba ao Congresso Nacional, tem no TCU seu executor autônomo e independente, como é próprio dos regimes democráticos. Na prática, o Tribunal atua como uma auditoria independente para a sociedade e o Congresso Nacional, semelhante ao que ocorre com as empresas que vendem suas ações nas bolsas de valores.

A Constituição de 1988 atribuiu ao TCU a competência de fiscalizar a eficiência e a eficácia no emprego dos recursos públicos. Com isso, os gastos passaram a ser avaliados não só sob a ótica da legalidade e da conformidade, mas também examinando a operacionalidade, o desempenho, a performance. Abriu-se, então, para o TCU, uma possibilidade de atuação mais preventiva, de caráter pedagógico, que trouxesse resultados mais robustos e efetivos para a atuação estatal.

O TCU julga, a cada ano, as contas do Presidente da República. Nessa tarefa, analisa o desempenho da economia brasileira, os instrumentos de planejamento e gestão fiscal, a execução das despesas e arrecadação das receitas, à luz da Lei de Responsabilidade Fiscal, os programas setoriais do governo e a qualidade das demonstrações contábeis.

2.2 A especialização das unidades técnicas do TCU

Os grandes desafios brasileiros exigiam que o Tribunal respaldasse sua atuação na maior especialização de suas unidades, para que pudessem ter foco, essencialmente, nas áreas e temas considerados mais relevantes para o país e para o cidadão. No biênio 2013-2014, a especialização das unidades técnicas e a melhoria da governança pública foram alçadas à condição de prioridades estratégicas.

A especialização das unidades técnicas já vinha sendo construída nas últimas gestões do Tribunal, especialmente em obras públicas, desestatização e pessoal. A ampliação dessa diretriz para as demais áreas, inspirada na leitura da classificação funcional da despesa pública, combinava o reconhecimento de resultados alcançados com novos desafios identificados no âmbito do plano estratégico da Casa.

Baseado no sucesso das secretarias especializadas em obras e em processos de privatização e de concessões de serviços públicos, a ideia era instituir um modelo em todas as Secretarias, de forma que o corpo técnico pudesse propor melhorias em temas vitais para o país, como Saúde, Educação, Segurança Pública, Meio Ambiente etc. Para o êxito do projeto, o então presidente do TCU, ministro Augusto Nardes, procurou todos os ministros da Casa colhendo sugestões.

Ao final, o que se pretendia com a especialização era fazer com que as Secretarias tivessem identidade em sua atuação específica. Foi criada, por exemplo, uma secretaria para cuidar especificamente da área da saúde, outra da educação, uma terceira para meio ambiente, e assim por diante.

A partir do amplo conhecimento de sua área de atuação, cada uma dessas unidades poderia executar melhor o planejamento de suas ações, além de atuar de forma mais contundente e coordenada no aprimoramento dos instrumentos de governança e na melhoria da gestão e do desempenho da Administração Pública.

2.3 A evolução do tema governança no TCU

O tema governança foi ganhando importância, ano a ano, nos processos julgados do TCU, desde 2003. A Tabela 1 a seguir ilustra a quantidade de acórdãos e decisões que trataram direta ou indiretamente dessa questão, até aquele momento, em que eram lançadas no país as bases fortes para a edição de uma política de Governança Pública.

Tabela 1 – Evolução do Tema Governança no TCU

Exercício	Número de acórdãos ou decisões do TCU que continham a expressão "governança"	Exercício	Número de acórdãos ou decisões do TCU que continham a expressão "governança"
2003	1	2011	95
2004	4	2012	100
2005	8	2013	167
2006	10	2014	270
2007	12	2015	269
2008	29	2016	298
2009	38	2017	286
2010	62		

Fonte: Elaboração dos autores.

Dessa afinidade paulatina com o tema, foi crescendo no Tribunal a convicção de que seria importante para o país que as atividades do Controle Externo cuidassem do aperfeiçoamento da Governança Pública.

O tema governança esteve presente no Plano Estratégico (PET) para o quinquênio de 2011 a 2015, no qual foi redefinida a missão do Tribunal de Contas da União para "Controlar a Administração Pública de forma a contribuir com seu aperfeiçoamento em benefício da sociedade".

Para cumprir essa missão, os trabalhos realizados tinham que, cada vez mais, contribuir para que as instituições públicas se tornassem efetivas, eficazes e eficientes. A Figura 5 a seguir, ilustra o conjunto desses trabalhos relacionados à Governança.

Figura 5 – Esquema gráfico dos trabalhos do TCU relacionados com Governança

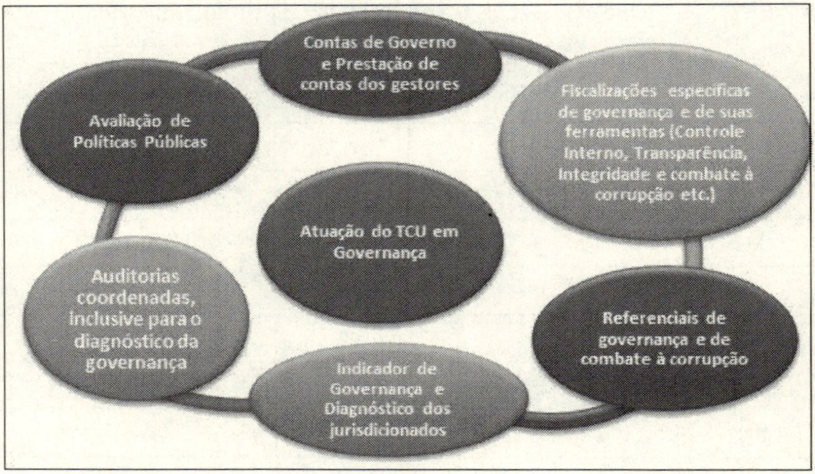

Fonte: Elaborado pelos autores.

Com esses trabalhos, e aproveitando a inteligência dos referenciais, de que falaremos nos capítulos seguintes, vários setores foram avaliados, como meio ambiente, saúde, educação, infraestrutura, segurança pública, entre outros.

Em todos, os resultados confirmavam a tese que defendemos de que a ausência de ferramentas de governança acabam ocasionando interrupções e quebras das políticas públicas e, por consequência, atrasando indefinidamente o desenvolvimento do país, pela ausência ou insuficiência de: planejamento, gestão de riscos, indicadores de desempenho, além da falta de coordenação e integração das políticas e serviços públicos.

Como coroamento de todos esses trabalhos, em 17 de novembro de 2014, no Museu Nacional da República, em Brasília, foi realizado o evento "Pacto pela boa governança: um retrato do Brasil". O objetivo foi apresentar aos governantes então eleitos um diagnóstico sobre cinco temas centrais para o país, a partir dos trabalhos realizados pelas nossas secretarias especializadas: saúde, educação, previdência social, segurança pública e infraestrutura. O evento contou com a presença do Presidente da República em exercício, Michel Temer; do Presidente da Câmara dos Deputados, Henrique Eduardo Alves; além de governadores eleitos e reeleitos.

Na oportunidade, o Presidente Temer destacou: "Após o momento político eleitoral, iniciamos o momento político administrativo, e este evento é o primeiro empurrão para iniciar a política administrativa do País", enfatizou. Ele ainda falou sobre a importância de o Tribunal atuar para além do controle. Segundo ele, a competência do Tribunal avançou, deixando de ser apenas apoio ao Legislativo. "Esse progresso permite que hoje o TCU possa trazer ao público um projeto como o da governança", salientou.

2.4 Os acordos do TCU com a OCDE versando sobre governança

No final do ano de 2022, o Brasil caminhava a passos largos em seu processo de acessão à Organização para Cooperação e Desenvolvimento Econômico (OCDE). Neste momento de 2023, em que escrevemos esta obra, a continuidade desse processo ainda não está bem clara para nós, em virtude da transição que atravessamos com um novo governo eleito.

De qualquer forma, cremos ser de grande importância apresentar aos estudiosos do tema uma breve retrospectiva da atuação do Tribunal de Contas da União neste importante capítulo da história nacional, destacando, especialmente, alguns dos acordos realizados com essa importante Organização internacional para difundir no Brasil os conceitos de Governança Pública.

Em 2012 nasceu a ideia de concretizar um estudo internacional com a OCDE, destinado à identificação de boas práticas de governança adotadas por órgãos centrais dos governos nacionais – Fazenda, Planejamento e Casa Civil – e Entidades Fiscalizadoras Superiores, no âmbito de um grupo de países selecionados.

Foi a relevância dada pela OCDE a aspectos relacionados à governança, ao desenvolvimento e ao crescimento inclusivo que levou o TCU a buscar esse acordo. As orientações estratégicas definidas pela OCDE para o exercício de 2013 traduziam de forma clara as três áreas de concentração da agenda daquela organização para os próximos anos – Inclusão e Crescimento; Interconexão para o Crescimento; Instituições e Governança para o Crescimento – com o objetivo de apresentar "Novas abordagens para os desafios econômicos" (New Approaches to Economic Challenges – NAEC).[2] Vale a pena reproduzir alguns trechos das considerações relevantes que nortearam a emissão das referidas orientações, em tradução livre dos autores:

> INSTITUIÇÕES E GOVERNANÇA PARA O CRESCIMENTO
>
> 26. A crise pôs em evidência a necessidade de restaurar a confiança nos mercados, governos e empresas. As crises relatadas e as necessidades de urgentes reformas estruturais demandam uma forte liderança política e uma base de confiança entre os cidadãos para serem bem-sucedidas. No entanto, continuamos a observar que democracias são limitadas ao entregar ações decisivas e resultados concretos de forma rápida e eficaz, em virtude de: falta de eficiência no sistema de governança, inclusive entre o governo central e local; bloqueios de política econômica e mau funcionamento de mecanismos em sistemas democráticos dos países; e monopólios de mídia.
>
> MAIS INTELIGENTE, MAIS TRANSPARENTE E MAIS ABERTA
>
> 27. Os formuladores de políticas em todos os países devem assegurar aos cidadãos da confiabilidade de suas ações políticas. A OCDE deve apoiar os esforços para construir instituições governamentais mais eficazes, mais transparentes e mais abertas em todos os níveis da administração, em particular nas seguintes áreas: Buscar uma governança mais inteligente e mais eficaz através de uma melhor regulamentação, de um aumento da eficiência no uso dos recursos, e de métodos e tecnologias inovadoras para facilitar e apoiar melhor o planejamento e a tomada de decisão. Uma área central a ser focada será a agenda regulatória, onde o nosso "Programa de Medição do Desempenho Regulatório" irá demonstrar como melhorias na governança podem cortar custos e entregar reais benefícios para as empresas e os cidadãos. Ele irá fornecer as ferramentas para identificar sucessos e fracassos, para melhorar as políticas regulatórias e programas, e para comunicar o progresso. Nós também iremos trabalhar para facilitar a implementação de mudanças institucionais nos países em desenvolvimento em áreas como contratações públicas, gestão financeira pública e prestação de contas; tornar os governos mais abertos e mais inclusivos – Com base no

[2] OCDE. NEW APPROACHES TO ECONOMIC CHALLENGES. The Organization for Economic Co-operation and Development. 2013. Disponível em: <https://www.oecd.org/en/search.html?orderBy=mostRelevant&page=74&q=naec&facetTags=oecd-languages%3Aen>. Acesso em: 23 set. 2023.

"Convite ao Governo inovador e aberto: Uma Visão Geral de Iniciativas dos Países" (2011), vamos desenvolver recomendações para melhor comunicar e engajar os cidadãos e a sociedade civil na elaboração de políticas. Em particular, vamos ajudar os governos a fazer o melhor uso de canais existentes de interação e explorar outras oportunidades, como mídias sociais e abertura dos dados do governo, para que os cidadãos possam contribuir diretamente para encontrar soluções e criar valor público. [...]

RESTAURAR A CONFIANÇA NO SETOR PRIVADO

29. No entanto, a nossa agenda de governança é também sobre negócios, que são essenciais para a recuperação dos mercados. O comportamento impróprio das empresas pode ser uma fonte de desperdício, ineficiência e decisões ruins e podem levar a uma baixa taxa de crescimento. Melhor governança corporativa concentrada na criação de valor nas empresas para investidores e todos os interessados será um tema-chave para o próximo ano. Assim, a OCDE continuará avançando suas ações em governança corporativa, inclusive por trabalhos em andamento afetos a investimentos de longo prazo. A recente atualização das "Diretrizes da OCDE para Empresas Multinacionais" foi também um grande avanço no consenso internacional sobre o comportamento do mercado, mas agora precisamos levantar o perfil global com outras partes interessadas, aconselhar sobre a implementação de negócios e fortalecer seu mecanismo de revisão. Devemos também continuar a perseverar com a nossa luta contra a corrupção internacional nos mercados. (OCDE, 2013)

Como forma de viabilizar a parceria idealizada, o TCU, sob a presidência do Ministro Augusto Nardes, esteve na sede da OCDE, em Paris, em maio de 2013, para articular as ações necessárias à implementação do projeto. Por meio de diversas reuniões, foram definidas as primeiras linhas do projeto. Depois da visita à OCDE, a Presidência do TCU esteve com o Presidente da Comissão Europeia, José Manuel Durão Barroso, a fim de apresentar a ideia, que contaria com a participação de várias EFS, inclusive da União Europeia, sobre boas práticas em governança pública.

Figura 6 – Encontro entre TCU e OCDE, realizado em Paris, em 2013

Fonte: TCU. Secom/Divulgação.

Após os referidos contatos, o estudo internacional começava a ganhar corpo e foi intitulado "Fortalecimento da governança pública: boas práticas e o papel das Entidades Fiscalizadoras Superiores". Os principais objetivos do estudo também foram estabelecidos: elaborar referencial teórico sobre governança pública; compreender como outros países, em especial outras Entidades de Fiscalização Superiores (EFS), atuavam com o propósito de fortalecer a governança pública em seus respectivos países; e desenvolver um estudo de caso específico para o Brasil. Participaram do estudo, no período de 2013 a 2016, as ISC dos seguintes países: África do Sul, Canadá, Chile, Coreia do Sul, França, Estados Unidos da América, Holanda, Índia, México, Polônia e Portugal; bem como o Tribunal de Contas da União Europeia.

No dia 08 de outubro de 2013 foi assinado o acordo de cooperação entre o TCU e a OCDE no evento internacional "Governança Pública e Controle Externo", que contou com a presença de diversas autoridades dos três poderes das esferas federal, estadual e municipal.

O propósito do estudo, naquele momento, foi auxiliar as ISC em seu papel de disseminadoras das boas práticas da governança, por meio de seu trabalho de auditoria e aconselhamento. Optou-se, inicialmente, por focar os órgãos centrais do governo, considerando práticas, procedimentos e ferramentas que afetavam a capacidade governamental de formular, implementar e avaliar políticas públicas.

Essa aproximação com a OCDE, com desdobramentos dos estudos pela melhoria da governança, teve sequência, após o biênio 2013-2014, com o Ministro Carreiro e os presidentes da Casa que o sucederam, em projetos de peso para a melhor condução de nossas políticas públicas transversais, sobressaindo-se, nesse aspecto, o Projeto Integrar, viabilizado em conjunto com outros tribunais de contas brasileiros.

Em todo esse período, trabalhos importantes foram realizados, como a análise do relatório consolidado das contas de governo: Brazil's Supreme Audit Institution – The audit of the consolidated year-end government report (2013); referenciais para melhores práticas de governança – Brazil's Federal Court of Accounts: Insight and Foresight for Better Governance (2017); e Auditoria de políticas públicas descentralizadas no Brasil: abordagens colaborativas e baseadas em evidências para melhores resultados (2020) – publicações OCDE Public Governance Reviews, OCDE Publishing, Paris.

Em virtude desses movimentos internacionais e por tudo que realizou desde a sua gênese, o TCU, assim como as ISC no mundo inteiro, podem se orgulhar de sua reconhecida independência em relação ao Poder Executivo e da autonomia técnica de seu corpo de servidores e colaboradores, atributos que conferem credibilidade aos vários trabalhos que realizamos nas mais diversas áreas.

Essa proximidade de objetivos e visão sobre o Setor Público, estabelecidas pela OCDE e TCU, será muito útil no caso de se confirmar adesão do Brasil à Organização, tema que será objeto do capítulo 9. Em seu processo de avaliação, a OCDE revisa a posição do país em temas como reformas estruturais, investimentos, crescimento inclusivo, governança, meio ambiente, biodiversidade e clima.

Nessa etapa, o TCU tem muito a contribuir com o processo. Em novembro de 2022, a organização solicitou apoio ao Tribunal para que a instituição fornecesse informações, estudos e relatórios que pudessem ser úteis na análise da acessão do Brasil ao grupo. E o resultado de tantos trabalhos de relevo pode agora auxiliar a OCDE em suas análises.

2.5 A evolução dos referenciais de governança pública do TCU

Os referenciais de governança do TCU estão entre os produtos de destaque, produzidos no biênio 2013-2014 e anos subsequentes. Esse importante trabalho tinha dois focos bem definidos: permitir que o Tribunal contribuísse com a melhoria da atuação dos órgãos da administração pública; e aprimorar o desenvolvimento da governança interna do próprio TCU.

Em vários diálogos mantidos com os principais interlocutores do Governo Federal, especialmente com o Ministério do Planejamento e a Casa Civil da Presidência da República, era sinalizada a importância de o país dispor de referenciais de governança que balizassem a conduta de todos os agentes públicos em suas áreas de atuação, lembrando sempre a relevância dos três atores fundamentais: o "Principal"; os "Agentes"; e as Partes Interessadas.

A confiança depositada pelo "principal" (cidadãos) em seus "agentes" (governos) para a condução dos destinos do Estado deve ser retribuída por meio de entrega de excelentes resultados. E esses agentes – Presidente, Ministros, Governadores, Prefeitos – precisam atuar de forma coordenada para que os referidos resultados sejam potencializados. Também devemos considerar toda a rede de servidores que agem por delegação em uma complexa e grandiosa estrutura governamental construída pela Constituição Federal.

É neste contexto que foi pensada a elaboração de documentos referenciais para a orientação e padronização de comportamentos, pela certeza de que a melhoria da governança pública nos municípios, estados e União, era um dos grandes desafios estruturantes do Brasil que, vencido, viabilizaria a superação dos gargalos conhecidos ao desenvolvimento brasileiro.

Havia uma forte convicção de que a disponibilização de referenciais tratando dos mecanismos para a evolução continuada da Governança deslocasse a discussão do tema do campo teórico para o prático. De fato, os referenciais indicavam boas práticas a serem seguidas em termos de liderança, estratégia e controle, materializando os discursos que vinham sendo feitos pelo Brasil em defesa do tema.

Ao estudarem as práticas propostas para se alcançar uma boa governança, esperava-se que os gestores se sentissem motivados a incorporar as sugestões apresentadas ou elaborar seus próprios referenciais, para que melhores produtos pudessem ser entregues à população, com qualidade e em tempo hábil. Esses referenciais poderiam também ser utilizados por entidades da sociedade organizada ou pela população em geral, quando se dispusessem a avaliar a governança dos órgãos e entidades de seus estados ou municípios. Não obstante as discussões e divergências teóricas entre estudiosos da área, havia uma linha uníssona por parte de todos sobre a necessidade da existência de pilares conceituais da governança, presentes em qualquer uma das teses defendidas.

Com maior foco na área corporativa pública, foi publicado o documento denominado Governança Pública: referencial básico de governança aplicável a órgãos e entidades da administração pública, aprovado pela Portaria TCU nº 25/2014.

A decisão acertada de publicar esse referencial foi percebida pela ótima repercussão junto ao meio acadêmico e aos gestores públicos. De todas as manifestações honrosas, recebidas pelo TCU, cabe transcrever o teor da carta de Jorge Gerdau Johannpeter (empresário e fundador do Movimento Brasil Competitivo), a respeito da publicação:

Figura 7 – Carta de Jorge Gerdau Johannpeter

Porto Alegre, 31 de Janeiro de 2014.

Caro Ministro Nardes,

Aproveitei o período de recesso de fim de ano para ler o trabalho "Referencial Básico de Governança", elaborado pelo Tribunal de Contas da União. Fiquei encantado com o conteúdo, que é realmente de grande dimensão e profundidade, e, embora o matefial seja voltado para o setor público, os principais conceitos mencionados também se aplicam ao setor privado.

O que também me encantou é que venho reforçando que o conceito de Governança do setor público está muito pouco presente em nosso País, e essa é uma das partes mais importantes do processo de gestão.

A página 18 apresenta uma configuração da Governança vinculada à executiva da gestão. Trata-se de uma visualização absolutamente fácil e que enriquece e simplifica muito o entendimento, principalmente pelo desdobramento.

Parabéns pela qualidade do trabalho e pela riqueza das referências nele citadas. Estou muito feliz e acredito que um trabalho desse nível devesse ser divulgado no Brasil, já que o país está muito carente de informações sobre o tema.

Um grande abraço ao amigo Nardes e votos de um Feliz 2014.

Jorge Gerdau Johannpeter

Fonte: Jorge Gerdau Johannpeter.

Tão logo concluído o primeiro referencial, o TCU percebeu que seria possível amplificar o projeto com o desenvolvimento de um manual simples e prático, voltado às prefeituras e órgãos que ainda se encontravam em estágios embrionários na execução da governança. Assim, foi lançada a cartilha "Dez Passos para a Boa Governança" (Portaria TCU nº 214/2014).

No entanto, para que os governos fossem cada vez melhores, nas cidades, nos estados e no país, a evolução não poderia ocorrer apenas nas organizações. Era necessário que o resultado do trabalho produzido por essas organizações, por meio de políticas públicas, também fosse bem direcionado, monitorado e avaliado. Nesse sentido, foi produzido: o Referencial para avaliação de governança em políticas públicas, aprovado pela Portaria TCU nº 230/2014.

A disponibilização desse guia estava inserida no contexto do estudo internacional realizado com a Organização para a Cooperação e Desenvolvimento Econômico (OCDE). Sua estrutura contempla quatro partes: 1. Apresentação – Estrutura do estudo e forma de utilização; 2. Referencial conceitual – Definição dos principais conceitos afetos à governança; 3. Modelo do TCU para avaliação de governança em políticas públicas – Estruturado em oito componentes de avaliação; e 4. Questões de auditoria sugeridas para avaliação da governança em políticas públicas.

Depois de um produtivo debate técnico com especialistas internos e externos, o TCU desenvolveu um modelo de avaliação composto pelos oito componentes ilustrados na Figura 8 a seguir. Esses componentes são itens de agregação de boas práticas de governança.

Figura 8 – Componentes de Governança de Políticas Públicas

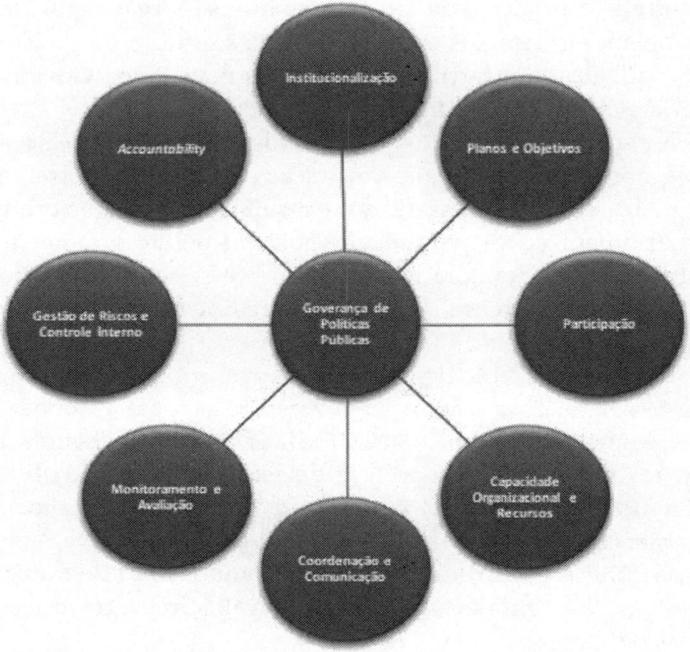

Fonte: TCU. Referencial para Avaliação de governança em Políticas Públicas.

As definições desses componentes de governança de políticas públicas, colocadas no Referencial, podem ser resumidas da seguinte forma:

1. Institucionalização – Refere-se a aspectos, formais ou informais, da existência da política, relacionados a capacidades organizacionais, normatização, padrões, procedimentos, competências e recursos que possibilitam o alcance dos objetivos e resultados da política pública;
2. Planos e objetivos – A política pública orienta-se por uma formulação geral que defina sua lógica de intervenção e por planos que permitam operacionalizar as ações necessárias, delineados em função das diretrizes, objetivos e metas propostas;
3. Participação – Agrega maior quantidade e qualidade de informações disponíveis, além de facilitar o senso de pertencimento

e de responsabilidade coletiva. O grau de governança em uma rede de políticas públicas depende da existência de uma ampla participação legitimada nos processos decisórios, entre outros fatores;

4. Capacidade organizacional e recursos – Existência de organizações que possuam estruturas e processos apropriados para empreender as atividades planejadas, assegurar o bom uso dos recursos públicos, supervisionar as ações descentralizadas, monitorar os resultados e realimentar o processo decisório, com vistas ao aperfeiçoamento da sua formulação e da sua própria implantação;
5. Coordenação e coerência – Ao trabalharem em conjunto, as organizações públicas podem melhorar e sustentar abordagens colaborativas para atingir as metas estabelecidas. Do contrário, a fragmentação da missão e a sobreposição de programas tornam-se realidade generalizada no âmbito do governo e muitos programas transversais deixam de ser bem coordenados;
6. Monitoramento e avaliação – Deve existir rotina para acompanhamento das ações, para aferir seus resultados e os utilizar para promoção de aperfeiçoamentos na política;
7. Gestão de riscos e controle interno – Nos termos da ABNT NBR ISO 31000:2009, que trata de gestão de riscos, princípios e diretrizes, "organizações de todos os tipos e tamanhos enfrentam influências e fatores internos e externos que tornam incerto se e quando elas atingirão seus objetivos. O efeito que essa incerteza tem sobre objetivos da organização é chamado risco";
8. *Accountability* – Envolve, principalmente, transparência, responsabilização, comunicação e prestação sistemática de contas. Os responsáveis pela política pública devem primar por esses aspectos, de forma a possibilitar a análise e o escrutínio do comportamento e do desempenho dos diversos atores responsáveis pela implementação.

Percorridos esses caminhos, para a melhoria da governança das organizações e das políticas públicas, o referencial seguinte veio para identificar e consolidar boas práticas nacionais e internacionais relacionadas ao Centro de Governo, que se trata, grosso modo, das funções ou instituições próximas ao líder máximo da organização, responsáveis por dar coerência, coordenação e integração àquelas organizações e políticas públicas.

O Referencial do Centro de Governo decorreu do estudo com a OCDE, de 2013, quando foi detectada a necessidade de se produzir conhecimento para identificar e consolidar boas práticas nacionais e internacionais afetas ao tema, com base, dentre outros, no documento Governing to Deliver: Reinventing the Center of Government in Latin America and the Caribbean 2014.

Para validação do Referencial, foram realizados painéis técnicos com a participação de autoridades do Governo Federal, representantes dos estados e municípios, da academia e da Confederação Nacional da Indústria (CNI). Seu conteúdo passou a ser utilizado como critério para a realização das auditorias operacionais previstas nos órgãos componentes do centro de governo brasileiro e suas funções.

Dessa forma, a estratégia de orientação a gestores públicos estava formatada nos seguintes eixos básicos: governar melhor as organizações, para que a vontade do Principal não se perdesse pelas delegações sucessivas dos governantes eleitos aos gestores e suas equipes; ter políticas públicas cada vez mais eficientes, eficazes e efetivas; e dar integração e coordenação às organizações e às políticas públicas, para que houvesse mais confiança nos governos e nos resultados produzidos pelos Agentes com os recursos arrecadados por meio dos tributos.

A expectativa que sempre tivemos, com nossa defesa pela tese da boa governança pública, é que instituições bem governadas poderiam oferecer os melhores resultados possíveis à população e às partes relacionadas. Ao se preparar para melhores entregas, nas áreas de saúde, educação, segurança pública etc., esperávamos que os governos e agentes se tornassem também cada vez mais imunes às práticas de desvios, fraude e corrupção.

Ainda assim, o TCU editou e aprovou, nos anos seguintes, o "Referencial de Combate à Fraude e Corrupção", compondo um arcabouço completo, conforme Figura 9 a seguir, para a melhor governança do Setor Público.

Figura 9 – Visão esquemática dos referenciais de Governança do TCU, com foco nas organizações, políticas públicas, Centro de Governo e Combate à Fraude e Corrupção

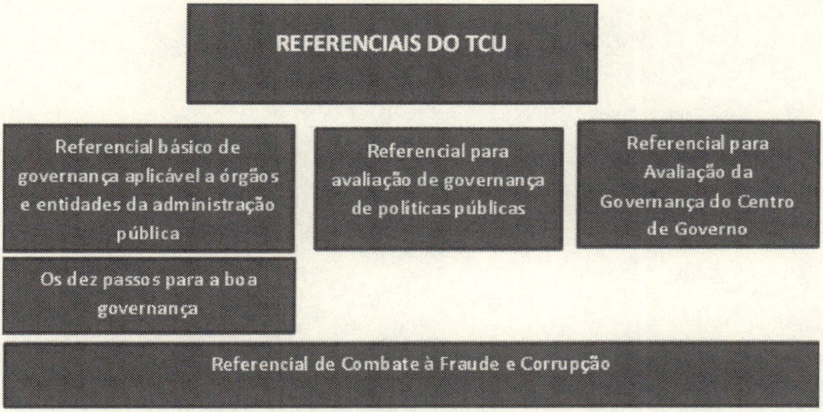

Fonte: Elaboração dos autores.

Percorrido esse caminho, havia uma forte expectativa de que a observação do conjunto de orientações contidas em todos esses documentos pudesse ser um passo importante para o incremento da qualidade e da efetividade de ações governamentais e de serviços prestados aos cidadãos.

Além de esclarecer e incentivar os agentes públicos na adoção de boas práticas de governança, os referenciais tornaram-se guias para as ações do próprio Tribunal sob duas vertentes: a melhoria de sua governança interna; e a uniformização de entendimento por parte do seu corpo técnico, propiciando melhor homogeneidade nos achados de auditoria e alinhamento de determinações nos trabalhos de fiscalização.

CAPÍTULO 3

3.1 O diagnóstico da governança organizacional no Brasil – indicador do TCU

Em 2014, uma grande fiscalização traçou o diagnóstico da governança pública no Brasil, após a celebração do Acordo de Cooperação Técnica entre o TCU, a Associação dos Membros dos Tribunais de Contas do Brasil (Atricon), o Instituto Rui Barbosa (IRB) e a grande maioria dos tribunais de contas brasileiros.

A fiscalização sistematizou informações sobre a situação da governança pública em âmbito nacional – esferas federal, estadual, distrital e municipal. Foram coletados dados perante 380 organizações da administração pública federal, 893 estaduais e 6.497 municipais.[3]

O trabalho se fundamentou em informações coletadas por meio de questionário de autoavaliação, elaborado com base no "Referencial Básico de Governança Aplicável a Órgãos e Entidades da Administração Pública" (RBG).

[3] Os dados completos do trabalho podem ser acessados em TCU. Governança. Levantamento de Governança. 5.5 – Governança Pública 2014 (encerrado). Disponível em: <https://portal.tcu.gov.br/governanca/governancapublica/organizacional/levantamento-de-governanca/>. Acesso em: 10 set. 2023.

Para aperfeiçoar o questionário de governança pública, o TCU realizou reuniões junto à Casa Civil (grupos focais), com participação da Advocacia-Geral da União (AGU), do Ministério da Fazenda (MF), da Controladoria-Geral da União (CGU) e do Ministério do Planejamento, Orçamento e Gestão (MPOG), durante os meses de maio a agosto de 2014.

Ao final, de um total de 8.170 respostas recebidas, foram consolidados os resultados validados de 7.770 organizações, representando aproximadamente 65% da amostra selecionada, de 12.259 órgãos e entidades públicos das esferas municipais, estaduais e federal.

Para apresentar os dados de forma clara e objetiva, o estágio de governança foi classificado em três níveis: inicial, intermediário e aprimorado. Posteriormente, dividiu-se o estágio inicial em três subníveis (inexistente, insuficiente e iniciando), a fim de possibilitar melhores diagnósticos das entidades públicas que ainda necessitavam de maior aprimoramento, conforme ilustra a Figura 10 a seguir.

Figura 10 – Níveis e subníveis de Governança

INICIAL				
Inexistente	Insuficiente	Iniciando	Intermediária	Aprimorada
Não atende e não deliberou	Atende menor parte ( ) ( )	Atende menor parte ( ) (A)	Atende parte ( ) (A)	Atende maior parte ( ) (A)
Decidiu adotá-lo	Atende menor parte (F) ( )	Atende menor parte (F) (A)	Atende parte (F) (A)	Atende maior parte (F) (A)
		Atende parte ( ) ( )	Atende maior parte ( ) ( )	Não Atende - impedimento legal
		Atende parte (F) ( )	Atende maior parte (F) ( )	Não Atende - custo-benefício

LEGENDA:

( ) ( ) - Este item não está formalizado e não é avaliado periodicamente em auditoria

(F) ( ) - Este item está formalizado, mas não é avaliado periodicamente em auditoria

( ) (A) - Este item não está formalizado, mas é avaliado periodicamente em auditoria

(F) (A) - Este item está formalizado eé avaliado periodicamente em auditoria

Fonte: TCU.

Com base nesses conceitos e na metodologia de cálculo definida pela equipe do TCU, os resultados indicaram, conforme gráfico da Figura 11 abaixo, que 48% dos respondentes se encontravam em estágio inicial, enquanto 16%, aprimorado. Consideradas apenas as organizações federais, a maioria se situava em estágio intermediário (54%), enquanto 26% já teriam alcançado o estágio aprimorado.

Figura 11 – Indicador de Governança do TCU – IGG Brasil e IGG Federal

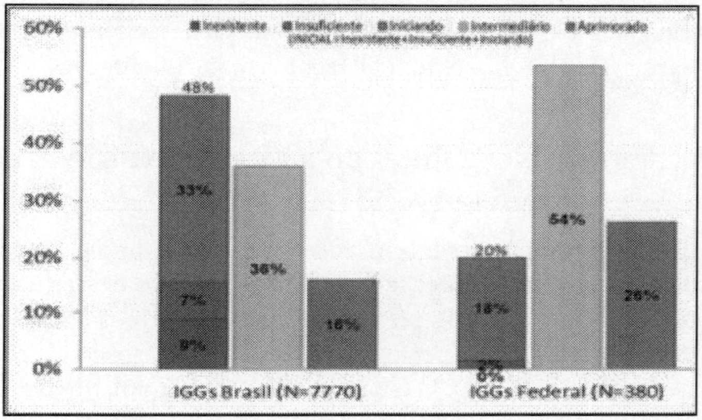

Fonte: TCU.

O comparativo entre os entes federados, mostrado no gráfico da Figura 12, evidenciava a necessidade de se dar prosseguimento ao projeto de melhoria da Governança pública, no âmbito federal, estadual e municipal.

Figura 12 – Indicador de Governança do TCU – Comparativo entre os entes federados

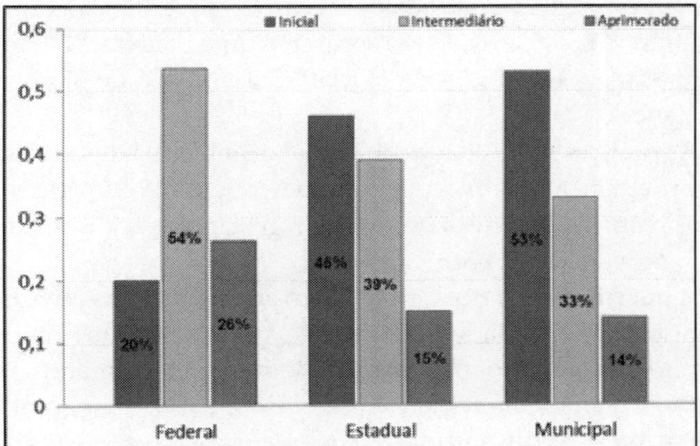

Fonte: TCU.

Embora a situação federal também não fosse confortável, era especialmente evidente a baixa capacidade de governança de estados e municípios, razão pela qual se torna tão necessário e meritório o grande projeto iniciado para a melhoria da governança nesses entes pela Rede Governança Brasil, sobre a qual falaremos mais adiante.

3.2 As apurações seguintes do iGG e a evolução para o iESGo – filosofia ESG

O iGG continuou a ser apurado nos anos seguintes, no entanto, somente para as organizações federais. Os resultados desses indicadores estão publicados na mesma página do TCU para os anos de 2017, 2018, 2021 (atualizado em parte em 2022).

No ano de 2023, o TCU entendeu que era o momento de promover uma evolução do iGG. Por meio do Acórdão 1.205/2023 – Plenário, de relatoria do ministro Vital do Rêgo, foi decidida a criação do iESGo, que agregará, à avaliação dos processos de governança e gestão, quesitos de responsabilidade ambiental e social, seguindo a filosofia ESG.

3.2.1 Filosofia ESG

A filosofia ESG refere-se a um conjunto de princípios que as empresas e investidores estão adotando para avaliar e promover práticas de negócios que consideram ambientalmente sustentáveis, socialmente responsáveis e com boas práticas de governança corporativa. No acrônimo "ESG", cada letra representa uma palavra: "E" de "Environmental" (Ambiental), "S" de "Social" (Social) e "G" de "Governance" (Governança).

As práticas relacionadas ao impacto ambiental das operações de uma empresa incluem preocupações com mudanças climáticas, uso de recursos naturais, emissões de carbono, gestão de resíduos, conservação da biodiversidade, entre outros.

A questão Social trata do respeito ao impacto das atividades de uma empresa na sociedade em geral, bem como nas partes interessadas internas e externas. Isso inclui temas como direitos humanos, relações de trabalho justas, diversidade e inclusão, saúde e segurança dos funcionários, responsabilidade social corporativa e engajamento comunitário.

Por fim, a Governança refere-se às estruturas e práticas de uma empresa que garantem a transparência, integridade, ética nos negócios, independência do conselho de administração, remuneração justa, conformidade regulatória e gestão de riscos.

A filosofia ESG está ganhando cada vez mais importância no mundo dos negócios, com investidores, consumidores e reguladores buscando empresas que adotem práticas sustentáveis e responsáveis. Empresas que seguem os princípios ESG geralmente são vistas como mais éticas, resilientes e capazes de criar valor a longo prazo.

3.3 A apuração do iESGo 2024

Segundo informações do TCU, a coleta de dados para o levantamento do iESGo 2024 está sendo realizada por meio de questionário eletrônico de autoavaliação, assim como era feito com o iGG. A partir da reformulação promovida em 2024, o questionário avaliará os seguintes temas: governança organizacional pública; gestão de pessoas; gestão de tecnologia da informação e da segurança da informação; gestão de contratações; gestão orçamentária e financeira; sustentabilidade ambiental; e sustentabilidade social.

Ainda segundo o TCU, os interlocutores designados pelas organizações participantes receberão, por *e-mail*, as informações de acesso ao questionário, cujo início da aplicação teve início em 4/3/2024. Na página do TCU já é possível acessar as seguintes informações sobre o iESGo: questionário (Previsão de início: 4/3/2024); comparativo do questionário do iGG2021 com o do iESGo 2024; Instruções de preenchimento; *E-mail* para contato com a equipe de fiscalização: iesgo@tcu.gov.br; glossário; referências; e FAQ.

CAPÍTULO 4

4.1 Modelo de governança proposto pelo TCU baseado em boas práticas internacionais

Após todos esses movimentos do TCU, exitosos em seu objetivo de induzir a boa governança, um passo decisivo, no Brasil, foi dado quando o então Presidente da República, Michel Temer, autorizou publicamente [4] os gestores governamentais a se articularem com os técnicos do Tribunal para darem celeridade às medidas necessárias à implementação de boas práticas de governança.

Para que essa articulação técnica fosse facilitada por parte do TCU, o Plenário da Casa aprovou proposta formulada em Comunicação do Ministro Nardes, apresentada em 22/3/2017, de formação de um grupo de trabalho com a missão de estudar o tema e propor as bases de um Modelo de Governança para o Brasil, aos técnicos do governo.

Para conceber esse Modelo de Governança, além das boas práticas resumidas nos referenciais do Tribunal, o grupo de trabalho inspirou-se na IN Conjunta MP/CGU nº 1/2016, na Lei nº 13.303/2016, e em normativos de governança de países mais avançados no assunto, como Estados Unidos, Austrália e Alemanha, respeitadas as particularidades da realidade brasileira. A proposta foi elaborada a partir da catalogação das melhores práticas de liderança, estratégia e controle identificadas nesses instrumentos.

---

[4] A autorização foi dada em discurso proferido no dia 29/11/2016, por ocasião da entrega do Prêmio Mérito Brasil de Governança e Gestão Públicas.

4.2 Mecanismos e ferramentas de liderança

Em termos de liderança, o grupo de trabalho propôs o arcabouço da Figura 13 a seguir, contendo os seguintes mecanismos: I) estruturas de governança, das quais destaca-se o Centro de Governo; II) princípios e comportamentos a serem seguidos pelas lideranças; III) pessoas e comportamentos, estabelecendo-se requisitos e situações de impedimento para a escolha da alta liderança, inclusive de ministros; papel da auditoria interna e dos conselhos de melhoria de desempenho; e IV) liderança organizacional, onde se tratou da responsabilização da alta administração.

Figura 13 – Mecanismos e boas práticas de Liderança do Modelo de Governança elaborado pelo TCU

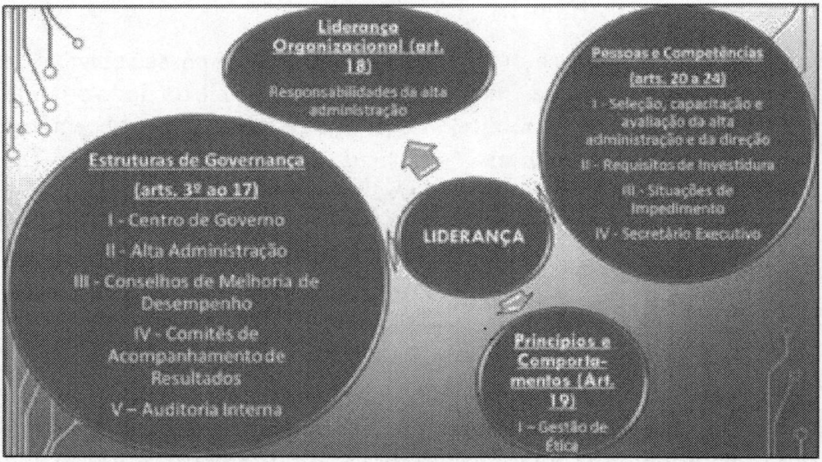

Fonte: TCU.

Detalharemos a seguir alguns dos pontos mais importantes desse Modelo.

4.2.1 Centro de Governo

Um dos pontos principais para aperfeiçoar a Liderança governamental era a estruturação de um Centro de Governo que, segundo Referencial do TCU,[5] tem a seguinte definição:

> O Centro de Governo (CG) de uma nação é uma instituição ou grupo de instituições que fornece apoio ao chefe do poder executivo. Enquanto os ministérios de linha se preocupam com a atuação setorial do poder público, o CG é responsável por olhar a totalidade da ação governamental e assegurar coerência e coesão às diversas iniciativas propostas pelo governo eleito. (TCU, 2023)

Na elaboração do Referencial para Avaliação da Governança do Centro de Governo, o TCU havia analisado seu funcionamento em vários países, dentre os quais o do Chile, Reino Unido, Estados Unidos, Portugal e Nova Zelândia, países entre os oito mais bem colocados no *ranking* realizado pela OCDE em 2013. Com toda essa experiência angariada, os representantes do grupo de trabalho tinham total convicção de que a melhor estruturação do Centro de Governo se constituiria em importante providência para melhorar o desempenho das políticas públicas e dos serviços prestados aos cidadãos.

Reforçava essa convicção, o fato de o TCU ter identificado, em vários trabalhos de então, fragilidades diversas nos órgãos componentes do Centro de Governo do Brasil, especialmente pela ausência de uma estrutura formal para fortalecer esse núcleo estratégico de poder. No âmbito do Acórdão nº 3.580/2014 – Plenário, por meio do qual o Tribunal analisou a estrutura de governança do Sistema de Planejamento do Poder Executivo Federal, a equipe de auditoria identificou a seguinte deficiência na atuação dos órgãos integrantes do Centro de Governo:

> 195. A reduzida atuação do centro de governo ocasiona perda ao processo de planejamento, na medida em que ocorrem deficiências na coordenação desse sistema, o que afeta a comunicação entre os atores envolvidos, o monitoramento das políticas que estão sendo executadas,

---

5 BRASIL. Tribunal de Contas da União – TCU. *Referencial para avaliação de governança em centro de Governo*. Disponível em: <https://portal.tcu.gov.br/governanca/governancapublica/centro-de-governo/>. Acesso em: 10 set. 2023.

> bem como a utilização de informações originárias do monitoramento no aprimoramento dessas políticas. Essas deficiências, além de prejudicarem o planejamento, ocasionam perda na transparência, já que a sociedade não tem acesso a informações precisas sobre o que está sendo planejado e realizado no país em termos de políticas públicas. (TCU, 2014)

Em virtude de todos esses estudos e avaliações realizadas, no Modelo de Governança produzido pelo Grupo de Trabalho, foi proposta a estruturação normativa do Centro de Governo, capaz de auxiliar o Presidente nas tomadas de decisão e no monitoramento das ações, além de favorecer a integração e articulação dos ministérios setoriais entre si e com os governos estaduais e municipais.

O Grupo de trabalho entendia que as funções de Centro de Governo já vinham sendo exercidas no país, há algum tempo, por mérito de organizações e técnicos do Governo Federal, mas todo aquele esforço não parecia ser aproveitado, da forma como deveria, como uma ferramenta de Governança pelas lideranças máximas do Governo Federal.

4.2.2 Comitês internos de governança

Para fortalecer a atuação do Centro de Governo brasileiro, além de sua estruturação formal, o grupo de trabalho previu também, de forma semelhante ao que já existe na lei dos Estados Unidos, que fossem instituídos Comitês Internos de Governança em cada ministério, sob a forma de Conselhos de Melhoria de Desempenho e Comitês de Acompanhamento de Resultados, de forma a melhorar a coordenação, coerência e coesão das diversas iniciativas setoriais.

4.3 Ferramentas de estratégia

No que se refere à Estratégia, o Modelo de Governança proposto previa os seguintes mecanismos para pensar o país em tempo mais alongado e integrar o longo, médio e curto prazo: I) o modelo estratégico e orçamentário; II) a estratégia nacional; III) a estratégia governamental; IV) a gestão da estratégia; e V) o alinhamento estratégico.

Figura 14 – Mecanismos e boas práticas de Estratégia do Modelo de Governança elaborado pelo TCU

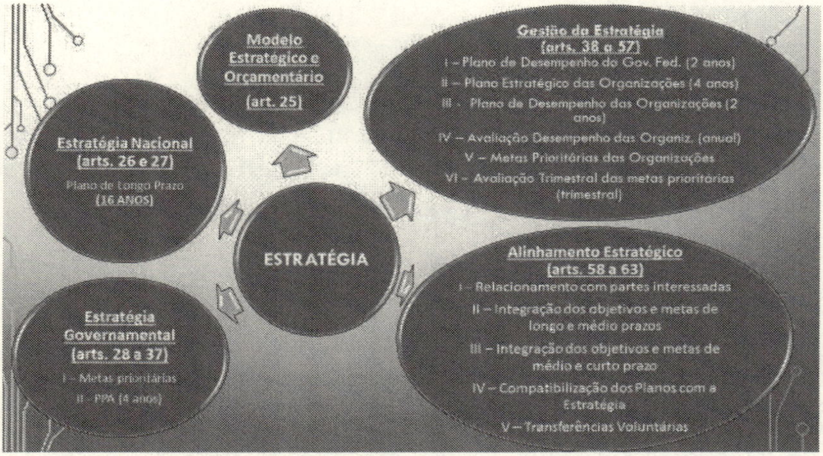

Fonte: TCU.

4.3.1 Estratégia nacional e planejamento governamental de longo prazo

Um dos pontos de grande importância do Modelo de Governança dizia respeito à instituição de um plano de longo prazo, tendo sido proposto um horizonte de 16 anos para que fosse pensado o desenvolvimento brasileiro.

O planejamento de longo prazo vinha sendo objeto de várias recomendações do TCU. Em um de seus trabalhos, o TCU havia destacado que a ausência de planejamento nacional de longo prazo prejudicava a definição de prioridades nacionais, tornando as ações do governo mais sujeitas a descontinuidades e a desalinhamentos. Por conta desse diagnóstico, o Tribunal recomendou à Casa Civil da Presidência da República a seguinte providência (Acórdão 2.127/2017 – TCU – Plenário, relator Ministro substituto Marcos Bemquerer Costa):

> 9.3.1. edição de proposta legislativa para estabelecimento de "diretrizes e bases do planejamento do desenvolvimento nacional equilibrado", em conformidade com o artigo 174, § 1º, da Constituição Federal, considerando a relevância da definição de plano de desenvolvimento nacional

de longo prazo e sua integração ao sistema de planejamento e orçamento federal previsto no art. 165 da Constituição Federal. (TCU, 2017)

4.3.2 Alinhamento estratégico

Além do planejamento de longo prazo, merecem destaque no Modelo de Governança proposto os mecanismos de alinhamento estratégico entre os planos de longo, médio e curto prazo e a obrigatoriedade de se instituir metas prioritárias para o governo como um todo e para os ministérios de forma individual.

> As metas se configuram em um dos pontos mais importantes na filosofia de governança, pois é por meio de sua indicação que os governantes deixam claro aos gestores públicos de sua equipe que caminhos preferenciais devem ser seguidos para que os compromissos assumidos junto à população sejam cumpridos. Quando se estabelecem prioridades, também se torna mais fácil monitorar e avaliar o sucesso do direcionamento estabelecido.

No Modelo do TCU, essa filosofia, claramente delineada na lei americana de governança, foi incorporada. Conforme indicado no modelo, cada ministério ou ente da administração indireta deveria ter expressamente definido em seus planos operacionais, táticos e estratégicos, qual meta prioritária do governo geral estaria sob sua responsabilidade.

Com essa definição clara, ficaria mais fácil ao Centro de Governo monitorar o sucesso do plano governamental e reportar essa situação ao Presidente da República.

A Figura 15 ilustra o desenho da gestão da estratégia, com a distribuição das metas prioritárias do governo entre os ministérios e demais entes.

Figura 15 – Gestão da estratégia, conforme proposto no Modelo de Governança elaborado pelo TCU

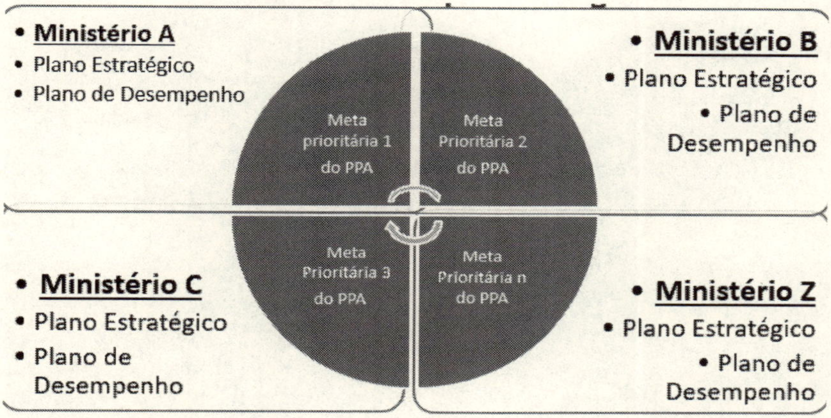

Fonte: TCU.

O descumprimento das metas estratégicas do governo como um todo deveria, segundo o modelo proposto, ser justificado ao Congresso Nacional e divulgado na Internet a toda a sociedade. Essa providência era considerada muito importante, especialmente em países com governos de coalisão, como o Brasil. O cumprimento das metas prioritárias garantiria uma sintonia mínima entre os diversos setores de pensamento que compõem os governos.

4.4 Ferramentas de controle

Por fim, o Modelo de Governança proposto sugeriu que fosse dada visibilidade, em um normativo único de Governança, a um conjunto de ferramentas de "Controle", cuja condução deveria ser direcionada, monitorada e avaliada pelos governantes para que não sofressem descontinuidade e, cuja implementação e utilização não dependessem da iniciativa isolada de um ou outro bom gestor.

Figura 16 – Mecanismos e boas práticas de Controle do Modelo de Governança elaborado pelo TCU

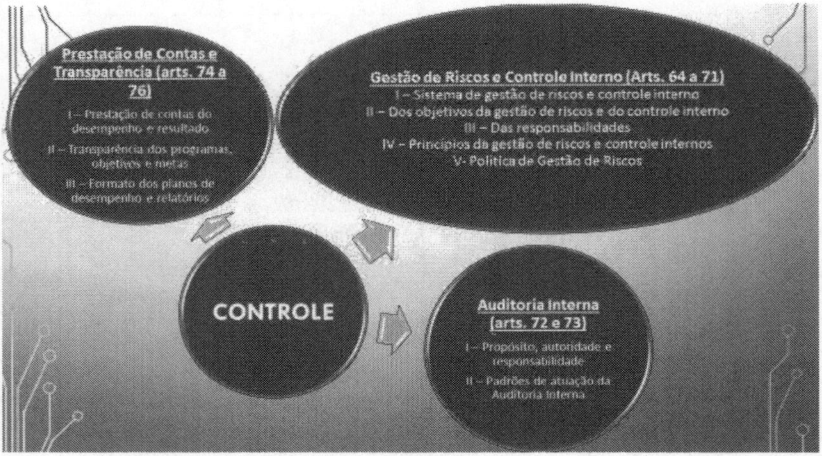

Fonte: TCU.

Nesse pilar de controle, portanto, o grupo de trabalho propôs basicamente que fossem assimiladas, no Modelo de Governança, as mesmas ferramentas contempladas na IN Conjunta MP/CGU nº 1/2016: I) gestão de riscos e controle interno; II) auditoria interna; e III) prestação de contas e transparência.

4.5 Minuta de Decreto / Projeto de Lei

Ao final do trabalho, o Modelo de Governança foi encaminhado, sob a forma de uma minuta de normativo (que podia ser um projeto de lei ou um decreto) ao Presidente da República, aos seus ministros, aos demais chefes de poderes e da Procuradoria Geral da República, aos presidentes do Superior Tribunal de Justiça e Superior Tribunal Militar, ao IBGE e ao IPEA e a todos os ministros e membros do Ministério Público junto ao TCU.

Pelo valor histórico que representa, finalizaremos este capítulo apresentando aos leitores uma cópia da correspondência encaminhada ao Presidente da República, em 5 de maio de 2017.

Figura 17 – Correspondência ao Presidente da República

TRIBUNAL DE CONTAS DA UNIÃO
Gabinete do Ministro Augusto Nardes

Brasília, 5 de maio de 2017.

A Sua Excelência Senhor
MICHEL TEMER
Presidente da República

Senhor Presidente,

Tenho o prazer de encaminhar à V.Ex.ª a presente proposta de texto, a qual estabelece diretrizes e práticas de governança pública voltadas para a melhoria do desempenho das organizações no cumprimento da sua missão institucional de gerar, preservar e entregar valor público com eficiência, eficácia, efetividade, transparência e prestação de contas, em benefício da sociedade

A minuta de normativo contém um conjunto de dispositivos que poderá se materializar em projeto de lei e/ou decreto a ser editado por cada Poder, a depender da oportunidade política para um ou outro instrumento.

Para melhor representar os avanços de governança de que o país precisa, o texto carece de aperfeiçoamentos e debates com representantes dos Poderes Executivo, Legislativo e Judiciário, razão pela qual encaminho a V.Ex.ª a cópia anexa, a fim de subsidiar análise de sua equipe e o encaminhamento de sugestões.

A presente minuta elaborada por grupo de trabalho formado por auditores concursados do TCU, sob a coordenação de meu Gabinete, buscou incorporar comandos aprovados pelo Congresso Nacional para as empresas estatais e regras estabelecidas por legislações que tratam de governança em outros países, em especial nos normativos dos Estados Unidos, Austrália e Alemanha, além das boas práticas identificadas nos referenciais de governança do TCU.

Os dispositivos da minuta têm foco nos órgãos e entidades do Poder Executivo, embora seja aplicável ao demais poderes. Caso a opção seja pelo encaminhamento de um decreto, em paralelo com o projeto de lei, o texto se adequa a essa finalidade com a exclusão de alguns artigos e pequenos ajustes redacionais.

Alguns dos comandos desta minuta estariam mais aderentes à boa técnica legislativa, caso fossem incluídos entre as regras do PLC 229/2009 do Senado Federal, em tramitação na Câmara dos Deputados. Destaco que esse é próximo objetivo a ser perseguido, a fim de que os aperfeiçoamentos nas práticas de governança possam ser estendidos a estados e municípios.

Por fim, enfatizo que desde que fui presidente do Tribunal de Contas da União, no biênio 2013-2014, tenho debatido com os governantes e com a sociedade brasileira sobre a importância da melhoria da governança pública. Em livro de minha coautoria, defendi que a evolução da governança se constitui em um desafio primário para que o Brasil alcance o patamar de desenvolvimento das nações mais avançadas do planeta.

Neste momento desafiador que atravessamos, a edição de uma Lei da Governança Pública, a exemplo da recente Lei 13.303/2016, com foco nas empresas estatais, pode ter um papel importante no desafio de elevar a confiança da população e do mercado em relação à gestão e à governança pública, orientando e instando os gestores a valorizarem questões como a meritocracia, redução do conflito de interesses, definição de uma estratégia de longo prazo consistente e construção de procedimentos para monitoramento e avalição das ações de governo.

Além de contribuir significativamente para melhorar o desempenho governamental na concepção, execução e entrega de políticas públicas de saúde, educação, segurança pública, entre outras, a Lei da Governança terá papel fundamental na inibição e combate às fraudes e desvios de recursos públicos.

Atenciosamente,

JOÃO AUGUSTO RIBEIRO NARDES
Ministro

Fonte: Ministro Augusto Nardes.

CAPÍTULO 5

5.1 O modelo de governança adotado pelo governo do Brasil – Decreto nº 9.203/2017

Com o aval e o apoio do Presidente da República, o TCU iniciou uma série de reuniões para apresentar o Modelo de Governança aos ministros e principais gestores da Presidência da República, Casa Civil, Ministério da Fazenda, Ministério do Planejamento e Ministério da Transparência e Controladoria Geral da União (CGU).

Uma das dúvidas levantadas nas reuniões iniciais dizia respeito à aparente desnecessidade de normativos próprios sobre governança, tendo em vista que já havia regulamentações variadas tratando dos aspectos de liderança, estratégia e controle. Com o decorrer dos debates, no campo político e técnico, foi ficando claro que o objetivo de um só normativo, unificando todas essas boas práticas, facilitaria muito a comunicação do direcionamento governamental quanto ao cumprimento desses dispositivos. Também seria facilitado o controle formal e social da evolução dos quesitos necessários a uma boa governança.

Ainda durante os debates que se seguiram, havia uma preocupação permanente com o nível de maturidade de alguns ministérios e entidades da Administração Federal para se adequarem aos novos dispositivos. Planejamento estratégico, gestão de riscos, controles internos, seleção e capacitação das lideranças e transparência poderiam ser questões de implementação morosa em órgãos e entidades com estrutura precária e orçamentos reduzidos.

Também havia muito temor de que um eventual normativo de governança pudesse ser cobrado de forma desproporcional pelos órgãos de controle, prejudicando agentes públicos que não contassem com o necessário tempo de maturação para a implementação dos dispositivos de liderança, estratégia e controle. Ao longo da implementação do Decreto, nos anos seguintes, esses temores foram sendo afastados.

5.2 Governança sob a forma de uma política pública

Apesar das controvérsias, estava claro, para todos, a incipiência das práticas de governança no Brasil, nas três esferas de governo. Em tantos trabalhos do TCU, havia sido diagnosticado, por exemplo, que 37% das organizações federais não estabeleciam adequadamente o processo de seleção de membros da alta administração e de conselhos ou colegiado superior; 69% das instituições federais não se responsabilizavam de forma adequada pela gestão de riscos e controles internos; e 55% de todas as organizações não explicitavam na estratégia da organização (ou o faziam de forma inadequada) os objetivos, iniciativas, indicadores de desempenho e metas.

Nesse cenário, prejuízos e serviços públicos de má qualidade se multiplicavam. Como exemplo, podemos mencionar a decisão de construir diversas refinarias da Petrobras, quase todas com preço final aparentemente superior ao custo planejado. As refinarias Premium I e II, que seriam erguidas no Nordeste, foram abandonadas deixando um prejuízo de mais de R$3 bilhões. No Complexo Petroquímico do Rio de Janeiro (Comperj) e Abreu e Lima, foram identificados pelo TCU prejuízos superiores a R$2,5 bilhões, para os quais houve determinação do bloqueio de bens das empresas envolvidas. É claro que o esquema de corrupção que se descortinava à nação influenciou no processo decisório. Mas a má governança, de uma forma geral, também foi elemento crucial para que interesses particulares ou de terceiros se sobrepusessem aos interesses dos proprietários da empresa, entre eles a União.

Outro caso emblemático de má governança, que sempre era mostrado nas nossas palestras pelo Brasil, dizia respeito à construção das Unidades de Pronto Atendimento (UPA), durante o governo da Presidente Dilma Rousseff. Concebidas pelo Governo Federal para ser um elemento intermediário entre a atenção básica e o atendimento hospitalar, a ideia vinha ficando pelo caminho pela falta de coordenação entre União, estados e municípios. Em face da ausência de recursos nos municípios e nos estados, havia, naquele momento, 160 UPAS construídas sem prestar atendimento, por falta de equipamentos, pessoal e outros recursos para funcionar.

Esses e outros tantos casos, além do amplo diagnóstico nacional, deixavam claro que a má governança era um problema público de grande magnitude. Era natural, portanto, a necessidade de se instituir uma política pública para alterar essa realidade. E as boas práticas internacionais recomendavam, conforme consignado em Referencial do TCU (2014), [6] que houvesse uma institucionalização formal das políticas públicas por meio de norma apropriada (lei, decreto, resolução etc.), emitida por órgão dotado de legitimidade e competência para fazê-lo, e na qual seria regulamentada a atuação dos diversos órgãos, instituições e esferas de governo envolvidos.

No mesmo referencial do TCU, mencionado anteriormente, política pública foi definida como "um conjunto articulado e estruturado de ações e incentivos que buscam alterar uma realidade em resposta a demandas e interesses dos atores envolvidos" (MARTINS, 2007). Uma determinada política pública estabelece: Sobre "o que fazer" (ações), "aonde chegar" (objetivos relacionados ao estado de coisas que se pretende alterar) e "como fazer" (princípios e macroestratégias de ação) (MARTINS, 2003). Política Pública diz respeito, portanto, "à mobilização político-administrativa para articular e alocar recursos e esforços para tentar solucionar dado problema coletivo (PROCOPIUCK, 2013).

A partir dessas definições, havia uma grande expectativa de que uma Política de Governança Pública, formatada a partir do Modelo proposto pelo TCU, e institucionalizada por lei ou decreto, pudesse contribuir para a retomada do desenvolvimento brasileiro e a redução de notícias negativas nas páginas policiais. Além disso, ao unificar dispositivos dispersos, um normativo sobre governança, ao contrário de multiplicar o número de normas, poderia reunir dezenas delas e comunicar, com mais eficácia, o que o "principal" e os governantes esperavam dos agentes públicos.

As tratativas anteriores com vários ministros do governo da Presidente Dilma Rousseff havia resultado na publicação da Instrução Normativa nº 1/2016, editada de forma conjunta pelo Ministério do Planejamento e pela Controladoria Geral da União (CGU). No entanto, embora pudesse ser considerado um importante marco para a administração pública brasileira, esse normativo continha apenas

---

6 BRASIL. Tribunal de Contas da União – TCU. *Governança pública*: referencial de avaliação de governança de políticas públicas. Brasília: TCU, Secretaria de Planejamento, Governança e Gestão, 2014. Disponível em: <https://portal.tcu.gov.br/referencial-para-avaliacao-de-governanca-em-politicas-publicas.htm >. Acesso em: 17 set. 2023.

dispositivos de controle, não avançando sobre questões cruciais como critérios para escolha da alta liderança e planejamento de longo prazo, por exemplo.

No início do governo Temer, a edição da Lei nº 13.303/2016 sinalizou avanços a respeito da matéria, mas apenas para as estatais brasileiras. Esse normativo tratou de temas como a profissionalização da gestão das empresas, novas regras para nomeação de gestores, inclusive dos conselhos, impedimento para dirigentes de partidos e pessoas que tenham atuado em campanhas eleitorais assumirem cargos por determinado período e acesso irrestrito aos órgãos de controle, como o TCU.

Figura 18 – Cerimônia de assinatura do Decreto nº 9.203/2017

Fonte: TCU.

É nesse contexto que foi editado o Decreto nº 9.203/2017, de 22 de novembro de 2017, dispondo sobre a Política de Governança da Administração Pública federal direta, autárquica e fundacional.

No evento de lançamento da Política de Governança, ocorrido no Palácio do Planalto no dia 22/11/2017, o Presidente da República destacou que entre tantas reformas em pauta, como a trabalhista e previdenciária, o tema da governança era o mais relevante para colocar o Brasil no século 21.

O então Presidente do TCU, Raimundo Carreiro, e o Ministro Augusto Nardes foram convidados pelo Presidente da República a assinarem o ato de encaminhamento do Projeto de Lei da Governança ao Congresso Nacional, fato que simbolizou o reconhecimento aos esforços do TCU para que a Política de Governança Pública fosse lançada no país.

Após a edição do Decreto nº 9.203/2017, o governo nacional do Brasil, muito acertadamente, começou a tratar Governança como uma política pública, a partir da seguinte análise, efetuada no Guia da Política de Governança[7]:

> A ideia de concretizar uma política de governança surgiu da percepção de que era necessária uma condução integrada e coerente das diversas iniciativas setoriais isoladas de aprimoramento da governança. Para dar sustentação e unidade à política, foram utilizadas recomendações da literatura especializada e de organizações internacionais, notadamente da Organização para Cooperação e Desenvolvimento Econômico (OCDE), que sintetizam as melhores práticas de governança. (BRASIL, 2018)

5.3 O Decreto nº 9.203/2017 lança a Política de Governança

Baseado em grande parte no Modelo de Governança proposto pelo TCU, o art. 1º do Decreto dispõe que a política de governança abrangeria a administração pública federal direta, autárquica e fundacional. No art. 2º, o decreto trouxe definições de governança pública, valor público, alta administração, gestão de riscos, entre outros. Os princípios da governança pública foram explicitados no art. 3º: I - capacidade de resposta; II - integridade; III - confiabilidade; IV - melhoria regulatória; V - prestação de contas e responsabilidade; e VI - transparência. O art. 4º e 5º apresentaram as diretrizes e os mecanismos de governança pública.

---

7 BRASIL. Ministério do Planejamento, Desenvolvimento e Gestão. Secretaria de Coordenação e Governança das Empresas Estatais. Guia de Política de Governança Pública. Brasília: MP, 2018. Disponível em: <www.gov.br>. Acesso em: 17 set. 2023.

O art. 6º estabeleceu que caberia à **alta administração** dos órgãos e das entidades implementar e manter mecanismos, instâncias e práticas de governança em consonância com os princípios e as diretrizes estabelecidas no Decreto. O parágrafo único do artigo dispôs que os mecanismos, as instâncias e as práticas de governança de que tratava o **caput** incluiriam, no mínimo: I - formas de acompanhamento de resultados; II - soluções para melhoria do desempenho das organizações; e III - instrumentos de promoção do processo decisório fundamentado em evidências.

O art. 7º instituiu o **Comitê Interministerial de Governança – CIG**, com a finalidade de assessorar o Presidente da República na condução da política de governança da administração pública federal. O art. 8º estabeleceu que o CIG seria composto pelos seguintes membros titulares: I - Ministro de Estado Chefe da Casa Civil da Presidência da República, que o coordena; II - Ministro de Estado da Fazenda; III - Ministro de Estado do Planejamento, Desenvolvimento e Gestão; e IV - Ministro de Estado da Transparência e Controladoria-Geral da União. O artigo 9º definiu competências do CIG. O art. 10 autorizou o CIG a constituir grupos de trabalho específicos para subsidiá-lo no cumprimento de suas competências e o art. 11 definiu que a Secretaria-Executiva do CIG seria exercida pela Casa Civil da Presidência da República. O art. 12 deixou claro que a participação de reuniões do Comitê seria não remunerada.

Nos debates entre os técnicos do governo e do TCU, que antecederam a publicação do Decreto, foi ponderado sobre a dificuldade de se instituir formalmente um Centro de Governo, nos moldes do Modelo de Governança proposto. Havia por parte dos técnicos governamentais uma preocupação de que a excessiva valorização dos componentes do Centro de Governo pudesse comprometer o relacionamento com os ministérios setoriais, responsáveis finais pela implementação das políticas de saúde, educação etc. A criação do CIG foi a solução encontrada, no cenário político de então, que ainda perdura, para equilibrar a governança com a governabilidade.

O art. 13 atribuiu competência aos órgãos e às entidades integrantes da administração pública federal direta, autárquica e fundacional para executar a política de governança pública, de maneira a incorporar os princípios e as diretrizes definidos no Decreto e as recomendações oriundas de manuais, guias e resoluções do CIG.

O art. 14 estabeleceu o prazo de cento e oitenta dias para que os órgãos e as entidades da administração pública federal direta, autárquica e fundacional instituíssem os **Comitês Internos de Governança** ou atribuíssem as competências correspondentes a colegiado já existente, por ato de seu dirigente máximo. No art. 15 foram fixadas as competências dos comitês internos de governança e no art. 16 foi estabelecida a obrigação de as atas e resoluções dos comitês internos serem publicados em sítio eletrônico.

De acordo com o art. 17 do Decreto, a alta administração das organizações da administração pública federal direta, autárquica e fundacional deveriam estabelecer, manter, monitorar e aprimorar sistema de **gestão de riscos e controles internos** com vistas à identificação, à avaliação, ao tratamento, ao monitoramento e à análise crítica de riscos que pudessem impactar a implementação da estratégia e a consecução dos objetivos da organização no cumprimento da sua missão institucional.

Não obstante ser de vital importância para a Governança, o TCU havia identificado que 70% de todas as organizações estavam apenas em estágio de capacidade inicial na prática "estabelecer estrutura de gestão de riscos" e 69% das organizações federais declararam que o processo de gestão de riscos não estava implantado.

O Decreto nº 9.203/2017 é meritório ao tratar da Gestão de Riscos e Controles Internos, mantendo os avanços instituídos pela edição da IN Conjunta MP/CGU nº 1 e atribuindo aos ministros e demais integrantes da alta administração a responsabilidade de estabelecer, manter, monitorar e aprimorar o sistema de gestão de riscos e controles internos.

O art. 18 do Decreto tratou da auditoria interna governamental, que deveria, pela orientação dada, adicionar valor e melhorar as operações das organizações para o alcance de seus objetivos, mediante a abordagem sistemática e disciplinada para avaliar e melhorar a eficácia dos processos de gerenciamento de riscos, dos controles e da governança.

Por sinal, o Sistema de Controle Interno de uma organização é formado pelas três linhas de defesa. A primeira linha é o controle da gerência. A segunda linha é a supervisão de conformidade, exercido por um comitê de gerenciamento de riscos.

Já a **Auditoria Interna** é responsável pela avaliação dos controles internos e do gerenciamento de riscos e da governança, constituindo a terceira linha de defesa. Ao enfatizar atribuições da Auditoria Interna, o Decreto alinhou-se aos padrões internacionais, especialmente, ao conceito de Auditoria Interna fornecido pelo Instituto dos Auditores Internos do Brasil (2023),[8] que segue o disposto na Estrutura Internacional de Práticas Profissionais (em inglês International Professional Practices Framework – IPPF) e para a qual auditoria interna é:

> atividade independente e objetiva de avaliação e consultoria, criada para agregar valor e melhorar as operações de uma organização. Ela auxilia a organização a atingir seus objetivos a partir da aplicação de uma abordagem sistemática e disciplinada à avaliação e melhoria da eficácia dos processos de gerenciamento de riscos, controle e governança. (BRASIL, 2023)

A partir dessas considerações, pode-se afirmar que a auditoria interna tem por atribuição medir e avaliar a eficiência e eficácia de outros controles. Não compete à auditoria interna estabelecer estratégias para gerenciamento de riscos ou controles internos para mitigá-los, pois estas são atividades próprias dos gestores. Cabe-lhe avaliar a qualidade desses processos e oferecer consultoria aos gestores sobre os temas de gerenciamento de riscos, controles internos e governança. No Brasil, a Secretaria Federal de Controle Interno, pertencente à estrutura do Ministério da Transparência, Fiscalização e Controladoria Geral da União (CGU), é o órgão de auditoria interna do Governo Federal. Segundo estabelecido no art. 19, os órgãos e as entidades da administração direta, autárquica e fundacional deveriam instituir **Programa de Integridade**, com o objetivo de promover a adoção de medidas e ações institucionais destinadas à prevenção, à detecção, à punição e à remediação de fraudes e atos de corrupção.

---

8 BRASIL. Instituto dos Auditores Internos do Brasil. Definição de Auditoria Interna. Disponível em: <iiabrasil.org.br>. Acesso em: 1 set. 2023.

> "Integridade não é apenas uma questão moral, é também sobre fazer com que a economia seja mais produtiva, o setor público mais eficiente e a sociedade mais inclusiva" OECD – Integrity Review of Brazil: Managing Risks for a Cleaner Public Service.

Constituindo-se em uma das ferramentas-chave da Política de Governança, o Programa de Integridade foi estruturado nos seguintes eixos: I - comprometimento e apoio da alta administração; II - existência de unidade responsável pela implementação no órgão ou na entidade; III - análise, avaliação e gestão dos riscos associados ao tema da integridade; e IV - monitoramento contínuo dos atributos do programa de integridade. O art. 20 do Decreto concedeu ao Ministério da Transparência e Controladoria-Geral da União o prazo de cento e oitenta dias para estabelecer os procedimentos necessários à estruturação, à execução e ao monitoramento dos programas de integridade dos órgãos e das entidades da administração pública federal direta, autárquica e fundacional.

Com essa sequência de artigos, o Decreto, de certa forma, definiu as ações iniciais do desenho da nova política que se estava instituindo. Ao atribuir responsabilidades às lideranças e comitês pela coordenação e implementação dessas ações, com prazos definidos em alguns casos, o normativo estabeleceu também, de forma resumida, a estratégia de implementação para os primeiros passos a serem dados.

CAPÍTULO 6

6.1 Projeto de Lei (PL) nº 9.163/2017 – governança para todos os poderes

O Projeto de Lei encaminhado ao Congresso Nacional no mesmo dia do evento de lançamento da Política de Governança Pública tomou o número de PL nº 9.163/2017 na Câmara dos Deputados.

Quando aprovado, o projeto de lei estabelecerá para os demais poderes da União, no que couber, o dever de seguir, no seu âmbito de atuação, o modelo de governança acolhido no Poder Executivo Federal, por meio do Decreto nº 9.203/2017, além dos instrumentos para aperfeiçoar o planejamento de longo prazo no Brasil, tema que não constou do Decreto.

Na exposição de motivos do Projeto de Lei 9.163/2017[9] encaminhado ao Congresso Nacional, reproduzida a seguir, ficou consignado o registro histórico da participação do TCU nesse passo decisivo para a Administração Pública brasileira rumo à sua maturidade institucional.

---

[9] BRASIL. Projeto de Lei 9.163, de 2017. Dispõe sobre a política de governança da administração pública federal direta, autárquica e fundacional. Brasília: Câmara dos Deputados, 2017. Disponível em: <Portal da Câmara dos Deputados>. Acesso em: 27 out. 2023.

Figura 19 – Exposição de Motivos do PL 9.163/2017

EMI nº 00240/2017 MP CGU

Brasília, 23 de novembro de 2017.

Excelentíssimo Senhor Presidente da República,

1. Submeto à apreciação de Vossa Excelência proposta de Projeto de Lei que dispõe sobre a Política de Governança Pública, assim entendida como o conjunto de mecanismos de liderança, estratégia e controle postos em prática para avaliar, direcionar e monitorar a gestão, com vistas à condução de políticas públicas e à prestação de serviços de interesse da sociedade, e dá outras providências.

2. A minuta do Projeto de Lei foi elaborada a partir de carta do Ministro João Augusto Nardes, do Tribunal de Contas da União – TCU, dirigida à Vossa Excelência, que sugere a edição de normativo específico com o estabelecimento da política de governança pública no âmbito dos poderes da União. Aduz aquele Ministro que, neste momento desafiador que atravessamos, a edição de uma Lei de Governança Pública, a exemplo da recente Lei nº 13.303, de 30 de junho de 2016, com foco nas empresas estatais, pode ter um papel importante no desafio de elevar a confiança da população e do mercado em relação à gestão e à governança pública, orientando e instando os gestores a valorizarem questões como acompanhamento de resultados, melhoria do desempenho, processo decisório baseado em evidências, estratégia de longo prazo consistente e construção de procedimentos para monitoramento e avaliação das ações de governo.

3. Nessa seara, a partir das recomendações do Tribunal de Contas da União, em especial do seu Referencial Básico de Governança Pública e de boas práticas de organizações internacionais, realizou-se o debate do conteúdo proposto, acolhendo-se as contribuições e proposições advindas de diversos interlocutores, destacando-se entre eles a Casa Civil da Presidência da República e o Ministério da Transparência e Controladoria-Geral da União.

Fonte: Câmara dos Deputados. PL 9.163/2017.

Discorrendo sobre o conteúdo do referido PL, destaca-se que em seu art. 1º, foi estabelecido que a política de governança se aplicaria à Administração Pública Federal Direta, Autárquica e Fundacional. O parágrafo único destaca que a lei valeria, no que couber e na ausência de norma própria sobre a matéria, para o Poder Legislativo Federal, Poder Judiciário Federal, Tribunal de Contas da União, Ministério Público da União, Defensoria Pública da União e demais entes federativos.

Nos artigos 2º ao 6º, o Projeto de Lei incorpora as definições, princípios, diretrizes e mecanismos de Governança. Os artigos 14 e 15 tratam do sistema de gestão de riscos e controles internos e da auditoria interna governamental.

O PL traz ainda dispositivos referentes à estratégia governamental, insertos nos artigos 7º a 13, sobre os quais comentaremos com mais detalhes, no capítulo seguinte, quando abordaremos a evolução do planejamento de longo e médio prazo no Brasil.

Ainda que possa avançar em alguns pontos, durante sua tramitação, o Projeto de Lei, aliado aos dispositivos do Decreto nº 9.203/2017, já estabelece um conjunto de mecanismos e ferramentas de governança que fará com que os resultados governamentais se aproximem, cada vez mais, das expectativas da sociedade brasileira e dos mercados, nacional e internacional.

Sua aprovação afetará, de forma positiva, não só o Executivo, mas também o Poder Legislativo e Judiciário Federal, além do Tribunal de Contas da União, do Ministério Público da União e Defensoria Pública da União.

Em vias de ser aprovado, o projeto tramita em regime de prioridade e está sujeito à apreciação conclusiva pelas comissões da Câmara dos Deputados. Em sua distribuição foram indicadas a passagem pela Comissão de Trabalho, Administração e Serviço Público (CTASP) e Comissão de Constituição e Justiça e Cidadania (CCJC).

A proposição passou pela Comissão de Trabalho, Administração e Serviço Público e, nos termos do parecer do Relator, Deputado Maurício Dziedricki,[10] aprovado em 23/11/2021, seguiu para a Comissão de Constituição e Justiça e Cidadania (CCJC), com breves adaptações da redação original e com a supressão dos serviços sociais autônomos da abrangência do Projeto de Lei.

Atualmente (setembro de 2023), o PL encontra-se em seu último estágio de tramitação, na CCJC, tendo recebido, em 11/11/2022, o parecer favorável do Relator, Deputado Fausto Pinato,[11] que, contudo, apresentou emenda ao Projeto de forma a excluir estados e municípios de sua abrangência, fundamentado no seguinte parecer:

---

10 Disponível em: <chrome-extension://efaidnbmnnnibpcajpcglclefindmkaj/https://www.camara.leg.br/proposicoesWeb/prop_mostrarintegra?codteor=2108808>. Acesso em: 07 jul. 2023.

11 BRASIL. Congresso Nacional. Projeto de Lei nº 9.163, de 2017. Institui a Política Nacional de Governança Pública. Disponível em: <chrome-extension://efaidnbmnnnibpcajpcglclefindmkaj/https://www.camara.leg.br/proposicoesWeb/prop_mostrarintegra?codteor=2214452>. Acesso em: 07 jul. 2023.

Ainda em relação a sua constitucionalidade, identificou-se a necessidade de adaptação no parágrafo único do seu art. 1º, que tornava mandatório aos "demais entes federativos" as regras estabelecidas na proposição legislativa federal. Realmente, a lei aprovada pelo Congresso Nacional somente poderá conter normas de Direito Administrativo imponível a Estados e Municípios quando a própria Constituição assim o autorizar. Não havendo tal previsão constitucional, a lei impositiva aos demais Entes atentará contra o princípio federativo.

Também a realçar a autonomia dos entes federados em matéria de Direito Administrativo, observou Hely Lopes Meirelles que cada entidade estatal é autônoma para organizar seus serviços e compor seu pessoal e que o processo administrativo não pode ser unificado pela legislação federal, para todas as entidades estatais, em respeito à autonomia de seus serviços. Na mesma direção, Adilson Dallari afirma que, no Brasil, cada pessoa jurídica de capacidade política (União, Estados, Distrito Federal e Municípios) dispõe de liberdade e competência para organizar a sua própria e respectiva administração, pois não há previsão constitucional de edição de uma lei única, de abrangência nacional, dispondo sobre processo administrativo.

Como se vê, em sede de Direito Administrativo, a autonomia de Estados, Distrito Federal e Municípios só é limitada pelas próprias normas constantes da Constituição Federal e pelas leis nacionais expedidas com base em competência expressamente conferida pela Carta Magna à União. E não há dispositivo algum na Constituição conferindo à União competência para estabelecer normas gerais sobre a criação de um sistema de integridade na Administração Pública, competências dos órgãos integrantes do sistema, processos e rotinas administrativas de implantação de planos, ações e políticas de governança.

Desta forma, entende-se oportuno suprimir os termos "demais entes federativos" e "no que couber e na ausência de norma própria sobre a matéria" do parágrafo único do art. 1º da referida proposição, restando a seguinte redação:

Art. 1º. Parágrafo único. Aplica-se o disposto nesta Lei ao Poder Legislativo federal, ao Poder Judiciário federal, ao Tribunal de Contas da União, ao Ministério Público da União, à Defensoria Pública da União. (BRASIL, 2017)

Em subemenda, apresentada no mesmo dia da referida emenda, o Relator acrescentou a seguinte alteração redacional:

> Dê-se ao parágrafo único do artigo 1º do substitutivo a seguinte redação:
>
> Art. 1º..
>
> Parágrafo único. Aplica-se o disposto nesta Lei ao Poder Legislativo federal, ao Poder Judiciário federal, ao Tribunal de Contas da União, ao Ministério Público da União, à Defensoria Pública da União. (BRASIL, 2017)

Ainda que não inclua estados e municípios brasileiros, o parecer, como dissemos, é favorável ao Projeto de Lei que, nos dizeres do Relator, passaria a obedecer a todos os requisitos constitucionais formais para a espécie normativa e respeitar os princípios e normas de natureza material da CF. Ainda segundo o Relator, no tocante à juridicidade, o Projeto de Lei se encontra inteiramente de acordo com os princípios e fundamentos do ordenamento jurídico vigente.

A aprovação do PL, iminente, esperamos, representará, por certo, um marco na administração pública federal direta, autárquica e fundacional e será um grande passo para que estados e municípios caminhem no mesmo sentido, aprovando leis semelhantes nos demais entes da federação.

Longe de representar qualquer "sanha legiferante", como vem sendo criticado por um ou outro especialista em Governança, a aprovação de Leis para tratar da Governança é uma boa prática preconizada em todo o mundo para dar institucionalidade e estabilidade às políticas públicas.

Como defendemos, enfaticamente, desde o início de nosso projeto em prol da boa governança, que a implementação de boas práticas de Liderança, Estratégia e Controle deve ocorrer sob a forma de uma política pública, não há como contestar, segundo entendemos e conforme é senso comum, a necessidade de sua institucionalização por meio de uma lei. Sem desmerecer os decretos já editados, uma lei seria a chancela popular, por meio dos seus representantes eleitos no Parlamento, ao novo caminho que a Administração Pública brasileira deve agora percorrer.

A restrição de abrangência do PL 9.163/2017 à Administração Pública Federal dá contornos ainda mais relevantes a iniciativas da Sociedade Civil, como a Rede Governança Brasil, de que falaremos mais adiante nesta obra, para levar os mesmos princípios, diretrizes e boas práticas aos entes subnacionais, convencendo e induzindo seus governantes na tarefa de produzir leis semelhantes para suas políticas de governança.

CAPÍTULO 7

7.1 A evolução da governança no Brasil sob a forma de uma política pública

Para que a Política de Governança, depois de lançada, tivesse sua implementação viabilizada, o Decreto nº 9.203/2017 estabeleceu claramente o papel dos atores e prazos para que várias das ações previstas começassem a sair do papel.

Com essas providências, o Decreto desenhou as linhas iniciais da nova política e propiciou que várias iniciativas fossem desenvolvidas, a partir de sua edição, com destaque para as seguintes, que representavam uma inovação no Setor Público brasileiro naquele momento: Comitê Interministerial de Governança; Comitês Internos de Governança; Estratégia Nacional e Federal de Longo Prazo; e Programa de Integridade.

Esse desenho básico contido no decreto, por sinal, deve ser considerado pelos governos subnacionais do Brasil como um caso de sucesso, a ser replicado nos momentos iniciais da implementação de suas próprias políticas de governança.

7.2 Comitê Interministerial de Governança (CIG)

Uma das primeiras iniciativas, como não poderia deixar de ser, foi a organização do Comitê Interministerial de Governança (CIG) para assessorar o Presidente da República na condução das boas práticas de liderança, estratégia e controle. A primeira reunião do CIG, divulgada na Internet,[12] ocorreu em 19/02/2018.

Ressalte-se que, apesar de não ter sido instituída uma estrutura formal de Centro de Governo, conforme sugerido no modelo proposto pelo TCU, o Comitê Interministerial de Governança acabou sendo uma solução importante para dar mais poder de coordenação e integração entre os órgãos que exercem as funções do Centro, como: gerenciamento estratégico; prevenção e gestão de riscos; articulação política e orientação; coordenação do desenho e implementação das políticas públicas; monitoramento e avaliação; e comunicação e Accountability.

Desde a sua implementação, o CIG tomou decisões importantes para o esclarecimento e a implementação das boas práticas de governança em todos os ministérios. Sua composição, agenda e atas de reuniões, bem como as principais recomendações podiam ser consultadas na página da Casa Civil, no endereço www.gov.br/casacivil/pt-br/assuntos/governanca/comite-interministerial-de-governanca, conforme ilustrado na Figura 20.

Figura 20 – Situação de implementação dos Comitês Internos de Governança, posição de maio/2022

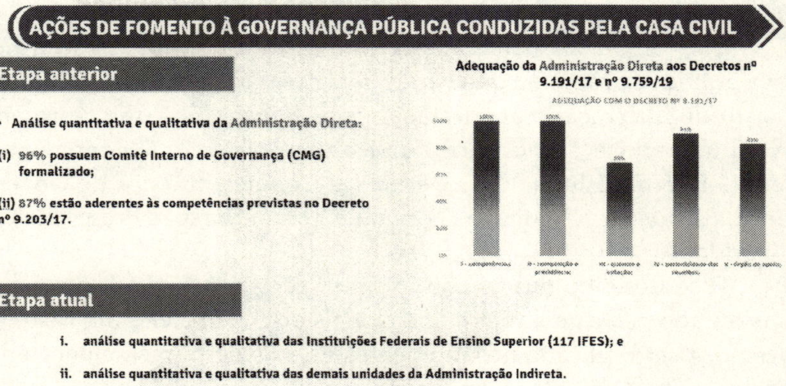

Fonte: Casa Civil da Presidência da República.

[12] Disponível em: <https://www.gov.br/casacivil/pt-br/assuntos/governanca/comite-interministerial-de-governanca/agenda-de-reunioes>. Acesso em: 07 jul. 2023.

Em consulta realizada em 02/09/2023, ainda não havia atualizações na página do CIG, desde 23/12/2022. Além disso, por meio do *link* do CIG, ainda disponível na página da Casa Civil, constata-se que nenhuma reunião do Comitê foi realizada no ano de 2023, decorridos já oito meses completos da posse do novo governo do país.

Aguardemos os momentos seguintes para avaliarmos a extensão dessa interrupção na Política de Governança, pois as transições governamentais, como a que ocorre agora em 2023 no Brasil, de fato, representam um grande risco de descontinuidade para qualquer política pública.

7.2.1 Orientações do CIG para implementação da Governança – Guia da Política de Governança

Uma das primeiras iniciativas, muito importante do CIG, foi a edição do Guia da Política de Governança Pública.[13] Publicado em 2018, o Guia, segundo consta de sua apresentação, foi resultado das discussões que ocorreram entre os técnicos do governo para a elaboração de orientações da política de governança da administração pública federal direta, autárquica e fundacional.

Esses debates foram coordenados pela Casa Civil da Presidência da República, em parceria com o Ministério da Fazenda, o Ministério do Planejamento, Desenvolvimento e Gestão e o Ministério da Transparência e Controladoria-Geral da União (CGU).

O objetivo principal do Guia, segundo seu texto, foi dar segurança e estabilidade à interpretação do Decreto nº 9.203, de 2017, servindo como referencial aos responsáveis pela sua execução. Com uma interpretação homogênea para o Decreto, o CIG esperava garantir coordenação, coerência e consistência na implementação da Política de Governança Pública.

Tendo recebido a colaboração de várias organizações nacionais e internacionais,[14] o Guia contou com a contribuição de peso de um dos maiores especialistas no tema, à época, o professor B. Guy Peters, do Departamento de Ciência Política da Universidade de Pittsburgh, nos

13 BRASIL. Casa Civil da Presidência da República. *Guia da política de governança pública.* Brasília, 2018. Disponível em: <chrome-extension://efaidnbmnnnibpcajpcglclefindmkaj/https://www.gov.br/casacivil/pt-br/assuntos/downloads/guia-da-politica-de-governanca-publica>. Acesso em: 24 set. 2023.

14 Luis Afonso Gomes Vieira, um dos autores desta obra, foi colaborador do Guia.

Estados Unidos, presidente da Associação Internacional de Política Pública, que escreveu alguns boxes especialmente para aquela publicação e foi responsável pelo prefácio.

Dividido em duas partes, com três capítulos cada, o Guia apresenta, na primeira parte, os objetivos e justificativas da política de governança, passando pelo esclarecimento do seu conceito. Na segunda parte, é detalhado o arranjo de princípios e estruturas que permitiria a implementação da política.

Com essas informações, que detalharam o desenho inicial contido no próprio Decreto nº 9.203/2017, os gestores responsáveis pela implementação da política – membros da alta administração e dos comitês internos de governança dos Ministérios e órgãos da Administração autárquica e fundacional – poderiam manter uma interpretação uniforme de suas obrigações e atuar em torno de objetivos bem definidos.

7.3 Comitês Internos de Governança

O art. 6º do Decreto nº 9.203/2017, ao estabelecer a responsabilidade dos atores responsáveis pela implementação da Política de Governança, definiu que caberia à alta administração dos órgãos e das entidades, observados as normas e os procedimentos específicos aplicáveis, implementar e manter mecanismos, instâncias e práticas de governança em consonância com os princípios e as diretrizes estabelecidas.

Conforme já dissemos anteriormente, o governo nacional do Brasil optou por não estipular, em um plano de ação formal, quais seriam os mecanismos e práticas de governança necessários para a implementação da política. No entanto, estabeleceu, no Decreto, como já dito também, que os mecanismos, as instâncias e as práticas de governança, a serem viabilizadas em todos os seus órgãos, deveriam contemplar, no mínimo:

I. formas de acompanhamento de resultados;
II. soluções para melhoria do desempenho das organizações; e
III. instrumentos de promoção do processo decisório fundamentado em evidências.

Para assegurar que essas e outras diretrizes estipuladas no Decreto e que as boas práticas de governança se desenvolvessem e fossem apropriadas, de forma contínua e progressiva, em todas as suas organizações, o governo nacional estipulou, também no Decreto, que essas organizações contassem com um Comitê Interno de Governança (denominado de CMG pelo governo). Esses comitês internos, além de assessorarem as lideranças ministeriais na condução da política de governança, funcionariam como uma ponte entre o CIG e os responsáveis pela execução da política (alta administração).

Um dos papéis nobres atribuídos aos Comitês Internos pelo Decreto seria incentivar e promover iniciativas que busquem implementar o acompanhamento de resultados no órgão ou na entidade, que promovam soluções para melhoria do desempenho institucional ou que adotem instrumentos para o aprimoramento do processo decisório.

Nesse sentido, os CMGs equivalem aos Conselhos de Melhoria de Desempenho e Comitês de Avaliação de Resultados, propostos no Modelo de Governança do TCU. Pelo modelo sugerido e inspirado na lei de governança dos Estados Unidos, em cada ministério ou entidade da administração autárquica ou fundacional seria criado um Conselho de Melhoria de Desempenho, que além de um servidor e do secretário-executivo do próprio órgão, teria também um representante do Ministério do Planejamento, Desenvolvimento e Gestão, que atuaria como Presidente do Conselho. O foco de atuação desses conselhos seria o alcance das metas prioritárias do Governo Federal. Os conselhos funcionariam como um braço de centro de governo, facilitando o acompanhamento do resultado do "Governo como um todo", por meio do monitoramento das metas prioritárias.

Já os comitês de acompanhamento de resultados seriam formados apenas por componentes internos do próprio órgão e seriam liderados pelos ministros. O foco seria os resultados setoriais, de curto, médio e longo prazo, por meio do acompanhamento dos indicadores e metas. Os resultados não alcançados, com as devidas justificativas e ações corretivas, deveriam ser levados, de forma obrigatória, ao conhecimento da sociedade e das comissões da Câmara dos Deputados e do Senado Federal, além do TCU.

Os Comitês Internos de Governança (CMG), aglutinando as funções dessas duas estruturas propostas no modelo do TCU, além de cuidarem das boas práticas de governança, de uma forma geral, e do acompanhamento dos resultados da pasta, poderiam concentrar também, a depender do porte do órgão ou da entidade, outras funções, tais como gestão de integridade, riscos e controles internos (Instrução Normativa nº 01, de 2016, do Ministério do Planejamento, Desenvolvimento e Gestão/Controladoria-Geral da União).

Comprovando a importância de se tratar a governança como uma política pública, com uma coordenação formal exercida pelo CIG, ao final do ano de 2022, boa parte dos Comitês Internos estavam implementados ou em implementação. No final de 2021, a Casa Civil apresentou[15] um balanço da criação dos Comitês Internos de Governança, conforme Figura 21.

Figura 21 – Situação, segundo a Casa Civil, da implementação dos Comitês Internos de Governança, posição de out/2021

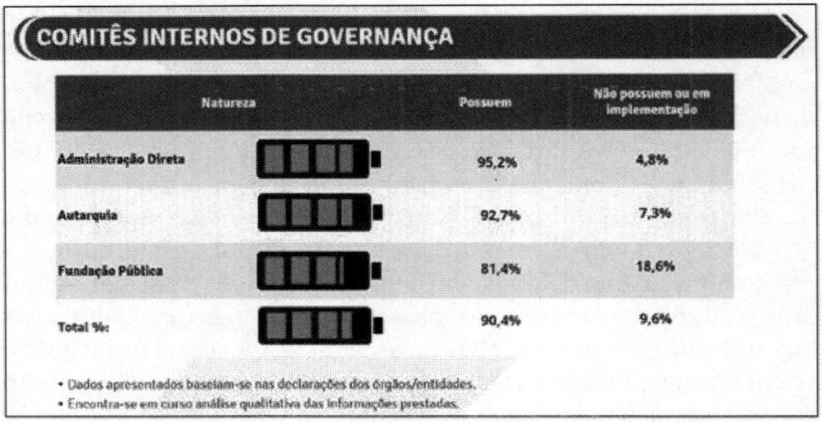

Fonte: BRASIL. Casa Civil da Presidência da República.

Segundo avaliação realizada pela Casa Civil, no ano de 2022 houve uma clara evolução na formação e no efetivo funcionamento dos CMGs, uma das ferramentas vitais, segundo nossa avaliação, para a consolidação das boas práticas de governança em todas as estruturas da administração, em todos os níveis de governo.

7.4 Programas de integridade

Baseado na competência estabelecida no art. 20 do Decreto nº 9.203/2017, e atenta ao prazo estabelecido naquele normativo, a Controladoria-Geral da União (CGU) publicou a Portaria nº 1.089/2018,

---

15 Em Treinamento para Altos Executivos do Ministério do Desenvolvimento Regional (MDR) – realizado em out/2021.

posteriormente alterada pela Portaria nº 57/2019, para regulamentar e estabelecer procedimentos para estruturação, execução e monitoramento de programas de integridade em órgãos e entidades do governo nacional (ministérios, autarquias e fundações públicas).

Segundo informações da página da CGU na internet,[16] a regulamentação definiu diretrizes, etapas e prazos para que os órgãos federais criassem os próprios programas, com mecanismos para prevenir, detectar, remediar e punir fraudes e atos de corrupção.

O Programa de Integridade, capitaneado pela CGU, estabeleceu procedimentos obrigatórios para a estruturação, execução e monitoramento da implementação das ações em 350 organizações do Poder Executivo Federal, abrangidas pelo Decreto nº 9.203/2017. A linha mestra dessas ações estava baseada nos seguintes marcos, com prazos predefinidos, conforme resumido na página da Controladoria:

1) Designação de uma Unidade de Integridade, com prazo estipulado para 11/05/2018;
2) Elaboração e aprovação do Plano de Integridade, até 30/11/2018; e
3) Execução e monitoramento dos Planos de Integridade.

Além de oferecer orientações, treinamentos e suporte material aos órgãos e entidades federais, abrangidos pelo Decreto nº 9.203, a CGU também passou a monitorar a implementação dos Planos de Integridade elaborados. Na mesma página da CGU, há um *link* que permite consultar todos os Planos apresentados.

Há também um Painel de Integridade, que apresenta a situação de cada instituição, também via *on-line*. Nesse painel, detalhado em parte na Figura 22, é possível consultar a estrutura da Unidade de Gestão da Integridade (UGI).

---

16 Disponível em: <https://www.gov.br/cgu/pt-br/assuntos/etica-e-integridade/programa-de-integridade/programa-de-integridade>. Acesso em: 04 set. 2023.

Figura 22 – Painel de Integridade da CGU

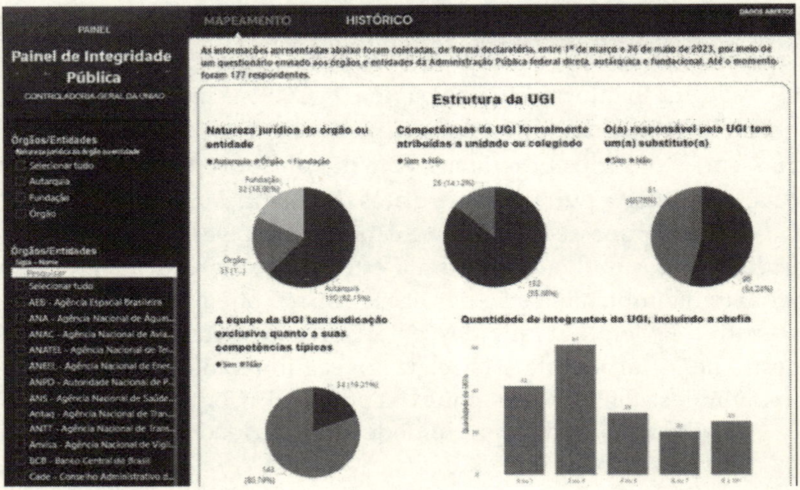

Disponível em: <https://centralpaineis.cgu.gov.br/visualizar/integridadepublica>. Acesso em: 04 set. 2023.

A figura mostra, por exemplo, que o Programa de Integridade continua sendo monitorado pela CGU, mesmo com a mudança de governo, ocorrida em janeiro de 2023, e que, segundo informações coletadas, das 177 organizações respondentes, 152 (85,88%) tinham definido as competências de UGI, formalmente, a uma unidade ou colegiado da organização. No mesmo endereço, é possível visualizar também a situação dos Planos de Integridade e da Gestão de risco nas organizações do Governo Federal.

Com esse nível de transparência e coordenação, o Programa de Integridade do Governo Federal pode ser considerado um caso de sucesso, devendo ser utilizado como paradigma por estados e municípios do Brasil e do continente.

7.5 Estratégia de longo e médio prazo para o Brasil

Conforme visto no capítulo 6, o Projeto de Lei nº 9.163/2017 prevê dispositivos referentes à estratégia governamental, insertos nos artigos 7º a 13. O art. 7º do Projeto de Lei estabeleceu os seguintes instrumentos para o planejamento do desenvolvimento nacional equilibrado:

I. a estratégia nacional de desenvolvimento econômico e social;
II. os planos nacionais, setoriais e regionais; e
III. o plano plurianual da União. O parágrafo único obriga a publicação em sítio eletrônico dos instrumentos e de seus relatórios de execução e acompanhamento.

A gestão desses instrumentos de planejamento compreenderia, segundo o art. 8º, a implementação, o monitoramento, a avaliação e a revisão de seus atributos. A gestão deveria ainda: I - adotar mecanismos de participação da sociedade civil; e II - promover mecanismos de transparência da ação governamental.

Essa visão representa uma clara evolução do planejamento de longo prazo no Brasil. Desde a promulgação da Constituição Federal de 1988, o Plano Plurianual (PPA), restrito ao período de quatro anos, era o plano de mais longo prazo pensado pelos governos desde aquele momento.

7.5.1 Visão estratégica – Estratégia Nacional de Desenvolvimento Econômico e Social – Endes

O art. 9º do PL 9.163/2017 define que a Estratégia Nacional de Desenvolvimento Econômico e Social – Endes – seja estabelecida para o período de doze anos, a partir das diretrizes e orientações de longo prazo para a atuação estável e coerente dos órgãos e entidades.

A Endes seria consubstanciada, segundo art. 10, em relatório que conteria: I - as diretrizes e as bases do desenvolvimento econômico e social nacional equilibrado; II - os desafios a serem enfrentados pelo País; III - o cenário macroeconômico; IV - as orientações de longo prazo; V - as macrotendências e seus impactos nas políticas públicas; e VI - os riscos e as possíveis orientações para construção de suas medidas mitigadoras.

O parágrafo único do mencionado artigo estabeleceu que a estratégia de desenvolvimento econômico e social seria revista: I - ordinariamente, a cada quatro anos, por ocasião do encaminhamento do Projeto de Lei do plano plurianual; e II - extraordinariamente, na ocorrência de circunstâncias excepcionais.

O art. 11 define que a elaboração e a revisão da estratégia nacional de desenvolvimento econômico e social sejam coordenadas por órgão designado em ato do então Ministro de Estado do Planejamento, Desenvolvimento e Gestão. Segundo parágrafo único do artigo, seriam estabelecidos índices-chaves para mensurar a situação nacional e permitir a comparação internacional, de forma a subsidiar a avaliação do cumprimento das diretrizes e das orientações de longo prazo para a atuação dos órgãos orçamentários.

Mesmo antes da aprovação do Projeto de Lei pelo Congresso Nacional, o governo nacional do Brasil lançou, em 11/06/2018, a Estratégia Nacional de Desenvolvimento Econômico e Social.

O documento, consubstanciado na forma de uma publicação do então Ministério do Desenvolvimento e Gestão, Figura 23 abaixo, foi colocado em consulta pública para que a sociedade pudesse opinar sobre o que esperava do Brasil para os próximos 12 anos.

Figura 23 – Documento da Estratégia de Desenvolvimento Econômico e Social

Fonte: BRASIL. Casa Civil da Presidência da República.

No lançamento da Endes, o então ministro-chefe da Casa Civil, Eliseu Padilha, destacou a necessidade de se discutir a estratégia do país em um horizonte que extrapolasse o período do governo de plantão. O ministro do Planejamento, Desenvolvimento e Gestão, Esteves Colnago, destacou a necessidade de participação da sociedade, para dar mais legitimidade à visão de longo prazo que se estava buscando consolidar naquele momento.

A estratégia traçou dois cenários para o País. O primeiro prevendo a realização de amplas reformas, que resultariam em crescimento anual de 3,86% para os próximos anos. O segundo, sem a realização de reformas, projetava um crescimento de 2,3% ao ano.

A partir desses cenários, a diretriz principal do documento propôs a elevação da renda e da qualidade de vida da população brasileira para os padrões verificados nos países desenvolvidos. Assim, além do crescimento do PIB, as medidas planejadas previam, para o período de validade da Endes, uma evolução da meta do Brasil do grupo de países com "alto" índice de IDH – em que se encontrava – para o grupo de países com IDH considerado "muito alto".

Para alcançar esses patamares, a Endes diagnosticou a necessidade de o Brasil avançar no acesso e qualidade dos serviços de saúde, educação e segurança, enfrentando um dos seus maiores desafios: a elevada desigualdade social e regional. O documento foi estruturado em cinco eixos: econômico, institucional, infraestrutura, ambiental e social, todos eles com indicadores que possibilitavam mensurar as transformações.

O objetivo do governo, naquele momento, era, após passar por 60 dias de consulta pública, com a incorporação de críticas e sugestões da sociedade, utilizar a Estratégia Nacional nas transições de governo para orientar, articular e influenciar as discussões dos demais instrumentos do planejamento do desenvolvimento nacional equilibrado (planos nacionais, regionais e setoriais, além do Plano Plurianual – PPA).

O TCU avaliou, no Acórdão 2.608/2018 – Plenário, de relatoria do Ministro Benjamin Zymler, a evolução desses passos iniciais da Política de Governança e os esforços para publicação da Endes, impossibilitada, no entanto, até aquele momento, pela não apreciação definitiva do PL 9.163/2017. O relatório antecedente ao referido acórdão destacou, nos termos a seguir, os esforços do governo na evolução da governança:

> Verificou-se que os órgãos integrantes do centro de governo da União articularam-se de modo a adotar medidas para o cumprimento da recomendação constante do item 9.3.1 do acórdão, destacando-se: a) a edição do Decreto 9203/2017; b) a elaboração do Projeto de Lei 9.613/2017, c) o lançamento da Estratégia Nacional de Desenvolvimento Econômico e Social (Endes); e d) a instituição do Comitê Interministerial de Governança.
>
> Vale destacar as medidas apresentadas coadunam com, dentre outras, as boas práticas internacionais de governança compiladas nos referenciais elaborados por esta Casa, em especial, as referentes à competência do centro de governo para desenvolver, manter e monitorar arranjos institucionais voltados à estratégia de desenvolvimento de longo prazo do país, ao aprimoramento da coordenação entre os entes da federação, ao aprimoramento da gestão de riscos e, por fim, à capacidade de monitoramento e avaliação.
>
> Depreende-se, desse modo, que, apesar de as iniciativas apresentadas pelas unidades jurisdicionadas integrantes do centro de governo nacional relacionarem-se mais diretamente à competência de pensar estrategicamente o país, os benefícios são dotados de potencial de transpor as fronteiras da referida atividade-chave, beneficiando os demais pilares entendidos como estruturantes para a atuação e capacidade de entrega estatal, tais como a capacidade de coordenação e coerência, a gestão de riscos e supervisão do resultado do conjunto das ações governamentais.
>
> Vale destacar que a institucionalização do plano de longo prazo do país depende da aprovação do Projeto de Lei 9.613/2017. Contudo, ainda que as regras afetas e as relações com os demais instrumentos do arcabouço de planejamento e orçamento nacional estejam pendentes de serem positivadas, o Ministério do Planejamento Desenvolvimento e Gestão (MP) agiu no sentido de elaborar e disponibilizar para consulta à sociedade documento que materializa a visão do governo para o desenvolvimento de longo do prazo do país, visando suprir vácuo de longa data e dar concretude ao disposto no artigo 174, § 1º, da Constituição. (TCU, 2018)

Embora reconhecendo os esforços governamentais, o relator destacou o risco de retrocesso que representava para as evoluções conquistadas, a ausência de positivação e institucionalização dessas iniciativas, especialmente pela proximidade da alternância de mandatos presidenciais. Nesse sentido, por meio do referido Acórdão 2.608/2018 – Plenário, o TCU decidiu, em 14/11/2018:

> 9.2. recomendar à Casa Civil da Presidência da República, no exercício das competências atribuídas pelo art. 3º da Medida Provisória 782/2017, em especial aquelas relacionadas a coordenação, integração, monitoramento e avaliação das ações governamentais, e ao Ministério do Planejamento, Desenvolvimento e Gestão, no exercício das competências atribuídas pelo art. 2º do Decreto 9.035/2017, em especial aquelas relacionadas à formulação do planejamento estratégico nacional e à elaboração de subsídios para formulação de políticas públicas de longo prazo voltadas ao desenvolvimento nacional, em articulação com o Ministério da Fazenda, em atenção ao princípio da eficiência insculpido no art. 37 da Constituição e aos art. 4º e 5º do Decreto 9.203/2017, que contemplem, na implementação do plano de ação em curso, os seguintes aspectos:
>
> 9.2.1. a positivação de plano nacional integrado de longo prazo, a que faz menção o disposto no §1º do art. 174 da CF, em continuidade às ações de proposição e debate institucional atualmente em curso no âmbito de elaboração da Estratégia Nacional de Desenvolvimento Econômico e Social (Endes) e do Projeto de Lei 9.163, de 23 de novembro de 2017 (item 33 do relatório);
>
> 9.2.2. integração e articulação do plano nacional integrado de longo prazo que vier a ser formalizado com os demais instrumentos de planejamento nacional, setorial e regional, em especial o Plano Plurianual (itens 26 e 78 do relatório). (TCU, 2018)

De fato, com a transição de governos, ocorrida em janeiro de 2019, acabou consolidando-se os riscos de a Endes não se configurar, definitivamente, como um plano institucional de longo prazo. O relatório técnico antecedente ao Acórdão do TCU 2.513/2019-Plenário, de 16/10/2019, de relatoria do Ministro Vital do Rego, traçou o seguinte diagnóstico sobre a questão:

> Portanto, a princípio, os eixos da proposta do PPA 2020-2023 teriam sido originados a partir de uma proposta de planejamento governamental de longo prazo que ainda não foi positivada. Entretanto, verifica-se que o projeto de lei do PPA também afirma que as diretrizes são baseadas "nas preferências políticas descritas no programa do Governo eleito", o que contraria os princípios do planejamento de longo prazo, uma vez que restringe a definição de prioridades ao período de quatro anos, duração do mandato do governo eleito. Por certo, todo governo eleito democraticamente tem o direito de implementar suas propostas de governo e seguir seus valores políticos, inclusive elaborando um

> Plano Plurianual a partir de sua visão de mundo e de país. Todavia, o planejamento governamental de médio prazo não pode prescindir de um elo com o planejamento de longo prazo.
>
> Verifica-se que o cenário atual, em relação à formulação e à institucionalização de uma estratégia nacional de longo prazo, é o seguinte: o PL 9.613/2017 permanece no Congresso Nacional para ser apreciado, não tendo avançado no rito legislativo; o Executivo vem trabalhando na institucionalização da Endes 2020-2031 para que ocorra ainda em 2019; o projeto de lei do PPA 2020-2023 não trata da integração com o planejamento de longo prazo e o MTPPA faz menções esparsas à Endes. Entende-se, assim, que os avanços quanto ao estabelecimento das diretrizes e bases do planejamento do desenvolvimento nacional equilibrado foram tímidos. (...) Diante disso, considera-se relevante manter o monitoramento da questão, uma vez que a elaboração e a formalização de uma estratégia de longo prazo para o país constituem aspecto crucial para a orientação da atuação governamental. (TCU, 2019)

No Relatório referente às Contas do Presidente da República do ano de 2022,[17] antes de nova transição governamental no Brasil, o voto do Ministro Augusto Nardes, um dos autores desta obra, avaliou novamente a questão, após esgotado todo um período governamental:

> 35. Nesse capítulo, o Relator destaca avanços e preocupações com relação aos resultados apresentados pelo Governo Federal. Um avanço meritório, tratado no tópico 3.2, sobre o Plano Plurianual – PPA 2020-2023, é representado pela maior institucionalização do Planejamento de Longo Prazo no Brasil.
>
> Da proposta formulada por este Tribunal, em 2017, de um Modelo de Governança para o país, o Governo Federal de então remeteu ao Congresso Nacional o Projeto de Lei 9.163/2017, que ainda está em tramitação.
>
> No referido projeto de lei, a dimensão estratégica, de longo prazo, mais simplificada, baseia-se nos eixos estratégicos da Estratégia Nacional de Desenvolvimento Econômico e Social (Endes).
>
> 36. Apesar de não ter sido ainda apreciado no Congresso, para ser aplicada a todos os níveis de governo, no âmbito federal, o Poder

---

[17] Tribunal de Contas da União – TCU. *Relatório e parecer prévio sobre as contas do governo da república* – exercício 2022. Brasília: TCU, 2023. Disponível em: <chrome-extension://efaidnbmnnnibpcajpcglclefindmkaj/https://sites.tcu.gov.br/contas-do-presidente/1%20Relat%C3%B3rio%20CG2022.pdf>. Acesso em: 24 nov. 2023.

> Executivo institucionalizou a ideia, de resultados de longo prazo, por meio da Estratégia Federal de Desenvolvimento (EFD), contemplada no Decreto 10.531/2020, que estabeleceu indicadores, desafios e metas para o país, de 2020 até 2031.
>
> 37. Assim, para gerar valor e apresentar resultados, a cada ano, o Presidente da República e sua equipe devem estar atentos a esse horizonte maior da EFD, que se traduz e se desdobra, no PPA, em uma visão agora tática, por meio de doze diretrizes (que refletem o programa de trabalho do Presidente eleito) e quinze temas (que espelham as pastas governamentais à época da elaboração do plano). (TCU, 2023)

O voto do Ministro Nardes, portanto, constatou as dificuldades políticas e conjunturais nas transições governamentais que levaram a Endes a não ser institucionalizada em todo o período em que um novo governo comandou o Brasil, de 2019 a 2022. Isso, aliado à posse de um novo Presidente da República, em 2023, potencializava o risco de se perder todo o trabalho e articulações políticas empreendidas até então.

De fato, passados, neste momento de 2023, nove meses de um novo governo, a Endes não foi objeto de qualquer manifestação mais objetiva do Governo Federal. Porém, na página do Ministério do Planejamento e Orçamento pode ser consultado o Manual Técnico do Plano Plurianual 2024/2027,[18] que menciona a Endes em suas referências bibliográficas e, no Anexo I - Atribuições da Secretaria Nacional de Planejamento (Decreto nº 11.398/2023), informa como uma das atribuições da Secretaria: "ix. promover a coordenação com atores da sociedade para formular a estratégia nacional de desenvolvimento de longo prazo".

Ao tratar, no tópico 3.2 – Pilar 2 | Fortalecimento da Dimensão Estratégica do PPA, o referido Manual frisa que a Dimensão Estratégica precede e orienta a elaboração dos Programas: "A Dimensão Estratégica do PPA 2024-2027 é composta por uma Visão de Futuro, Valores, Diretrizes Estratégicas, Eixos, Objetivos Estratégicos e Indicadores-chave, com suas respectivas metas para o final do PPA. No PPA 2020-2023 constam somente os atributos 'eixos e diretrizes'".

---

[18] BRASIL. Ministério do Planejamento e Orçamento; Secretária Nacional de Planejamento. *Manual técnico do plano plurianual 2024/2027*. Brasília, 2023. Disponível em: <chrome-extension://efaidnbmnnnibpcajpcglclefindmkaj/https://www.gov.br/planejamento/pt-br/assuntos/plano-plurianual/arquivos/manual-tecnico-do-plano-plurianual-2024-2027/manual-do-ppa-2024-2027-1.pdf>. Acesso em: 24 nov. 2023.

Quanto à dimensão estratégica, declara, de forma vaga, que ainda será construída, sem detalhar o prazo e o alcance, conforme trecho a seguir, que foca nas prioridades do governo e não do país:

> A Dimensão Estratégica será construída com a participação do núcleo de governo (Ministros e Secretários Nacionais), com a sistematização de diversos documentos sobre o longo prazo, inclusive os Objetivos do Desenvolvimento Sustentável (ODS), e contemplará um amplo processo de participação social e federativa e será aprovada pelo Presidente da República. Nessa dimensão serão declarados os macroproblemas públicos que precisam ser enfrentados, estabelecendo-se assim as prioridades de Governo. (BRASIL, 2023)

A questão estratégica para o país, no entanto, foi abordada pela Ministra do Planejamento e Orçamento, Simone Tebet, em 14/04/2023, no lançamento da Agenda Brasil 2034, documento criado pelo Movimento Brasil Competitivo, em parceria com a Fundação Getúlio Vargas. Ao falar sobre a iniciativa, a Ministra, segundo divulgado no site da FGV,[19] afirmou que haveria "total sinergia" entre o documento do MBC e o trabalho que seu ministério tem feito. Sem se referir a Endes, a ministra afirmou que "Quando vejo as macrometas, elas são idênticas." Essas macrometas prioritárias, de acordo com a Agenda, seriam: Elevar a taxa de crescimento médio do PIB per capita para 2,0% ao ano; Alavancar o IDH para 0,864, (indicador que está relacionado à qualidade de vida dos brasileiros); e Melhorar o índice de competitividade do país colocando-o entre as 30 primeiras posições do *ranking* Global Competitiveness Report (Relatório de Competitividade Global), publicado pelo Fórum Econômico Mundial.

Em evento mais recente, organizado pelo grupo XP Investimentos, em 15/08/2023, a Ministra, segundo divulgado pela pasta,[20] destacou o caráter inovador, moderno e transversal do PPA, e enfatizou que, além do planejamento de médio prazo, descrito no plano (até 2027), o Ministério vai se dedicar a uma agenda de longo prazo, sem se referir, novamente, a qualquer continuidade com relação ao andamento da Endes: "Nós estamos preparando uma agenda de futuro para o Brasil,

---

19 Disponível em: <https://portal.fgv.br/cn/node/28519>. Acesso em: 3 de jul. 2023.

20 Disponível em: <https://www.gov.br/planejamento/pt-br/assuntos/noticias/2023/agosto/tebet-defende-planejamento-de-longo-prazo-e-avaliacao-de-politicas-publicas-para-melhorar-a-qualidade-do-gasto>. Acesso em: 06 jul. 2023.

que vai começar a partir de setembro e não tem data para terminar. Nós estamos pensando neste governo, mas deixando legado para o Brasil que é uma agenda 25-40".

Vê-se, portanto, que apesar de representar um grande avanço no planejamento de longo prazo do Brasil, a Endes vem sofrendo descontinuidades nas transições governamentais. No governo que agora comanda o país, embora seja meritório lançar um olhar em horizonte ainda mais longo, o tema não passa ainda de uma promessa de futuro, sem compromisso, de qualquer forma, de aproveitar a experiência já alcançada em momentos anteriores.

7.5.2 Visão tática – planos nacionais, setoriais e regionais

Além da Estratégia Nacional de Longo Prazo (Endes), o PL 9.163/2017, em seu art. 12, cuida dos planos nacionais, setoriais e regionais, definindo-os como instrumentos de comunicação à sociedade das ações governamentais, com duração mínima de quatro anos. Tais planos seriam elaborados em consonância com a Endes, com o plano plurianual e com as diretrizes das políticas nacionais afins.

Caberia à política nacional, segundo definido no §1º do referido artigo, estabelecer as diretrizes, os princípios, os atores e os instrumentos e orientar a atuação dos agentes públicos no atendimento às demandas da sociedade, cuja operacionalização seria detalhada a partir de planos nacionais, setoriais e regionais com escopo e prazo definidos. O §2º disciplinou que a política nacional seria aprovada, segundo o conteúdo e alcance da proposta, por lei ou decreto.

O art. 13 estabeleceu o seguinte conteúdo mínimo dos planos nacionais, setoriais e regionais:

I. o diagnóstico do setor, que apontasse as principais causas das deficiências detectadas e as oportunidades e os desafios identificados;
II. os objetivos estratégicos do setor, de modo compatível com outros planos governamentais correlatos;
III. a vigência do plano;
IV. as metas necessárias ao atendimento dos objetivos, com a indicação daquelas consideradas prioritárias;
V. as estratégias de implementação necessárias para alcançar os objetivos e as metas;
VI. a identificação dos recursos necessários, dos responsáveis pela implementação, dos riscos e suas respostas, das

possíveis fontes de financiamento e do embasamento para a definição da estratégia selecionada;

VII. a análise de consistência com outros planos nacionais, setoriais e regionais e as suas relações com os instrumentos de planejamento do plano plurianual, com a lei de diretrizes orçamentárias e com a lei orçamentária anual;

VIII. as ações para situações de emergência ou de contingência; e

IX. os mecanismos e os procedimentos para o monitoramento e a avaliação sistemática da eficiência, da eficácia, da efetividade e da economicidade das ações programadas.

7.5.2.1 Estratégia federal de desenvolvimento para o Brasil no período de 2020 a 2031

Embora, como ocorreu com a Endes, não houvesse sido aprovado o PL 9.163/2017, o governo nacional editou o Decreto nº 10.531, de 26 de outubro de 2020,[21] instituindo a Estratégia Federal de Desenvolvimento para o Brasil, relativa ao período de 2020 a 2031 (EFD 2020-2031).

Segundo o Decreto, trata-se de uma declaração de planejamento governamental com forte orientação por resultados, definindo a visão de futuro para a atuação estável e coerente dos órgãos e das entidades da administração pública federal direta, autárquica e fundacional.

Conforme divulgação do então Ministério da Economia,[22] a EFD 2020-2031, Figura 24 a seguir, deveria catalisar todas as dimensões do desenvolvimento sustentável, concebido como caminho da prosperidade; contemplar os cenários macroeconômicos para os próximos 12 anos; e seria organizada em cinco eixos: Econômico, Institucional, Infraestrutura, Ambiental e Social. Para cada um desses eixos, foram estabelecidas diretrizes, desafios e orientações, índices-chave e metas-alvo.

---

[21] Disponível em: <https://www.planalto.gov.br/ccivil_03/_ato2019-2022/2020/decreto/d10531.htm>. Acesso em: 07 jul. 2023.

[22] Disponível em: <https://www.gov.br/economia/pt-br/assuntos/gestao/estrategia-federal-de-desenvolvimento>. Acesso em: 08 jul. 2023.

Figura 24 – Eixos e Diretrizes da EFD 2020-2031

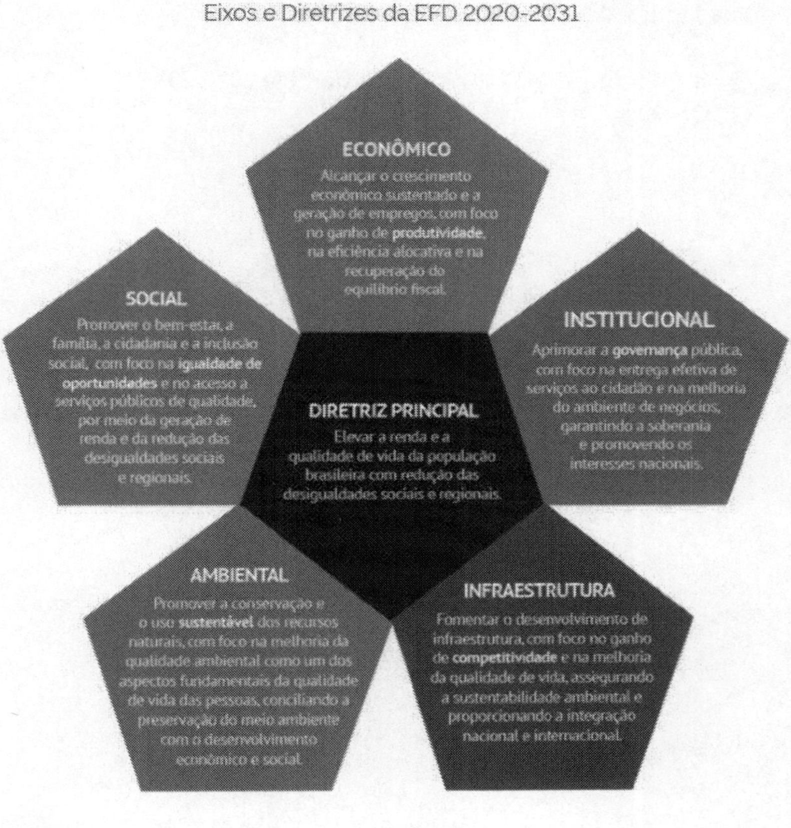

Fonte: BRASIL. Ministério da Economia. EFD 2020-2031.

Conforme se vê, a diretriz principal da EFD, válida para todos os seus eixos, seria elevar a renda e a qualidade de vida da população brasileira com redução das desigualdades sociais e regionais. A essa diretriz principal, associa-se o índice-chave geral da Estratégia: o Índice de Desenvolvimento Humano (IDH) da Organização das Nações Unidas (ONU).

Ainda segundo o então Ministério da Economia, os cinco eixos da EFD 2020-2031 deveriam articular os problemas que o Estado brasileiro buscava solucionar, representando, assim, grandes campos de políticas públicas que se estruturariam em torno desses problemas.

Sem fronteiras delineadas entre eles, cada eixo da EFD teria uma forte inter-relação, transversalidade e potencial sinérgico, como ilustrado na Figura 25.

Figura 25 – Eixos e Temas da EFD 2020-2031

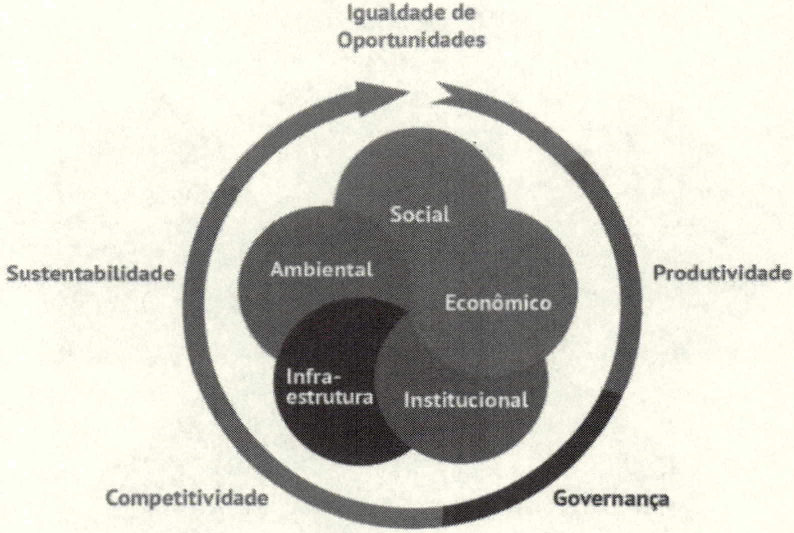

Fonte: BRASIL. Ministério da Economia. EFD 2020-2031.

O governo que lançou a EFD, em 2020, considerava que a inovação mais destacada da EFD 2020-2031 seria o estabelecimento de 36 índices-chave nacionais – *Key National Indicators (KNIs)* – e suas respectivas metas-alvo, tornando possível monitorar e avaliar, em termos quantitativos, a implementação do planejamento federal para o desenvolvimento nacional no longo prazo.

Índices-chave são métricas de impacto para o diagnóstico e a comparabilidade internacional da situação e da trajetória do país. As metas-alvo, por sua vez, são os pontos de chegada desejados para esses índices-chave em 2031, considerando tanto o cenário macroeconômico de referência quanto o cenário macroeconômico transformador.

Ao divulgar a EFD 2020-2031, o governo de então esperava que ela representasse um dos principais marcos da transição entre o programa emergencial de enfrentamento à pandemia e a retomada de uma plataforma estruturante de políticas públicas.

De fato, conforme comentamos a pouco, ao destacar o Voto do Ministro Nardes, proferido no julgamento das Contas do Presidente da República, compreende-se que a questão de longo prazo, comprometida pelo não avanço institucional da Endes, possa ter sido suprida, em parte, pela EFD.

No entanto, a edição de uma estratégia de longo prazo, que extrapola o período do governo que a edita, sem o aval do Poder Legislativo, como ocorreu com a EFD 2020-2031, acarreta uma perspectiva de risco de dificílima mitigação, especialmente se nas transições democráticas for eleito um governo com ideias tão antagônicas, como ocorreu no Brasil de 2022 para 2023.

Realmente, o governo eleito em 2023 parece ignorar a EFD, especialmente em momentos muito importantes, em que deveria ter se manifestado sobre esse documento, como é o caso do lançamento do PPA 2024-2027.

O Ministério do Planejamento e Orçamento publicou uma página específica[23] com as informações desse novo PPA, contendo diversos documentos como: Guia de Apoio; Manual Técnico; Projeto de Lei do PPA; Mensagem Presidencial; Relatório PPA Participativo; Mapa Estratégico do PPA; e Nota Técnica de Indicadores e Metas.

Em todos esses documentos e divulgações não localizamos qualquer menção à EFD 2020-2031. Além disso, no texto do Manual do PPA 2024-2027,[24] há um entendimento expresso de que a dimensão estratégica do Plano apresentaria diretrizes de longo prazo para o país, visão que reduz a dimensão longo prazo ao horizonte de quatro anos, apenas.

Esse posicionamento vai de encontro, no nosso modo de ver, às boas práticas internacionais. Uma das boas práticas catalogadas em um dos principais referenciais do TCU, para o Centro de Governo,[25] recomenda textualmente:

---

23 Disponível em: <https://www.gov.br/planejamento/pt-br/assuntos/plano-plurianual>. Acesso em: 07 jul. 2023.

24 Disponível em: <https://www.gov.br/planejamento/pt-br/assuntos/plano-plurianual>. Acesso em: 07 jul. 2023.

25 Referencial Centro de Governo – CdG. Casa Civil da Presidência da República. 2022. Disponível em: <chrome-extension://efaidnbmnnnibpcajpcglclefindmkaj/https://www.gov.br/casacivil/pt-br/assuntos/governanca/comite-interministerial-de-governanca/arquivos/referencial-cdg-22-12-2022.pdf>. Acesso em: 09 set. 2023.

E.1. Institucionalização formal, por meio de norma legal (lei, decreto, resolução, outros), da visão de longo prazo (entre 10 e 20 anos) do país definida em conjunto com diversos órgãos governamentais e outras partes interessadas. (Booz, 2010, p. 4; Colômbia – CONPES apud BID, 2013, p. 15; OCDE, CoG Survey, 2013, p. 14)

Confirma-se, assim, como no caso da Endes, uma descontinuidade administrativa, até o momento, com relação à EFD, decorrente da transição de governo, desperdiçando-se esforços do Estado brasileiro em trabalhos relevantes que poderiam e deveriam ser contemplados no planejamento de novos governos empossados, ainda que com as alterações alinhadas à visão de país do novo grupo político. Ignorar, simplesmente, o árduo trabalho de técnicos governamentais especializados, a cada quatro anos, com a chegada de um novo governo ao poder provoca retrocessos na Governança e na busca pelo desenvolvimento do país.

7.5.2.2 Planos plurianuais

O Plano Plurianual – PPA, de acordo com a Constituição Federal de 1988, é o principal instrumento de planejamento governamental, o qual define objetivos e metas para o país em um período de quatro anos. Trata-se do plano de médio prazo da União. O §1º do art. 165 da CF/88 dispõe que a "lei que instituir o plano plurianual estabelecerá, de forma regionalizada, as diretrizes, objetivos e metas da administração pública federal para as despesas de capital e outras delas decorrentes e para as relativas aos programas de duração continuada".

O PL 9.163/2017 não previu dispositivos para o PPA e para o gerenciamento da estratégia, por meio dos planos táticos (4 ou 5 anos) e operacionais (1 ou dois anos). Para que um único normativo contemplasse todos os instrumentos de planejamento do Governo Federal, o modelo que o TCU havia previa os seguintes dispositivos para o PPA, que, no entanto, não foram acatados:

Plano Plurianual da União

Art. 16. O Plano Plurianual da União, instituído nos termos do § 1o do art. 165 da Constituição, deverá refletir e consolidar o conjunto de políticas públicas necessárias para o alcance das diretrizes e objetivos estabelecidos na estratégia nacional de desenvolvimento econômico e social nos anos de sua vigência.

> Art. 17. O PPA orientará a elaboração: I - da lei de diretrizes orçamentárias; II - da lei orçamentária anual; e III - do plano de resultados anuais do órgão.
>
> Art. 18. A gestão do plano plurianual da União compreenderá a implementação, o monitoramento, a avaliação e a revisão de seus programas.
>
> §1º O desempenho dos programas será aferido mediante o estabelecimento de metas.
>
> §2º O plano plurianual conterá: I - estrutura de acompanhamento da execução de seus atributos; II - plano de comunicação; e III – metas prioritárias.
>
> Plano de resultados anuais do órgão
>
> Art. 19. Os órgãos de planejamento e orçamento responsáveis por atributos do plano plurianual deverão elaborar, anualmente, o plano de resultados anuais do órgão.
>
> §1º O plano de resultados anuais do órgão conterá, para o exercício, os resultados pretendidos bem como a metodologia de implementação, monitoramento e avaliação dos atributos de responsabilidade do órgão, elaborado conforme normas e orientações expedidas pelo Ministério do Planejamento, Desenvolvimento e Gestão.
>
> §2º. O disposto neste artigo não se sobrepõe ao monitoramento e à avaliação do Plano Plurianual estabelecidos nas legislações específicas da Gestão do Plano Plurianual. (TCU, 2027)

Com relação ao plano de resultados anuais, os técnicos do TCU atribuíam a esse instrumento grande importância. Inspirado na lei americana de Governança,[26] o Modelo sugerido pelo TCU previa a elaboração, **a priori**, de um plano de desempenho anual, nos moldes a seguir:

> Art. 44. Até o final da primeira quinzena de fevereiro de cada ano, o dirigente máximo da organização deve disponibilizar em sua página na Internet, e notificar o centro de governo e o Congresso Nacional, o plano de desempenho cobrindo o conjunto de atividades de cada programa previsto em seu orçamento. O plano de desempenho da organização

---

26 GPRA MODERNIZATION ACT OF 2010. Disponível em: <chrome-extension://efaidnbmnnnibpcajpcglclefindmkaj/https://www.gpo.gov/fdsys/pkg/PLAW-111publ352/pdf/PLAW-111publ352.pdf>. Acesso em: 06 set. 2023.

deve: I - Estabelecer metas para definir o nível de desempenho a ser alcançado durante o ano em que o plano é apresentado e o próximo ano fiscal; II - Expressar metas por objetivos, de forma quantificável e mensurável; III - Descrever como as metas de desempenho contribuem para o atingimento: a) das metas e objetivos globais estabelecidos no plano estratégico da organização; e b) de cada uma das metas de desempenho do Governo Federal previstas no plano de desempenho do Governo Federal; IV – Identificar entre as metas de desempenho aquelas designadas como metas prioritárias da organização, se aplicável; V – Descrever como as metas de desempenho podem ser alcançadas, incluindo: a) processo operacional, treinamento, ferramentas e tecnologia, recursos humanos e financeiros, informações e outros recursos e estratégias requeridas para que as metas de desempenho sejam alcançadas; b) marcos definidos com clareza; c) identificação das organizações, atividades de programa, regulamentos, políticas, e outras atividades que contribuem para cada meta de desempenho, interna e externamente à organização; d) descrição de como as organizações estão trabalhando com outras organizações para atingir suas metas de desempenho, bem como as metas de desempenho do Governo Federal; e) identificação do responsável pelo atingimento de cada meta de desempenho da organização; VI – Estabelecer um conjunto equilibrado de indicadores de desempenho para medir ou avaliar o progresso do atingimento de cada meta de desempenho, incluindo, conforme apropriado, atendimento ao cliente, eficiência, resultados e produtos; VII - Fornecer uma base para comparar os resultados reais de cada programa com as metas de desempenho estabelecidas; VIII – Descrever como a organização assegurará a precisão e confiabilidade dos dados utilizados para medir o progresso de atingimento das metas de desempenho, incluindo uma identificação de: a) os meios a utilizar para verificar e validar os valores medidos; b) as fontes para os dados; c) o nível de precisão exigido para a utilização dos dados; d) quaisquer limitações aos dados no nível exigido de precisão; e) como a organização compensará essas limitações, se necessário para atingir o nível de precisão exigido; IX - Descrever os principais desafios e riscos de gestão que a organização irá enfrentar e identificar: a) ações planejadas para enfrentar tais desafios e tratar os riscos; b) metas de desempenho, indicadores de desempenho e marcos para medir o progresso na resolução de tais desafios; e c) o responsável da organização pela resolução desses desafios; e X - Identificar atividades de programa de baixa prioridade com base na análise da sua contribuição para a missão e os objetivos da organização e incluir uma justificativa baseada em evidências para designar uma atividade de programa como prioridade baixa. (TCU, 2017)

No nosso modo de ver, a unificação de normativos com diretrizes governamentais para as boas práticas de Estratégia, Liderança e para o Controle é um avanço que ainda deve ser perseguido nos próximos anos, desburocratizando, reduzindo a quantidade de normas e facilitando o direcionamento dos gestores envolvidos nos setores diversos.

7.6 Referenciais de governança do próprio governo

Depois de sua efetiva implementação, em 2018, o Comitê Interministerial de Governança (CIG) coordenou a edição de manuais orientativos do próprio governo, como o Guia da Política de Governança, detalhada no tópico 7.2.1.

Também foram editados referenciais para aperfeiçoar a governança de políticas públicas e atuação do Centro de Governo. O CIG disponibilizou em sua página[27] consulta completa a todos esses referenciais e alguns deles serão detalhados um pouco mais a seguir.

7.6.1 Avaliação de políticas públicas: Guia Prático de Análise Ex Ante

O Guia Prático de Análise Ex Ante,[28] aprovado pelo Comitê Interministerial de Governança (CIG) em fevereiro de 2018, seguiu as seguintes diretrizes do Decreto nº 9.203/2017:

I. direcionar ações para a busca de resultados para a sociedade, encontrando soluções tempestivas e inovadoras para lidar com a limitação de recursos e com as mudanças de prioridades; e
II. de modo mais direto e específico, avaliar as propostas de criação, expansão ou aperfeiçoamento de políticas públicas e de concessão de incentivos fiscais – aferindo, sempre que possível, seus custos e benefícios.

De extrema importância para avaliar a qualidade das políticas públicas, antes mesmo de se iniciar qualquer de suas ações, o guia possibilita uma aferição dos custos, benefícios potenciais, formas de

---

27 Disponível em: <https://www.gov.br/casacivil/pt-br/assuntos/governanca/comite-interministerial-de-governanca/guias-e-manuais>. Acesso em: 07 jul. 2023.

28 BRASIL. Casa Civil da Presidência da República, Instituto de Pesquisa Econômica Aplicada: Ipea, 2018. *Avaliação de políticas públicas*: guia prático de análise ex ante. volume 1. Disponível em: <https://www.gov.br/casacivil/pt-br/assuntos/governanca/comite-interministerial-de-governanca/arquivos/avaliacao-de-politicas-publicas-guia-pratico-de-analise-ex-ante.pdf>. Acesso em: 07 nov. 2023.

execução e monitoramento dos resultados. Para isso, o guia completo contempla uma estrutura rica, que pode ser consultada por qualquer gestor na página do Governo Federal.[29]

7.6.2 Avaliação de políticas públicas: Guia Prático de Análise Ex Post

Este guia auxilia os gestores a realizarem uma avaliação das políticas públicas sob sua responsabilidade, durante ou após a sua execução. Contém referências às avaliações de políticas públicas a serem implementadas, com base em exemplos nacionais e internacionais. Indica se os resultados estão sendo alcançados com economicidade, eficiência, eficácia e efetividade.

O Guia é fonte de boas práticas a serem pesquisados para avaliações de políticas públicas, servindo de referência para a atuação dos comitês técnicos de monitoramento e avaliação de políticas públicas, órgãos setoriais e escolas de governo. Os capítulos 4 a 11 detalham as avaliações específicas nos diferentes componentes da política pública.

A Figura 26, extraída do Guia, sintetiza as avaliações abordadas em cada capítulo do Guia.

Figura 26 – Ações abordadas do Guia Prático de Análise Ex Post

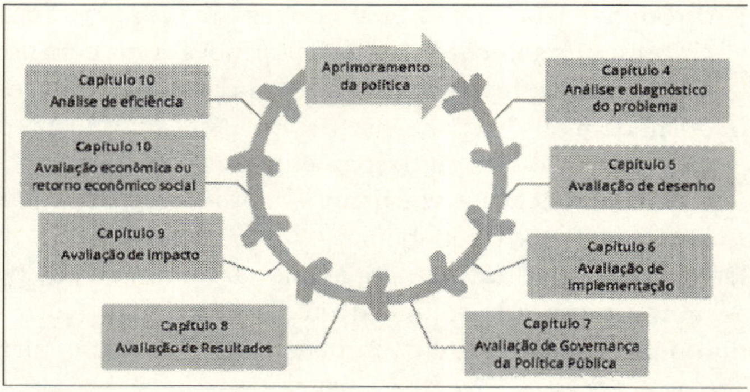

Fonte: BRASIL. Casa Civil da Presidência da República. Guia Prático de Análise Ex Post.

[29] Disponível no endereço chrome-extension://efaidnbmnnnibpcajpcglclefindmkaj/https://www.gov.br/casacivil/pt-br/assuntos/governanca/comite-interministerial-de-governanca/arquivos/avaliacao-de-politicas-publicas-guia-pratico-de-analise-ex-ante.pdf. Acesso em: 07 jul. 2023.

7.6.3 Oito passos para um CMG mais eficiente

Um dos mais recentes editados pelo Governo Federal, ainda na gestão anterior, este guia nasceu da constatação feita pelo Comitê Interministerial de Governança de que era necessária uma orientação específica, uma trilha para o aperfeiçoamento dos Comitês Internos de Governança, chamados CMG pelo Governo Federal.

O Guia "8 Passos para um CMG+Eficiente" tem por objetivo monitorar a implementação e o correto funcionamento dos Comitês Internos de Governança – CMGs, avaliando se a sua constituição e funcionamento obedeceria pelo menos o conjunto de passos resumidos a seguir:

1. Avaliar se o ato normativo que constitui o CMG é claro quanto à sua estrutura e atribuições. Segundo o Guia, na elaboração do ato normativo, deve ser observado o Decreto nº 9.191/2017, sobretudo o art. 36, que dispõe sobre os aspectos formais para criação de colegiados;
2. Assegurar que as disposições do Decreto nº 9.203/2017 sejam observadas;
3. Observar se o CMG possui Secretaria-Executiva, responsável pelo apoio administrativo e técnico, tem funções bem definidas. Segundo o Guia, isso é um dos fatores de sucesso para reuniões produtivas dos colegiados;
4. Prestar especial atenção às competências que devem ser exercidas pelo CMG, instituindo, pelo menos, um conjunto mínimo dessas competências, detalhadas no Guia;
5. Garantir que o CMG observe e fomente a transparência ativa, garantindo, pelo menos, entre outras providências, a publicação de suas atas e resoluções em sítio eletrônico, conforme prevê o Decreto nº 9.203/2017;
6. Certificar-se de que o CMG tenha sempre como norte os princípios da racionalidade e da economicidade, especialmente quanto à quantidade dos seus componentes e à realização de reuniões de forma virtual, quando necessários deslocamentos de algum dos membros;
7. Estabelecer entre as prioridades do CMG a avaliação e o monitoramento da governança da organização, de preferência utilizando um indicador (como o IGG, por exemplo) de forma a garantir os melhores resultados possíveis; e

8. Tornar o CMG um propagador de boas práticas, divulgando ao Centro de Governo e aos demais CMGs as inovações relevantes.

7.6.4 Guia técnico de gestão estratégica

O Guia Técnico de Gestão Estratégica foi desenvolvido pelo Governo Federal para profissionais que apoiam, executam ou participam dos processos de planejamento e gestão estratégica. Apresenta conceitos básicos e referências teóricas sobre planejamento e gestão estratégica.

O Guia define um processo de gestão estratégica e recomenda diretrizes para a gestão estratégica e publicização dos planos e dos resultados. Além dos resultados, ele orienta também que deverão ser alcançadas as melhorias nos processos de trabalho, alinhando-se às melhores práticas internacionais.

Conforme consta da Publicação, neste caso, divulgada na página do então Ministério da Economia (https://www.gov.br/economia/pt-br/centrais-de-conteudo/publicacoes/guias-e-manuais/defeso/guia-tecnico-de-gestao-estrategica/view), e não da Casa Civil, como os demais, o planejamento estratégico das organizações federais poderia ser construído seguindo 8 etapas assim definidas:

Etapa 1- Construção da cadeia de valor; Etapa 2- Análise ambiental; Etapa 3- Definição da missão, visão e valores; Etapa 4- Construção do mapa estratégico; Etapa 5- Construção do Painel de Indicadores e Metas; Etapa 6- Construção do Portfólio de Projetos e Entregas; Etapa 7- Monitoramento intensivo da estratégia; Etapa 8- Monitoramento, avaliação e revisão da estratégia.

Não obstante à importância deste Guia, não conseguimos localizar a sua publicação em pesquisas realizadas nas páginas do governo empossado em 2023 no Brasil. Ainda é possível consultá-lo no endereço do extinto Ministério da Economia, mas na página do Ministério da Gestão e da Inovação em Serviços Públicos,[30] que apresenta informações sobre estratégia, não foi possível localizar o Guia. Por certo, trata-se de mais uma lacuna provocada pela transição governamental que, esperamos, seja logo suprida.

---

30 Disponível em: <https://www.gov.br/gestao/pt-br>. Acesso em: 08 set. 2023.

7.6.5 Diretrizes gerais e Guia orientativo para elaboração de Análise de Impacto Regulatório – AIR

Regulação governamental pode ser definida como o conjunto de instrumentos jurídico-normativos (leis, decretos, regulamentos e outras normas) de que o governo dispõe para estabelecer obrigações que devem ser cumpridas pelo setor privado, pelos cidadãos e pelo próprio governo.

Segundo apurou o sítio eletrônico "Consultor Jurídico",[31] desde a Constituição de 1988, foram editados no Brasil mais de 5,4 milhões de textos normativos. No levantamento foram considerados, além de leis, medidas provisórias, instruções normativas, emendas constitucionais, decretos, portarias e atos declaratórios.

Com esse arsenal regulamentar, os governos diversos podem promover o bem-estar social e econômico dos cidadãos ou criar obstáculos desnecessários ao comércio, à concorrência, ao investimento e à eficiência econômica. Por isso a importância desse Guia, com orientações para que os gestores federais possam fazer o que chamaram de Análise do Impacto Regulatório (AIR).

Nessa tarefa de causar o menor impacto negativo para os cidadãos e para o desenvolvimento do país, foram estabelecidos no guia os seguintes princípios: a) de que é fundamental iniciar uma AIR, previamente à elaboração de leis, decretos, regulamentos e outras normas; e b) necessidade de participação social durante a fase de construção e elaboração da AIR.

Conforme esclareceu o governo que o editou, as Diretrizes Gerais e o Guia AIR, que nasceu com foco nas Agências Reguladoras, poderiam ser aplicados por qualquer outra instituição que edite atos com potencial de alterar direitos ou criar obrigações a terceiros.

Esta publicação pode ser consultada no sítio eletrônico da Casa Civil,[32] onde consta que houve uma atualização 07/07/2023.

---

31 Disponível em: <https://www.conjur.com.br/2017-jul-30/brasil-editou-54-milhoes-normas-1988-estudo>. Acesso em: 07 ago. 2023.

32 Disponível em: <https://www.gov.br/casacivil/pt-br/assuntos/downloads/diretrizes-gerais-e-guia-orientativo_final_27-09-2018.pdf/view>. Acesso em: 08 ago. 2023.

7.6.6 Referencial de Centro de Governo – CdG

Conforme discorremos no tópico 4.1. desta obra, o Modelo de Governança sugerido pelo Grupo de Trabalho do TCU, a partir das boas práticas internacionais, previa uma estrutura formal de Centro de Governo, capaz de auxiliar o Presidente nas tomadas de decisão e no monitoramento das ações, além de favorecer a integração e articulação dos ministérios setoriais entre si e com os governos estaduais e municipais.

O governo do Brasil reconhecia a necessidade de dar mais clareza dentro do próprio governo e de desenvolver as capacidades do Centro de Governo brasileiro. Nesse sentido, iniciou uma revisão de pares com a OCDE, da qual resultaram recomendações consolidadas no documento "Centre of Government Review of Brazil: Toward an Integrated and Structured Centre of Government",[33] publicado em agosto de 2022.

A partir dos aprendizados dessa parceria com a OCDE, foi editado, então, este Referencial de Centro de Governo – CdG.[34] Na introdução da publicação, os componentes do CIG, responsáveis pela sua organização, discorreram sobre as duas formas de entender um Centro de Governo – estrutural ou funcional – e resumiram a abordagem estrutural, referenciando a OCDE,[35] como aquela que estabelece o CdG a partir de seus órgãos componentes, localizados em uma única instituição vinculada diretamente ao Chefe do Executivo.

Não obstante ter sido essa abordagem proposta pelo TCU, os representantes expressaram a opinião divergente, defendendo que "em países com arranjos políticos e institucionais dinâmicos, como o Brasil, a abordagem funcional tende a ser mais eficiente, por sua resiliência diante de modificações estruturais". Entendiam as lideranças governamentais, que a organização do CdG, sem engessá-lo em uma estrutura predefinida, lhe daria mais flexibilidade, condição vital, segundo seu

---

33 OCDE. Centre of Government Review of Brazil: Structured Centre of Government. Paris, 2022. Disponível em: <https://www.oecd.org/publications/centre-of-government-review-of-brazil-33d996b2-en.htm>. Acesso em: 07 ago. 2023.

34 Disponível em: <chrome-extension://efaidnbmnnnibpcajpcglclefindmkaj/https://www.gov.br/casacivil/pt-br/assuntos/governanca/comite-interministerial-de-governanca/arquivos/referencial-cdg-22-12-2022.pdf>. Acesso em: 08 ago. 2023.

35 OCDE. Centre Stage 2: The Organisation and Functions of the Centre of Government in OECD Countries. Paris, 2018. Disponível em: <https://www.oecd.org/gov/report-centre-stage-2.pdf>. Acesso em: 08 ago. 2023.

entendimento, para sua perenidade ao longo dos anos e com o passar dos governos.

Foi a partir dessa abordagem funcional, portanto, que o Referencial delimitou as funções, processos e competências essenciais do CdG, os quais são ainda categorizadas em quatro eixos centrais: Estratégia, Coordenação, Comunicação e Capacidade Institucional, com o intuito, segundo seus editores, de trazer mais clareza sobre os papéis que deveriam ser desempenhados para um CdG mais estratégico, eficiente e integrado.

Embora compreendamos os argumentos defendidos pelo governo nacional do Brasil para adotar a abordagem funcional para o CdG, ainda tememos que essa abordagem prejudique o entendimento e utilização, pelo Presidente da República, de todo o potencial que tem um CdG de assessorá-lo no acompanhamento de suas diretrizes e prioridades, além do acompanhamento da consolidação da governança.

Essa preocupação, no entanto, pode ser mitigada pelo efetivo funcionamento do Comitê Interministerial de Governança – CIG, arranjo vital, previsto no Decreto nº 9.203/2017, para dar coerência, coesão e integração aos próprios órgãos que desempenham a função de Centro de Governo. Por isso, repetimos nossas preocupações, externadas no item 7.2 desta obra, com o fato de não terem ainda sido realizadas reuniões do CIG, em 2023, quando já se passou quase um ano da posse do novo governo brasileiro.

7.7 Mentorias para altos executivos do Governo Federal

Conforme já frisamos em algumas passagens deste livro, a governança passou a ser gerida como uma política pública, a partir da edição do Decreto nº 9.203/2017.

Durante as articulações do TCU com o Governo Federal, que resultaram na edição da política, foram apresentados os resultados de auditorias e levantamentos do Tribunal, que identificaram, em riqueza de detalhes e em extensão, que a governança pública brasileira era um grande problema coletivo, no governo nacional e subnacional, o que demandava uma implementação imediata das ações previstas no Decreto.

Embora tenha delineado o desenho da política naquele normativo, os guias do governo, tratados nos tópicos 7.6, e as recomendações do CIG foram ditando a estratégia para a realização das ações previstas. Com esse roteiro, era necessário se fazer um monitoramento para avaliar o cumprimento daquelas ações (como a formação e funcionamento do CIG e dos comitês internos de governança e o Programa de Integridade, entre outras providências).

Também era necessária uma orientação contínua aos órgãos abrangidos pelo Decreto nº 9.203/2017, ao mesmo tempo em que se fazia a avaliação e o monitoramento das ações previstas e das recomendações que iam sendo feitas pelo CIG.

No governo Temer, depois das articulações com o próprio Presidente, essas orientações foram repassadas em diversos encontros com ministros das pastas setoriais, em 2018. Quando o Presidente Jair Bolsonaro tomou posse, em janeiro de 2019, o Ministro Nardes apresentou o projeto pessoalmente a ele e ao então Chefe da Casa Civil, resultando daí, uma exposição para todos os ministros, durante uma das reuniões ministeriais.

Dos encontros iniciais com os ministros do governo Temer, em 2017 e 2018, nasceu a ideia de uma mentoria para as altas lideranças dos ministérios, fundações e autarquias do Governo Federal, e consolidou-se uma nova e exitosa parceria entre o CIG, representado especialmente pela Casa Civil da Presidência da República, o TCU e seu centro de capacitação, o Instituto Serzedello Corrêa.

O roteiro dessas mentorias, nos moldes da Figura 27 abaixo, que se realizaram de 2018 a 2022, previa sempre a participação do Ministro de Estado e dos Secretários, principalmente, para não dispersar os esforços e garantir a orientação, realmente, das lideranças principais das organizações, responsáveis, segundo o Decreto nº 9.203/2017, pela implementação das boas práticas em seu âmbito de atuação.

Figura 27 – Modelo de Mentoria para Altos Executivos no governo nacional do Brasil

HORA	PALESTRANTES	ASSUNTO	TEMPO
9:30	Diretora-Geral do ISC, **Ana Cristina Melo**	Boas-vindas	
9:30 – 9:40	Ministro do TCU, **Augusto Nardes** Ministro do MDR, **Rogério Marinho**	Abertura	10 minutos
9:40 – 10:10	Ministro do TCU, **Augusto Nardes**	Contexto da Governança Pública no Brasil	30 minutos
10:10 – 10:40	Ministro do MDR, **Rogério Marinho**	Situação da Governança no Ministério	30 minutos
10:40 – 11:00	Intervalo - Café		20 minutos
11:00 – 11:25	Assessor do Ministro Augusto Nardes, **Luis Afonso** Secretário Especial Adjunto de Relações Governamentais da Casa Civil da Presidência da República, **Henrique Barros Pereira Ramos**	Política de Governança Pública Decreto 9.203	25 min
11:25 – 11:50	A definir	IGG	25 min
11:50 – 12:20	Secretária de Fiscalização de Infraestrutura Urbana, **Keyla Araújo Boaventura** Secretário em Substituição de Infraestrutura Hídrica, de Comunicações e de Mineração, **Mauricio Ramos Jacintho de Almeida** Secretária de Controle Externo do Desenvolvimento Econômico, **Andreia Rocha Bello de Oliveira**	Outros temas relacionados à pasta	30 minutos
12:20 – 12:30	Ministro do TCU, **Augusto Nardes**	Encerramento	10 minutos

Fonte: TCU.

As mentorias, denominadas de "Governança para Altos Executivos", foram desenhadas pelo Gabinete do Ministro Augusto Nardes, em conjunto com a Casa Civil – do governo do Presidente Michel Temer, inicialmente, e depois, no governo do Presidente Jair Bolsonaro. A proposta foi submetida à aprovação do ISC, que a aprovou e viabilizou, operacionalmente, em todo o período realizado.

O Roteiro das mentorias previa uma duração de 3 horas e seguiram um cronograma semelhante ao da figura acima, representativa do evento realizado, durante o governo do Presidente Jair Bolsonaro, com o Ministério do Desenvolvimento Regional, em outubro de 2021.

Com esse roteiro, e no intuito de orientar os gestores, além de monitorar e avaliar os passos já caminhados, foram realizados mais de 20 encontros, de 2018 a 2022, abrangendo organizações da Administração direta, autárquica e fundacional.

CAPÍTULO 8

8.1 Os avanços da política de governança evidenciados no indicador do TCU

Relatamos até aqui, o contexto que levou ao lançamento da Política de Governança, por meio do Decreto nº 9.203/2017, bem como as principais ações que foram sendo implementadas, seguindo o desenho geral, contido no normativo, bem como o refinamento desse desenho, contido nos guias de governança do próprio governo, coordenado pelo Comitê Interministerial de Governança, que nesse sentido também editou uma série de recomendações.[36]

A atuação coordenada do CIG, em nome do Presidente da República, e a clara definição da responsabilidade da Alta Liderança das organizações pela implementação das boas práticas desenhadas, foram provocando, de fato, uma sequência de realizações no conjunto de organizações do Governo Federal, que iam sendo refinadas, monitoradas e avaliadas pelo CIG, com o auxílio e acompanhamento do TCU, muitas vezes, em parceria, como nas mentorias de Governança para Altos Executivos.

Resumidamente, então, esse foi o conjunto de passos estruturantes da Política de Governança, dados nos anos iniciais de sua implementação, passos esses ilustrados nos capítulos anteriores:

---

36 Recomendações do CIG podem ser acessadas em <https://www.gov.br/casacivil/pt-br/assuntos/governanca/comite-interministerial-de-governanca/arquivos/copy_of_recomendacoes-e-aprovacoes-do-cig>. Acesso em: 10 set. 2023.

1) Edição do Decreto nº 9.203/2017 e remessa do Projeto de Lei nº 9.163/2017 ao Congresso Nacional;
2) Criação e funcionamento efetivo do Comitê Interministerial de Governança (CIG);
3) Edição e publicação de guias diversos do próprio governo, orientando os gestores na implementação da Política de Governança e na definição de ferramentas diversas para sua mais completa viabilização;
4) Criação, funcionamento e avaliação da efetividade dos Comitês Internos de Governança (CMG);
5) Lançamento e implementação do Programa de Integridade, coordenado pela CGU, com um painel de monitoramento para os gestores e para a sociedade avaliarem a evolução do tema nas organizações federais;
6) Implementação de Estruturas e práticas de Gestão de Riscos nas organizações federais;
7) Evolução na Governança das Regulamentações federais;
8) Lançamento e Consulta Pública de uma Estratégia Nacional de Longo Prazo (Endes), com um horizonte de país, e não só de um governo;
9) Lançamento de uma Estratégia Nacional e de planos estratégicos nas organizações federais;
10) Monitoramento dos resultados das Políticas Públicas.

Todos esses avanços, que obviamente não aconteceram de forma homogênea, no tempo e no espaço, em todas as organizações federais, acabaram se refletindo no indicador de governança (iGG) apurado pelo TCU, que de 2018, após a edição do Decreto nº 9.203/2017, a 2021, experimentou uma grande evolução, conforme gráfico da Figura 28 a seguir.

Figura 28 – Indicador TCU. Comparativo de 2018 a 2021[37]

Figura 9 - iGovPub: comparativo entre 2018 e 2021

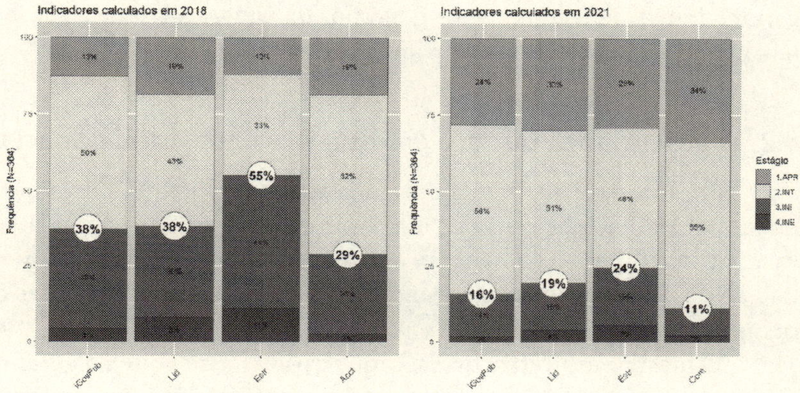

Fonte: TCU.

O gráfico demonstra claramente que o conjunto de boas práticas aceitas internacionalmente como as mais adequadas para se ter uma boa governança iam sendo assimiladas e implementadas no Governo Federal.

Em 2018, no início ainda da implementação da Política de Governança (após o Decreto nº 9.203/2017), boa parte das organizações federais tinha um conjunto mínimo de boas práticas de governança assimiladas, o que as classificava nos níveis inicial ou inexistente e intermediário. Somente um percentual pequeno tinha práticas mais aprimoradas de governança.

Em quatro anos apenas, desde o lançamento da Política de Governança, o gráfico foi ficando cada vez menos inicial e inexistente para se tornar intermediário e avançado, nos três pilares básicos da governança: Liderança; Estratégia; e Controle (em 2018, chamado de Accountability).

Essa evidência objetiva (por meio de um indicador) da Governança Pública no governo nacional do Brasil, segundo pensamos, é

[37] Disponível em: <file:///C:/Users/vieiralg/Downloads/Relatorio-consolidador-IGG2021-equipe%20(6).pdf>. Acesso em: 10 set. 2023.

prova suficiente de que o modelo lançado e implementado é um caso de sucesso que deve ser estudado e replicado, com as devidas adequações, às realidades locais, nos governos subnacionais do país (estados e municípios), bem como pelos governos da América Latina e Caribe, temas que serão objeto das próximas partes deste livro.

8.2 A governança pública evolui, mas não é uma panaceia

Embora os avanços tenham sido capturados pelo TCU por meio de um indicador (por mais que ele possa não ser perfeito e estar sujeito a críticas e aperfeiçoamentos), a evolução, conforme já o dissemos, não se dá de forma homogênea, no tempo e no espaço, em todas as organizações.

O mesmo indicador do TCU que capturou a evolução geral da Governança no âmbito federal, também nos dava sinais preocupantes, quando analisado em mais detalhes, sobre questões de absoluta importância, como a Gestão de Riscos, que, se negligenciada, poderia comprometer, desde o nascedouro, grandes missões governamentais, necessárias para vencer parte de nossos desafios como país e como povo.

O gráfico da Figura 29 a seguir demonstra, sim, uma clara evolução da gestão de riscos de 2018 a 2021, mas os patamares dessa prática do indicador (em torno de 50%), bem como dos itens que a compõem, demonstravam que boa parte das organizações ainda carecia, quase por completo, de práticas de gestão de riscos e podia estar falhando, já na origem, na missão de superar os desafios nacionais.

Figura 29 – Evolução das práticas de Gestão de Risco no governo nacional do Brasil – 2018 a 2021[38]

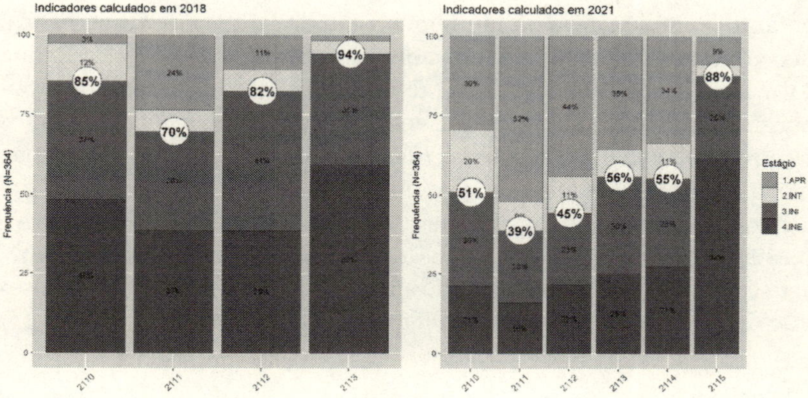

Fonte: TCU.

Observação: o indicador do TCU (iGG) avaliava a prática 2210 – gerir riscos – decomposta nos seguintes itens de verificação: a) 2111. A estrutura da gestão de riscos está definida b) 2112. Atividades típicas de segunda linha estão estabelecidas c) 2113. O processo de gestão de riscos da organização está implantado d) 2114. Os riscos considerados críticos para a organização são geridos e) 2115. A organização executa processo de gestão de continuidade do negócio.[39]

Além da Gestão de Riscos, problemas severos, especialmente nas transições governamentais, têm ocorrido com a Endes, a ponto de não termos ainda, passados seis anos, praticamente, do lançamento da Política de Governança, uma Estratégia Nacional ainda institucionalizada no Brasil, apesar dos avanços que já relatamos.

Outros problemas nas políticas públicas, como planejamento ausente ou deficiente e indicadores de desempenho sem qualidade e confiabilidade, são fartamente revelados nos trabalhos do TCU, especialmente nos Relatório de Fiscalizações em Políticas e

---

38 Disponível em: <file:///C:/Users/vieiralg/Downloads/Relatorio-consolidador-IGG2021-equipe%20(6).pdf>. Acesso em: 10 set. 2023.

39 O indicador é dinâmico, não apresentando, por isso, em todos os períodos de apuração, exatamente os mesmos itens de verificação. Por isso, os itens 2114 e 2115, do gráfico de 2021, não constam do gráfico de 2018.

Programas de Governo[40] e nas Contas do Presidente da República,[41] conforme detalharemos no capítulo 14.

Os problemas que continuam ocorrendo não desqualificam, no entanto, a importância da implementação da Política de Governança, nos governos nacionais e subnacionais do Brasil e da América Latina e Caribe. Nunca defendemos, de fato, que a governança seria uma panaceia, uma solução mágica que acabaria com os problemas de todos os governos, generalizadamente. Mas defendemos, sim, enfaticamente, que a melhoria da Governança é uma grande premissa e que seu desenvolvimento, em todos os níveis de governos, de forma sistemática e persistente, com legados positivos e sucessivos, governo após governo, será capaz de elevar o patamar de entregas governamentais nos países que derem a esse tema a devida importância.

---

40 Disponível em: <https://portal.tcu.gov.br/governanca/governancapublica/politicas-publicas/levantamentos.htm>. Acesso em: 10 set. 2023.

41 Disponível em: <https://portal.tcu.gov.br/contas-e-fiscalizacao/contas-do-presidente-da-republica/>. Acesso em: 10 set. 2023.

CAPÍTULO 9

9.1 O processo de adesão do Brasil à OCDE

Os avanços experimentados na implementação de boas práticas de governança, no Brasil, desde a edição do Decreto nº 9.203/2017, demonstrados no capítulo anterior, podem ter facilitado a compreensão pelos líderes do governo nacional brasileiro sobre a importância do processo de acessão, ou adesão, do Brasil à OCDE. A partir de 2017, a adesão configurou-se em prioridade de governo, conforme nos informa o "Relatório de acompanhamento do futuro processo de acessão do Brasil à OCDE 1 (2021)".[42]

Segundo informações do governo nacional do Brasil,[43] a acessão à OCDE consiste no ato de sua efetivação como país-membro, em decorrência de um rigoroso processo de avaliação, por parte daquela organização e de seus membros, das políticas públicas brasileiras e do alinhamento do país às boas práticas internacionais.

---

42 BRASIL. Casa Civil. Conselho Brasil – OCDE (2021). *Relatório de acompanhamento do processo de acessão do Brasil à OCDE 1*. Disponível em: <chrome-extension://efaidnbmnnnibpcajpcglclefindmkaj/https://www.gov.br/casacivil/pt-br/assuntos/colegiados/ocde/sobre-a-ocde-1/2021-08-26___anexo_c_relatorio_de_acompanhamento_cg_br_ocde__aprovado_11cg.pdf>. Acesso em: 25 out. 2023.

43 BRASIL. Casa Civil. Disponível em: <https://www.gov.br/casacivil/pt-br/assuntos/colegiados/ocde/processo-de-acessao-brasil-ocde/o-que-e-a-acessao-do-brasil-a-ocde#:~:text=A%20acess%C3%A3o%20do%20Brasil%20%C3%A0%20Organiza%C3%A7%C3%A3o%20para%20a%20Coopera%C3%A7%C3%A3o%20e,alinhamento%20do%20Pa%C3%ADs%20%C3%A0s%20boas>. Acesso em: 25 out. 2023.

De acordo com o documento intitulado "Estratégia de Governo para a preparação e acompanhamento do processo de acessão do Brasil à OCDE",[44] a aproximação com a organização foi iniciada na década de 1990. Desde então, foram dados vários outros passos para que, em 2007, o Conselho da OCDE decidisse fortalecer a cooperação da organização com o Brasil, África do Sul, China, Índia e Indonésia, por meio do programa de "*enhanced engagement*", visando a possível acessão desses países.

Em 2012, os cinco países passaram a ser considerados "parceiros-chave" (*key partners*) da organização e o Brasil ampliou sua atuação em diferentes órgãos da OCDE, aderiu a outros instrumentos legais e participou de revisões por pares ("*peer reviews*") em setores específicos. Em 2015, foi assinado o Acordo Marco de Cooperação, que institucionalizou a participação brasileira em diversos foros da Organização.

Finalmente, em 2017, o Brasil formalizou a sua candidatura ao processo de acessão. Posteriormente, para preparar e acompanhar esse processo, foi instituído, por meio do Decreto nº 9.920, de 18 de julho de 2019, o Conselho Brasil – OCDE. O Conselho, que era coordenado pela Casa Civil da Presidência da República, realizou diversas reuniões nos anos de 2019 a 2022, conforme consta na página da própria Casa Civil.[45]

Em 25 de janeiro de 2022, a OCDE abriu discussões sobre a acessão do país como membro, seguindo roteiro próprio da instituição. A decisão foi comunicada ao Brasil, a quem foi solicitado que confirme a sua adesão à Declaração de Visão do 60º Aniversário da OCDE e à Declaração do Conselho Ministerial adotada em outubro de 2021, bem como à carta enviada pelo Secretário-Geral.

Em junho do mesmo ano, foi formalmente entregue ao Governo brasileiro o Accession Roadmap, em conformidade com a decisão de janeiro de 2022. Esse documento detalha os passos do processo de acessão e específica como se dará a negociação, por quais comitês, e indica um foco de avaliação em sete áreas: reformas estruturais, abertura

---

[44] Brasil. Casa Civil. Conselho Brasil – OCDE. *Estratégia de Governo para a preparação e acompanhamento do processo de acessão do Brasil à OCDE (2021)*. Disponível em: <chrome-extension://efaidnbmnnnibpcajpcglclefindmkaj/https://www.gov.br/casacivil/pt-br/assuntos/colegiados/ocde/sobre-a-ocde-1/2021-03-31___politica_de_comunicacao.pdf>. Acesso em: 25 out. 2023.

[45] BRASIL. Brasil. Casa Civil. Conselho Brasil – OCDE. *Reuniões do Conselho Brasil – OCDE e do Comitê Gestor*. Disponível em: <https://www.gov.br/casacivil/pt-br/assuntos/colegiados/ocde/conselho-brasil-ocde-1/reunioes-do-conselho-brasil-ocde-e-do-comite-gestor>. Acesso em: 25 out. 2023.

ao comércio e investimento, crescimento inclusivo, governança, meio ambiente, biodiversidade e clima, digitalização e infraestrutura.

A fim de permitir ao Conselho tomar uma decisão fundamentada sobre a adesão do Brasil, deverão ser realizadas revisões técnicas profundas pelos comitês fundamentais da OCDE, que emitirão um parecer formal do seu trabalho. As revisões técnicas e os pareceres formais resultantes abrangerão dois elementos principais: i. uma avaliação da vontade e capacidade do Brasil de implementar quaisquer instrumentos jurídicos significativos da OCDE no âmbito da competência do comitê; e ii. uma avaliação das políticas e práticas do Brasil em comparação com as melhores políticas e práticas da OCDE.

As revisões técnicas seriam iniciadas após o Brasil apresentar um Memorando Inicial. No documento da última reunião do Conselho Brasil – OCDE,[46] realizada em dezembro de 2022, consta a informação de que o Memorando Inicial foi formalmente enviado pelo Ministério das Relações Exteriores à Organização no dia 30 de setembro de 2022. Esse Memorando, composto por 1.170 páginas, dividido em 32 capítulos temáticos, descreve a situação atual das políticas públicas praticadas no Brasil em relação a 230 instrumentos legais da OCDE, tendo o país, segundo o documento, já aderido a 108, solicitado a adesão a 45 e ainda não aderido a 77 desses instrumentos. No dia 6 de outubro de 2022, os ministros que integravam o Conselho Brasil-OCDE realizaram uma coletiva de imprensa para divulgar uma Nota Conjunta[47] sobre o encaminhamento do Memorando Inicial à OCDE, da qual extraímos o seguinte trecho:

> A entrega do documento antecede as discussões técnicas no âmbito dos 26 comitês e grupos de trabalho designados pela OCDE para examinar as informações submetidas pelo Brasil e todas aquelas que serão ainda fornecidas ao longo da negociação. O Conselho Brasil-OCDE entende que a convergência aos padrões da OCDE é parte da estratégia de fortalecimento da inserção internacional do Brasil, aprimoramento de nossas políticas públicas e estímulo a reformas estruturais. (BRASIL, 2023)

---

46 BRASIL. Casa Civil. Conselho Brasil – OCDE (2022). *Relatório de acompanhamento do processo de acessão do Brasil à OCDE 7*. Disponível em: <chrome-extension://efaidnbmnnnibpcajpcglclefindmkaj/https://www.gov.br/casacivil/pt-br/assuntos/colegiados/ocde/conselho-brasil-ocde-1/relatorio_trimestral_set_out_nov_dez_2022_rev_16122022.pdf>. Acesso em: 26 out. 2023.

47 BRASIL. Presidência da República. Casa Civil. Nota à imprensa do Conselho Brasil-OCDE. 30 abr. 2024. Disponível em: <www.gov.br>. Acesso em: 1 set. 2023.

Até o momento em que escrevemos o presente tópico deste livro – outubro de 2023 – decorridos quase dez meses completos do novo governo eleito do Brasil, não localizamos qualquer informação na página do Conselho Brasil (OCDE) sobre a continuidade do processo de adesão. Notícias em páginas diversas da internet dão conta de que a adesão do Brasil não seria prioridade do novo governo. Em pequeno avanço, no entanto, o Presidente Lula editou o Decreto nº 11.671, de 30 de agosto de 2023,[48] instituindo um Grupo de Trabalho Interministerial para os assuntos com a OCDE.

Segundo o Decreto, competirá ao Grupo de Trabalho, coordenado pelo Ministério das Relações Exteriores e composto pela Casa Civil e diversos outros ministérios: I - fornecer subsídios para a elaboração de políticas relativas ao relacionamento com a Organização para a Cooperação e o Desenvolvimento Econômico (OCDE); II - contribuir para a promoção das relações entre a República Federativa do Brasil e a OCDE e a divulgação de estudos realizados no País; III - analisar estudos da OCDE e recomendar estudos acerca de temas específicos de interesse para as relações da República Federativa do Brasil com a OCDE; IV - examinar a compatibilidade dos instrumentos da OCDE com a legislação brasileira; V - coordenar a participação brasileira em órgãos da OCDE; e VI - colaborar na organização de eventos da OCDE na República Federativa do Brasil e em outras iniciativas da OCDE que sejam de interesse do país.

Dada a ausência de outras informações públicas, nos parece que, de fato, não há uma disposição explícita de dar sequência aos trabalhos, no ritmo que vinha sendo implementado. Pela posição aparentemente divergente do novo governo, é necessário trazer aos leitores que há, em relação à OCDE, posicionamentos políticos e técnicos contrários e favoráveis. O trecho a seguir, extraído do documento "Indicadores Quantitativos da OCDE e o Brasil",[49] coordenado por Renato Baumann, Economista do Ipea, dá uma dimensão sobre essas dissensões:

---

[48] BRASIL. Decreto 11.671, de 30 de agosto de 2023. Disponível em: <http://www.planalto.gov.br/ccivil_03/_ato2023-2026/2023/decreto/D11671.htm>. Acesso em: 26 out. 2023.

[49] BRASIL. Ipea. *Indicadores Quantitativos da OCDE e o Brasil*. Volume I. 2023. Disponível em: <chrome-extension://efaidnbmnnnibpcajpcglclefindmkaj/https://repositorio.ipea.gov.br/bitstream/11058/12346/1/RI_Indicadores_quantitativos_OCDE_Brasil_v1_Pub_Preliminar.pdf>. Acesso em: 26 out. 2023.

> A apresentação do pedido formal para se tornar membro-pleno tem sido objeto de dois conjuntos de percepções antagônicas. De um lado, alguns analistas consideram a OCDE como um clube de países ricos que utilizam a instituição para consolidar seus interesses. Aderir representaria, portanto, aceitar as regras impostas através de uma relação de poder, e muito provavelmente as decisões não corresponderiam aos interesses brasileiros, focados na promoção do desenvolvimento econômico e social. Isso levaria ao comprometimento da independência do país no desenho de políticas, assim como afetaria a eventual liderança brasileira em áreas de interesse de países em desenvolvimento, como aquelas tratadas no G77 e em negociações multilaterais de comércio, e passaria a ser uma incógnita sua relação com os BRICS, dado que é o único dos cinco países com esse tipo de candidatura.
>
> Além disso, a afinidade do Brasil com a maioria dos países membros da OCDE não é total, desde um ponto de vista econômico, social e em termos de interesses estratégicos. Haja vista a aparente contradição entre participar do BRICS, grupo constituído com o objetivo central de alterar a governança global, e ao mesmo tempo postular ser membro pleno da OCDE, hoje a instituição mais vocal das condições de preservação do *status quo*.
>
> Os que veem o lado positivo de participar da instituição enfatizam as expectativas de quem associa a organização com um 'selo de qualidade' que poderá facilitar a captação de recursos externos a custos mais baixos, assim como induzir à adoção das 'melhores práticas'. Tais medidas favoreceriam o aumento de produtividade na economia brasileira, com ganhos em termos de crescimento econômico e de maiores possibilidades de melhoria do desenvolvimento social.
>
> Desnecessário enfatizar que o acesso às recomendações quanto a melhores práticas pode ser feito através das diversas publicações da OCDE, sem que seja preciso, para tanto, tornar-se país membro. No entanto, o fato de ser país membro permite não apenas se beneficiar da qualidade técnica da instituição, como influenciar as análises aí realizadas, contribuindo com informações sobre a realidade de países – como as economias em desenvolvimento – que têm características distintas das economias dos primeiros membros da organização. (BRASIL, 2023)

Em que pese opiniões divergentes sobre o processo de acessão do Brasil à OCDE, os autores deste livro são favoráveis ao processo, respaldados na contribuição que os acordos do TCU com a organização, tratados no tópico 2.4, trouxeram para a evolução da governança pública no país.

No *box* a seguir, elaborado a título de colaboração com esta obra, Marcelo Barros Gomes traz perspectivas positivas de adesão do Brasil. Gomes exerceu, de 2019 a 2021 o cargo de Secretário especial na Casa Civil PR, na SAG e, posteriormente na Secretaria Especial de Relacionamento Externo da Casa Civil da Presidência da República (Serex), a quem competia exercer a Secretaria Executiva do Conselho Brasil (OCDE).

Por que Brasil na OCDE

A OCDE é órgão colegiado de 38 nações que abarcam 61% do PIB mundial, incluindo a gestão de fundos financeiros e de fontes de investimentos não comparáveis aos de qualquer outra agremiação de países. No plano desenvolvimento humano, a área da OCDE apresenta IDH médio de 0,900 (contra 0,765 do Brasil) e Índice de Expectativa de Vida médio de 0,922 (contra 0,857 do Brasil).

O mecanismo de promoção do desenvolvimento socioeconômico observado na OCDE assenta-se não apenas na soma das riquezas oriundas dos países-membros, mas principalmente na construção de capacidades institucionais e de ambientes de negócios que criam riqueza para os países-membros. Estima-se, por exemplo, que a acessão do Brasil à Organização resulte em acréscimo de 15 bilhões de dólares ao PIB brasileiro por ano, tomando-se a média dos países que entraram na OCDE desde 2010. Em 20 anos poderemos ter acréscimo de 300 bilhões na riqueza gerada no país em decorrência de maior previsibilidade, mais confiança, melhor ambiente de negócios e mais investimentos.

De fato, países que ingressaram na Organização a partir de 2010 aumentaram, em média, 1% de PIB ao ano. Estudos da OCDE e do IPEA estimam impacto anual de 0,9% a 1,2% a mais de PIB com o ingresso na Organização. Considerando o potencial do Brasil em setores estratégicos, o conjunto de ações pode levar a um crescimento do PIB per capita nacional no médio e longo prazo aos padrões da média da OCDE e a pelo menos 50% do PIB per capita dos EUA até 2050 (hoje são 25%, desde 1961).

Além do acesso direto do país a investimentos e a fontes mais eficientes de crédito financeiro, a acessão à OCDE promove a criação de riqueza também por meio das reformas estruturais que melhoram o ambiente de negócios, promovem a qualidade do gasto público e asseguram maior integridade na gestão governamental e empresarial. Estima-se que o ingresso do Brasil na Organização reduza em cerca de 68 bilhões de dólares a ineficiência no gasto público por ano (BID), o equivalente a 3,9% do PIB do país, implementando-se melhores práticas no conjunto de políticas públicas. Se as melhorias vierem gradualmente em 20 anos, alcançaremos uma melhoria do gasto acumulada de quase 1 trilhão de dólares.

Já pelo combate a desvios e corrupção, o impacto esperado é de 20 bilhões de dólares por ano (FIESP), gerando, de forma gradual e sustentada em 20 anos de reformas, uma economia acumulada de quase 300 bilhões de dólares.

Ademais, estudos recentes da OCDE, Banco Mundial e Fundo Monetário Internacional indicam que, sem as necessárias reformas estruturais e melhorias sistêmicas nas políticas públicas, o Brasil crescerá em média menos de 1,5 por cento ao ano nos próximos 40 anos.

O caminho da OCDE é a oportunidade de fazermos a retomada do desenvolvimento nacional desde logo, mesmo antes e na preparação para o processo de acessão, pelo avanço nas reformas estruturais requeridas para a convergência aos padrões da Organização. A agenda de convergência, de preparação e de acessão fornece soluções baseadas em evidências internacionais para desafios institucionais, econômicos, sociais e ambientais que precisamos enfrentar.

Aproximar da OCDE e suas práticas e, futuramente, tornar-se membro pleno da OCDE significa, em última análise, advogar os interesses do país na qualidade tanto de beneficiário quanto de autoridade definidora em relação a:

- Acervo de melhores práticas e instrumentos para ação concreta, baseados em evidências e estatísticas comparadas, como subsídio a políticas públicas.
- Padrões internacionalmente reconhecidos, editados por meio de instrumentos legais vinculantes (acordos internacionais e decisões), que contribuem para políticas públicas mais eficientes e efetivas, com geração de maior confiança, previsibilidade e segurança jurídica e riscos aos países.
- Agendas e posições nos comitês temáticos e grupos de trabalho conduzidos por oficiais e representantes de países membros e parceiros convidados. Esse trabalho é apoiado pelo Secretariado permanente da Organização, composto por especialistas altamente qualificados.

- Diagnóstico e auxílio especializado e customizado com base nos melhores padrões e evidências, aos países-membros e a outros organismos internacionais e fóruns, como o G-20.

Os benefícios da acessão mobilizaram a candidatura de diversas nações, que concorrem com o Brasil por um assento na organização. Após México (1994), Chile (2010), Colômbia (2019) e Costa Rica (2021) iniciarem e finalizarem com êxito o processo de entrada na OCDE, seis outros países se colocaram formalmente como candidatos: Brasil, Argentina e Peru, da América Latina, e Romênia, Bulgária e Croácia, da Europa. O Uruguai tem iniciado tratativas para o pleito. Assim como alguns países asiáticos.

O Secretário Geral da OCDE, Mathias Cormann (ex-ministro australiano da Economia), iniciou encaminhamento aos pedidos de adesão existentes e sobre a construção de estratégia para expansão de membros.

PRINCIPAIS IMPACTOS DA ACESSÃO DO BRASIL NA OCDE (elaboração própria)

Maior influência brasileira e da América Latina e Mundo (DIÁLOGO GEOPOLÍTICO)

Voz ativa no desenvolvimento de padrões internacionais (VOZ GLOBAL)

Maior inserção nas cadeias globais de valor (IMPACTO ECONÔMICO)

Abertura de novos mercados (INOVAÇÃO e PRODUÇÃO)

Guia para reformas estruturais (CONTINUIDADE E CELERIDADE)

Padrões internacionais de políticas públicas (TRANSFERÊNCIA DE POLÍTICAS E DE MELHORES PRÁTICAS)

Padronização de dados estatísticos e comparabilidade com as principais economias (CREDIBILIDADE, CONFIANÇA, PREVISIBILIDADE E TRANSPARÊNCIA)

Melhoria dos indicadores institucionais, econômicos, sociais e ambientais (APOIO AOS OBJETIVOS DE DESENVOLVIMENTO SUSTENTÁVEL E INCLUSIVO)

Recuperação mais forte e rápida (CONFIANÇA E CRESCIMENTO)

Ferramentas para atingir os objetivos do Plano Orçamentário Plurianual (plano de 04 anos) e da Estratégia de Desenvolvimento Federal (plano de 12 anos) (VISÃO DE LONGO PRAZO)

O Conselho Ministerial da OCDE aprovou no dia 12 de junho de 2022 o *accession roadmap* do Brasil, contendo os termos, as condições e o roteiro de adesão à Convenção da OCDE, que habilitam o país a se tornar um Membro da Organização.

Completar o processo de ingresso do país na OCDE e, assim, facilitar a conclusão de reformas estruturantes do país demonstra ser o caminho mais eficiente para alcançar o crescimento e o desenvolvimento sustentáveis e inclusivos do país. O ingresso do país na OCDE é um projeto de Estado, de Nação, não apenas de governo, ou governos.

O objetivo geral do processo de adesão é alcançar a convergência do Brasil com os padrões, melhores políticas e melhores práticas preconizadas pela OCDE. A via para acessão é longa e minuciosa e a OCDE deve trabalhar em colaboração com o Brasil ainda por muito tempo para apoiar a adoção de reformas que conduzam aos seus padrões e práticas.

Ao aderir a esses padrões, o país firma compromisso de preservação da liberdade individual, dos valores da democracia, do Estado de Direito e da defesa dos direitos humanos. Reafirma aderência a princípios de economia de mercado abertos e transparentes. Seguindo esse caminho, o Brasil dará sinal inequívoco de que buscará o crescimento econômico sustentável e inclusivo.

De acordo com o Accession Roadmap "O Brasil apoiará e receberá apoio da OCDE para desenvolver análises baseadas em evidências que ajudem a gerar políticas e padrões inovadores para construir economias mais fortes, mais sustentáveis e mais inclusivas, inspirando confiança para sociedades resilientes, responsivas e saudáveis".

É consenso que nos últimos 30 anos o Brasil teve crescimento econômico bem inferior ao que poderia potencialmente alcançar.O nosso PIB variou ao longo dessas três décadas de forma inconsistente e errática. Vimos, tristemente e por diversas vezes, o tão desejado voo de águia se transformar em voos de galinha.Apesar de não termos tido êxito em sustentar nosso crescimento nesse período, importantes legados foram construídos no país que nos permitiram gradativamente avançar na relação com a OCDE, e, assim, com o mundo mais democrático e inclusivo. Iniciamos como participantes do Comitê do Aço da OCDE a partir de 1996 até sermos hoje capazes de dialogar com todos os Comitês da organização, sobre as matérias relevantes para nossa agenda.Esse não é um avanço trivial – é louvável e estruturante, e alcançado com muito esforço ao longo de décadas de árduo trabalho e aprendizados das nossas instituições, gestores e líderes.

A capacidade atual do país para discutir os temas do *roadmap* com a OCDE foi construída gradualmente, por meio de avanços e aprendizados institucionais ocorridos principalmente em dois períodos.

Primeiramente, ao longo do governo FHC deu-se a bem-sucedida agenda de estabilização econômica e de saneamento das finanças públicas e de boa gestão da dívida pública e do equilíbrio fiscal, aliada a uma ampla capacidade de conduzir reformas gerenciais de estado e de gestão pública, e de consolidar as estruturas de regulação no país.

Posteriormente, no Governo Lula, testemunhou-se franco avanço na agenda social e na discussão e implantação de políticas socioeconômicas mais inclusivas e de combate à pobreza, sem, contudo, implicar ruptura de pressupostos financeiros e econômicos confiáveis e da própria dinâmica de mercados, regulados ou não.

Esses avanços inegáveis, mencionados acima, perderam impulso nos períodos subsequentes e arrefeceu-se esse ímpeto mais completo e abrangente de reformas! Em alguns temas, inesperadamente, fomos até retrógados. Os avanços e lições permitiram em boa medida preparar os gestores públicos do país a realizar, com apoio do Itamaraty, imersões mais amplas nos comitês da OCDE e em acolher revisões por pares (*peer reviews*) de suas políticas públicas, sob a coordenação da instituição, estruturando as bases de transferência de melhores políticas e práticas da organização ao nosso ambiente interno de operação do Estado. Assim, evoluímos significativamente o relacionamento com a OCDE ao longo das duas últimas décadas. Inauguramos, em 2007, um *enhanced engagement* com a instituição e nos tornamos Parceiro-Chave em 2012, com excelentes impactos no fortalecimento de nossas instituições e na governança e gestão de políticas públicas no país.

A partir de 2017, o empenho do centro de governo brasileiro em formar uma carteira sólida de projetos de infraestrutura, com a instalação do Projeto de Parcerias de Investimentos – PPI, e a inclusão da agenda de acessão do país à OCDE como prioridade, permitiram que o país organizasse e demonstrasse de forma mais estruturada e coordenada os avanços institucionais perante a Organização, preparando os Ministérios para conhecer mais profundamente os instrumentos da OCDE e disseminando o entendimento das vantagens de se fazer parte permanente da Organização.

Em 2019, a Casa Civil, com apoio do Ministério da Economia e do Ministério das Relações Exteriores, instituiu ampla estratégia de governança e de ação para acelerar a convergência aos instrumentos da OCDE por todos os Ministérios, e assim oferecer mais previsibilidade a investidores, melhoria de políticas públicas, continuidade de reformas e maior inserção internacional ao país. A Secretaria Especial de Relacionamento Externo (Serex) da Casa Civil foi criada especialmente para cuidar da coordenação do processo de acessão. Aos 33 instrumentos aderidos até 2016 somaram-se mais de 80 em curto período, levando a Organização a reconhecer que o país já é convergente a 117 instrumentos e suas políticas são possivelmente compatíveis com mais de 80 por cento do *Acquis* (acervo institucional normativo) da OCDE. Essa é uma importante evidência da evolução institucional do país.

Importante salientar que o Tribunal de Contas da União é uma das instituições que mais tem trabalhado ativamente no auxílio à construção de diversas agendas de Estado apoiadas em melhores práticas da OCDE, o que permite ao controle externo brasileiro realizar e acompanhar trabalhos mais estruturantes para o país em diversos períodos, em temas como o estado regulador, a estabilidade fiscal e monetária, a construção de ciclos permanentes de avaliação e análise de políticas públicas, a coordenação mais coerente do centro de governo, a nova agenda de desenvolvimento regional, os conceitos e estruturas de governança pública em diversos âmbitos e esferas de governo, entre outros. Um longo e rico aprendizado. O TCU constituiu-se na prática um guardião da memória e da continuidade de agendas de Estado por diversos períodos, notadamente de transições.

Apesar de todo avanço, há, contudo, uma parte da agenda de convergência às práticas da OCDE ainda a cumprir para que o país se habilite a ser membro pleno da organização. Essa agenda está ínsita no *roadmap* agora apresentado e será desenvolvida em médio prazo, possivelmente nos próximos três a cinco anos. Um mais amplo debate deverá ser deflagrado com toda sociedade e atores nacionais relevantes. A definição da estratégia e aderência das políticas contidas em Memorando Inicial a ser apresentado à OCDE pelo governo está sendo construída em momento político complexo e de extremos – mas que, se bem conduzido e continuado o processo, terá o condão de reverter os prognósticos pouco favoráveis de crescimento da economia brasileira para os próximos 30 anos.

A agenda de acessão à OCDE deve ser considerada como prioridade máxima para aprofundar a discussão de alternativas para implementação do "mapa da estrada para o Brasil desenvolvido" apresentado pela OCDE!

São os próximos cinco anos que decidirão em boa medida a possibilidade de mais e melhor desenvolvimento e inclusão das próximas décadas, contrariando a previsão mais pessimista (ou realista) de baixo crescimento da riqueza nacional e de menor inclusão para as próximas gerações! A bússola da mudança está aí para ser consultada e indica a estrada e o método. A garantia de que iremos com o tempo alcançar nosso objetivo e o nosso desejo coletivo de nação desenvolvida.

Marcelo Barros Gomes (gmarcelobarros@gmail.com)

http://linkedin.com/in/marcelo-barros-gomes-51010831

Mestre em Políticas Públicas pela London School of Economics. Auditor do TCU desde 1995, Secretário especial na Casa Civil PR, na SAG e Serex e Coordenador do Comitê Gestor Brasil-OCDE (2019-21). Foi Dirigente no TCU para: Desenvolvimento, Políticas Públicas, Área Social, Região Nordeste, Contas de Governo e Setores Regulados de Infraestrutura. Computação pela UCB. Especialista pelo GAO (USA). Escreve e fala sobre: Desenvolvimento, Controle Externo, Políticas Públicas, Gestão e Governança, OCDE, Cooperação Internacional, Parcerias e Regulação.

PARTE II

CONCEITOS DE GOVERNANÇA

Resumo

Após discorrermos na parte I, de uma forma mais expositiva, sobre o contexto brasileiro, que levou ao lançamento de uma Política de Governança no país, bem como apresentarmos a evolução desse tema no governo nacional, após 2017, é importante para os leitores compreenderem a relevância dos avanços conquistados, a partir de alguns de seus conceitos.

É com esse objetivo que exporemos, no capítulo 10, uma base teórica, de forma pragmática, trazendo brevemente os tipos e as espécies da governança pública e destacando a importância de se ter boas práticas em três vertentes principais: de políticas públicas, necessárias para superar desafios históricos e novos das nações; das organizações que formulam e viabilizam essas políticas; e dos órgãos do Centro de Governo, para que sejam capazes de dar coordenação, integração e coerência à atuação de toda a estrutura governamental e suas políticas públicas. Destacaremos também, nesse capítulo, a diferenciação entre governança e gestão.

No capítulo 11, trataremos sobre a origem do Estado, como e quando surgiu a governança, primeiro como um conceito privado para depois ser aplicado no Setor Público, embora os fundamentos da governança pública remontem a tempos históricos passados.

Por fim, no capítulo 12, exporemos a correlação entre capacidades e desempenho do Setor Público com governança, falaremos sobre o sistema de delegação de poderes, bem como o conflito de agência que, no setor público, ganha contornos amplos pela sucessão de transferências de poderes do principal para o agente, de formas sucessivas dentro da cadeia de comandos.

Ao final, faremos uma exposição de vários conceitos internacionais de governança pública, procurando demonstrar que todos eles, na verdade, confluem para nossa definição simplificada de que governança, nada mais é, do que um conjunto de boas práticas para governar melhor o Estado, honrando-se o contrato social estabelecido entre este e seus indivíduos.

CAPÍTULO 10

10.1 Conceito jurídico-pragmático de governança pública

Conforme exporemos na sequência deste capítulo, Governança Pública não tem uma definição uniforme, no Brasil e no mundo. Não há consenso entre os teóricos e acadêmicos sobre a real importância do Estado e dos governos para o desenvolvimento das nações e, por consequência, existem divergências sobre a governança necessária para dar mais capacidade aos governos.

Nosso projeto, no entanto, motivador desta obra, passa ao largo dessas divergências conceituais, apoiando-se, desde o início no contexto fático e jurídico do Brasil, delineado pelo texto de sua Constituição e legislação derivada. Esse é o caminho que seguimos desde a edição da obra "Governança Pública: O Desafio do Brasil" (2018).[50]

Ao nos atermos à realidade jurídica e institucional vigente, no entanto, não negamos a possibilidade de ocorrerem mudanças de médio e longo prazo na situação atual, dado o dinamismo do mundo moderno. Ainda que não ocorram, no entanto, cremos que é possível promover avanços substanciais na forma como o setor público se coloca frente aos desafios locais, nacionais e mundiais

É com base nessa crença pragmática, que nos preocuparemos em apresentar aos leitores a definição mais difundida hoje no Brasil, extraída do art. 2º do Projeto de Lei 9.163/2017, ainda em tramitação

---

50 De autoria de Nardes e Vieira, coautores desta obra, e Cláudio Sarian Altounian.

no Congresso Nacional do Brasil. O mesmo conceito, aliás, foi acolhido no Decreto nº 9.203/2017, que lançou no governo nacional a Política de Governança Pública, válida para a administração pública federal direta, autárquica e fundacional. O Projeto de Lei e o Decreto definiram governança pública conforme o texto a seguir: **Governança pública.** "conjunto de mecanismos de liderança, estratégia e controle postos em prática para avaliar, direcionar e monitorar a gestão, com vistas à condução de políticas públicas e à prestação de serviços de interesse da sociedade".

Essa mesma definição tem sido replicada em leis e decretos semelhantes em vários entes subnacionais do Brasil (estados e municípios), constituindo-se, por esse motivo, a definição mais aceita e difundida em todo o país.

Nas divulgações que fazemos sobre o tema pelo Brasil,[51] procuramos resumir um pouco mais ainda a definição contida nos normativos, de forma que possa ser mentalizado pela população que ter boa governança é, ao final, ter governos melhores.

Governança Pública pode ser resumido, sinteticamente, como: um conjunto de boas práticas adotadas pelos governos diversos para governar bem o Estado e suas organizações.

10.2 Outros conceitos relacionados à governança contidos na norma jurídica

Além de trazer o próprio conceito de governança pública, o PL 9.163/2017 e os vários decretos já editados no Brasil apresentam outras definições importantes. Começamos com os mecanismos de "Liderança", "Estratégia" e "Controle", que, na concepção original do TCU, nada mais representavam que um resumo didático, a aglutinação de um conjunto de boas práticas de governança, aceitas e difundidas nacional e internacionalmente.

Liderança. Segundo art. 5º do Decreto nº 9.203/2017, "compreende conjunto de práticas de natureza humana ou comportamental

[51] Autores brasileiros desta obra.

exercida nos principais cargos das organizações, para assegurar a existência das condições mínimas para o exercício da boa governança". Na sequência, o decreto exemplifica essas boas práticas de liderança como sendo: integridade; competência; responsabilidade; e motivação.

Estratégia. No mesmo artigo, o Decreto define que Estratégia, igualmente, é um conjunto de práticas relacionadas à "definição de diretrizes, objetivos, planos e ações, além de critérios de priorização e alinhamento entre organizações e partes interessadas, para que os serviços e produtos de responsabilidade da organização alcancem o resultado pretendido".

Controle. Complementando o conjunto de práticas que os governos devem adotar para governar melhor, Controle, segundo o Decreto, "compreende processos estruturados para mitigar os possíveis riscos com vistas ao alcance dos objetivos institucionais e para garantir a execução ordenada, ética, econômica, eficiente e eficaz das atividades da organização, com preservação da legalidade e da economicidade no dispêndio de recursos públicos".

Essas definições iniciais deixam bem claro, portanto, que, ao resumir as boas práticas de governança em três conceitos básicos, jamais se imaginou em excluir qualquer outra iniciativa, que não fosse liderança, estratégia e controle, do rol de "produtos" que uma Política de Governança poderia gerar, se bem implementada.

Valor público. Ao compreender que o objetivo principal da Governança seria alavancar a capacidade dos governos, em sua contribuição para a superação dos grandes desafios para o desenvolvimento do país e para a melhoria de vida da população, o PL 9.163/2017 (BRASIL, 2017) apresentou o seguinte conceito de valor público, cuja importância destacamos em todas as nossas exposições sobre o tema, enfatizando que governança não pode ser um fim em si mesma, mas um meio para que os agentes públicos gerem os melhores resultados possíveis:

> **valor público** – produtos e resultados gerados, preservados ou entregues pelas atividades de uma organização que representem respostas efetivas e úteis às necessidades ou às demandas de interesse público e modifiquem aspectos do conjunto da sociedade ou de alguns grupos específicos reconhecidos como destinatários legítimos de bens e serviços públicos.(BRASIL, 2017)

Alta administração. Para deixar bem claro os papéis dos atores, responsáveis pela implementação da Política de Governança, que se lançava naquele momento, o Decreto nº 9.203/2017 estabeleceu que a alta administração seria composta, no âmbito federal, pelos seguintes cargos: "Ministros de Estado, ocupantes de cargos de natureza especial, ocupantes de cargo de nível 6 do Grupo-Direção e Assessoramento Superiores – DAS e presidentes e diretores de autarquias, inclusive as especiais, e de fundações públicas ou autoridades de hierarquia equivalente".

Gestão de riscos. Para evitar que um grande volume de recursos públicos se perca com políticas públicas sem resultados ou impactos, ou mesmo interrompidas, por eventos que poderiam ser previstos e gerenciados, gestão de riscos foi conceituada nos normativos como sendo um "processo de natureza permanente, estabelecido, direcionado e monitorado pela alta administração, que contempla as atividades de identificar, avaliar e gerenciar potenciais eventos que possam afetar a organização, destinado a fornecer segurança razoável quanto à realização de seus objetivos".

Detalhando um pouco mais o tema, o art. 17 do Decreto nº 9.203/2017 esclareceu ser da alta administração das organizações da administração pública federal direta, autárquica e fundacional a responsabilidade por estabelecer, manter, monitorar e aprimorar sistema de gestão de riscos e controles internos com vistas à identificação, à avaliação, ao tratamento, ao monitoramento e à análise crítica de riscos que possam impactar a implementação da estratégia e a consecução dos objetivos da organização no cumprimento da sua missão institucional, estabelecendo alguns princípios, especialmente para vincular a gestão de riscos à viabilização da estratégia das organizações.

Outros conceitos e detalhamentos do processo de gestão de riscos podem ser consultados no portal do TCU[52] em três referenciais, detalhados na Figura 30 a seguir, além de um que trata especificamente dos riscos de ocorrerem práticas de fraudes, desvio e corrupção nas organizações.

---

[52] BRASIL. Tribunal de Contas da União. Governança. *Gestão de riscos*. Disponível em: <https://portal.tcu.gov.br/governanca/governancapublica/gestao-de-riscos/>. Acesso em: 15 set. 2023

Figura 30 – Referenciais de Gestão de Riscos do TCU

Fonte: TCU.

10.3 Tipos de governança

A governança é um campo multidisciplinar e acadêmico que abrange uma variedade de tópicos e abordagens. Existem várias áreas de estudo e tipos de governança, cada um com seu próprio enfoque e objetivos. Esses tipos podem se sobrepor ou ser adaptados de acordo com as circunstâncias específicas de cada país ou entidade governamental. Além disso, a governança pública, especificamente, é um campo em evolução, à medida que os governos buscam maneiras mais efetivas e responsáveis de servir seus cidadãos e enfrentar desafios globais.

Contemporaneamente, vários autores começaram a discorrer sobre essa multiplicidade de facetas da governança, a exemplo de Rachel M. Gisselquist, no *paper* intitulado "Good Governance as a Concept" (2012),[53] que assinala:

> o termo é amplamente utilizado em relação a uma variedade de contextos e abordagens específicas: por exemplo, governança corporativa, governança participativa, governança global, governança de tecnologia

[53] GISSELQUIST, Rachel M. *Good Governance as a Concept, and Why This Matters for Development Policy*. United Nations University-World Institute for Development Economics Research (UNU-WIDER), 2012. Disponível em: <chrome-extension://efaidnbmnnnibpcajpcglclefindmkaj/https://www.wider.unu.edu/sites/default/files/wp2012-030.pdf>. Acesso em: 19 set. 2023.

da informação (TI), governança ambiental, governança local, governança de ONGs e governança sustentável". (GISSELQUIST, 2012)

Vejamos, na sequência, alguns tipos comuns de governança mencionados por autores diversos da academia e de organismos internacionais:

Governança Corporativa. Este campo estuda como as empresas são administradas e supervisionadas. Envolve questões como a estrutura de propriedade, o papel dos acionistas, os direitos dos investidores e as práticas de gestão dentro das empresas.

Governança Pública. A governança pública concentra-se na forma como os governos e as organizações do setor público tomam decisões e prestam serviços aos cidadãos. Isso abrange áreas como políticas públicas, administração pública, financiamento governamental e responsabilidade do governo.

Governança Global. Este tipo de governança se refere à coordenação de questões que transcendem as fronteiras nacionais, como comércio internacional, segurança global, direitos humanos e mudanças climáticas. Organizações internacionais, como a ONU, desempenham um papel importante nesse campo.

Governança Intergovernamental. Em contextos em que várias entidades governamentais trabalham juntas, como em federações ou uniões de estados, a governança intergovernamental é necessária para coordenar políticas e resolver questões de competência compartilhada.

Governança Local. A governança local refere-se à gestão e à tomada de decisões em nível municipal ou comunitário. Envolve a administração de serviços locais, planejamento urbano e desenvolvimento local.

Governança de Setores, como a Ambiental, da Saúde, da Educação. Lidam com a gestão e a regulamentação dos sistemas afetos a cada um desses setores, incluindo a alocação de recursos, políticas e atores relacionados, além dos indicadores para aferição dos resultados esperados.

Governança de Atividades Transversais. Abrange atividades que contemplam, quase sempre, toda a cadeia das organizações e até de suas partes relacionadas. Nesse tipo, podemos enquadrar a Governança de Pessoas; Governança de Compras Governamentais; Governança de TI (Tecnologia da Informação); Governança de Dados; Governança de Risco e Conformidade.

10.4 Espécies do tipo governança pública

Dos diversos tipos de governança anteriormente apresentados, focaremos nesta obra no tipo governança pública. A partir do papel indutor do TCU, em trabalhos iniciados em 2008 e em referenciais publicados, principalmente a partir de 2012, o tema ganhou mais destaque no Brasil, entre os agentes e servidores dos governos nacionais e subnacionais e acabou por incorporar múltiplos significados. Tais significados acabavam relacionando a governança pública à atuação do Estado em execução das políticas públicas e na capacidade das organizações de viabilizarem essas políticas.

Mas esses conceitos não são estanques e acabam se entrelaçando. O Estado realiza suas ações por meio da Administração Pública, composta de órgãos e entidades, como uma grande organização, à qual se aplicam os conceitos de governança corporativa. Também se aplicam a cada órgão e entidade os conceitos da referida governança.

Nesse diapasão, e para evitar confusão na utilização das expressões, consideramos mais adequado entender a "governança pública" como gênero, cujas espécies moveram o TCU a editar diversos referenciais.

Nesta obra, nos ocuparemos, principalmente, em três dessas espécies principais, que nos dão uma boa perspectiva de visão sobre o foco de abrangência de uma eventual Política de Governança, a ser implementada agora nos estados subnacionais do Brasil e nos nossos vizinhos do continente. Tudo isso, a partir do objetivo que nos move neste projeto, repetimos, que é a melhoria da governança para que os Estados possam, efetivamente, contribuir para a superação de desafios – históricos e novos – das nações.

Com essa dimensão, nos preocuparemos, basicamente, com as seguintes espécies: governança de políticas públicas, concebidas para vencer os desafios; governança organizacional, para que as organizações responsáveis por viabilizar essas políticas públicas, sejam cada vez mais exitosas; e governança de Centro de Governo, a fim de que todas essas políticas públicas e organizações possam ser mais bem integradas e coordenadas, especialmente em países federativos como o Brasil.

10.4.1 Governança organizacional ou corporativa

Originada no setor privado, essa espécie de governança pode ser entendida como o sistema pelo qual as organizações são dirigidas e controladas. Refere-se ao conjunto de mecanismos de convergência de interesses de atores direta e indiretamente impactados pelas atividades das organizações: os investidores externos (proprietários ou Principal) e os atores internos (gestores ou Agente).

Transplantados para o Setor Público, esses conceitos foram entendidos no Referencial Básico de Governança do TCU (2014),[54] como sendo uma das perspectivas da Governança Pública, reservada aos órgãos e entidades governamentais.

Com atenção centrada nas organizações, a função da governança, ainda segundo o Referencial, é garantir que suas ações estejam alinhadas com o interesse público. Para isso, se preocuparia com o estabelecimento de um conjunto de boas práticas, entre as quais destacamos: (a) a integridade, os valores éticos; (b) a abertura e o engajamento das partes interessadas; (c) a definição de resultados e de benefícios sustentáveis em termos econômicos, sociais e ambientais; (d) a definição de intervenções necessárias para potencializar e otimizar resultados e benefícios; (e) o desenvolvimento das capacidades (das organizações, da liderança e dos indivíduos) necessárias àquele fim; (f) a gestão de riscos e de desempenho (sustentado por controles internos e instrumentos robustos de gestão das finanças públicas); e (g) a transparência e a *accountability* (prestação de contas e responsabilização).

A partir dessas definições, realça-se, do conceito resumido que apresentamos no início deste capítulo, a definição a seguir, também resumida, de governança corporativa.

Governança Corporativa pode ser sintetizada como um conjunto de boas práticas para governar melhor as organizações públicas.

---

[54] TRIBUNAL DE CONTAS DA UNIÃO. *Referencial Básico de Governança Organizacional/ Tribunal de Contas da União*. Brasília: TCU, 2014. Disponível em: <https://portal.tcu.gov.br/governanca/governancapublica/organizacional/levantamento-de-governanca/>. Acesso em: 18 set. 2023

Ao longo do tempo, o TCU depurou e refinou essas boas práticas, até chegar, na mais recente edição do Referencial Básico de Governança Organizacional (2020),[55] ao conjunto de boas práticas ilustradas na Figura 31 abaixo.

Por meio do iGG, o TCU avalia o nível de utilização do conjunto dessas boas práticas, estabelecendo, a partir daí, se a maturidade de governança corporativa da organização é: inexistente ou inicial; intermediária; ou avançada.

Figura 31 – Boas práticas de Governança Organizacional

Fonte: TCU.

[55] TRIBUNAL DE CONTAS DA UNIÃO. *Referencial Básico de Governança Organizacional/ Tribunal de Contas da União*. Brasília: TCU, 2020. Disponível em: <https://portal.tcu.gov.br/governanca/governancapublica/organizacional/levantamento-de-governanca/>. Acesso em: 18 set. 2023.

10.4.2 Governança de políticas públicas

Para construir seu processo de desenvolvimento, cada nação necessita superar desafios, novos e históricos, e o faz isso, conforme bem detalharemos na parte III, por meio da formulação e implementação de políticas públicas.

Portanto, a governança dessas políticas públicas, conforme destaca Azevedo e Anastasia (2002)[56] está intimamente relacionada com o poder nas relações Estado-sociedade, envolvendo questões político-institucionais de tomada de decisões, as formas de interlocução do Estado com os grupos organizados da sociedade, no que se refere à definição, ao acompanhamento e à implementação de políticas públicas.

Para os autores, a governança pública depende, essencialmente, de dois elementos: possibilidade de criação de canais institucionalizados, legítimos e eficientes de mobilização e envolvimento da comunidade na elaboração e implementação de políticas; e capacidade operacional da burocracia governamental, tanto na atuação direta, como nas funções de regulação de políticas.

Também nessa linha, o Referencial de Avaliação de Governança de Políticas Públicas do TCU,[57] quando define governança de políticas "se refere aos arranjos institucionais que condicionam a forma pela qual as políticas são formuladas, implementadas e avaliadas em benefício da sociedade".

Com esses fundamentos, que se referem a uma atuação no ciclo completo de políticas, o TCU apresenta um modelo ilustrado na Figura 32, calcado em funções administrativas e nos processos que dizem respeito ao relacionamento com a sociedade. O detalhamento desse modelo pode ser consultado no Referencial do TCU, com mais conhecimentos sobre cada um dos componentes necessários à boa governança de políticas públicas.

---

56 AZEVEDO, Sérgio de; ANASTASIA, Fátima. Governança, "accountability" e responsividade. *Brazilian Journal of Political Economy*, v. 22, n. 1, p.82-100, 2002. Disponível em: <https://www.scielo.br/pdf/rep/v22n1/1809-4538-rep-22-01-82.pdf>. Acesso em: 20 set. 2023

57 BRASIL. Tribunal de Contas da União – TCU. *Governança pública*: Referencial de Avaliação de Governança de Políticas Públicas. Brasília: TCU, Secretaria de Planejamento, Governança e Gestão, 2014. Disponível em: <https://portal.tcu.gov.br/referencial-para-avaliacao-de-governanca-em-politicas-publicas.htm >. Acesso em: 17 set. 2023.

Figura 32 – Componentes de Governança de Políticas Públicas

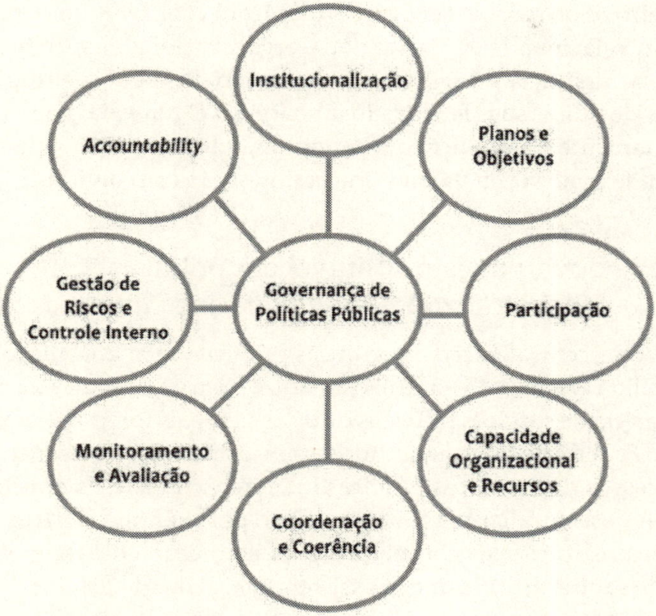

Fonte: TCU.

Dois desses componentes chamam a atenção, por vincularem-se à governança organizacional – tema do Referencial Organizacional, mencionado no item anterior –, mais especificamente, para lidar com a formulação e implementação de políticas públicas. O primeiro deles refere-se à "capacidade organizacional e recursos", embora dirigido a cada uma das organizações que integram a estrutura do governo, e não propriamente ao arranjo. Nesse contexto, segundo explicado no Referencial do TCU (2014, p. 53), o componente compreende: as estruturas e processos apropriados para empreender as atividades planejadas, assegurar o bom uso dos recursos públicos, supervisionar as ações descentralizadas, monitorar os resultados e realimentar o processo decisório, com vistas ao aperfeiçoamento da sua formulação e da sua própria implantação.

A capacidade organizacional também figura como elemento de outros componentes, como: a) institucionalização, enfatizando que a robustez, a sofisticação e a eficiência dos arranjos decorrem, também, da capacidade dos órgãos envolvidos; b) planos e objetivos, resultantes da capacidade administrativa na forma de recursos humanos, físicos, financeiros e de tecnologia de informação; c) coordenação e coerência, também relacionadas à capacidade organizacional, especificamente quanto às definições a respeito da execução dos papéis e responsabilidades dos diversos sistemas institucionais e gerenciais que operam conjuntamente na política; d) monitoramento e avaliação, de responsabilidade majoritária da burocracia dos órgãos envolvidos.

10.4.2.1 Governança multinível em políticas descentralizadas ou governança interfederativa

A descentralização de políticas públicas, com atribuição de responsabilidade conjunta – à União, estados, Distrito Federal e municípios – pela oferta de serviços públicos de diversas áreas foi prevista na Constituição Federal de 1988, figurando, assim, como valor fundamental para os processos das políticas públicas intergovernamentais brasileiras.

A descentralização se fez perceber, por exemplo, a partir dos desenhos constitucionais concebidos para a atuação governamental nas áreas de saúde, art. 198, inc. I; assistência social, art. 204, inc. I; educação, art. 211; e cultura, art. 216-A (BRASIL, 1988).[58]

A atuação conjunta está estampada também em disposições, como as do art. 23, que estabeleceu as competências comuns da União, estados, Distrito Federal e municípios para, por exemplo, cuidar da saúde, inc. I; proporcionar os meios de acesso à cultura, à educação e à ciência, inc. V; proteger o meio ambiente e combater a poluição, inc. VI; promover programas de construção de moradias e a melhoria das condições habitacionais e de saneamento básico, inc. IX; e combater as causas da pobreza e os fatores de marginalização, promovendo a integração social dos setores desfavorecidos, inc. X (BRASIL, 1988).

Com essa diretriz dada pela Constituição de 1988, o Brasil passou a experimentar a intensificação da descentralização e da atuação em comum dos entes federados em várias políticas públicas, tendo-se, por exemplo, a adoção do Sistema Único de Saúde (SUS) para as políticas de saúde; a instituição do Fundo de Manutenção e Desenvolvimento do

---

[58] BRASIL, Constituição (1988). *Constituição da república Federativa do Brasil*. 1988. Disponível em: <https://www.planalto.gov.br/ccivil_03/constituicao/constituicao.htm>. Acesso em: 19 set. 2023.

Ensino Fundamental e de Valorização do Magistério (Fundef) e, posteriormente, do Fundo de Manutenção e Desenvolvimento da Educação Básica e de Valorização dos Profissionais da Educação (Fundeb) na área da educação; e a criação do Sistema Único de Assistência Social (Suas) para as políticas de assistência social. Mais recentemente, em 2018, também foi instituído o Sistema Único de Segurança Pública (Susp).

Pode-se dizer que, desde os anos 1990, esses arranjos exemplificativos se materializaram e têm sido atualizados para dar vazão aos intentos de descentralização e de atuação intergovernamental em políticas públicas (FRANZESE, 2010).

Para essas políticas públicas descentralizadas passou a ser utilizado o conceito específico de Governança Multinível, termo recorrentemente utilizado pela academia e pela OCDE. Presente no Referencial para Avaliação de Governança em Políticas Públicas (TCU, 2014),[59] o conceito ganhou destaque no Referencial para Avaliação de Governança Multinível em Políticas Públicas Descentralizadas (TCU, 2021),[60] e foi assim definido:

> A governança multinível compreende a interação entre os níveis de governo e uma ampla gama de partes interessadas, incluindo atores privados e cidadãos, na formulação e implementação de políticas públicas com impacto subnacional. Ao observar essas interações, é importante avaliar as condições que as fazem funcionar e produzir os resultados desejados da política, em particular, para as políticas descentralizadas. Essas condições dizem respeito ao quadro fiscal e à gestão financeira, bem como às atribuições de responsabilidades, às capacidades operacionais e aos processos regulatórios envolvidos, conforme o marco jurídico institucional de cada política (OCDE, 2019).

59 BRASIL. Tribunal de Contas da União – TCU. *Referencial para Avaliação de Governança em Políticas Públicas*. Brasília: TCU; Secretaria de Planejamento, Governança e Gestão, 2014. Disponível em: <https://portal.tcu.gov.br/referencial-para-avaliacao-de-governanca-em-politicas-publicas.htm>. Acesso em: 19 set. 2023.

60 BRASIL. Tribunal de Contas da União – TCU. *Referencial para Avaliação de Governança Multinível em Políticas Públicas Descentralizadas*. Brasília: TCU. 2021. Disponível em: <https://portal.tcu.gov.br/referencial-para-avaliacao-de-governanca-em-politicas-publicas.htm>. Acesso em: 19 set. 2023.

10.4.3 Governança do Centro de Governo

Todas essas considerações sobre a governança organizacional e de políticas públicas nos levam à conclusão de que, em patamar não menos importante, o incremento na capacidade de atuação dos órgãos centrais, em todos os níveis de governo, é fator determinante para o bom êxito da integração, coordenação e coerência de tantas organizações, que compõem o Setor Público de um país complexo como o Brasil, e suas políticas públicas – de âmbito local ou nacional.

Conforme já falamos no início desta obra, um Centro de Governo mais estruturado, pode ser mais capaz de assessorar o Presidente da República – Chefe do Estado e do Governo – em sua tarefa de direcionar a atuação dos agentes que lidera e, ao mesmo tempo, avaliar e monitorar, de forma contínua, se suas diretrizes estão sendo seguidas.

Essa posição, por sinal, mais estrutural e menos funcional, sempre foi defendida pelo TCU, que em seu Referencial para Avaliação da Governança do Centro de Governo (2021),[61] trouxe a seguinte definição:

> O Centro de Governo (CG) de uma nação é uma instituição ou grupo de instituições que fornece apoio ao chefe do poder executivo. Enquanto os ministérios de linha se preocupam com a atuação setorial do poder público, o CG é responsável por olhar a totalidade da ação governamental e assegurar coerência e coesão às diversas iniciativas propostas pelo governo eleito. (BRASIL, 2021)

A partir dessa definição, o mesmo Referencial relacionou a Governança do Centro de Governo com a perspectiva de observação "entes federativos, esferas de poder e políticas públicas", uma das quatro formas de ver a governança, ilustradas na Figura 33 a seguir, que vinham direcionando os trabalhos do TCU em seu papel indutor da implementação das boas práticas de governança no Setor Público do país.

---

[61] BRASIL. Tribunal de Contas da União – TCU. *Referencial para Avaliação da Governança do Centro de Governo.* Brasília: TCU. 2021. Disponível em: <chrome-extension://efaidnbmnnnibpcajpcglclefindmkaj/https://portal.tcu.gov.br/data/files/F7/61/FC/79/7351F6107AD96FE6F18818A8/Referencial_avaliacao_governanca_centro%20de%20governo_portugues.pdf>. Acesso em: 19 set. 2023.

Figura 33 – Perspectivas de Observação da Governança

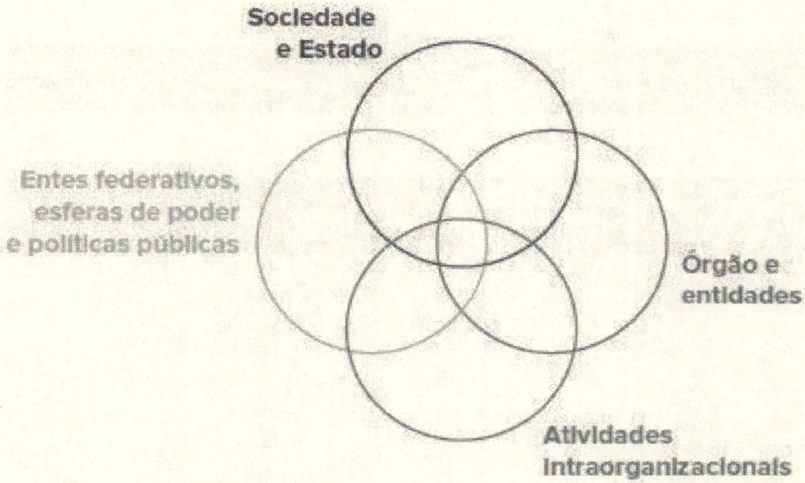

Fonte: TCU.

Conforme explicado no mesmo Referencial, essa perspectiva – "entes federativos, esferas de poder e políticas públicas" – podia ser definida como a habilidade e capacidade governamental para formular e implementar, de forma efetiva, políticas, mediante o estabelecimento de relações e parcerias coordenadas entre organizações públicas e/ ou privadas.

Assim, a Governança de Centro de Governo, sob essa perspectiva, trataria de questões relacionadas: (a) à coordenação de ações; (b) ao exercício do controle em situações em que várias organizações estão envolvidas; (c) às estruturas de autoridade; (d) à divisão de poder e responsabilidade entre os diversos atores; (e) à alocação tempestiva e suficiente de recursos; e (f) à governança das ações, entendida como a capacidade de o governo coordenar a ação de atores com vistas à implementação de políticas públicas.

Com esse entendimento, foi construído o "Modelo para Avaliação da Governança do Centro de Governo, ilustrado na Figura 34. A identificação das funções de Centro de Governo do referido modelo, resultou da pesquisa em diversos estudos e modelos de governança (OCDE, 2009; OCDE Survey 2013, TCU/OCDE, 2014; BID, 2013; BID, 2014; Booz & Company, 2010; Gaetani, 2011).

Figura 34 – Modelo para Avaliação da Governança do Centro de Governo

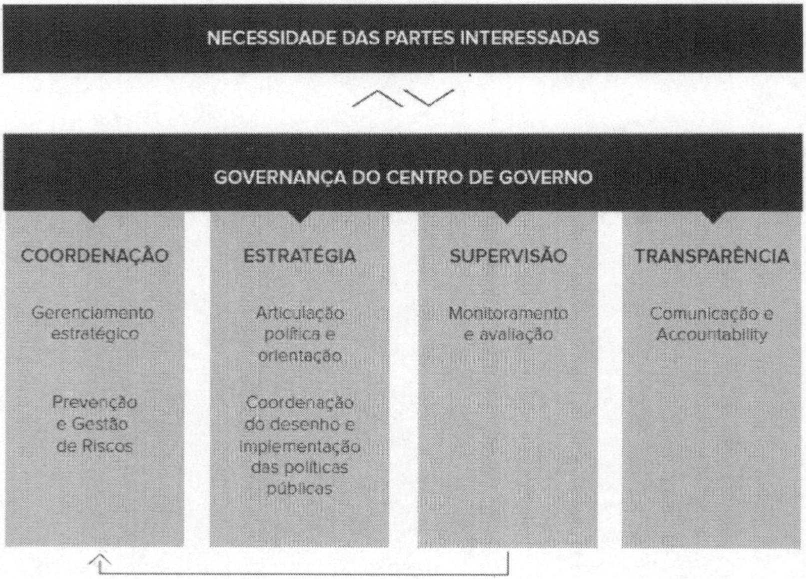

Fonte: TCU.

No âmbito do governo nacional do Brasil, após a edição do Decreto nº 9.203/2017, foi editada uma série de guias, entre eles um Referencial de Centro de Governo – CdG, detalhado no subitem 7.6.6 da parte I deste livro. Nesse trecho, ficou claro que o governo adota a abordagem funcional – e não estrutural – do Centro de Governo e, com isso, delimitou as funções, processos e competências essenciais do CdG, que são ainda categorizadas em quatro Eixos centrais: Estratégia, Coordenação, Comunicação e Capacidade Institucional, com o intuito, segundo seus editores, de trazer mais clareza sobre os papéis que deveriam ser desempenhados para um CdG mais estratégico, eficiente e integrado.

Embora mantenhamos a defesa, conforme já expusemos, da abordagem estrutural, cabe a cada governo que se proponha a fortalecer a estrutura ou as funções do Centro de Governo adotar o modelo que entender mais adequado à sua realidade e suas expectativas com relação à coordenação, integração e coerência das organizações e políticas públicas sob sua responsabilidade, inclusive, e principalmente, a própria Política de Governança.

10.5 Governança não é a mesma coisa que gestão

Para dar clareza sobre o que pensamos sobre essa distinção, entre governança e gestão, é necessário deixar claro que, quem planeja, executa e controla tudo, no Setor Público, de merenda escolar a grandes obras de infraestrutura, são os gestores públicos com suas equipes, compostas de servidores, contratados ou terceirizados. E isso, por si só, já confere aos gestores uma importância suficiente e inquestionável.

Além disso, e embora destaquemos sempre que governança e gestão são dois conceitos distintos, é incontroverso que boa parte dos gestores públicos ora atuam como "Agentes" e muitas vezes atuam como "Principal". É que no Setor Público há uma cadeia de delegações, do nível estratégico para o nível tático, ilustrada no Quadro 1 a seguir, que provoca essa alternância de papéis exercidos, às vezes, pela mesma pessoa, o gestor público.

Quadro 1 – Delegações no Setor Público

	Delegações sucessivas →	
Nível	Exemplo de "Principal"	Exemplo de "Agente"
Estratégico	Presidente Governador Prefeito	Ministro de Estado Secretário de Estado Secretário Municipal
↓	Ministro de Estado Secretário de Estado Secretário Municipal	Secretário-Executivo Subsecretários
	Secretário-Executivo Subsecretários	Coordenadores Diretores ou Gerentes de área
Operacional	Coordenadores Diretores ou Gerentes de área	Servidor

Fonte: Elaboração dos autores.

Nesse ponto, é importante frisar a ideia de que mesmo os gestores "geniais", super confiáveis e diligentes na condução de suas organizações, ou políticas públicas, necessitam de submeter-se à diretriz, ao monitoramento e à avaliação da governança.

Não é demais lembrar que, conforme detalharemos no capítulo seguinte, essa ideia de governança nasceu no setor privado, quando o proprietário se afastou da condução dos negócios, delegando aos agentes (gestores), às vezes vários gestores, a tarefa de administrar as corporações.

E por mais que a escolha desses diversos agentes possa ser feita com base em critérios meritocráticos e de confiança, à medida que esses escolhidos passam a ter mais conhecimento do negócio que o próprio proprietário (o Principal), começa a ocorrer uma natural assimetria de informações e a se materializar o risco de agência, observado quando o gestor tende a não seguir mais os propósitos dos donos ou das corporações. E isso, que a teoria que veremos no capítulo seguinte denomina de "maximização de utilidade", é inerente aos indivíduos, tanto o que abre a "firma" quanto os que a administram.

De tudo isso, decorre o tal Conflito de Agência, que trataremos também com mais vagar no capítulo seguinte. Motivador principal do nascedouro da governança corporativa no setor privado, esse conflito motivou a concepção de "transações", ou providências, ou boas práticas, que, embora representassem um custo adicional para as corporações, justificavam sua existência pelas perdas bilionárias e grandes crises, provocadas, em diversas oportunidades, pela atuação desconforme dos gestores, mesmo os melhores.

Assim, é preciso ter em mente (em linha contrária do que pensam algumas pessoas), que bons gestores somente não são suficientes para construir organizações e políticas públicas de sucesso. Até porque, é uma verdadeira utopia achar que se conseguirá sempre e em todas as organizações compor equipes com os melhores e mais confiáveis gestores e as melhores equipes.

De fato, achar que todos os gestores, mesmo os melhores, se preocuparão mais com os destinos das corporações do que com seu sucesso ou sua imagem, é uma utopia até mesmo no mundo das grandes corporações mundiais. Em seu livro "Empresas feitas para vencer" (*Good to Great*), Collins (2006)[62] destacou com maestria essa crença.

---

62 COLLINS, J. *Empresas feitas para vencer*. São Paulo: Elsevier, 2006.

Collins identifica, em sua obra, um conjunto de empresas que se tornaram excelentes, se diferenciando, mesmo do grupo das melhores empresas – apenas boas. E, ao estudar o conjunto de diferenciais que as levaram a esse patamar de excelência, identificou, entre outros fatores, o que definiu como "Liderança de Nível 5". Nos dizeres de Collins, o sentido desse conceito seria o seguinte:

> Os líderes de nível 5 canalizam as necessidades do seu ego para longe de si mesmos e na direção da meta maior, que é construir uma empresa que prima pela excelência. Não é que os líderes de nível 5 não tenham ego ou interesses próprios; na verdade, são incrivelmente ambiciosos – mas sua ambição é voltada primeira e fundamentalmente para a instituição, não para si mesmos. (COLLINS, 2006)

Em outros pontos do livro, Collins enfatiza que há outros líderes, tão exitosos para suas empresas quanto os de nível 5, que levam suas corporações a grandes resultados e estrondosos sucessos, enquanto estão no leme. Mas não se preocupam com os legados, resultando, em consequência, na derrocada completa de algumas empresas, após sua saída. Do contrário, os líderes nível 5 constroem o legado de suas empresas, enquanto as comandam, e acabam tendo uma parcela considerável no sucesso alcançado pelos gestores seguintes.

É essa ideia, de construção de legados, um dos principais argumentos utilizados pela Rede Governança Brasil para estimular prefeitos, Brasil afora, a implementarem a Política de Governança em seus municípios. Ao assimilarem essas boas práticas, e as institucionalizar, por meio de normativos (leis ou decretos), esses prefeitos estão dando um passo decisivo, na linha dos "líderes nível 5", para construir legados positivos e sucessivos, governo após governo, em suas localidades.

Feitas essas considerações, apresentamos a Figura 35, extraída da Cartilha da Rede Governança Brasil (2023),[63] de diversos referenciais – do TCU e do governo nacional do Brasil –, para ilustrar que boas práticas de governança são concebidas para que os governantes, com suas opções e escolhas políticas legitimadas pelo voto, possam

---

[63] Rede Governança Brasil – *Governança pública municipal*: transformando sua administração / Rede Governança Brasil. 3. ed. Salvador, BA. Editora Mente Aberta, 2023. Disponível em: <chrome-extension://efaidnbmnnnibpcajpcglclefindmkaj/https://08f4af24-661e-42cd-bea1-76b941e30c5a.filesusr.com/ugd/5a9d77_705015b9f2f94ce6a803aabc29bacf95.pdf>. Acesso em: 27 nov. 2023.

"Avaliar", "Direcionar" e "Monitorar" (ADM) os diversos gestores. Por seu lado, as práticas de gestão se constroem para que os agentes, desvinculados de opções políticas, mas atrelados às diretrizes dos que têm legitimidade para tanto, possam planejar, executar, controlar e agir (PDCA), com relação às providências requeridas em suas organizações e políticas públicas.

Figura 35 – Relação entre Governança e Gestão

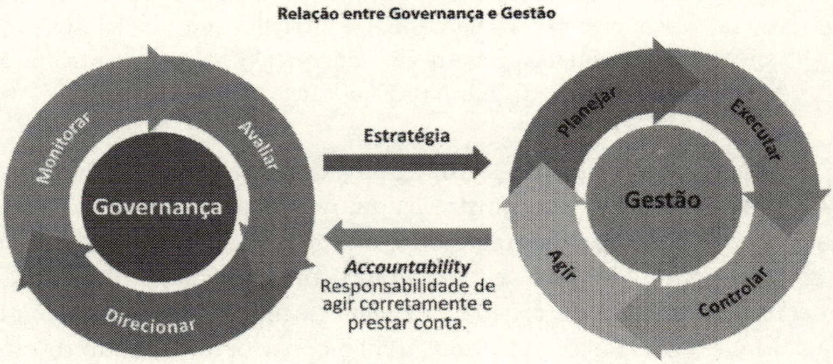

Fonte: TCU, 2014 Adaptado por RGB, 2020.

As práticas de Governança – ADM e de Gestão – PDCA têm pontos de semelhança, de contato, de interseção, mas não se confundem. Enquanto a governança é a função direcionadora, levando em conta os interesses da sociedade e das partes interessadas, a gestão é a função realizadora, responsável por planejar a forma mais adequada de implementar as diretrizes estabelecidas, executar os planos e fazer o controle de indicadores e de riscos.

CAPÍTULO 11

11.1 Conceitos acadêmicos de governança

Talvez os leitores que se debrucem sobre esta obra o façam, em sua grande maioria, como forma de adquirir conhecimentos, subsídios e experiências na busca de implementar as melhores práticas de governança nos estados subnacionais do Brasil e da América Latina e Caribe. Práticas essas, já em funcionamento, em boa medida, no governo nacional do Brasil (tema da parte I).

Para esses leitores, os conceitos mais pragmáticos e normativos apresentados até agora, por certo serão suficientes para compreender que governança é uma forma de evitar que os Agentes, em suas missões nessas localidades, tenham mais possibilidade de atender aos anseios dos proprietários – a população –, em detrimento de seus próprios interesses ou de terceiros.

Não obstante, haverá leitores que buscarão aprofundar um pouco mais seus conhecimentos, tentando compreender a razão da existência do tal Estado, e que relação teria os fundamentos que levaram à sua fundação com os conceitos de governança. Para esses estudiosos, apresentaremos em seguida alguns teóricos e acadêmicos, que procuraram explicar esses dois temas, principalmente.

11.2 Origem do estado e do conceito governança sociedade-estado

Estados (como o Brasil, por exemplo) são entidades políticas soberanas que compreendem um território geográfico específico, uma população residente nesse território e um governo responsável por exercer autoridade e tomar decisões em nome desse território e de sua população. O Estado é uma das instituições mais importantes na teoria política e na organização da sociedade moderna.

Algumas pessoas ainda confundem Estado, Governo e Administração Pública, mas são elementos diferentes. Segundo Matias Pereira (2010),[64] Governo é atividade política e discricionária, administração é atividade neutra, normalmente vinculada à lei ou à forma técnica. Governo é a conduta independente; administração é atuação hierarquizada, configurando-se como um conjunto de instrumentos de que dispõe o Estado para pôr em prática as opções políticas do governo.

As relações dos Estados – e seus governos – com as suas populações podem variar muito no tempo e no espaço, de acordo com contextos históricos, culturais, sociais e econômicos. Para buscar o entendimento do papel do Estado, portanto, em certo momento de determinado país, é necessário refletir sobre os motivos de sua existência e eles são estabelecidos no seio de uma sociedade.

Entre os estudiosos, há correntes de pensamento econômico com mais ênfase no liberalismo clássico, na economia de mercado livre e na limitação do Estado. De acordo com essa visão, a atuação do Estado na economia deve ser mínima e restrita a duas funções específicas: proteção dos direitos de propriedade, considerada a principal função do Estado, que teria atribuição de garantir que os indivíduos tenham o direito de possuir, usar e dispor de propriedade de acordo com seus interesses, desde que não violem os direitos de terceiros; e aplicação da Lei e Ordem, estando entre as atribuições do Estado a criação de um sistema legal que permite a resolução de disputas e a proteção contra crimes, garantindo assim a segurança dos cidadãos.

Na concepção desenvolvimentista, o papel do Estado é mais amplo e intervencionista em comparação com abordagens econômicas mais liberais. Os defensores desse pensamento acreditam que o Estado desempenha um papel fundamental na promoção do progresso econômico e social. Algumas de suas principais funções abrangem: promoção do desenvolvimento econômico, com a implementação de políticas industriais, investimento em infraestrutura, apoio à pesquisa e desenvolvimento, e a criação de um ambiente favorável aos negócios; redução das desigualdades sociais, a ser perseguida por meio de

---

[64] MATIAS-PEREIRA, J. *Governança no setor público*. São Paulo: Editora Atlas, 2010.

políticas de distribuição de renda, programas de assistência social e investimentos em educação e saúde; regulação e fiscalização de setores-chave da economia para garantir que haja competição justa e que os direitos dos consumidores sejam protegidos; educação e saúde, com investimentos públicos direcionados para melhorar o capital humano da nação; proteção ambiental, buscando-se o desenvolvimento econômico sustentável e não prejudicial ao meio ambiente.

Em resumo, na concepção desenvolvimentista, o Estado desempenha um papel ativo na promoção do desenvolvimento econômico e social, com intervenções diretas e políticas públicas voltadas para o crescimento, a redução das desigualdades e a melhoria do bem-estar da população.

A opção pela corrente desenvolvimentista fica clara nos objetivos da República Federativa do Brasil, delineados no art. 3º de nossa Carta Magna: construir uma sociedade livre, justa e solidária; erradicar a pobreza e reduzir as desigualdades sociais e regionais; e promover o bem de todos, sem quaisquer formas de discriminação.

Independentemente da extensão do papel do Estado nessas duas correntes principais e antagônicas, é certo, atualmente, que a sua existência é inquestionável por quase todas elas. Até porque, no final das contas, o Estado é quase uma abstração, é uma representação jurídica do conjunto de indivíduos que os formam, e que se posicionam de forma favorável a uma ou outra dessas correntes, ou suas nuances. Esses indivíduos desejam exercer suas vontades, nem sempre convergentes, mas, ao mesmo tempo, precisam conviver, sabendo que suas escolhas podem trazer consequências para as vidas de outros, além de conflitos localizados ou generalizados.

Essa necessidade de dirimir ou diminuir conflitos entre vontades e ideais dos indivíduos de uma determinada comunidade é que demandou o estabelecimento de um mínimo de convenções, pactuações ou regras para a criação do Estado, capazes de viabilizar o exercício do poder individual, sem prejuízo dos demais indivíduos, para que todos, assim, pudessem dispor de uma paz social básica em suas relações.

A origem e evolução do Estado, a partir desses anseios dos indivíduos, com suas preferências mais individualistas ou coletivas, é um tema debatido por filósofos, historiadores e cientistas políticos ao longo da história.

Entre as principais preocupações dos pensadores do Estado moderno, em especial dos Contratualistas, pode ser mencionada a capacidade de os Estados criarem condições estáveis para o exercício mais ampliado possível da liberdade individual, e em segurança. A figura do Estado, superior a todos os indivíduos, seria a solução para a garantia da segurança e da estabilidade dos relacionamentos para todos.

De acordo com a "teoria contratualista", o Estado emerge de um contrato social entre indivíduos para resolver problemas inerentes à vida em sociedade. Existem várias versões dessa teoria entre os diversos pensadores, especialmente os mais influentes como Thomas Hobbes, John Locke e Jean-Jacques Rousseau.

Cada um deles oferece *insights* distintos sobre como a relação entre sociedade e governo deveria ser estabelecida com base em um "contrato social" ou acordo entre os cidadãos e o governo. A natureza desse contrato, sua extensão e seus limites variam de acordo com cada um deles, mas todos compartilham a ideia de que o **governo deve ser justificado com base no consentimento dos governados e na proteção dos direitos e interesses da sociedade**. Apresentamos na Tabela 2 a seguir, uma visão geral dessa abordagem.

Tabela 2 – Comparativo ente pensadores da teoria contratualista

(continua)

	Thomas Hobbes	**John Locke**	**Jean-Jacques Rousseau**
Natureza Humana dos indivíduos da Sociedade	Na ausência de governo, os seres humanos eram inerentemente egoístas, violentos e viviam em um estado de guerra de todos contra todos (o "estado de natureza").	Visão mais otimista da natureza humana. Ele acreditava que as pessoas tinham direitos naturais, como vida, liberdade e propriedade, e eram racionais e capazes de cooperar.	Os seres humanos eram naturalmente bons, mas a sociedade corrompia essa bondade. Ele viu a desigualdade social como a fonte de muitos problemas.
Contrato Social	Para escapar desse estado caótico, as pessoas concordavam em um contrato social implícito, no qual cediam parte de sua liberdade e autoridade a um soberano absoluto (o Leviatã) em troca de segurança e ordem.	Forma de proteger esses direitos naturais. As pessoas concordavam em estabelecer um governo limitado por meio de um contrato social, com o propósito de proteger seus direitos.	Propôs um contrato social em que as pessoas renunciavam à sua liberdade individual em favor da vontade geral da comunidade. Ele argumentou que isso criaria uma sociedade mais igualitária.

(conclusão)

	Thomas Hobbes	John Locke	Jean-Jacques Rousseau
Papel do Governo	O governo tinha um papel central na manutenção da paz e da estabilidade social. Era visto como uma autoridade absoluta que garantia a segurança e a proteção dos cidadãos.	O governo tinha a responsabilidade de proteger os direitos dos cidadãos, e seu poder era limitado pelas leis e pela vontade do povo. Se o governo falhasse em cumprir esse papel, os cidadãos tinham o direito de resistir ou revogar o contrato social	O governo deveria agir de acordo com a vontade geral, representando os interesses coletivos da sociedade. Qualquer governo que não fizesse isso estava agindo de forma ilegítima.

Fonte: Elaboração dos autores.

11.2.1 Governança sociedade-estado

Sem fazer uso do termo, os contratualistas trataram da governança sociedade-estado, decorrente da forma como se estabelece esse grande arranjo que retrata os termos do "contrato social" estabelecido pelos indivíduos e destes, enquanto sociedade, com o Estado.

Segundo nossa visão, apresentada no subitem 10.3, a governança pública tem uma infinidade de espécies, encadeadas e interdependentes entre si. Por isso, é de se concluir que a qualidade dos termos da governança sociedade-estado operará efeitos diretos sobre todas as governanças públicas decorrentes.

Por isso que para a análise da governança de políticas públicas, das organizações e do centro de governo, espécies principais, segundo nossa concepção, para este projeto de governança, é requisito ter clareza a respeito dos termos da governança sociedade-estado, em especial de quais são os incentivos gerados por este arranjo para a indução ou não do comprometimento mútuo entre os agentes e partes interessadas envolvidas, para que, assim, os propósitos implícitos dos agentes possam convergir para os propósitos declarados do principal – a sociedade.

Governança Sociedade-Estado, conforme definição do Referencial Básico de Governança (2013, 1ª ed.),[65] é a vertente política da

[65] TRIBUNAL DE CONTAS DA UNIÃO. *Referencial para avaliação de governança em políticas públicas/Tribunal de Contas da União*. Brasília: TCU, 2013. Disponível em: <https://portal.tcu.

governança pública, focada no desenvolvimento nacional, nas relações econômico-sociais, nas estruturas que garantam a governabilidade de um Estado e o atendimento de demandas da sociedade. Sob esta perspectiva, o Referencial se vale dos ensinamentos do Banco Mundial, para quem a governança poderia ser entendida como "a maneira pela qual o poder é exercido na administração dos recursos econômicos e sociais de um país, visando ao desenvolvimento".

Ainda pelos conceitos do Banco Mundial, mencionados, a governança Sociedade-Estado teria os seguintes objetos de análise: (a) as estruturas democráticas; (b) os processos pelos quais os governos são selecionados, monitorados e substituídos; (c) a organização do Estado e a divisão de poder e de autoridade entre as instituições; (d) o comportamento ético dos governantes [representantes eleitos]; (e) os instrumentos institucionais de controle (ex.: sistema de pesos e de contrapesos, controle social, órgãos de governança); e (f) o respeito dos cidadãos às instituições que governam a economia e o Estado.

11.3 Origem da governança privada ou corporativa

Em tempos bem anteriores aos Estados modernos que se formaram pelo mundo, o termo governança teve sua origem, provavelmente, na Grécia, em cujo vocabulário podemos identificar o termo *kybernan*, que significa "pilotar, conduzir ou dirigir". Esse termo, segundo teóricos diversos citados por Mortoni[66] foi traduzido para o latim como *gubernare*, com o qual os conceitos modernos de "governar" e "governança" podem estar relacionados.

A origem da governança corporativa, também conhecida como governança privada, é um tema que envolve contribuições de diversos autores ao longo da história.Coase (1937),[67] no artigo "The Nature of the Firm" discute, perto de um século atrás, porque as empresas existem e como são organizadas. Embora não se concentre exclusivamente na governança corporativa, suas ideias sobre a organização empresarial e

---

gov.br/governanca/governancapublica/organizacional/levantamento-de-governanca/>. Acesso em: 18 set. 2023.

[66] MORTONI, Marcos. *Panorama da avaliação de políticas públicas no Brasil*. Capacidades Estatais, Perspectivas de Políticas Públicas Intergovernamentais e Governança. Instituto Serzedello Corrêa (ISC/TCU). 1º e 3º Roteiros de aula, 2023.

[67] COASE, R. H. *The Nature of the Firm*. Disponível em: <chrome-extension://efaidnbmnnnibpcajpcglclefindmkaj/https://edisciplinas.usp.br/pluginfile.php/1600895/mod_resource/content/4/coasefirma.pdf>. Acesso em: 20 set. 2023.

a alocação de recursos contribuem para a compreensão da governança como um elemento-chave na estruturação das empresas.

No mundo contemporâneo, a ideia de governança começa a ser associada mais às grandes firmas, originadas com o surgimento de novas formas de organização da produção, quando modelos modernos e complexos passaram a separar os detentores do capital –proprietários – daqueles responsáveis pela condução das atividades empresariais – gerentes ou administradores.

É no panorama histórico dessa nova construção de sistemas de transferência de poderes e responsabilidades no setor privado que os conceitos de governança, de agente e principal, acabam por ganhar enorme relevância. Especialmente, no início dos anos 1980, ou um pouco antes, grandes fraudes e falhas em relatórios contábeis e em práticas de gestão apareceram com maior frequência e com mais visibilidade, despertando a preocupação de proprietários, que viam seus patrimônios não sendo geridos de maneira adequada pelos agentes.

O movimento pela governança corporativa ganhou força, exatamente naquele momento, nos EUA, quando os grandes investidores institucionais passaram a se mobilizar contra algumas corporações que eram administradas de maneira irregular, em detrimento dos acionistas. Esse movimento foi se expandindo pelo mundo, na Inglaterra, inicialmente, e depois se estendendo pelo restante da Europa, chegando ao Brasil na última década.

O crescimento mais generalizado do porte de muitas empresas, em todo o mundo, e a necessidade de altos investimentos levou-as a pulverizar seu capital e, consequentemente, ampliou a separação entre aqueles que detêm a propriedade e os responsáveis pela gestão, conforme já o dissemos. A referida separação evidenciou os conflitos de interesses entre um e outro, uma vez que os administradores, mesmo sem deter parcela do capital, passaram a ter o poder e a liberdade de decidir os rumos da organização. O dono do capital, por muitas vezes, perdia o controle direto sobre o negócio e precisava criar mecanismos para induzir os administradores a agir de acordo com seu interesse, situação que se agrava quando avaliada sob a ótica dos acionistas minoritários.

A relevância desses conflitos ensejou o desenvolvimento de diversas pesquisas para entender as causas e possíveis soluções para a harmonia de interesses do detentor do capital e do administrador, considerando, em especial, a incerteza nas expectativas de comportamento e na assimetria de informações existentes.

A teoria da firma, há pouco mencionada, evidencia a dificuldade e complexidade do monitoramento das ações dos "agentes", responsáveis pela prestação de serviços. Com isso, o equilíbrio da relação estaria na definição de incentivos e mecanismos que permitissem o alinhamento de interesses entre eles, agentes, e os "principais", detentores do capital, mesmo que houvesse a incorporação de custos extras ao sistema, os chamados "custo de agência". Custos de agência são aqueles afetos às ações de monitoramento pelo "principal"; despesas para assegurar que o comportamento do "agente" não prejudique o "principal"; e perdas residuais decorrentes das decisões efetivas do "agente".

Nos países anglo-saxões, a essência da governança "está baseada em mecanismos de solução para o conflito de agência, decorrente da assimetria de informação e conflito de interesses entre as partes envolvidas. Essa preocupação com o conflito de agência pode ser considerada o grande objetivo do surgimento da governança, como forma de mitigar o risco de ocorrência se tal conflito.

É por esse motivo e enfatizamos, no subitem 10.4, que a gestão não supre, não substitui, não é o mesmo que governança, pois a governança nasce, exatamente, no intuito de conformar a atuação dos agentes (gestores) aos grandes objetivos das organizações.

Da teoria da firma, portanto, pode-se extrair um conceito de governança como sendo o arranjo de regras negociais entre as partes de um contrato que objetiva levar à redução dos custos de transação das firmas envolvidas. Sendo que para ser um contrato governável, ele precisa ser concebido e firmado atentando para as características comportamentais das partes, que são a racionalidade limitada e o oportunismo.

Com a chegada da governança ao Brasil, as expressões *governance*, *principal* e *agent*, começaram a ganhar evidência entre os teóricos do assunto. Para ficar mais bem compreendido, importante destacar a tradução desses termos para a Língua Portuguesa, iniciando por "*Principal*", que pode ser entendido como chefe, cabeça, dirigente, constituinte, mandante, outorgante. Já o termo "*Agent*", deve ser compreendido como representante, corretor, comissário, administrador. Por fim, "*Governance*", é traduzido como governo, controle, domínio.

Governança corporativa continua a ser um campo em evolução, e diversos autores contemporâneos têm contribuído com suas perspectivas sobre o assunto. A OCDE também desempenhou um papel crucial na promoção de princípios de governança corporativa em nível internacional. Seu trabalho ajudou a estabelecer diretrizes e padrões globais para práticas de governança corporativa.

No Brasil, outras contribuições importantes para o desenvolvimento da governança corporativa – relatadas por Matias-Pereira (2010)[68] são prestadas por instituições como o Instituto Brasileiro de Governança Corporativa (IBGC) e Movimento Brasil Competitivo, ambas parceiras da Rede Governança Brasil, da qual falaremos mais adiante nesta obra. No endereço eletrônico do IBGC[69] pode-se adquirir um conjunto de conhecimentos sobre o tema, com destaque para o Código das Melhores Práticas de Governança Corporativa – 6. edição.

Esses autores e publicações contemporâneos oferecem uma variedade de perspectivas sobre a governança corporativa, abordando questões como transparência, responsabilidade, remuneração executiva e o papel dos investidores institucionais. Suas contribuições continuam a moldar a discussão e a prática da governança corporativa à medida que as empresas enfrentam desafios complexos em um ambiente empresarial globalizado.

11.4 Origem da governança pública

Os princípios básicos da governança pública, com ideias de que o governo deveria ser responsável perante o povo e que o poder deveria ser exercido com base em leis e regulamentos, têm raízes antigas em civilizações como a grega e a romana. Na Idade Média, a monarquia absoluta era predominante na Europa, mas também surgiram sistemas de governo limitados, como o parlamentarismo na Inglaterra.

Durante o período da Revolução Científica e o Iluminismo, que ocorreu nos séculos XVII e XVIII, as ideias sobre direitos individuais, governo limitado e a necessidade de uma governança justa e transparente começaram a ganhar força. Filósofos como John Locke, Montesquieu e Rousseau, contribuíram, conforme já dissemos, com ideias sobre a separação de poderes e o contrato social.

---

68 MATIAS-PEREIRA, J. *Governança no setor público*. São Paulo: Editora Atlas, 2010.

69 Brasil. Instituto Brasileiro de Governança Corporativa. IBGC. Disponível em: <https://www.ibgc.org.br/conhecimento>. Acesso em: 16 set. 2023.

Já no Século XIX e início do Século XX, o desenvolvimento da democracia representativa e o surgimento do Estado de Direito foram marcos importantes na evolução da governança pública. Muitos países começaram a adotar constituições que estabeleciam os princípios e limites do governo, bem como a proteção dos direitos individuais.

Foi nesse momento que, no campo acadêmico, começaram a ganhar destaque duas grandes frentes de estudo sobre Governança relacionada ao Estado: a das Ciências Políticas e das Ciências Econômicas, que se preocupa, esta última, com a eficiência das transações.

O período após a Segunda Guerra Mundial experimentou um novo ciclo de avanços, com o aumento da preocupação com a eficiência e a eficácia do governo. Organizações internacionais, como a Organização das Nações Unidas (ONU) e o Banco Mundial, começaram a promover a governança eficaz como um componente essencial do desenvolvimento econômico e social.

Mas é sob o aspecto econômico, talvez, que torna mais evidente em que momento a tese da governança pública parece ter ganhado importância definitiva. Isso ocorreu no início dos anos 1980 ou um pouco antes até, quando eclodiram, em várias nações, um conjunto de crises econômicas, fiscais e políticas.

Tais situações, segundo Matias-Pereira (2010),[70] se configuraram em um conjunto de eventos, como: crise do Welfare State nos países desenvolvidos; crise do desenvolvimentismo nos países periféricos; esgotamento do modelo econômico, evidenciado pela incapacidade fiscal e pela intervenção; fragilidade do modelo político, gerador de insuficiência de governabilidade; e deficiência do modelo administrativo.

Na tentativa de superação dessas crises, estudiosos do Estado – especialmente os da Corrente Econômica, que se preocupam mais com os custos das transações – destacavam que vários componentes da Relação de Agência do setor privado poderiam, com exatidão, serem encontrados nas organizações diversas do Setor Público, tais como: separação entre a figura do principal e do agente, maximização da utilidade pelos indivíduos (agente e principal); e conflitos de interesse.

Tais componentes demandariam, como ocorria no setor privado, que custos adicionais fossem agregados às atividades do Setor Público para organizar também a sua Governança e evitar, assim, que despesas ainda maiores, decorrentes dos conflitos de interesses, continuassem ocorrendo e alimentando crises diversas.

---

70 MATIAS-PEREIRA, J. *Governança no setor público*. São Paulo: Editora Atlas, 2010.

Nesse contexto dos anos 1980, a globalização e a revolução tecnológica transformaram a Administração Pública, surgindo, naquele momento, o que se convencionou chamar de "Nova Gestão Pública, que agregou muito da governança corporativa para dentro do universo do Estado, e sintetizou as respostas estatais para a crise da época, na forma de menos autonomia, menos centralização e menos protagonismo para a Administração Pública (MORTONI),[71] a qual deveria, por outro lado, se revestir das características do gerencialismo, capaz de "incorporar princípios e mecanismos do mercado na organização e no funcionamento do Estado, tendo como pressuposto a separação entre política e administração".

Também sob a ótica da Corrente Política, de estudiosos que focam a relação entre sociedade e estado, a ideia da necessidade de uma melhor governança começou a fazer sentido. Os estudos dessa ciência a respeito da governança destacam as relações de poder e interesse em que o Estado é o ator mais significativo. Esses estudos, no entanto, apontam, majoritariamente, que essa regulação deve decorrer de pactuações, acordos ou mesmo cooperações, aproximando a governança pública da ideia de regulações horizontais, ou ainda da governança em redes.

Assim, a governança poderia ser compreendida como um meio para otimizar a relação entre Estado e sociedade que, crescentemente, em todo o mundo, começava a exigir, da atuação estatal, maior espaço para sua participação nas decisões importantes, mais transparência e o melhor atendimento de suas necessidades.

Em suma, a ideia da governança começou a fazer sentido também no setor público, a partir de duas grandes constatações, de que:

a) era evidentemente compensador a relação custo/benefício de se instituir boas práticas de governança, dados os valores bilionários das perdas decorrentes da corrupção e do desvirtuamento, de uma forma geral, do interesse público em prol do interesse próprio ou de terceiros;
b) os resultados obtidos com a atuação dos Estados, em sua missão de contribuir na superação dos grandes desafios da sociedade, em todas as nações, poderiam ser otimizados a partir da instituição de mecanismos e práticas de governança, que facilitariam o papel desse Estado de direcionador estratégico

---

[71] MORTONI, Marcos. *Panorama da avaliação de políticas públicas no Brasil*. Capacidades Estatais, Perspectivas de Políticas Públicas Intergovernamentais e Governança. Instituto Serzedello Corrêa (ISC/TCU). 1º e 3º Roteiros de aula, 2023.

da nação e viabilizador de políticas públicas de interesse da sociedade, com ainda mais participação popular nesse processo.

Em meio a essas concepções de governança pública, que foram sendo desenvolvidas nas ciências econômica e política, ressalta-se, naturalmente, conceitos nem sempre convergentes sobre o que seria governança e sua utilidade, resultando num sem-número de definições encontradas na literatura, que misturam dimensões de participação e cooperação com dimensões gerenciais.

A partir dessa constatação, traremos, ao final deste capítulo, um conjunto desses conceitos e definições, já adiantando, no entanto, que essa aparente divergência acaba convergindo, segundo nosso entendimento, na definição simplificada, de que governança pública é um conjunto de boas práticas para governar melhor o Estado, essencial, especialmente na realidade brasileira, para o desenvolvimento das nações.

Em resumo, a governança pública tem suas raízes na antiguidade, mas suas formas modernas foram moldadas por eventos históricos e avanços nos estudos das teorias econômica e desenvolvimentista, além da política. Ela continua a evoluir à medida que os governos buscam se adaptar às necessidades em constante mudança de suas sociedades e à crescente complexidade dos desafios globais, mas mantém seu grande objetivo: conformar a atuação dos agentes do Estado ao que espera deles a Sociedade.

11.5 Delegação sociedade-estado e delegações derivadas

A conformação dos agentes do Estado à vontade dos indivíduos, expressa no contrato social, é o objetivo maior da Governança Pública, conforme vem sendo enfatizado neste capítulo. Por isso, é necessário compreender um pouco agora como se estabelece essa rede de delegações, que se inicia com a escolha dos líderes máximos – nos governos nacionais e subnacionais.

Essa delegação inicial, da Sociedade para os líderes do Estado, pode estar expressa nas constituições dos países. No Brasil, por exemplo, o art. 1º, parágrafo único, da Constituição Federal, deixa claro que "todo o poder emana do povo, que o exerce por meio de representantes eleitos ou diretamente, nos termos desta Constituição".

Dessa forma, fica estabelecida a delegação originária da sociedade, o verdadeiro "principal", para o Estado atuar na busca dos objetivos fundamentais relacionados no art. 3º da mesma Constituição:

I - construir uma sociedade livre, justa e solidária; II - garantir o desenvolvimento nacional; III - erradicar a pobreza e a marginalização e reduzir as desigualdades sociais e regionais; e IV - promover o bem de todos, sem preconceitos de origem, raça, sexo, cor, idade e quaisquer outras formas de discriminação.

As atividades delegadas ao Estado não são simples de serem realizadas em sua plenitude. Os recursos obtidos por meio de tributos não são ilimitados para viabilizar o atendimento à totalidade dos anseios sociais. Resta, então, aos "agentes" públicos eleitos buscarem o incremento da eficiência da aplicação dos valores públicos com vistas à maximização dos benefícios almejados.

Para que essa eficiência seja materializada, é imprescindível a construção de um modelo que estruture a burocracia, responsável pela execução das políticas públicas e pela condução das diversas organizações, responsáveis por essas políticas. Dessa estruturação, decorre uma sucessão de delegações internas (dentro do próprio ente) e externas (de um ente para outro) ou para entidades não estatais.

Vale aqui destacar que o Direito Administrativo trata de duas figuras distintas quando aborda a matéria delegação: desconcentração e descentralização. A primeira ocorre quando as competências são distribuídas dentro da estrutura do mesmo ente federativo (nacional ou subnacionais). Isso é concretizado por meio da criação de órgãos e departamentos, sem que ocorra a perda da hierarquia.

Outra forma de delegação ocorre por meio da transferência do ente nacional aos subnacionais, ou, como no caso do Brasil, de entes subnacionais para outros, de menor nível (estados para municípios). Também pode ocorrer, como é comum no Brasil, sempre em função de lei, delegações para órgãos da Administração indireta, – como autarquias, fundações ou empresas estatais. Também pode ocorrer, por ato ou contrato, nos casos de concessões ou permissões de serviços públicos.

Com efeito, o mestre Celso Antônio Bandeira de Mello (2009)[72] ratifica a diferença desses mecanismos:

> A descentralização pressupõe pessoas jurídicas diversas: aquela que originariamente tem ou teria titulação sobre certa atividade e aqueloutra às quais foi atribuído o desempenho das atividades em causa. A desconcentração está sempre referida a uma só pessoa, pois cogita-se da

[72] MELLO, Celso Antônio Bandeira de. *Curso de direito administrativo*. 26. ed. São Paulo: Malheiros, 2009.

distribuição de competências na intimidade dela, mantendo-se, pois, o liame unificador da hierarquia. Pela descentralização rompe-se uma unidade personalizada e não há vínculo hierárquico entre Administração Central e a pessoa estatal descentralizada. Assim, a segunda não é "subordinada" à primeira. O que passa a existir, na relação entre ambas, é um poder chamado controle. (MELLO, 2009)

No Brasil, um normativo não muito recente, o Decreto-Lei nº 200, aprovado em 1967, reorganizou a Administração Federal naquele momento. Há no referido normativo um capítulo específico que dispõe sobre as delegações. A Tabela 3 a seguir, construída a partir dos dispositivos do art. 10, §1º, do Decreto-Lei, ilustra essas formas de delegação estatal – interna e externa.

Tabela 3 – Tipos de delegação governamental de acordo com o Decreto-Lei nº 200/67

Art. 10, §1º, do Decreto-Lei nº 200/1967	Tipos de delegação conforme nossa classificação
a) Dentro dos quadros da Administração Federal, distinguindo-se claramente o nível de direção do de execução.	Delegação governamental interna vertical.
b) Da Administração Federal para a das unidades federadas, quando estejam devidamente aparelhadas e mediante convênio.	Delegação governamental interna horizontal.
c) Da Administração Federal para a órbita privada, mediante contratos ou concessões.	Delegação governamental externa.

Fonte: Elaboração dos autores.

O objetivo dessa cadeia de delegações é liberar as lideranças mais estratégicas dos órgãos da Administração, com funções mais de governança (Avaliar, Direcionar e Monitorar – ADM) das preocupações e rotinas operacionais e de mera formalização de atos administrativos, mais afetas à gestão com suas funções básicas (Planejar, Executar, Controlar e Agir corretivamente – PDCA). Esses conceitos de delegação foram tratados com mais detalhes em "Governança Pública: o Desafio do Brasil", já referenciado anteriormente.

11.6 O conflito de agência no setor público

A sequência de delegações vista anteriormente, inicia, como dissemos, com a transferência de poder dos indivíduos da Sociedade para o Estado. Em uma democracia, a escolha dos líderes é feita por meio do voto.

Nessa delegação primária, os cidadãos correspondem ao "principal" e os políticos eleitos aos "agentes". Embora a legitimidade da eleição dê a esses agentes uma discricionariedade bem ampla para fazer suas escolhas, esse processo deve, no entanto, se submeter à Lei e, em tese, deveria estar o mais aderente possível à vontade de todos os indivíduos, embora o sufrágio tenha, de fato, definido algumas prioridades da maioria, contidas no programa político do vencedor.

Não obstante serem bastante discricionárias, quando o presidente, governadores ou prefeitos começam a atuar e fazer escolhas, há a possibilidade de, logo na "largada", configurar-se o Conflito de Agência. O conflito pode ocorrer, por exemplo, quando "agentes" políticos delegam a execução das ações aos gestores públicos superiores, sem muita vinculação com os objetivos superiores estabelecidos.

Esses, por sua vez, escolhem outros líderes para comporem seus governos. Essa segunda camada de líderes ainda tem atribuições mais de governança do que de gestão (conforme ilustrado na Figura 36), embora com bem menos discricionariedade do que os agentes eleitos. Em seguida, essa delegação prossegue, até chegar aos colaboradores do setor público (no Brasil, servidores, contratados ou terceirizados), havendo o chamado risco de agência em toda essa cadeia.

Figura 36 – Relação entre Governança e Gestão. Referencial Básico de Governança Organizacional (2020)

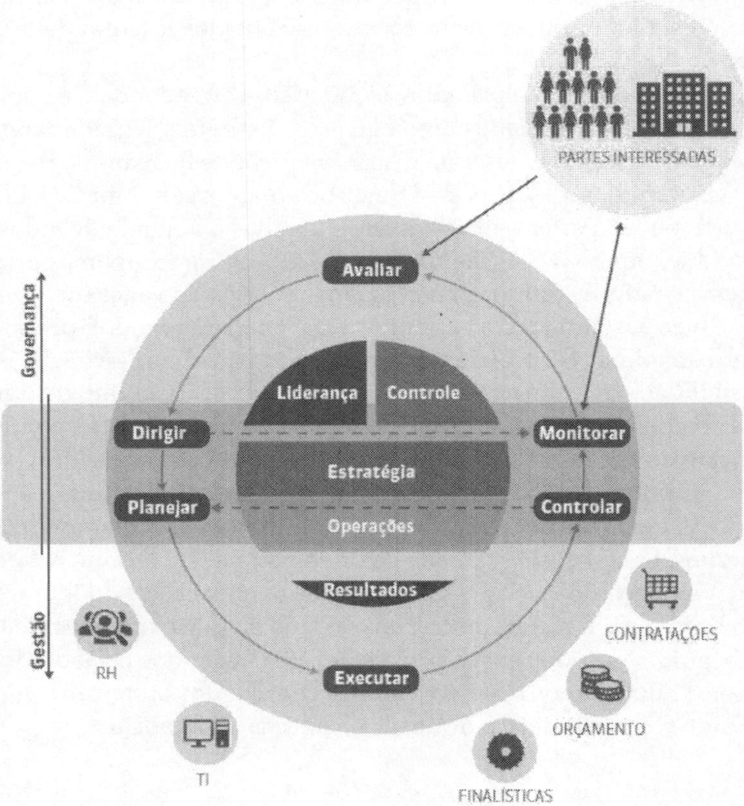

Fonte: TCU.

Sobre essas possibilidades de desvirtuamentos do interesse do principal, Gomes (2003)[73] nos apresenta a seguir uma interessante reflexão crítica sobre o tema, quando aborda que tipos de conflitos agente-principal podem ocorrer na estruturação de um "bom governo" ou de um "governo responsável":

---

[73] GOMES, Marcelo Barros. Políticas de gestão pública e controle: desafios de implementação. In: *Congreso internacional del clad sobre la reforma del estado y de la administración pública*, 8, Panamá, 28-31 Out. 2003. Disponibilizado pelo autor.

2.2 Problemas na configuração de um governo responsável e de um bom governo. A tensão existente entre os "agentes" públicos eleitos e a burocracia é identificada por teorias que buscam criar modelos para facilitar essa coexistência. A partir desse ponto, tentaremos abordar as teorias, que segundo Aucoin, melhor descrevem esse comportamento.

2.2.1 Teoria da Escolha Pública

A relação entre políticos e servidores públicos é precipuamente caracterizada pela "captura" dos primeiros pela burocracia. Nessa perspectiva, servidores públicos de carreira não estariam primeiramente motivados pelo interesse público num contexto de um bom governo, mas sim na promoção de seus próprios interesses, individuais ou coletivos – "Yes, Minister". Outra premissa dessa teoria é a de que os representantes eleitos invariavelmente buscam assegurar seu interesse "principal", que é a reeleição, não necessariamente os interesses de seus eleitores.

Crítica: Não existem comprovações empíricas relevantes de que esse seja um comportamento global.

Essas premissas partem de uma racionalidade econômica pura de maximização, nem sempre aplicada coerentemente para explicar o comportamento de "agentes" públicos. Contudo, é um bom ferramental teórico para explicar determinados comportamentos e criar modelos de controle. A pergunta seria, tal modelo é válido em toda esfera pública?

2.2.2 Burocratas maximizadores do orçamento

O crescimento dos gastos públicos é explicado pelo comportamento de burocratas que buscam maximizar os orçamentos de suas organizações com vistas a adquirir status e importância, inclusive pessoal, na esfera pública (numa interpretação benéfica). Os burocratas são bem-sucedidos nessa "maximização", pois os políticos responsáveis pela aprovação do orçamento não possuem o incentivo suficiente para conter esse avanço da burocracia, nem mesmo o conhecimento adequado para determinar o nível de recursos necessários para que os programas governamentais necessários para atender os cidadãos, em resposta a suas demandas políticas (assimetria de informações).

Crítica: Enquanto os servidores públicos podem buscar estratégias de maximização orçamentária, eles não monopolizam o processo de tomada de decisão quanto aos gastos públicos. Em que medida burocratas podem afetar o processo orçamentário? Essa é uma pergunta empírica que diz respeito à própria dinâmica de uma arena política mais ampla de elaboração orçamentária.

> 2.2.3 Teoria do "agente" – "principal"
>
> De acordo com Aucoin, a teoria do "agente" – "principal" é mais útil que a teoria das escolhas públicas para o entendimento das relações entre ministros (políticos) e suas relações com o serviço público. Ministros possuem a autoridade constitucional e executiva, mas no desempenho dessas funções executivas eles dependem de "agentes" subordinados (burocracia) para aconselhamento político e assistência administrativa devido às duas razões que promovem as relações entre "agentes" – "principais":
>
> - "principais" possuem restrições de tempo de agenda para devotar aos processos de tomada de decisão; e
>
> - faltam aos "principais" conhecimento e especialização nas matérias sobre as quais decisões devem ser tomadas.
>
> Tal qual a teoria de escolhas públicas, a teoria do agente - principal é bastante persuasiva para explicar o poder relativo dos "agentes". Os "agentes" têm uma vantagem inerente sobre os "principais" devido ao seu conhecimento e experiência prática na aplicação desse conhecimento. Uma segunda vantagem se refere à possibilidade de determinar cursos de ações, pois o comportamento dos "agentes" geralmente não pode ser observado pelos seus "principais". (GOMES, 2003)

Por fim, o cenário negativo também pode existir na delegação governamental externa, a exemplo das concessões ou outorgas, em que há a possibilidade de empresas prestarem serviços públicos de péssima qualidade com altos valores de tarifa. É comum, nos processos do TCU, investigações e responsabilizações pelo não cumprimento dos investimentos previstos nos contratos.

Portanto, o conflito de agência surge em qualquer tipo de delegação na órbita governamental, em que há interesses e objetivos distintos entre as partes, preferência por correr mais ou menos risco, ou mesmo quando há assimetria de informações. Esse é o principal motivo que justifica um grande projeto de melhoria da governança: minimizar o risco de se configurar o conflito de agência. Seja de forma deliberada, em atos de desvios, fraudes e corrupção; seja por falta de capacidade de os agentes diversos entregarem o melhor resultado esperado pelos indivíduos da sociedade.

11.7 Capacidades das organizações e políticas públicas

Em todo esse projeto de governança induzido no Brasil pelo TCU, especialmente a partir de 2012, a Governança sempre foi apresentada como um desafio primário, conforme já dissemos em outras partes, que, se superado, seria vital para a solução dos demais desafios prioritários do país. Ao implementar boas práticas de Governança, portanto, o que se busca, em linha com a missão estratégica do TCU, é aperfeiçoar capacidades das organizações e das políticas do Estado, de uma forma coordenada e coesa, em prol da sociedade e do desenvolvimento da nação.

Essa relação entre governança e capacidade tem suporte entre os acadêmicos e teóricos do Estado. Mortoni (2023)[74] destaca autores diversos que enfatizam a capacidade estatal como questão central da narrativa da governança, definida, administrativamente, como a capacidade do Estado de alcançar os resultados e impactos pretendidos pelas políticas públicas.

No campo do desenvolvimento, os roteiros de aula de Mortoni, citando outros autores, destaca a necessidade de o Estado dispor de autonomia diferenciada ante a sociedade, na forma de capacidade coercitiva e extrativa, para viabilizar a implementação das políticas estatais de desenvolvimento. Para esse propósito de implementação de políticas que visam transformar a sociedade, essa corrente entende importante o corpo burocrático ser competente, referindo-se, assim, à capacidade administrativa.

Vê-se, portanto, que capacidade estatal é objeto de vários campos de estudo, como os relacionados ao desenvolvimento, ao desempenho do setor público, aos sistemas políticos, às políticas públicas e relações intergovernamentais e à governança da área pública. Além dos teóricos, nossa defesa da Governança em prol do Desenvolvimento e da Competitividade dos países encontra ressonância e suporte teórico nas organizações mundiais, como ONU, OCDE e Banco Mundial.

Outra vertente, com foco na competitividade das nações, realça o papel do Estado em garantir os direitos de propriedade e a execução de contratos, asseverando que a capacidade estatal é a que leva o espaço econômico do país a contar com regras claras e estáveis que permitam a visualização de horizontes mais confiáveis por parte dos investidores, nacionais ou internacionais, que aplicam seus recursos em novos empreendimentos e em inovação. Nesse aspecto, ganha destaque a

---

[74] MORTONI, Marcos. *Panorama da avaliação de políticas públicas no Brasil.* Capacidades Estatais, Perspectivas de Políticas Públicas Intergovernamentais e Governança. Instituto Serzedello Corrêa (ISC/TCU). 1º e 3º Roteiros de aula, 2023.

capacidade legal, com valorização da Governança Regulatória, tratada no Guia Orientativo para Elaboração de Análise de Impacto Regulatório – AIR, descrito e referenciado no item 7.6.5.

No campo da Governança Estado-sociedade, a capacidade tem sido estudada com foco nos tipos e níveis de relacionamento entre sociedade e Estado, que variam segundo o grau de incursão deste último na sociedade e no território para manutenção da ordem interna. Mas, sobretudo, para o que interessa nesta obra, as abordagens de capacidade atentam para aspectos gerenciais e operacionais da administração pública e na viabilização de políticas públicas.

A partir dessa correlação de capacidade com o tema desta obra, destacamos que, no campo teórico/acadêmico, capacidades e desempenho podem ser descritos, respectivamente, como as entradas e saídas de um sistema de gestão das organizações, (CHRISTENSEN; GAZLEY, 2008, p. 265),[75] Essas questões estão mais afetas à espécie de Governança Organizacional.

No âmbito do governo nacional do Brasil, todo esse esforço de superar lacunas de capacidades organizacionais já seria por demasiado complexo se tratássemos somente de atuação restrita ao nível central de Governo, dada a quantidade de setores e organizações que compõem a máquina pública. Por sinal, a respeito de medição de capacidades, ou nível de maturidade de governança das organizações nacionais, temos sido contestados, em alguns debates de especialistas, sobre a impossibilidade de se utilizar um indicador de desempenho somente, como o iGG (abordado no capítulo 3), para mensurar a maturidade de governança nas instituições mais e menos capazes.

Não obstante as dificuldades, no entanto, mantemos uma firme convicção sobre a necessidade e pertinência de acompanhamento da capacidade de todas as organizações, por meio de indicadores que contemplem e evidenciem também os menos capazes, até como forma de aperfeiçoar as políticas públicas sob sua condução, em algum momento, pelo menos. Não deixamos de reconhecer, no entanto, as críticas construtivas contrárias e compreendemos que essa disparidade de capacidades é tema do qual não se pode fugir na análise isenta dos indicadores.

---

[75] CHRISTENSEN, Robert K.; GAZLEY, Beth. *Capacity for public administration*: Analysis of meaning and measurement. Public Administration and Development, v. 28, n. 4, p. 265-279, 2008. Disponível em: <https://onlinelibrary.wiley.com/doi/abs/10.1002/pad.500>. Acesso em: 19 nov. 2023.

No campo da governança das políticas públicas, Azevedo e Anastasia, já referenciados no subitem 10.4.2 do capítulo anterior, entendem que as capacidades se relacionam também com a possibilidade de criação de canais institucionalizados, legítimos e eficientes de mobilização e envolvimento da comunidade na elaboração e implementação dessas políticas e com a capacidade operacional da burocracia governamental, tanto na atuação direta, como nas funções de regulação de políticas.

Os componentes da governança das políticas públicas foram tratados em referencial específico do TCU, conforme vimos no subitem 10.4.2, que correlaciona capacidade governamental para ter sucesso em suas políticas, com um conjunto de componentes, lá ilustrados.

O entendimento do TCU encontra respaldo em teóricos, como Calmon e Costa (2013),[76] para quem governança das políticas públicas seria a capacidade de "resolver os problemas de ação coletiva", notadamente, "aqueles voltados para a cooperação, coordenação e comunicação entre os atores" e para "gerar os resultados esperados e sustentar essas ações ao longo do tempo". Com essa perspectiva, os autores propõem a análise da governança de políticas públicas nas seguintes dimensões: a) capital social, dependente da confiança mútua dos agentes e da ampla participação nos processos decisórios; b) institucionalização, na forma do estabelecimento de normas e procedimentos que definam os espaços de decisão e a divisão de competência entre os atores; c) sustentabilidade, que se verifica na habilidade de convivência com trocas de governos e mudanças administrativas no tempo; d) Estrutura e instrumentos de coordenação, com vistas à articulação dos atores; e) Comunicação, que permita fluidez de informações entre os atores governamentais e destes para com a sociedade; e f) Informação e análise em subsídio ao planejamento e implantação das políticas.

Esse olhar sobre políticas públicas é válido para as monocêntricas, que segundo definição da OCDE (2019),[77] são aquelas em que o governo central exerce autoridade do poder político de forma

---

76 CALMON, Paulo; COSTA, Arthur Trindade Maranhão. Redes e Governança das Políticas Públicas. RP3-*Revista de Pesquisa em Políticas Públicas*, n. 1, 2013. Disponível em: <https://periodicos.unb.br/index.php/rp3/article/view/11989>. Acesso em: 18 set. 2023.

77 OCDE. Making decentralisation work: a handbook for policy-makers, *OECD Publishing*, Paris, 2019.

tradicional e hierárquica, estabelecendo, por decisão própria, a agenda da sociedade e implementação das políticas. Trata-se de modelo de governança cuja jurisdição das políticas é imposta de cima para baixo, numa perspectiva de comando e controle, com poder restrito e baixos níveis de colaboração dos governos subnacionais.

O sucesso no conjunto de políticas monocêntricas, ainda que haja certo nível de imposição, é tarefa complexa. Mas essa situação se agrava pelo contexto da Constituição de 1988, do Brasil, que ampliou o rol de atribuições em políticas públicas dos entes federativos do país em vários setores. Essa forma de atuação, embora até seja mais recomendável sob a ótica democrática e participativa, torna mais desafiadores e complexos os ambientes nos quais os atores governamentais devem atuar para a formulação, coordenação e execução de políticas públicas.

Por isso a relevância de um projeto de melhoria da governança, abrangendo governos nacionais e subnacionais, conforme é a pretensão dos autores desta obra. De fato, a inserção de mais atores tende a gerar ineficiência e a dificultar a consecução dos objetivos das políticas, especialmente quando se há o intuito de reversão acelerada das condições-problema que são objeto da ação estatal.

Diante desse contexto, centralizado ou descentralizado, há que se compreender que capacidades estatais são relevantes para a obtenção de resultados satisfatórios em políticas públicas, intergovernamentais ou não, e precisam alcançar, essas capacidades, um nível de maturidade homogêneo e duradouro para o enfrentamento da complexidade dos desafios postos ao desenvolvimento das nações e no alcance de um nível de vida mais satisfatório para suas populações.

Essa reflexão sobre governança e capacidades (no nível Sociedade-Estado, de organizações ou de Políticas públicas, com coordenação centralizada de um centro de governo) é um dos motivos pelos quais compreendemos que a própria governança, diagnosticada pelas Instituições de Controle do Brasil como um grande problema nacional, conforme detalharemos no capítulo 14, deve ser concebida e implementada, em todos os níveis de governo, de forma planejada, coordenada, monitorada e avaliada, também por meio de uma política pública, criando, assim, capacidades generalizadas e perenes para que ocorram legados positivos sucessivos, até alcançarmos o nível de excelência de forma sustentada.

11.8 Múltiplos conceitos internacionais de governança pública

Esses conceitos e teorias agregados ao termo governança pública, com distinções claras de concepções, já na origem, sobre o próprio Estado – sua existência e funções – provocam uma generalizada profusão de definições sobre o tema, como não poderia deixar de ser. Quando apresentamos o assunto a pessoas que não têm ainda proximidade com o tema e, em alguns casos, até mesmo entre os especialistas, um questionamento que pode surgir é: Afinal, qual o conceito de Governança? Ou, de que tipo de governança você está falando?

O Referencial Básico de Governança do TCU (2013)[78] nos informa, com base em publicação do European Corporate Governance Institute (ECGI), ter sido nos anos iniciais da década de 1990 o momento em que dezenas de países passaram a se preocupar com aspectos relacionados à governança. Desde lá, entidades como a Organização Internacional de Instituições Superiores de Controle (INTOSAI), Banco Mundial, o Fundo Monetário Internacional – FMI e a Organização para Cooperação e Desenvolvimento Econômico – OCDE dedicam-se a promover a governança.

A INTOSAI e seu órgão regional da América Latina e Caribe, a Olacefs (de que falaremos mais detalhadamente na parte V), têm manifestado grande interesse pela governança, definindo e destacando múltiplos conceitos sobre o tema. Em 2009, na Declaração de Assunção sobre Princípios de Prestação de Contas, governança foi definida como: "Governança: capacidade dos governos utilizar eficazmente os recursos públicos para satisfazer necessidades comuns e aumentar o bem-estar dos cidadãos".

Em 2014, a Olacefs criou a Comissão Técnica de Práticas de Boa Governança – CTPBG, que apresenta interessantes definições de Governança em documento intitulado, em língua espanhola, *Diagnóstico y Recomendaciones para la adopción de uns conjunto de Indicadores de Gobernanza Pública por la Organización Latinoamericana y de Caribe de Entidades Fiscalizadoras Superiores* (OLACEFS) *y su Comisión Técnica de Prácticas de Buena Gobernanza* (CTPBG).[79]

[78] TRIBUNAL DE CONTAS DA UNIÃO. Referencial básico de governança/tribunal de contas da união. Brasília: TCU, 2013. Disponível em: <https://portal.tcu.gov.br/governanca/governancapublica/organizacional/levantamento-de-governanca/>. Acesso em: 21 set. 2023.

[79] OLACEFS. *Diagnóstico y Recomendaciones para la adopción de uns conjunto de Indicadores de Gobernanza Pública por la Organización Latinoamericana y de Caribe de Entidades Fiscalizadoras*

Inicialmente, de acordo com o mencionado documento – em conformidade com o que tem sido enfatizado nesta obra, a Governança Pública não é um conceito com um único significado amplamente aceito, mas é mais uma definição que tem passado por uma evolução constante. Esse termo tem sido utilizado em âmbito internacional tanto para descrever a transformação do papel do Estado desde as crises de governança ocorridas nas décadas de 1970 e 1980, bem como para prescrever a maneira apropriada de administrar uma determinada sociedade.

Nesse sentido, o documento concorda com nossa forma mais pragmática de definir governança, relacionando-a a conceitos como Bom Governo ou Melhores Práticas Governamentais. Assim, o conceito também possibilita a identificação de certas qualidades de desempenho institucional, ou capacidades organizacionais, conhecidas como Boa Governança, por meio de um conjunto de práticas que visam aumentar a capacidade de atuação das entidades públicas.

O referido documento faz uma distinção entre o que chama de conceito descritivo e normativo da governança.

11.8.1 Conceito descritivo

Nesse particular, o conceito do documento traz aspectos, segundo nossa visão, relacionados à governança que classificamos como Sociedade-Estado e Governança Pública, tipos que expusemos no capítulo anterior. Com essa concepção, o documento entende governança como uma forma de conduzir uma sociedade e de organizar a ação coletiva para alcançar objetivos comuns, na qual participam atores públicos e privados. Nesse sentido, representa uma forma diferente de ver as questões de governo que, sob uma concepção tradicional, centrava-se nos poderes públicos.

Outro documento, também da CTPBG, denominado "Fundamentos Conceituais sobre Governança",[80] explica que o conceito descritivo

---

Superiores (OLACEFS) y su Comisión Técnica de Prácticas de Buena Gobernanza (CTPBG). Disponível em: <https://olacefs.com/ctpbg/document/diagnostico-y-recomendaciones-para-la-adopcion-de-un-conjunto-de-indicadores-de-gobernanza-publica-por-la-organizacion-latinoamericana-y-del-caribe-de-entidades-fiscalizadoras-superiores-olacefs-y-s/>. Acesso em: 30 set. 2023.

[80] OLACEFS. Comissão Técnica de Práticas de Boa Governança – CTPBG. *Fundamentos conceptuales sobre la Gobernanza.* 2021. Disponível em: <https://olacefs.com/ctpbg/document/fundamentos-conceptuales-sobre-la-gobernanza/>. Acesso em: 30 set. 2023.

considera múltiplos atores na formulação e execução de políticas e que essa associação, também com entidades privadas nas tarefas da administração pública, é a versão mais difundida de governança, especialmente nos meios acadêmicos. Os desenvolvimentos mais recentes desta tendência incluem ainda a governança de política multinível, espécie de governança pública, segundo nossos conceitos anteriores.

Para finalizar sua abordagem descritiva, o documento da CTPBG destaca o autor inglês Kooiman, que em Governing as Governance nos ensina que:

> Os assuntos de governo geralmente não são apenas públicos ou privados, mas são frequentemente partilhados, e a atividade governamental em todos os níveis (do local ao supranacional) está a tornar-se difusa em vários atores sociais cujas relações entre eles estão em constante mudança. Tem havido, a julgar pela perspectiva da atividade governamental tradicional, um aumento no papel do governo como facilitador e como parceiro cooperativo. Como tal, é mais apropriado falar de transformação do que de redução dos papéis do Estado. No entanto, uma transformação das funções do Estado e uma maior consciência da necessidade de interagir com outros atores sociais não tornam obsoletas as intervenções governamentais tradicionais. Implica somente uma consciência crescente das limitações da governação tradicional apenas pelo Estado. (OLACEFS, 2021)

11.8.2 Conceito normativo

Na sua variante normativa, o documento afirma que governança se refere a "uma série de requisitos para garantir a eficácia dos governos. Deste ponto de vista, a governança engloba um conjunto de princípios e valores positivos da atuação governamental. O conceito é utilizado em sentido amplo para denotar certas características desejáveis dos processos e resultados da gestão pública em geral.

Para ilustrar esse pensamento, o documento se vale de conceitos da OCDE, para quem a construção de uma cultura de governança pública se basearia em valores. Embora se observe que os valores de governança são moldados pelas tradições culturais específicas de um país, podem-se identificar práticas de referência que têm a capacidade de gerar uma nova cultura de governança e orientar a tomada de decisões públicas em direção ao interesse comum.

Esse entendimento da OCDE reforça as convicções dos autores de que, muito embora governos possam ser heterogêneos e ter organizações mais e menos complexas, ou depender, para a viabilização de políticas públicas, de entes subnacionais também altamente heterogêneos, há práticas comuns a todas as instituições que podem ser reunidas sob a forma de um indicador e comporem as linhas mestras iniciais de uma política de governança, que poderia ser implementada, até certa medida, para todos.

Ao focar valores e práticas comuns a todas as organizações, a OCDE daria especial atenção a elementos como: integridade, para prevenir corrupção; transparência; inclusão, participação, igualdade de gênero e diversidade, que contribuem para a qualidade da democracia e ajudam a capacitar grupos marginalizados, desfavorecidos e/ou vulneráveis; e responsabilidade e respeito pelo Estado de Direito, para reforçar a confiança dos cidadãos em suas instituições.

No mesmo documento intitulado "Fundamentos Conceituais sobre a Governança" (OLACEFS, 2021) que a CTPBG editou em parceria com a GIZ, organização federal alemã para cooperação técnica, é possível consulta, na Tabela 1, um comparativo de conceitos de organismos internacionais diversos, que reproduzimos a seguir (tradução livre).

> FMI (2007). Governança é o "Processo pelo qual as decisões são geradas e implementadas [...]. O processo pelo qual as instituições públicas conduzem os assuntos públicos e gerem os recursos públicos."
>
> 2. OCDE
>
> (1993). Governança. "É o uso da autoridade política e o exercício do controle numa sociedade - em relação à gestão de recursos para o desenvolvimento social e econômico -, que abrange o papel das autoridades públicas (...), bem como a natureza da relação entre o governante e os governados".
>
> (2011). "A governança pública refere-se aos arranjos formais e informais que determinam como as decisões públicas são tomadas e como as ações públicas são realizadas, na perspectiva da manutenção dos valores constitucionais de um país quando enfrenta problemas."

(2014). Governança. "É a otimização de processos e arranjos institucionais por meio da qual o governo desenvolve, implementa e fornece políticas, programas e serviços em benefício dos cidadãos e da sociedade. É a garantia de que os mecanismos para conduzir o ciclo político na formulação, implementação e monitoramento e avaliação, estão operando de forma eficaz, eficiente e economicamente, e são sustentados por princípios gerais de governança, como o Estado de Direito, a transparência, a integridade e a responsabilização"

3. Banco Mundial. (1994). "A forma como o poder é exercido na gestão dos recursos econômicos e sociais de um país, no que diz respeito a três aspectos diferentes (i) a forma do regime político; (ii) o processo pelo qual a autoridade é exercida na gestão de recursos econômico e social para o desenvolvimento, e (iii) a capacidade do governo para conceber, formular e implementar políticas e cumprir as suas funções".

(2007). "A forma como os funcionários e instituições públicas adquirem e exercem a autoridade para moldar políticas públicas e fornecer os bens públicos e serviços".

(2010). "O governo dos governantes, geralmente dentro de um certo conjunto de regras, tradições e instituições através das quais a autoridade é exercida num país". (OLACEFS, 2021)

A Tabela 2 do mesmo documento apresenta conceitos de "Boa Governança" também de entidades internacionais, conforme a seguir, bem como os princípios básicos de governança a eles relacionados.

ONU. "Na comunidade das nações, a governança é considerada "boa" e "democrática" na medida em que as instituições e os processos de um país são transparentes. Suas instituições referem-se a órgãos como o Parlamento e os seus diferentes ministérios. Seus processos são as principais atividades como eleições e procedimentos legais, que devem ser vistos como livre de corrupção e responsáveis perante o cidadão. O sucesso de um país em alcançar este padrão tem sido uma medida fundamental de sua credibilidade e respeito no mundo".

Princípios relacionados ao conceito: Equidade; Participação; Pluralismo; Transparência; Responsabilidade; Estado de Direito; Orientação de consenso; Capacidade de resposta; Eficiência; Eficácia; e Inclusão.

PNUD. "Boa Governança é definida como os processos e estruturas que orientam as relações políticas e socioeconómicas". Ou, "Boa governação refere-se a sistemas de governo que sejam capazes, sensíveis, inclusivos e transparentes." Os princípios: Participação; Estado de Direito; Transparência; Capacidade de resposta, Orientação de consenso, Equidade; Eficácia e eficiência, Responsabilidade, Visão Estratégica.

Comissão Europeia. Sem uma definição explícita, mas com princípios assim relacionados. Abertura, Participação, Responsabilidade, Eficácia e Coerência.

FMI. "Boa Governança refere-se à gestão do governo de uma forma que seja essencialmente livre de abusos e corrupção e com o devido respeito pelo Estado de Direito." Sem princípios relacionados.

OCDE. Sem uma definição explícita, elenca os seguintes princípios: Transparência, Responsabilidade; Eficiência; Eficácia; Capacidade de resposta; e Estado de Direito.

Banco Mundial. "Boa governança é essencialmente a combinação de instituições transparentes e responsáveis, pontos fortes e competências, e uma vontade fundamental de fazer a coisa certa. São essas coisas que viabilizam o funcionamento do governo para fornecer serviços de forma eficiente. Ou, "Boa governança consiste num serviço público eficiente, num sistema judicial que seja confiável e uma administração que é responsável perante o público." Para esses conceitos, foram relacionados os princípios: Gestão do setor público; Responsabilidade, Quadro jurídico a favor do desenvolvimento; Transparência e acesso à informação.

IFAC. "Boa Governança refere-se às estruturas e processos de tomada de decisão, responsabilidade, controle e o comportamento por parte da administração das organizações". E os princípios relacionados. Transparência, Integridade; e Responsabilidade. (OLACEFS, 2021)

Da análise de tantas definições, entendemos, ao final, que quase todas alinham-se à tese que move o projeto de governança dos autores desta obra: de que a governança pública é uma grande premissa para o alcance do desenvolvimento das nações – econômico, social e sustentável.

Em todos os casos das definições internacionais vistas, a governança pode ser considerada também como um conjunto de "coisas" (processos, ferramentas, estruturas e práticas) para que o Estado e suas organizações possam funcionar melhor no cumprimento de seus objetivos, definidos em suas constituições pátrias.

Em suma, todos esses organismos internacionais transitam, no nosso modo de ver, por dois tipos principais de governança, expostos no capítulo anterior: Governança Sociedade-Estado e Governança Pública, em suas três espécies: organizacional, de políticas públicas e de Centro de Governo.

Com isso, mantemos nossa convicção de que governança, ou boa governança, nada mais é, resumidamente, do que um conjunto de boas práticas adotadas pelos governos diversos para governar bem o Estado e seus órgãos. E que mais vale refletir sobre onde se quer chegar com a boa governança, e como fazer isso, do que com divergências conceituais.

PARTE III

POR QUE A GOVERNANÇA É IMPORTANTE E DEVE SER IMPLEMENTADA COMO UMA POLÍTICA PÚBLICA?

Resumo

Nesta parte III, defenderemos a implementação da governança pública como uma grande premissa para que os governos, de uma forma geral, possam contribuir para a superação dos desafios das nações do planeta, históricos e contemporâneos, proporcionalmente, pelo menos, aos recursos que arrecadam dos indivíduos, na forma de tributos.

Para isso, apresentaremos aos leitores, no capítulo 12, os desafios globais, nacionais e locais que atrasam o desenvolvimento econômico, social e ambiental, e que impedem a população de desfrutar qualidade de vida mais compatível com o século em que vivemos.

Veremos, neste capítulo, que a maior parte dos desafios mundiais são também desafios da América Latina e Caribe, do Brasil e dos governos subnacionais (estados e municípios, no Brasil). Problemas históricos, como a geração de emprego e renda, a pobreza, a fome e as desigualdades, além dos mais contemporâneos, como os decorrentes do clima, das pandemias e dos avanços tecnológicos, são questões que estão nas agendas de governantes locais e nacionais, da maior parte dos países da região.

Com tantos desafios a superar, refletiremos, no capítulo 13, junto com nossos leitores, sobre a importância da governança pública e seu conjunto de ferramentas para: conferir maior poder transformador de realidades às políticas públicas; incrementar a capacidade das organizações do Setor Público, viabilizadoras dessas políticas; conferir coordenação, integração e coerência aos resultados dessas políticas e órgãos, pelo aperfeiçoamento da atuação dos órgãos do centro de governo.

Cientes da importância da governança para que instituições e políticas públicas possam ser mais exitosas, defenderemos, no capítulo 14, a sua implementação também sob a forma de uma política primária, necessária para que os fracassos atuais na superação de desafios diversos possam ser evitados.

Ao explicitar aos leitores o diagnóstico negativo das instituições e políticas governamentais, exporemos nossa convicção de que esse fato se constitui em um problema coletivo, especialmente em países como o Brasil, de alta carga tributária. E, seguindo a teoria dominante, fundamentaremos, assim, a necessidade de uma política específica, de governança, para a mitigação desse problema.

Esperamos, com isso, nos próximos capítulos, deixar claro aos estudiosos do tema e aos atuais parceiros desse grande projeto, que o êxito da política de governança, nos governos nacionais e subnacionais, se configura, como sempre defendemos, em uma grande premissa a ser vencida para que o Setor Público possa ser exitoso em sua tarefa de cumprir grandes missões em prol do desenvolvimento das nações e da melhoria da vida das pessoas.

CAPÍTULO 12

12.1 Os desafios globais, nacionais e locais

No capítulo 1 deste livro, discorremos sobre a importância da boa governança para o desenvolvimento brasileiro. Com a crença de que os governos, de uma forma geral, podem ser melhores em suas missões de colaborar para a superação de desafios que impedem nosso progresso social e econômico, é que temos travado, no Brasil, essa batalha pela boa governança pública.

No capítulo 10, deixamos claro que este projeto não se aprofundaria sobre a Governança Sociedade-Estado, mas na Governança Pública, nos três tipos em que a classificamos: Governança das Políticas, concebidas para vencer os desafios locais, nacionais e globais; Governança Organizacional, para que os órgãos públicos tenham mais êxito nessas políticas; e Governança do Centro de Governo, para que toda a estrutura governamental e suas políticas, em âmbito local e nacional, possa ter coordenação, integração e coerência.

Sempre esteve claro, para nós, portanto, que o grande objetivo de se melhorar generalizadamente os governos, por meio da utilização de boas práticas de liderança, estratégia e controle, era a superação dos desafios que impediam o desenvolvimento econômico e social das nações. De fato, acreditamos que, se implementadas de forma organizada e persistente – como uma política pública –, as boas práticas de governança podem acarretar uma gradual, mas persistente, melhoria da capacidade do Setor Público de vencer desafios.

Entre esses desafios, destacamos no capítulo 1, alguns eminentemente econômicos, como: a responsabilidade fiscal e a estabilidade monetária; a racionalização do gasto público, a melhoria da nossa pesquisa e inovação e da nossa infraestrutura. Outros desafios, mais afetos ao social, referem-se à qualidade de nossa educação e às nossas históricas desigualdades, social e regional.

Conforme veremos a seguir, boa parte dos desafios locais, de prefeitos e governadores dos entes subnacionais, são dificuldades nacionais ou mundiais, que afligem a vida de bilhões de pessoas em quase todas as nações do globo terrestre.

12.2 Os desafios mundiais

Os desafios mundiais estão em constante evolução devido a mudanças sociais, políticas, econômicas e ambientais. Alguns desafios, tradicionais, têm sido persistentes ao longo da história, enquanto outros são mais recentes e emergem em todo o mundo em decorrência de contextos como as mudanças climáticas, as pandemias e o desenvolvimento da tecnologia.

Alguns grandes problemas desafiam a humanidade, em intensidade e formas diferentes nas regiões e nos diversos países do planeta. A luta contra a pobreza tem sido um desafio global de longa data. Milhões de pessoas em todo o mundo ainda vivem em condições de pobreza extrema. Em decorrência dessa condição, a fome persiste em muitas partes do globo devido à falta de acesso a alimentos nutritivos e seguros.

Tão tradicionais quanto a pobreza e a fome, as desigualdades regionais, econômicas, sociais e de gênero persistem em muitos países, criando divisões e tensões. Talvez em decorrência também dessas tensões, guerras e conflitos armados continuam a afligir várias regiões, causando sofrimento humano e instabilidade. A falta de acesso à educação de qualidade ainda é um problema em muitas partes do mundo, limitando as oportunidades de desenvolvimento.

A questão climática não é um desafio recente, mas a gravidade das consequências das mudanças no clima começa a despertar em mais pessoas e governos o sentimento de que, realmente, trata-se de uma ameaça à segurança global. Os eventos extremos começam a afetar, de forma inquestionável, ecossistemas e economias de forma generalizada.

A saúde global também é uma questão antiga, mas as novas epidemias e pandemias, como a COVID-19, demonstram a vulnerabilidade das sociedades globais à propagação de doenças, bem como evidenciam a necessidade de novas providências, mais coletivas e inovadoras, para a defesa da vida das pessoas, bem como da sua sobrevivência, econômica e social, em períodos similares.

Além desses desafios mundiais mais tradicionais, existem outros, emergentes, que também afetam a vida de milhões de pessoas em várias partes do planeta. O avanço tecnológico, por exemplo, como a inteligência artificial e a biotecnologia, apresenta desafios em termos de privacidade e proteção de dados, segurança cibernética e ética. Na esteira dessas evoluções, a desinformação e as *fake news*, mais facilmente disseminadas, também representam uma ameaça à democracia e à estabilidade social.

O envelhecimento da população, em diversas partes do mundo, a escassez de recursos naturais, como água e minerais, também pode ter consequências econômicas e sociais desafiadoras para a população e para os governos.

É importante observar que muitas dessas dificuldades estão interconectadas e exigem abordagens colaborativas entre nações e organizações globais para encontrar soluções eficazes para o desenvolvimento de todos, preservando, inclusive os direitos das gerações vindouras, que podem ter sua existência comprometida pelo agravamento da situação atual.

A Organização das Nações Unidas (ONU) tem demonstrado preocupação constante com esses desafios. Em relatório sobre desenvolvimento sustentável, publicado em 2023[81] a ONU apresenta projeções de cenários globais para avaliar as trajetórias atuais do planeta que podem se materializar, especialmente se os objetivos traçados em sua Agenda 2030 não alcançarem o sucesso desejado.

Tratando de desafios de que falamos anteriormente, o relatório destaca que, sem correções de rumo e aceleração de providências generalizadas, a humanidade poderá enfrentar períodos prolongados de crise e incerteza – desencadeados e reforçados pela pobreza, desigualdade, fome, doenças, conflitos e catástrofes.

Ao comparar o ano de 2023 com o de 2019, quando foi publicado o relatório anterior, a ONU avalia que a situação agora é muito mais preocupante devido à confluência de crises. Em relação a desafios

---

81 ONU. Nações Unidas. Departamento de Assuntos Econômicos e Sociais. *Global Sustainable Development Report*, 2023. Disponível em: <chrome-extension://efaidnbmnnnibpcajpcglclefindmkaj/https://sdgs.un.org/sites/default/files/2023-09/FINAL%20GSDR%202023-Digital%20-110923_1.pdf>. Acesso em: 11 out. 2023.

sensíveis para milhões de pessoas, como a segurança alimentar, a ação climática e a proteção da biodiversidade, o mundo ainda está se movendo na direção errada, na visão do relatório. Além disso, complementa, as crises recentes, incluindo a pandemia da COVID-19, os aumentos do custo de vida, os conflitos armados e as catástrofes naturais anularam anos de progresso na superação de alguns desafios, como a erradicação da pobreza extrema.

Tais crises, destaca a ONU, são acontecimentos independentes, interligados, no entanto, por múltiplas vertentes ambientais, econômicas e sociais, cada uma delas alimentando as intensidades da outra, mas criando, por outro lado, oportunidades para agir de forma integrada na busca de sinergias positivas, que podem ser materializadas em eventual sucesso dos Objetivos de Desenvolvimento Sustentável (ODS), sobre os quais falaremos a seguir.

12.3 Os objetivos de desenvolvimento sustentável (ODS)

Conforme dissemos, a superação dos desafios globais em prol do desenvolvimento, de uma forma sustentável, vem compondo a agenda da ONU há muitas décadas. A Conferência das Nações Unidas sobre o Meio Ambiente Humano, ocorrida em Estocolmo, na Suécia, em 1972, pode ser considerado como um dos marcos iniciais dessa preocupação internacional com as questões ambientais.

Durante as negociações da conferência, de relevância inegável, os problemas ambientais foram colocados em evidência, mas ainda havia uma profunda divisão entre os países, em relação também a outras questões igualmente relevantes. As nações desenvolvidas apresentaram preocupações sobre o crescimento populacional, especialmente nos países mais pobres do mundo. Por outro lado, os países em desenvolvimento enfatizaram sua soberania e direito ao desenvolvimento.

No decorrer da década de 1980, a agenda internacional de meio ambiente passou por um avanço significativo. Acordos internacionais foram estabelecidos com foco, naquele momento, na proteção da camada de ozônio.

Nos anos 1990, ocorreram diversas conferências globais sobre os desafios ao desenvolvimento sustentável. O consenso alcançado durante essas Cúpulas da década de 1990 foi formalizado na Declaração do Milênio, adotada pelos chefes de Estado em 2000. Os Objetivos de Desenvolvimento do Milênio (ODM) incluíam uma série de metas específicas destinadas a enfrentar desafios globais, como a erradicação da pobreza extrema, a promoção da educação universal, a igualdade de gênero, a redução da mortalidade infantil, a melhoria da saúde materna, a luta contra doenças como o HIV/AIDS e a sustentabilidade ambiental, entre outros.

Os ODM foram substituídos pelos Objetivos de Desenvolvimento Sustentável (ODS), em 2015. Com essa nova visão, trazida pelos ODS, foi ampliado o escopo das metas e estabelecido um conjunto mais abrangente de objetivos para alcançar um desenvolvimento sustentável até 2030. Para a superação dos grandes desafios globais identificados, a Agenda 2030 estabeleceu 17 objetivos e 169 metas, conforme ilustrado na Figura 37.

Figura 37 – Objetivos de Desenvolvimento Sustentável (ODS)

Fonte: Organização das Nações Unidas (ONU).

12.4 Os desafios particulares da América Latina e Caribe

Os países da América Latina e do Caribe, especialmente os mais pobres, convivem com uma série de desafios que contribuem para a sua situação de vulnerabilidade. Embora haja variações, muitos desses países enfrentam dificuldades bem similares aos temas tratados nos ODS, como: pobreza e desigualdade, com parcela substancial da população sem acesso adequado a alimentos, habitação, saúde e educação; acesso limitado à educação de qualidade, o que diminui as oportunidades de desenvolvimento econômico e social; acesso limitado a serviços de saúde, o que pode contribuir para altas taxas de mortalidade infantil e doenças evitáveis; e questões ambientais como o desmatamento, a degradação ambiental e a falta de acesso a água limpa.

Outros desafios, mais particulares, têm afetado alguns dos países da região. A fragilidade institucional, que pode gerar corrupção e instabilidade política, violência e criminalidade ainda é um problema atual na região. A migração e os grandes deslocamentos humanos também são outros problemas ainda. Países com fraco arcabouço institucional enfrentam grandes fluxos de migração interna e externa devido a conflitos, violência e falta de oportunidades econômicas.

Vários países da América Latina e o Caribe também estão sujeitos a desastres naturais, como terremotos, furacões e inundações, que podem causar devastação e afetar a infraestrutura e o desenvolvimento. Alguns outros têm níveis significativos de dívida externa, o que pode limitar sua capacidade de investir em desenvolvimento econômico e social. A falta de acesso à tecnologia e inovação também é desafio comum em nossa região, dificultando a inclusão, o crescimento econômico e a competitividade internacional.

É importante observar que a situação específica varia de um país para outro na América Latina e no Caribe, e alguns países da região têm feito progressos na redução da pobreza e no desenvolvimento social. No entanto, todos esses desafios continuam a ser obstáculos para muitos países enquanto buscam alcançar um desenvolvimento sustentável e inclusivo.

12.5 O desafio ambiental e as auditorias coordenadas

Os diversos desafios ambientais também afetam a região, devido à sua vasta diversidade geográfica, condições climáticas variadas e pressões humanas. Esses problemas têm ganhado grande destaque recentemente, no âmbito dos debates sobre as mudanças climáticas. As preocupações dos governos e da sociedade, em todo o mundo, têm focado em temas como a emissão de gases de efeito estufa, o derretimento de geleiras, com a consequente elevação do nível do mar, as queimadas, os desmatamentos e o remanejamento de recursos hídricos.

Nosso continente tem sofrido, como os demais, os impactos das alterações anormais ocorridas no clima. O aumento das temperaturas na região é um desses impactos mais sentidos. Quase todos os países têm experimentado aumento nas temperaturas médias, o que pode levar a ondas de calor mais intensas e prolongadas, com reflexos na agricultura, na saúde pública e na disponibilidade de água.

As mudanças nos padrões de chuva também preocupam bastante, pois podem resultar em secas mais intensas e prolongadas em algumas áreas e inundações em outras. Isso afeta a agricultura, a segurança alimentar e o fornecimento de água. A atividade agrícola, que se constitui em parte fundamental da economia em muitos países da América Latina e do Caribe, pode ver prejudicada a produção de culturas, com possibilidade de consequências severas na segurança alimentar e na renda dos agricultores.

As alterações climáticas também podem ter fortes impactos na nossa biodiversidade, com ameaças reais à conservação da fauna e da flora nativas. As áreas costeiras da América Latina e do Caribe são outra preocupação, por serem vulneráveis ao aumento do nível do mar, provocado pelas mudanças do clima, o que pode resultar em erosão da costa, intrusão salina e danos à infraestrutura litorânea.

As mudanças podem também aumentar a incidência de doenças transmitidas por vetores (como a dengue e a malária) e doenças respiratórias relacionadas à poluição do ar. Em algumas áreas, pode haver migrações de populações devido à escassez de recursos naturais, como água e alimentos, com consequências sociais e políticas.

Para enfrentar os desafios das mudanças climáticas, os países da região estão tomando medidas para reduzir as emissões de gases de efeito estufa, adaptar-se às mudanças climáticas e promover o desenvolvimento sustentável. Isso inclui a implementação de políticas de energia limpa, a conservação de ecossistemas naturais e a promoção de práticas agrícolas sustentáveis.

Mas a cooperação regional e internacional pode ter um papel decisivo na busca por soluções eficazes para os problemas ambientais do continente. Essa atuação cooperativa e integrada pode ser catalisada pelos esforços de implementação dos ODS, de uma forma geral.

Mas o sucesso dos ODS número 13 da ONU – Ação Contra a Mudança Global do Clima – é crucial para as ações conjuntas de governos e sociedade para limitar o aquecimento global e reduzir os riscos climáticos. Algumas das principais metas associadas aos ODS 13 incluem: fortalecer a resiliência e a capacidade de adaptação às mudanças climáticas; integrar medidas relacionadas ao clima nas políticas, estratégias e planejamento; melhorar a educação, a conscientização e a capacidade humana e institucional sobre mitigação, adaptação, redução de impacto e alerta precoce sobre mudanças climáticas; promover mecanismos para aumentar a capacidade de planejamento e gestão eficaz em relação às mudanças climáticas; e implementar o compromisso de mobilizar US$ 100 bilhões anuais até 2020, a partir de várias fontes, para endereçar as necessidades dos países em desenvolvimento em relação às mudanças climáticas.

Para viabilizar todas essas metas, os governos, principalmente, devem ter sucesso na implementação de suas políticas públicas do setor ambiental e de outras relacionadas. Para ser mais exitoso em suas soluções, é necessário que haja diagnósticos embasados em evidências e indicadores, o que destaca o papel das auditorias coordenadas, nosso próximo tema.

12.5.1 Auditoria coordenada nas unidades de conservação do bioma da Amazônia brasileira

Para facilitar o diagnóstico da questão climática, os governos – nacional e locais – passaram a contar, na região, desde 2013, com os resultados obtidos pelas auditorias coordenadas realizadas nas unidades de conservação, primeiro no Brasil e, em seguida, no âmbito da Olacefs.

Unidades de conservação (UCs) são territórios instituídos pelo Poder Público, sob regime especial de administração, com objetivos de conservação e limites definidos. Essas áreas fazem parte da estratégia mundial de conservação da biodiversidade. No Brasil, as UCs federais, estaduais e municipais ocupam quase 17% do território nacional, sendo fundamentais para o equilíbrio climático global e influenciando diretamente o regime de chuvas do país e da América Latina.

A criação e a implementação de UCs contribuem para redução do desmatamento e da emissão de carbono, principal gás responsável pelo efeito estufa. Isso tem especial importância na Amazônia, região onde estão 1/3 das florestas tropicais do planeta, 1/5 da disponibilidade mundial de água potável e significativa amostra da biodiversidade.

A proteção ambiental é a principal finalidade das UCs. Contudo, essas áreas também possuem objetivos específicos como visitação, pesquisa, exploração sustentável de madeira, entre outros, que dependem de uma gestão eficiente para serem alcançados, o que vai além da simples criação desses territórios.

Tendo em vista a relevância do tema no âmbito nacional e internacional, o TCU aprovou proposta do Ministro Augusto Nardes, encaminhada ao Plenário da Casa, na sessão do dia 22/8/2012, de realização de auditoria coordenada para a avaliação da governança da UCs localizadas no bioma Amazônia. Desde o primeiro momento, vislumbrou-se a oportunidade de o TCU atuar, de forma coordenada, em parceria com os tribunais de contas brasileiros. O propósito era realizar um trabalho pioneiro, que produzisse uma avaliação sistêmica dessas áreas, em todas as esferas de governo.

Os resultados da auditoria foram publicados por meio do Acórdão 3.101/2013 – TCU – Plenário, de relatoria do Ministro Weder de Oliveira. De acordo com o relatório do referido acórdão, há parâmetros internacionais de resultados para essas UCs, estabelecidos pelas metas de Aichi, das Nações Unidas sobre Diversidade Biológica. De acordo com esses parâmetros, mais do que a criação de áreas protegidas, é necessário que sua gestão ocorra de maneira efetiva. E muitas áreas, no mundo todo, mesmo após anos de sua criação, ainda não estão efetivamente implementadas ou consolidadas, uma vez que não lhes foram disponibilizadas as condições necessárias para o seu adequado funcionamento.

Ao final dos trabalhos, a auditoria identificou que o Brasil passa pelas mesmas dificuldades apontadas em nível mundial. Para dar melhor visibilidade às suas conclusões, a equipe do TCU criou o Índice de Implementação e de Gestão de Áreas Protegidas (Indimapa), ferramenta georreferenciada de avaliação, comunicação e monitoramento. Esse instrumento classifica as UCs em faixas de alto, médio e baixo grau de implementação, conforme ilustrado na Figura 38.

Figura 38 – Indimapa da Amazônia Brasileira. Acórdão 3.101/2013

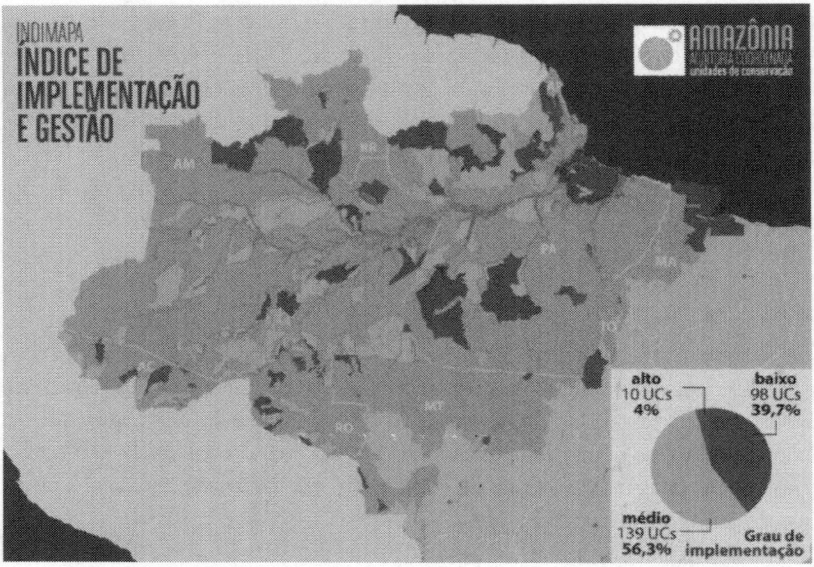

Fonte: TCU – Plenário.

Segundo a figura, somente 4% das UCs avaliadas encontravam-se na faixa de alto grau de implementação e de gestão, necessário ao cumprimento de seus objetivos. Com o resultado da auditoria, o Tribunal esperava que as ações governamentais relacionadas às UCs, além de protegerem a biodiversidade, passassem a contribuir mais efetivamente para a geração de emprego, renda e melhoria da qualidade de vida, de forma a conciliar a proteção dos recursos naturais à subsistência de populações tradicionais.

12.5.2 Auditoria coordenada nas unidades de conservação da Amazônia dos países da Olacefs

Após o sucesso do trabalho brasileiro, foi realizada uma ampla auditoria coordenada entre as Instituições Superiores de Controle (ISC) dos países vizinhos que contemplam em seus territórios áreas do bioma Amazônia. O propósito foi analisar quase 90% das áreas protegidas da região, utilizando o método desenvolvido pelo TCU. A ferramenta

Indimapa permitiu avaliar a implementação e a gestão de áreas protegidas por meio de mapas georeferenciados.

Os trabalhos ocorreram no âmbito da Comissão Especial Temática de Meio Ambiente (Comtema), um dos grupos temáticos da Olacefs, e tiveram início no dia 28 de junho de 2013, em Manaus. Em 2015, os resultados obtidos foram consolidados e divulgados por meio do Acórdão 1.206/2015 – TCU – Plenário, de relatoria do Ministro-Substituto Marcos Bemquerer. Ao todo, foram examinadas 206 unidades de conservação federal dos demais biomas brasileiros (caatinga, cerrado, mata atlântica, pampa e pantanal) e 667 áreas de preservação dos demais países participantes. Para uma melhor visão comparativa entre as áreas protegidas na região, foi utilizado o Indimapa representado no mapa da Figura 39.

Figura 39 – Indimapa 2014 – América Latina. Acórdão 1.206/2015

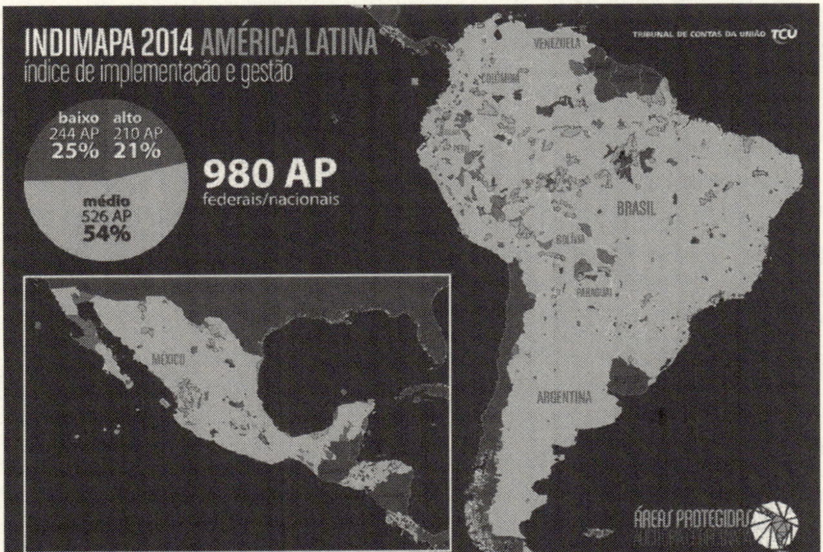

Fonte: TCU-Plenário.

Os resultados decorrentes da aplicação dessa metodologia apontaram que 21% das áreas protegidas federais ou nacionais encontravam-se no nível mais alto de implementação e gestão, enquanto a maior parte das áreas avaliadas está no nível intermediário.

Esse retrato tem alta relevância para a questão climática do continente, uma vez que o bioma amazônico está presente em nove países da América do Sul: Bolívia, Brasil, Colômbia, Guiana, Guiana Francesa, Equador, Peru, Suriname e Venezuela. Seu ecossistema é conhecido mundialmente pela biodiversidade incomparável e pela abundância de água, de recursos minerais e de povos com diversas culturas, constituindo um patrimônio natural de imenso valor.

Toda essa riqueza demandava a adoção de iniciativas como as auditorias coordenadas, capazes de, por meio de um indicador, dar um diagnóstico de fácil visualização das unidades de conservação, que, além da preservação ambiental e do uso responsável dos recursos naturais, pode valorizar o respeito à cultura e ao modo de vida das comunidades locais.

12.5.3 Climate Scanner

O Climate Scanner, certamente, constitui-se no ápice da atuação coordenada das Instituições Federais de Controle (ISC), iniciada com as auditorias coordenadas. Assim como os primeiros trabalhos, o projeto também será fundamental para o intercâmbio de conhecimento e experiências entre as ISC e para o fortalecimento global do Controle Externo.

Segundo informações disponibilizadas em página do TCU,[82] a ferramenta foi lançada em âmbito global durante o XXIV Congresso Internacional das Instituições Superiores de Controle (Incosai), no Rio de Janeiro, em novembro de 2022, tendo sido desenhada e testada por um Grupo Executivo composto por ISC das mais diversas regiões do planeta: Brasil, Canadá, Chile, Colômbia, Emirados Árabes Unidos, Eslováquia, Estados Unidos, Filipinas, Finlândia, Índia, Indonésia, Maldivas, Marrocos, Nova Zelândia, Quênia, Reino Unido, Tailândia e Tribunal de Contas Europeu.

Ainda de acordo com o TCU, a fase de execução terá início em 2024, no Climate Scanner Global Call, momento em que as ISC de todo o mundo serão convidadas a aplicarem a ferramenta em seus países. Além disso, ao longo do ano, as ISC receberão treinamento para que possam conduzir as avaliações.

---

82 BRASIL. TCU. Disponível em: <https://sites.tcu.gov.br/climatescanner/index.html#objetivos>. Acesso em: 15 out. 2023.

O desenvolvimento da ferramenta tem quatro objetivos claros declarados: AVALIAR as informações obtidas em nível nacional e internacional; CONSOLIDAR dados produzidos pelas Instituições Superiores de Controle (ISC) participantes; COMUNICAR informações relevantes em linguagem de fácil compreensão; e DAR SUPORTE ao planejamento das ISC e à tomada de decisões pelos governos nacionais

A Governança é um dos eixos de avaliação da Climate Scanner, que contemplará também o financiamento e as políticas públicas relacionadas às mudanças climáticas. A Figura 40 a seguir, extraída da página do TCU já mencionada, ilustra todos os aspectos que serão avaliados pelas ISC.

Figura 40 – Eixos de Avaliação do Climate Scanner

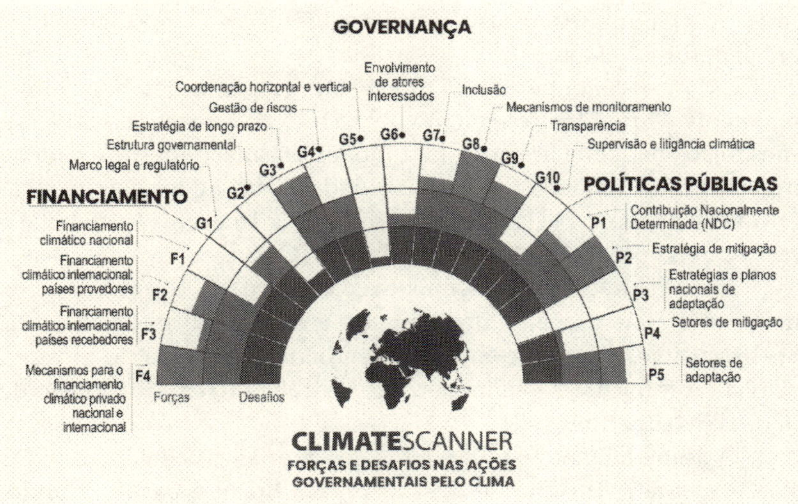

Fonte: TCU.

12.6 Os desafios brasileiros e os ODS

O Brasil enfrenta diversas dificuldades econômicas e sociais que estão relacionadas aos ODS da ONU. A pobreza e desigualdade (ODS 1 e 10), por exemplo, ainda são desafios eminentemente brasileiros. A distribuição desigual de recursos e oportunidades é uma questão crítica que sempre afetou o país.

Educação de qualidade (ODS 4) é outra grande missão nacional. Embora tenha havido melhorias no acesso da população, a qualidade da educação em muitas partes do Brasil ainda é uma preocupação. O país demanda ações efetivas de combate à evasão escolar e à falta de infraestrutura adequada nas escolas. A saúde pública no Brasil (ODS 3) é uma preocupação constante, especialmente em áreas remotas e desfavorecidas. Além disso, o sistema de saúde enfrenta dificuldades de financiamento e gestão.

Igualdade de gênero (ODS 5) é outro desafio com as cores do Brasil. A violência contra as mulheres e a falta de igualdade de oportunidades no mercado de trabalho são questões importantes. Temas como assédio sexual e moral têm composto a agenda de organizações importantes no país, como o TCU. A desigualdade de renda e oportunidades (ODS 10) é uma questão central para todos no Brasil, mas há um debate atual sobre as diferenças de oportunidades para gêneros diversos.

Cidades sustentáveis (ODS 11) está na pauta dos brasileiros, igualmente. O rápido crescimento urbano no Brasil tem levado a desafios relacionados à habitação, mobilidade urbana, poluição e falta de infraestrutura adequada em muitas cidades. Outra questão que afeta as nossas cidades, especialmente em comunidades rurais e favelas, é o acesso à água potável e saneamento básico (ODS 6).

Trabalho decente e crescimento econômico (ODS 8) são desafios que sempre estão na pauta dos prefeitos e governadores dos municípios brasileiros, além de compor a agenda de problemas do governo nacional. A informalidade no mercado de trabalho tem sido objeto de intensos debates no Brasil.

O desmatamento na Amazônia e as mudanças climáticas (ODS 13) representam um grande desafio para o Brasil e para o mundo. A preservação ambiental e a redução das emissões de carbono são metas importantes.

Deve-se ter em mente que muitas dessas dificuldades estão interligadas, e superá-las requer esforços coordenados e políticas públicas eficazes. O Brasil tem adotado medidas para alcançar os ODS, mas ainda há muito a ser feito para avançar em direção a um desenvolvimento sustentável e inclusivo. A colaboração entre governo, sociedade civil e setor privado é fundamental para se alcançar esses objetivos.

CAPÍTULO 13

13.1 A importância da governança na superação dos desafios

Os líderes políticos de uma nação são eleitos pelos cidadãos para superarem os desafios, históricos ou novos, que impedem uma vida melhor para todos e o desenvolvimento das nações. Quando eleitos, Presidente da República e governantes dos entes subnacionais (prefeitos e governadores, no Brasil) se deparam com toda sorte de dificuldades para implementarem suas agendas, vencedoras nos pleitos eleitorais.

Após conhecer o conjunto de desafios a serem superados pelo seu governo, cada um desses líderes passa pela necessidade de decidir que políticas devem ser priorizadas ou iniciadas. Ocorre que políticas públicas, em uma das definições apresentadas no tópico 5.2 deste livro, pode ser considerada como uma mobilização político-administrativa para articular e alocar recursos e esforços para tentar solucionar um problema coletivo.

Ora, os desafios expostos no capítulo anterior se configuram, para os líderes eleitos, em problemas coletivos, para os quais devem ser articuladas políticas públicas, a maioria das vezes, sob a forma de redes, envolvendo diversos órgãos do mesmo governo ou de governos diferentes. A Figura 41 ilustra essa complexidade de políticas e organizações envolvidas na superação de desafios (em vermelho) que, em alguns casos, têm que ser vencidos em conjunto com os governos subnacionais (estados, em amarelo, e municípios, em azul).

Figura 41 – Desafios, políticas públicas para superá-los e organizações envolvidas

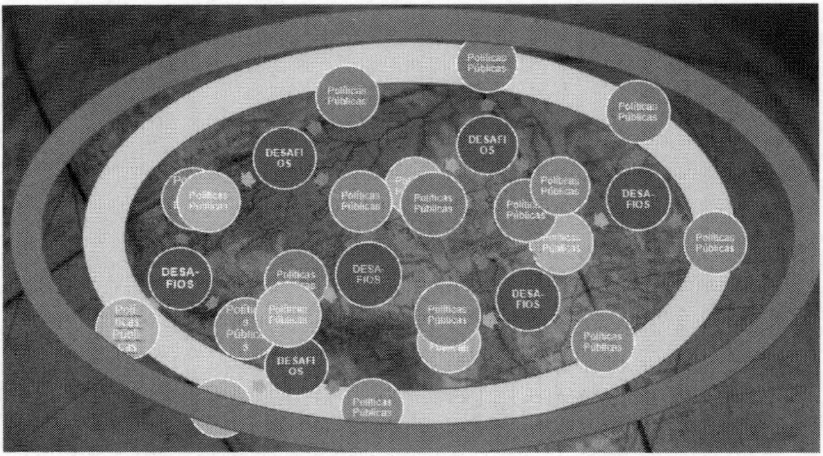

Fonte: Elaboração dos autores.

Conforme ilustra a figura, para cada desafio podem ser configuradas várias políticas públicas, que auxiliam no seu enfrentamento. Assim, toda política nasce de uma decisão política e se presta à solução de um problema coletivo ou uma dificuldade de dimensões mundiais, em alguns casos.

Ocorre que todo esse processo de decisão das lideranças dos governos nacionais e subnacionais, pelo lançamento e implementação de políticas certeiras, que possam, de fato, superar problemas coletivos reconhecidamente relevantes para a população, pode ser comprometido pela má governança.

É inegável que toda política, especialmente as que são multinível (de implementação conjunta por órgãos do governo nacional e subnacionais) ou mesmo implementadas em rede, tem uma série de complexidades que podem provocar a sua paralisação, ou sua pouca eficiência, eficácia e efetividade. Mas algumas políticas públicas tornam-se insustentáveis, às vezes em curto espaço de tempo, por falhas em sua governança, na sua fraca institucionalidade, no seu desenho feito sem o devido cuidado, por questões orçamentárias, entre outras.

Garantir uma melhor governança das políticas não atesta a sua infalibilidade. Mas gerir riscos controláveis, seguindo as boas práticas de governança, garante, pelo menos, que apenas o imponderável terá que ser trabalhado. E isso, por si só, já representa um grande risco de sucesso para boa parte de políticas públicas, que muitas vezes devem atravessar períodos de diversos governos, vários deles sem sintonia quanto ao entendimento da realidade e sem consenso sobre as soluções mais adequadas para a superação dos desafios da nação.

Além de garantir uma boa governança da própria política pública, há que se atentar que sua viabilização depende do bom funcionamento das organizações que as gerem, às vezes de várias do mesmo governo (ministérios distintos) ou de governos subnacionais. Isso provoca outro grande risco de descontinuidades, duplicidades de esforços, desintegração de interesses e objetivos, só para falar de alguns problemas.

Assim, e repetindo que a boa governança não garante que políticas públicas sejam infalíveis, não há como negar que, quanto melhor governadas, mais chances têm os gestores de políticas de terem sucesso em suas tarefas.

E, muitas vezes, a integração, coordenação e coerência de esforços de ministérios distintos ou de instituições de governos nacionais e subnacionais necessita de uma força política que um ministério setorial mais enfraquecido pode não ter. Por isso a importância dos órgãos do centro de governo para que os entraves políticos possam ser superados e para que ministérios distintos de um mesmo governo tenham um direcionamento único, ou que instituições de entes diferentes possam acordar uma trilha comum, que acarrete o sucesso de determinadas políticas públicas de caráter mais abrangente.

Em suma, para que desafios mundiais, nacionais ou locais possam ser superados pela conjugação de políticas públicas de sucesso, é necessário ter boa governança. Das organizações, das políticas e do centro de governo.

13.2 O papel dos governos e da boa governança no sucesso dos ODS

Um importante fator da estratégia de implementação da Agenda 2030 é a mobilização de diversos atores: iniciativa privada, universidades, cientistas, autoridades, Organizações da Sociedade Civil (OSC) e governos, entre outros. O objetivo 17 da Agenda 2030, especificamente, convoca todos esses atores para implementar os compromissos e objetivos por meio de uma grande aliança mundial.

Em que pese a grande importância da participação dos cidadãos, de uma forma geral, da sociedade civil e do setor privado, os governos desempenham um papel fundamental no cumprimento da Agenda 2030. É deles a responsabilidade de oferecer resultados e declarar a definição da visão.

Na verdade, a Agenda 2030 conclama a participação de todos, mas reconhece a importância do Estado e dos governos. Esse pensamento, de certa forma, está alinhado com nosso projeto da boa governança pública, que nasce da constatação de que o Setor Público tem papel relevante no caminho do desenvolvimento das nações.

Não obstante à controvérsia entre os mais liberais e progressistas, no que se refere ao papel do Estado e dos governos, estes acabam sendo, de fato, agentes de grande relevância da Agenda 2030. São eles, em última instância, os grandes responsáveis pelo estabelecimento de um compromisso internacional para o sucesso da entrega dos resultados esperados pela sociedade. Para honrarem esse compromisso, os governantes devem se organizar para articular e coordenar as estratégias nacionais e subnacionais, de todos os atores. Além dessa coordenação geral, os governantes devem ser capazes de planejar, executar e supervisionar os programas e as iniciativas relacionadas com os seus próprios objetivos.

Do ponto de vista institucional, os governos nacionais devem coordenar comissões interministeriais, adaptando estruturas que já existiam, como o Comitê Interministerial de Governança (CIG), no caso do Brasil. Os Ministérios mais influentes e transversais do Centro de Governo, coordenados pelo CIG, devem liderar a implementação dos ODS. Mas para haver conexão dos ODS com as instituições governamentais, é necessário atribuir responsabilidades individuais para cada ministério frente aos objetivos. Nesse ponto, os Comitês Internos de Governança poderiam ter um papel relevante. CIG e Comitês Internos fazendo essa integração pode evitar que a implementação dos ODS se realize por compartimentos, de forma setorial.

Além disso, as estratégias nacionais devem envolver os governantes locais, que se encontram mais perto do cidadão e, portanto, são responsáveis por uma grande quantidade de serviços públicos (situado no centro das preocupações dos ODS).

Em suma, assim como as políticas particulares de cada país, toda ação política concreta da Agenda 2030, traduzida nos objetivos e metas, se viabiliza por meio de um conjunto de políticas governamentais. Isso quer dizer que, se os governos apresentarem problemas de coesão e coerência, além de pouca eficiência, eficácia e efetividade de suas próprias políticas públicas ou órgãos do Setor Público que as viabilizam, isso se refletirá, por consequência, nos objetivos e metas da Agenda 2030.

Ou seja, os governantes nacionais e subnacionais, para se engajarem no cumprimento dos ODS, devem aprimorar suas organizações, políticas públicas e os órgãos do centro de governo. Seja para realizar suas próprias tarefas, seja para garantir o envolvimento de múltiplos setores da sociedade, incluindo o setor privado e a sociedade civil, também essenciais para o sucesso sustentável.

CAPÍTULO 14

14.1 Por que a governança deve ser implementada como uma política pública?

Temos convicção, e expressamos isso em diversas oportunidades, que a maioria absoluta dos governantes iniciam seus mandatos dispostos a mudar para melhor a realidade do seu país ou de sua localidade, quando eleitos para entes subnacionais.

Um percentual muito pequeno da população mundial tem essa oportunidade inigualável de alterar a realidade dos indivíduos de um município, de um país ou do mundo, quem sabe, por meio de sua atuação ou de sua liderança.

Pesquisa que sempre destacamos em algumas de nossas palestras, apresentada no livro "O Poder da Inteligência Emocional", de Daniel Goleman (2018),[83] afirma que apenas 2% da população do planeta são responsáveis pelas evoluções que ocorrem ao longo do tempo. Do restante, 13% até colaboram de alguma forma para que essas evoluções ocorram, mas 85% são apenas expectadores em relação a esses avanços.

Assim, quando os governantes são eleitos para, junto com suas equipes, dirigirem um ente nacional ou subnacional, eles ganham uma grande oportunidade de participarem desse contingente mínimo da população que pode alterar a realidade das pessoas para melhor.

---

[83] GOLEMAN, Daniel. *O poder da inteligência emocional*: como liderar com sensibilidade e eficiência / Daniel Goleman, Richard Boyatzis e Annie McKee; tradução Berilo Vargas. – 1ª ed. – Rio de Janeiro: Objetiva, 2018.

Na tentativa de produzirem essa evolução na qualidade de vida da população, ou no patamar de desenvolvimento de uma nação, vimos, nos dois capítulos anteriores, que os governantes se deparam, logo no início de seus mandatos, com uma série de desafios. Muitos deles já são objeto de políticas públicas que estão sendo implementadas há algum tempo. Outros tantos, alguns decorrentes dos compromissos de campanha, necessitam de atenção também e tendem a concorrer com os recursos que estão alocados nas tarefas que vinham sendo feitas.

Um grande esforço inicial, portanto, de todos os governantes eleitos, é dar um direcionamento à sua gestão, priorizando demandas emergentes que serão enfrentadas. Essa tarefa não é trivial, pois são escolhas que envolvem a satisfação da população de uma forma geral e dos eleitores que colaboraram para que aquela liderança pudesse assumir suas funções.

Feitas as escolhas e definidas as prioridades, sua execução ocorrerá por meio de políticas públicas, principalmente, pela prestação de serviços cotidianos, que também deveriam compor uma política, e pelo atendimento de demandas de outros poderes, especialmente o Judiciário. Por melhor que sejam as escolhas, no entanto, vários fatos vão ocorrendo e provocando alterações leves ou severas nas rotas inicialmente traçadas.

Muitos governantes atravessam mandatos inteiros consumidos na tarefa de "apagar incêndios" – políticos, policiais, operacionais ou eleitorais – simplesmente porque não fizeram a tarefa inicial de estabelecer um plano de longo prazo, ou uma simples avaliação de riscos, por exemplo.

O que se vê, muitas vezes, é que o insucesso no alcance dos resultados pretendidos por prefeitos, governadores e presidentes da república, é decorrente de falhas evitáveis ou previsíveis nas suas políticas públicas, nas organizações que as implementam ou na falta de coordenação, integração e coerência dessa rede complexa, por deficiência de atuação dos órgãos do Centro de Governo.

14.2 A má governança das organizações nacionais e subnacionais – um problema público

Conforme expusemos no capítulo 3, o TCU traçou um amplo diagnóstico da governança organizacional do Brasil, abrangendo o governo nacional e os governos subnacionais.

A Figura 42, já apresentada anteriormente, demonstra, como se fosse um semáforo, que uma parcela pequena das organizações federais, estaduais e municipais brasileiras, passaria nesse "semáforo da governança". Isso, no ano de 2014, quando o levantamento foi feito. A situação, por certo, ainda é a mesma, especialmente nos entes subnacionais, por falta de uma política de governança.

Figura 42 – Governança dos Entes Nacionais e Subnacionais do Brasil (2014)

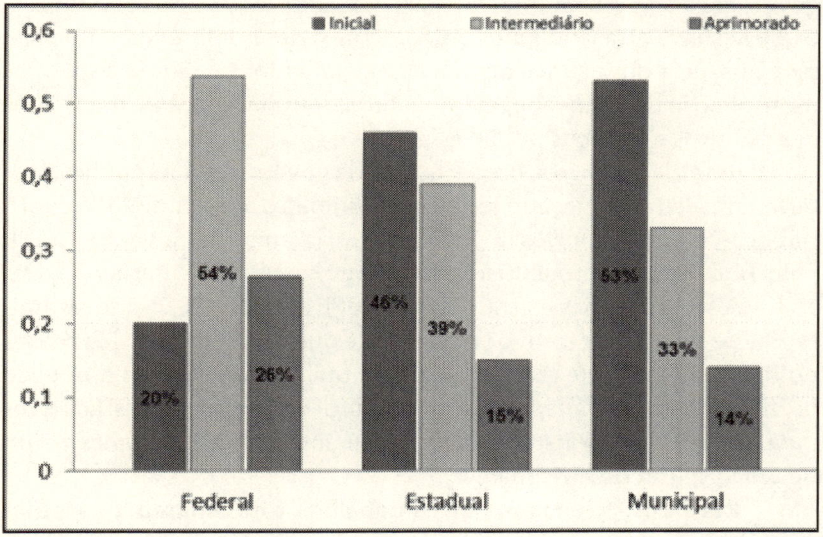

Fonte: TCU.

No âmbito federal, conforme mais bem detalhado no capítulo 3, somente 26% seriam capazes de cruzar o semáforo, 54% talvez passassem, algum dia, e 20 % não teriam êxito, de jeito nenhum, na travessia. Para os entes subnacionais, o diagnóstico foi ainda mais sombrio. Dos mais de cinco mil municípios brasileiros, 53% estavam completamente paralisados em sua governança, conforme nos mostra o gráfico.

Em termos bem singelos, esse diagnóstico apresenta-se como um problema público de abrangência nacional. Boa parte das organizações do Setor Público brasileiro, principalmente dos entes subnacionais, além de não colaborarem com os líderes eleitos na superação dos desafios de que falamos (locais, nacionais ou mundiais), comprometem recursos financeiros e humanos dos governos para "atrapalhar o trânsito" governamental. Várias escolhas e políticas públicas começam a se inviabilizar, muito certamente, pela má atuação dessas instituições.

14.3 A má governança das políticas – um problema público

No capítulo 2, destacamos que a ausência de boas práticas de governança acarretava interrupções e quebras das políticas públicas, o que acabava atrasando indefinidamente o desenvolvimento do país, pela ausência ou insuficiência de: planejamento, gestão de riscos, indicadores de desempenho, além da falta de coordenação e integração das políticas e serviços públicos.

Esse diagnóstico sobre a situação da governança das políticas públicas brasileiras começou a ter mais visibilidade, a partir de 2017, com a publicação dos Relatórios de Políticas e Programas de Governo – RePP pelo TCU, em atendimento à Lei de Diretrizes Orçamentárias (LDO).

A sequência das conclusões dos RePP de 2017 e 2018, que resumiremos a seguir, é indicativo suficiente de que a governança das nossas políticas era, naquele momento, ainda, um grande problema público brasileiro. Esse fato, aliado à má governança das organizações, apresentada anteriormente, justificavam plenamente, em 2017, o lançamento de uma política de governança.

RePP 2017. Concluiu que os trabalhos apresentaram os seguintes déficits institucionais crônicos e de alto risco do Estado Brasileiro: falhas na estratégia do Estado brasileiro; falta de articulação sistêmica de órgãos centrais do Governo Federal (Centro de Governo); falta de coordenação das políticas públicas; deficiências na governança orçamentária, insuficiente monitoramento e avaliação de resultados e deficiências na gestão de riscos.

Entre os pontos de fragilidade, consideramos importante destacar (em complemento às nossas observações sobre a Endes, no tópico 7.5.1), a "Ausência de planejamento nacional de longo prazo", que segundo o relatório, prejudica a definição de prioridades nacionais, tornando as ações do governo mais sujeitas a descontinuidades e a desalinhamentos. Essa lacuna normativa do §1º do art. 174 da Constituição do Brasil seria suprida com a aprovação do Projeto de Lei nº 9.163/2017, que ainda está em vias de ser aprovado no Congresso Nacional brasileiro.

RePP 2018.[84] O relatório concluiu que as deficiências de gestão e governança ocorrem de forma sistêmica, recorrente e em todas as etapas do ciclo de políticas. Atestou ainda, o RePP, que a baixa capacidade de entrega do Estado brasileiro não decorre somente de imprevistos e fatores externos e incontroláveis, mas da ausência de boas práticas de governança, conforme Figura 43.

Figura 43 – Falhas nas políticas públicas brasileiras, avaliada no RePP 2018

Falhas	Presença da falha	Qtde de Políticas avaliadas	Recorrência da falha
Falhas de coordenação e integração multissetorial (entre instituições e/ ou entre políticas públicas)	14	15	93%
Falhas no processo de seleção dos beneficiários e destinação da política pública	13	15	87%
Ausência de mecanismos de avaliação e monitoramento de resultados	12	15	80%
Ausência de análise de eficiência, efetividade e custo-benefício da política	11	12	92%
Incapacidade organizacional para gerir e controlar adequadamente a política	11	14	79%
Falta de coordenação interfederativa (federal, estadual e local)	10	10	100%
Falhas na qualidade ou descontinuidade do serviço prestado	10	11	91%
Ausência de articulação entre os atores envolvidos na política	10	12	83%
Deficiências na gestão de riscos e nos controles internos da política	9	9	100%
Deficiências na transparência da política	9	9	100%
Falta de correlação entre o planejamento e os objetivos pretendidos pela política com um problema coletivo previamente identificado	9	12	75%
Inoperância de instâncias responsáveis pela política	9	14	64%
Ausência de institucionalização de política pública, com visão de longo prazo que oriente a atuação governamental	9	15	60%
Indefinição de papéis e responsabilidades dos atores responsáveis pela política	9	16	56%

Fonte: TCU.

Em outro quadro, destacado na Figura 44 a seguir, o relatório fez um resumo da situação da governança de todas as políticas avaliadas em 2018. Obs. Na linha 12, coluna primeira, leia-se: Política de Banda Larga.

---

[84] TCU. *Relatório de políticas e programas de governo*. RePP. 2018. Disponível em: <chrome-extension://efaidnbmnnnibpcajpcglclefindmkaj/https://portal.tcu.gov.br/data/files/44/F5/ED/99/7ADEF610F5680BF6F18818A8/Relatorio_politicas_programas_governo_2018.pdf>. Acesso em: 21 out. 2023.

Figura 44 – Nível de maturidade dos componentes de governança

Componente de Governança	Institucionalização	Planos	Objetivos	Monitoramento e Avaliação
Política Pública	A política foi institucionalizada formal e adequadamente por meio de instrumento normativo?	A lógica de intervenção da política pública está alinhada com seus componentes e resultados esperados e o planejamento da política pública orienta sua operacionalização?	Os responsáveis pela política pública definem e declaram as diretrizes, os objetivos, as metas, a priorização, os responsáveis, os prazos e a orientação estratégica a que a política está alinhada?	O sistema de monitoramento e avaliação da política está adequadamente estruturado para produzir informações, com vistas a retroalimentar os processos decisórios de forma a favorecer o aprendizado e o aperfeiçoamento das ações para o alcance de resultados?
Desenvolvimento Urbano	Avançado	Intermediário	Inicial	Inicial
Plano Viver Sem Limites	Avançado	Intermediário	Intermediário	Intermediário
Portal Único	Avançado	Avançado	Avançado	Avançado
PMCMV	Intermediário	Avançado	Avançado	Intermediário
Lei Rouanet	Intermediário	Avançado	Intermediário	Intermediário
Pronaf	Avançado	Intermediário	Intermediário	Inicial
Lei de Informática	Avançado	Intermediário	Inicial	Inicial
Infraestrutura hídrica	Intermediário	Inicial	Inicial	Inicial
Meta 1 PNE	Intermediário	Intermediário	Intermediário	Intermediário
Política de Banda Larga	Inicial	Inicial	Inicial	Inicial
Política de Fronteiras	Intermediário	Inicial	Inicial	Inicial
Programa Cidades Digitais	Intermediário	Inicial	Inicial	Inicial
Sistema Prisional	Inicial	Inicial	Inicial	Intermediário
Aedes Aegypti	Intermediário	Intermediário	Intermediário	Intermediário
CDE	Intermediário	Intermediário	Inicial	Inicial
Governo Digital	Não avaliado	Intermediário	Intermediário	Não avaliado
PNAE	Avançado	Não avaliado	Não avaliado	Não avaliado
Inclusão produtiva	Intermediário	Não avaliado	Não avaliado	Intermediário

Fonte: Extraído do RePP 2018. TCU.

Esse quadro de governança insuficiente, entre 2017 e 2018, persistiu nos anos seguintes, especialmente com relação à atuação do Centro de Governo, não obstante o lançamento da Política de Governança, pelo Decreto nº 9.203/2017.

Longe de desqualificar a política, no entanto, as conclusões dos relatórios posteriores, inclusive a do RePP 2023, evidenciadas a seguir, reforçam nossa defesa de que governança deve ser implementada, de forma sustentável e persistente, governo após governo, até que atinjamos um patamar de excelência na condução de nossas políticas e organizações públicas, incluídas aí as do Centro de Governo.

Além disso, a implementação de políticas de governança, também nos entes subnacionais, tende a aperfeiçoar as ações do governo nacional, especialmente quando as soluções dadas dependem de intensa articulação de toda essa rede de organizações.

RePP2023.[85] O relatório revela que, dentre as 11 fiscalizações avaliadas, 10 fizeram menções, em alguma medida, à estruturação de mecanismos de coordenação e coerência necessários para o alcance dos objetivos de cada uma das políticas públicas. Dessas 11 fiscalizações, 8 (72%) contêm determinações e/ou recomendações do TCU para que sejam regularizadas ou aperfeiçoadas as falhas de coordenação indicadas para o alcance dos objetivos dos respectivos programas/políticas avaliados.

Ainda segundo o relatório, as deficiências na estruturação de mecanismos de coordenação e coerência identificadas podem ser resultado da falta de sinergia entre as organizações envolvidas, redundância de esforços, sobreposição de competências, falta de clareza nos papéis e responsabilidades, entre outros problemas.

Todo esse diagnóstico, frisamos novamente, de políticas e organizações, inclusive as do Centro de Governo, enfatiza a necessidade de continuidade na implementação da política de governança no governo nacional. Mas destaca, sobremaneira, a situação mostrada, que não basta que o governo nacional evolua, é necessário ter boa governança também nos entes subnacionais.

85 TCU. *Relatório de políticas e programas de governo*. RePP. 2023. Disponível em: <chrome-extension://efaidnbmnnnibpcajpcglclefindmkaj/https://portal.tcu.gov.br/data/files/24/95/CF/A2/9F1EA8108DD885A8F18818A8/Relatorio%20de%20Politicas%20e%20Programas%20de%20Governo%202023.pdf>. Acesso em: 21 out. 2023.

Segundo nossas expectativas, a implementação de políticas de governança em todos os entes pode acarretar, ao longo do tempo, uma evolução permanente e gradual da Administração Pública, que, somente nessa trilha de aperfeiçoamento, conseguirá contribuir, de forma satisfatória, com a superação dos desafios históricos e contemporâneos.

14.4 Governança – uma política pública para o problema coletivo da governança

O diagnóstico da governança das organizações e das políticas públicas demonstrado anteriormente coloca em evidência – como já era nítido para nós, desde o ano de 2012 –, a necessidade de um grande pacto nacional pela boa governança, para que o país se desenvolva e gere mais qualidade de vida para os indivíduos.

A baixa capacidade das instituições em suas tarefas corriqueiras e na viabilização das políticas públicas, que também carecem de melhor governança, representa uma exposição generalizada do Setor Público brasileiro a riscos relevantes, reduzindo a possibilidade de alcance de resultados esperados.

Isso, no nosso modo de entender, representa um grande problema coletivo, que ganha contornos ainda mais expressivos em países como o Brasil, cuja carga tributária é similar à média dos países mais desenvolvidos (OCDE) e bem maior que nossos vizinhos latino-americanos. Com carga tributária no patamar ilustrado na Figura 45, disponibilizada pelo Tesouro Nacional do Brasil (2023),[86] seria natural que tivéssemos uma participação mais exitosa dos entes governamentais na superação dos desafios locais, nacionais e mundiais, de que falamos nos capítulos anteriores.

[86] Secretaria do Tesouro Nacional (STN). *Boletim estimativa da carga tributária bruta do governo geral de 2022* (março de 2023). Disponível em: <https://sisweb.tesouro.gov.br/apex/f?p=2501:9::::9:P9_ID_PUBLICACAO:46589>. Acesso em: 22 out. 2023.

Figura 45 – Evolução da Carga Tributária Bruta – Governo Geral – Brasil e Média da OCDE (Dados em: % PIB)

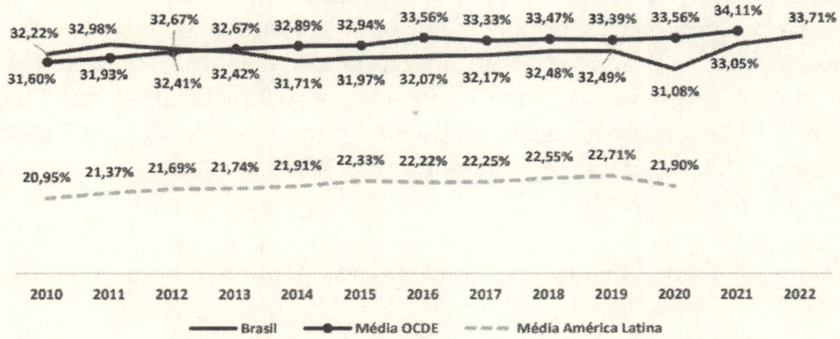

Fonte: STN e OCDE.

Esse problema coletivo da má governança, emperrando o processo de desenvolvimento e o cumprimento de missões relevantes no campo social, ambiental e econômico, demanda, como já dissemos, uma política pública especificamente desenhada para superá-lo.

Problema coletivo, ou problema público, conforme Referencial do TCU de Controle de Políticas Públicas (2020),[87] pode ser definido como a diferença entre a situação atual (realidade) e a situação desejada. Ainda segundo o dito referencial, para ser considerado um problema público, é necessário que ele esteja identificado e delimitado, que a sociedade o reconheça como tal e que seja possível tratá-lo.

No caso da governança pública, temos convicção de que a sociedade compreende que grande parte dos problemas que ocorrem na saúde, educação, infraestrutura, meio ambiente, distribuição de renda, entre outros setores, decorrem da má qualidade dos governos, de uma forma geral. Talvez os indivíduos não saibam exatamente a importância da governança pública para melhorar a qualidade desses governos, mas não há dúvidas que reconhecem o problema e o sentem em seu dia a dia.

---

[87] TCU. *Referencial do TCU de controle de políticas públicas (2020)*. Disponível em: <chrome-extension://efaidnbmnnnibpcajpcglclefindmkaj/https://portal.tcu.gov.br/data/files/EF/22/A4/9A/235EC710D79E7EB7F18818A8/1_Referencial_controle_politicas_publicas.pdf>. Acesso em: 22 out. 2023.

Já a identificação e delimitação do problema está exaustivamente demonstrada, no Brasil, em trabalhos do TCU e dos demais tribunais de contas brasileiros, estratificados neste capítulo.

Esperamos que tenha ficado claro, a partir do diagnóstico apresentado, que necessitamos de um conjunto de intervenções, objeto do nosso próximo capítulo, para que possamos alterar o *status quo* das políticas e das organizações públicas, inclusive as do Centro de Governo, nos governos nacionais e subnacionais (situação desejada). Esse conjunto de intervenções, ilustrado na Figura 46, deve ser viabilizado de forma planejada, coordenada, monitorada e avaliada, sob a forma de uma política pública.

Figura 46 – Intervenções de uma política pública

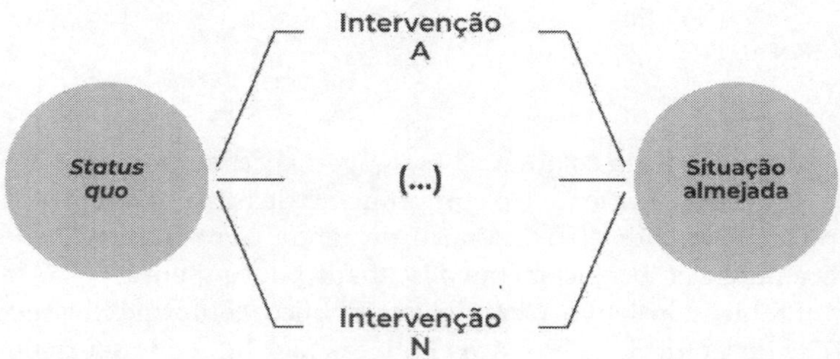

Fonte: Extraída do Referencial do TCU de Controle de Políticas Públicas (2020).

PARTE IV

PASSOS INICIAIS PARA LANÇAR E IMPLEMENTAR A POLÍTICA DE GOVERNANÇA NOS ENTES SUBNACIONAIS (ESTADOS E MUNICÍPIOS, NO BRASIL)

Resumo

Após explicitarmos, nos capítulos anteriores da parte III, o grande problema coletivo que representam os desacertos de organizações e suas políticas públicas, e defendermos, na sequência, a implementação da governança, sob a forma de uma política específica, como solução para mitigá-lo, apresentaremos nesta parte IV os passos iniciais para a estruturação dessa política nos governos subnacionais (estados e municípios, no Brasil).

Um grande passo inicial para que qualquer política pública seja concebida é que o problema coletivo a ser mitigado por ela seja assim reconhecido pelos tomadores de decisão, que são os governantes legitimamente eleitos. Para facilitar esse entendimento nos estados e municípios brasileiros, foi criada, em 2019, a Rede Governança Brasil (RGB), que, posteriormente, deu origem ao Instituto Latino-Americano de Governança e Compliance Público (IGCP). No capítulo 15, contaremos essa história e mostraremos como essas organizações têm auxiliado na compreensão do tema pelos governantes, gestores e servidores de todo o país e facilitado a concepção e implementação de políticas de governança, em diversos entes subnacionais.

Tomada a decisão de implementar a governança, começa uma longa jornada que não pode prescindir de coordenação, integração e coerência de ações. Mas as lideranças locais não podem se ocupar sozinhas dessa tarefa, razão pela qual necessitam do assessoramento e parceria de toda sua equipe. Com a experiência de ter acompanhado a política federal, desde seu lançamento em 2017, além das mentorias já realizadas com estados e municípios, estimularemos, no capítulo 16, prefeitos e governadores a instituírem, logo de início, um Comitê ou Conselho de Governança (CGOV), que os assessorará nos passos seguintes.

Com o CGOV já em funcionamento, mesmo que inicial, o próximo passo, a ser tratado no capítulo 17, é aprovar, junto ao Legislativo, uma lei de governança ou, na ausência de condições para isso, editar um normativo semelhante ao Decreto nº 9.203/2017, para institucionalizar a política como uma decisão de Estado e não somente como um conjunto de providências do governante de ocasião.

O próximo passo importante, que apresentaremos no capítulo 18, é criar os Comitês Internos de Governança, tarefa que deve ser coordenada pelo CGOV. Esse passo é importantíssimo para ampliar as alianças dentro do ente subnacional, por uma boa governança, e deve ser previsto para todo o primeiro nível hierárquico abaixo do governante (secretarias e órgãos da administração indireta).

Antes do desenho da política, as lideranças, mesmo convencidas e engajadas na sua implementação, devem providenciar um diagnóstico local sobre o problema da governança. Nessa etapa, devem decidir por um indicador que forneça uma visão razoável sobre a utilização de boas práticas de liderança, estratégia e controle pelos gestores. Isso será objeto do capítulo 19, no qual mostraremos que há alguns indicadores de fácil assimilação por grandes e médias localidades. Caso não seja possível a apuração dos resultados por meio de um indicador, o questionário simplificado elaborado pela Rede Governança Brasil, apresentado nesse capítulo, pode ser utilizado.

O próximo passo, objeto do capítulo 20, diz respeito ao desenho e planejamento da política. Essa providência representa um marco crucial para o sucesso de sua implementação, uma vez que diversas políticas públicas no Brasil falham em seus resultados e impactos pretendidos por problemas no desenho, ou simplesmente, porque eles nunca foram feitos. Ao estabelecer os objetivos e metas, além das ações a serem empreendidas e a prioridade de cada uma delas, o desenho, que deve ser coordenado pelo CGOV e implementado pelas altas lideranças setoriais, dita o ritmo de toda a equipe para dar os passos iniciais apresentados nesta parte do livro e os demais, para uma completa implementação das boas práticas de liderança, estratégia e controle.

CAPÍTULO 15

15.1 Decisão de lançar a política de governança – o papel das redes voluntárias

Um grande passo inicial para que qualquer política pública seja concebida é ter o problema que ela se propõe a mitigar assim reconhecido pelos tomadores de decisão, que são os governantes legitimamente eleitos.

A Figura 47 a seguir, extraída da Cartilha da Rede Governança Brasil da RGB[88] ilustra o ciclo de qualquer política pública. No caso da governança, é necessário, conforme veremos no capítulo 19, que os líderes dos governos subnacionais (estados e municípios, no Brasil) conheçam e avaliem a situação e identifiquem que a má governança é, de fato, um grande entrave para o sucesso de suas organizações e política públicas.

Feita essa identificação, e convencidos da importância de uma política pública específica para superar o problema coletivo da má governança, as lideranças locais incluem essa providência em sua agenda para, posteriormente, tomar a decisão de lançá-la.

---

[88] Rede Governança Brasil. *Governança pública municipal*: transformando sua administração / Rede Governança Brasil. 3.ed. Salvador, BA: Editora Mente Aberta, 2023. Disponível em: <chrome-extension://efaidnbmnnnibpcajpcglclefindmkaj/https://08f4af24-661e-42cd-bea1-76b941e30c5a.filesusr.com/ugd/5a9d77_705015b9f2f94ce6a803aabc29bacf95.pdf>. Acesso em: 20 nov. 2023.

Figura 47 – Ciclo de uma Política Pública

Fonte: Extraída da Cartilha de Governança Municipal RGB.

Todos esses passos, até a decisão de lançar a política de governança, não é tarefa simples para lideranças consumidas por desafios novos e históricos e por demandas de toda ordem da população de suas localidades. Mesmo decididos a melhorarem a governança de suas organizações e políticas, não são poucas as dificuldades dos entes subnacionais, em países continentais como o Brasil, para implementarem as boas práticas necessárias. Nem sempre há recursos financeiros e humanos suficientes para iniciar uma jornada de aperfeiçoamentos que se fazem necessários no Setor Público.

Ciente disso, e com base em sua experiência de indutor da governança, junto ao governo nacional, além de um extenso contato mantido com lideranças de variados matizes políticos, no Brasil todo, para divulgação do tema, o Ministro Nardes, um dos autores desta obra, criou, em 2019, a Rede Governança Brasil (RGB), que, posteriormente, deu origem ao Instituto Latino-Americano de Governança e Compliance Público (IGCP), mantenedor da Rede.

Nos tópicos seguintes, contaremos um pouco dessa história e como essas organizações têm auxiliado na implementação de políticas de governança em todo o Brasil, com a cooperação inestimável de voluntários altamente motivados e capacitados, que aderiram a esse caminho de maior esperança na superação dos nossos desafios.

Ao final deste capítulo contaremos, brevemente, sobre a criação e o funcionamento da Rede Governança para Argentina, a partir do relato gentilmente encaminhado por seus fundadores.

15.2 Rede Governança Brasil

Não obstante à grande expectativa que sempre houve com a aprovação do PL 9163/2017, tratado no capítulo 6, o senso de urgência nos instigava a buscar um conjunto de condições que facilitassem a implementação da Política de Governança Pública nos estados e municípios e nos Poderes Legislativo e Judiciário.

O otimismo de várias pessoas que assistiam às palestras sobre Governança Pública nos levou a conceber uma Rede para congregar a esperança desses expectadores, num esforço coordenado e voluntário para mudar o Brasil. Batizada de Rede Governança Brasil (RGB), seu lema é "Da Governança à Esperança!"

A RGB foi fundada pelos autores brasileiros desta obra – Ministro Augusto Nardes e seu assessor, Luis Afonso –, juntamente com Cristiane Nardes, em sete de julho de 2019. A Rede nasceu com o objetivo de consolidar a real capacidade de mudança do cenário brasileiro e mundial por meio da disseminação da Governança, Gestão de Risco e Compliance, tanto no setor Público quanto no setor Privado.

O primeiro encontro do grupo foi realizado no dia vinte sete de agosto do mesmo ano, em Brasília. A partir de 23 de fevereiro de 2021, a Rede ganhou personalidade jurídica, com a fundação da Associação Latino-Americana de Governança (ALAGOV), uma instituição sem fins lucrativos. Hoje a RGB está presente em 26 estados e no Distrito Federal/DF, além de dez países: Portugal, Estados Unidos, Peru, Argentina, México, Suécia, Inglaterra, Suíça, Japão e Chile, tendo mais de 600 voluntários trabalhando de forma colaborativa por melhores condições de vida para a população.

Os trabalhos destes voluntários, espalhados pelo mundo, são pautados na visão de nações onde a governança seja executada de forma íntegra, ética, transparente e com foco na entrega de valor à sociedade, tornando os países mais desenvolvidos, sustentáveis, com evolução social e econômica. Com este espírito, a RGB vem realizando trabalho árduo para a sociedade, convergindo seus esforços em tornar a administração pública mais íntegra e eficiente, todos os dias.

A RGB é composta por servidores públicos, gestores públicos e privados, técnicos, professores, profissionais das mais diversas áreas, especialistas e sociedade, que, de forma conjunta, trabalham em prol da Governança. Uma equipe de profissionais que ajudam e alinham suas expectativas dentro de uma missão: a governança como chave para um mundo melhor!

A organização, sem fins lucrativos, conta com 30 comitês temáticos, 07 grupos de trabalho ativos e mais de 500 ações previstas em seu planejamento estratégico, até 2025, que é monitorado por um sistema de gestão estratégica, chamado Chanel, gerando indicadores, metas e ações.

Em apenas quatro anos, a rede colaborativa tem intensificado suas ações voluntárias na disseminação das boas práticas de governança no Brasil e na América Latina, com o desenvolvimento de cartilhas, *e-books*, fóruns no sistema de justiça e o Programa de Mentoria para Prefeituras e Câmaras municipais, este último, um caso de sucesso do Instituto Latino-Americano de Governança e Compliance Público (IGCP), mantenedor da RGB, que foi ganhador do Prêmio Marco Maciel 2022, concedido pela Associação Brasileira de Relações Institucionais e Governamentais (Abrig), na categoria "ESG e Compliance em RIG".

Não podemos deixar de destacar também, o Seminário de Governança Municipal para Prefeitos e Gestores públicos, um dos grandes projetos da RGB, que teve início em 2021, capitaneado pelo Comitê de Capacitação que tem realizado diversas ações com o objetivo de aprimorar e disseminar as boas práticas de governança. O Comitê de Capacitação que tem como missão, segundo a RGB (2023):

> Transformar a administração pública no Brasil e na América Latina por meio da capacitação, disseminando as boas práticas de governança de forma a desenvolver agentes e gestores públicos com competências e habilidades necessárias para avaliar, direcionar e monitorar as políticas públicas. (RGB, 2023)

Com o objetivo de robustecer os preceitos da Governança, Gestão de Riscos e *Compliance*, o Seminário de Governança Municipal para Prefeitos e Gestores Públicos, teve sua primeira edição no Estado do Ceará, em outubro de 2021, e já aconteceram doze edições, até o momento da construção desta obra. E para o ano de 2024, as palestras, intituladas como "caravana da governança", ganharão territórios internacionais.

Com o apoio do Conselho Federal de Contabilidade (CFC) e a Fundação Brasileira de Contabilidade (FBC), o seminário terá roteiros pela América-Latina e Caribe, levando o modelo brasileiro como exemplo para outros países.

Figura 48 – Ministro Nardes na primeira edição do Seminário de Governança

Fonte: RGB.

Além dos projetos grandiosos, como Programa de Mentoria para Prefeituras e Câmaras municipais e Seminário de Governança Municipal para Prefeitos e Gestores Públicos, a RGB – com o aporte financeiro do IGCP – disponibiliza em seu portal, conteúdos de qualidade ligados à governança.

Podemos destacar a Cartilha Pública Municipal – Transformando sua Administração, 3ª Edição (2023),[89] lançada em 2021 pela Rede em parceria com a Confederação Nacional de Municípios (CNM), Escola Nacional de Administração Pública (ENAP), Instituto Latino-americano

89 Rede Governança Brasil.*Governança pública municipal*: transformando sua administração / Rede Governança Brasil. 3. ed. Salvador, BA: Editora Mente Aberta, 2023. Disponível em: <chrome-extension://efaidnbmnnnibpcajpcglclefindmkaj/https://08f4af24-661e-42cd-bea1-76b941e30c5a.filesusr.com/ugd/5a9d77_705015b9f2f94ce6a803aabc29bacf95.pdf>. Acesso em: 27 set. 2023.

de Governança e Compliance Público (IGCP) e Tribunal de Contas do Mato Grosso do Sul (TCEMS), que é direcionada aos prefeitos. O material traz em seu conteúdo orientações sobre como aplicar a tese da governança na prática, cases de sucesso e um questionário pelo qual os gestores podem identificar como está seu órgão em relação à maturidade das boas práticas necessárias.

Outra obra da biblioteca da Rede que tem se destacado no mercado é o "Código de Boas Práticas em Governança Pública".[90] O conteúdo busca direcionar os caminhos para o desenvolvimento dos mecanismos de Liderança, Estratégia e Controle em todos os níveis federativos.

A publicação tem causado forte impacto, especialmente pelo fato de ter sido elaborada a partir de pesquisas junto a servidores e dirigentes da área pública, terceiro setor e meio acadêmico. A seguir, ilustramos as obras publicadas pela RGB com o apoio do IGCP:

Figura 49 – Publicações da Biblioteca da Rede Governança Brasil

Fonte: RGB.

Para coroar todos esses trabalhos da Rede foi criado, em 2020, o Prêmio Rede Governança Brasil, sobre o qual falaremos mais detalhadamente adiante. Outro fato inédito foi o Prêmio Melhor Produto.

[90] Disponível em: <https://www.rgb.org.br/post/vem-a%C3%AD-o-3%C2%BA-pr%C3%AAmio-rede-governan%C3%A7a-brasil>. Acesso em: 27 set. 2023.

Para isso, os integrantes da Rede Governança Brasil avaliaram qual foi a obra que teve maior destaque. Lembrando que o objetivo é reconhecer e valorizar os produtos que já foram feitos pela RGB.

Algumas mulheres da Rede que se destacaram também foram agraciadas com certificado, que visa reconhecer e homenagear os membros que se dedicam e produzam resultados em prol do crescimento e manutenção de entregas pelo comitê com o qual se encontram vinculadas.

15.2.1 PRONAGOV

Juntamente com a RGB, o Instituto Latino-Americano de Governança e Compliance Público (IGCP) tem ajudado a difundir a política de governança pelo Brasil. Uma entidade sem fins lucrativos cuja missão é disseminar a Governança e o Compliance no Brasil e na América Latina por meio da interação humana de forma íntegra, ética, transparente e com foco na entrega de valor à sociedade, estimulando a implantação das boas práticas por entes públicos e privados.

Desde a sua formação, o IGCP atua fortemente na área educacional através de seus cursos e treinamentos, tanto na modalidade *on-line* quanto presencial, buscando sempre os melhores especialistas do mercado no tema da Governança e de Compliance. Recentemente, com apoio da RGB, lançou o Programa Nacional de Governança Pública (PRONAGOV), que tem como missão incentivar e acelerar a implantação da Governança Pública em todos os municípios brasileiros, de forma íntegra, ética, transparente e com foco na entrega de valor por meio da implantação das boas práticas de liderança, estratégia e controle. O objetivo do Programa é capacitar, em cinco anos, 80% dos municípios brasileiros.

Para alcançar essa meta, fazem parte do Programa cinco iniciativas integradas: Capacitação *On-line*, Mentoria em Grupo para servidores, Cursos e Publicações para a sociedade civil, monitoramento da implantação da governança por meio do Índice Governança Municipal (IGOVM) em parceria com o Instituto Rui Barbosa (IRB) e Prêmio Anual de Governança Pública Municipal, para reconhecer as melhores práticas e exemplos nos municípios do país.

Toda a parte de treinamento do programa pode ser feita em qualquer lugar do Brasil, a qualquer hora pela internet. As etapas serão implantadas e realizadas em ciclos anuais, ao longo de cinco anos de projeto. O programa conta com o apoio de diversos parceiros, como a Associação Brasileira de Normas Técnicas (ABNT), o Observatório Social do Brasil, o Movimento Brasil Competitivo (MBC), o Conselho Nacional de Controle Interno (CONACI), Conselho Federal de Administração (CFA), entre outros.

Os cursos são aplicados na modalidade de Ensino a Distância (EaD), no modelo assíncrono, no qual o cursista tem mais liberdade e mais flexibilidade para o ensino. Através desse modelo, cada participante pode conduzir o seu aprendizado de acordo com o seu tempo, ritmo, local e horário, já que as videoaulas estão disponíveis ao longo do curso. No Ambiente Virtual de Aprendizagem – AVA estão disponíveis vários recursos digitais, tais como: videoaulas, biblioteca virtual, materiais de apoio e atividade avaliativa. Vale salientar que todos esses recursos são gratuitos, e as inscrições estão abertas desde março de 2023. Até novembro de 2023, o Programa já atingiu 300 municípios.

A análise do desempenho dos cursistas segue o método de média aritmética simples, em que a nota final para obtenção do certificado será composta pela média simples do total de pontos obtidos nas avaliações em cada uma das atividades.

O PRONAGOV pode ser acessado no *site*: https://pronagov.com.br/, conforme ilustra a imagem da capa da Figura 50.

Figura 50 – PRONAGOV

Disponível em: <https://vimeo.com/776822405?share=copy>. Acesso em: 27 set. 2023.

15.2.2 Formação de agentes de governança pública

O curso tem o objetivo de promover o conhecimento dos conceitos básicos de governança pública, de forma simples, acessível e com exemplos práticos, no intuito de que esses agentes possam se tornar cidadãos transformadores e atuantes junto a sua cidade e seus governantes. Sendo assim, mais um ator relevante, cobrando resultados, buscando melhores serviços públicos e promovendo a implantação da política de governança no Brasil. O público-alvo são membros da sociedade civil em geral – estudantes, servidores e profissionais das mais diversas áreas.

Durante o desenvolvimento do "Agentes de Governança", o cursista deve assistir às videoaulas, realizar as leituras recomendadas, responder os questionários, além disso, o curso deverá ser concluído em até 60 (sessenta) dias.

A capacitação está distribuída em 5 (cinco) módulos e o curso tem uma carga horária de 5h, conforme ilustrado na Figura 51. Para obtenção do certificado, o cursista deverá alcançar avaliação final igual ou superior a 5,0 (cinco). Todo o curso é 100% gratuito.

Figura 51 – Módulos do treinamento para Agentes de Governança

(continua)

MÓDULOS	CONTEÚDO (5h)
MÓDULO I *1h/aula*	1.1 Conceitos Básicos de Governança. 1.2 O que é governança? 1.3 Principais fontes conceituais e práticas de Governança no Brasil. 1.4 Governança como prevenção à corrupção.
MÓDULO II *1h/aula*	2.1 Por que a Prefeitura deve implementar a Política de Governança Pública? 2.2 Indicadores de Governança? 2.3 Como a Prefeitura deve implantar a Política de Governança? 2.4 Como Desenhar a Política de Governança Pública e eleger os mecanismos prioritários?
MÓDULO III *1h/aula*	3.1 O que é o ESG? 3.2 Para que serve? 3.3 O que eu ganho com isso?

(conclusão)

MÓDULOS	CONTEÚDO (5h)
MÓDULO IV 1h/aula	4.1 Qual o papel da sociedade no controle das ações e políticas do município? 4.2 Qual a importância da conscientização digital vinculada a diversidade e a inclusão? 4.3 Qual a importância da diversidade social e inclusão no controle das atividades da prefeitura?
MÓDULO V 15 min	5.1 Case (Experiência do Observatório Social junto aos municípios, com foco na inclusão da sociedade como Agente de Governança).
45 min	Leituras Complementares e Atividades Avaliativas.

Fonte: PRONAGOV. RGB/IGCP.

Toda instituição, seja ela pública ou privada, é conduzida por pessoas, sendo assim, é de suma importância que o treinamento seja percebido como um processo permanente, que visa o desenvolvimento de capacidades, habilidades e atitudes assertivas e direcionadas para o desempenho de cada função. Dito isso, compreendendo que os servidores e empregados públicos compõem o quadro dos recursos humanos da prefeitura, é esperado que garantam ao município uma atuação plena com vistas a melhoria das suas políticas públicas e, assim, defendendo o interesse da sociedade.

Nesse contexto, é perceptível que a implementação de um programa EAD de governança municipal vem ao encontro da missão das prefeituras, que é garantir o pleno atendimento ao cidadão, melhorando a vida das pessoas. E para que isso seja possível, os gestores públicos precisam de mecanismos de governança para facilitar a tomada de decisão, garantindo uma gestão mais assertiva e com políticas públicas que de fato entreguem resultados positivos para a sociedade.

Portanto, para contribuir nesta construção junto aos municípios, nada melhor do que capacitação. E todos os servidores aprovados no EAD – Programa de Governança Municipal (PGM) terão direito ao certificado do programa, o qual poderá ser usado como evidência no comprometimento do servidor em relação à instituição. Vale ressaltar que o Programa de Governança Municipal (PGM) é pré-requisito para a atuação na Mentoria para Prefeituras Brasileiras, próxima etapa do PRONAGOV.

Figura 52 – Módulos do treinamento EAD – Programa de Governança Municipal (PGM)

SESSÕES	CONTEÚDO (46h)
MÓDULO I *9h/aula*	Introdução a Governança Municipal.
MÓDULO II *15h/aula*	Fundamentos e Normas de Governança.
MÓDULO III *14h/aula*	Métodos para Implantação da Governança Municipal.
MÓDULO IV *1h/aula*	Case de Sucesso (Prefeitura de Maragogi).
7h/aula	7h/aula Leituras Complementares e Atividades Avaliativas.

Fonte: PRONAGOV. RGB/IGCP.

Todas as atividades desenvolvidas pelo participante durante o processo educacional são computadas no Portal IGCP, no Ambiente Virtual de Aprendizagem – AVA, permitindo o acompanhamento e o controle do ensino e da aprendizagem de todos os módulos do curso. Para obtenção do certificado, o cursista deverá alcançar avaliação final igual ou superior a 5,0 (cinco) em todos os módulos.

Conheça um pouco das aulas, assistindo a um trecho da aula magna ministrada pelo Ministro do Tribunal de Contas da União e Embaixador da Rede Governança Brasil, Augusto Nardes, um dos autores desta obra em: https://vimeo.com/680537942?share=copy.

15.2.3 Mentoria para prefeituras

Mentoria é um processo de aceleração de carreira através do acompanhamento por um profissional mais experiente na área de atuação desejada. É realizada por meio da relação mentor e mentorado e diz respeito ao processo de desenvolvimento profissional e de carreira que se opera por meio do trabalho conjunto entre dois profissionais.

Sendo assim, o Programa de Mentoria para Prefeituras Brasileiras é destinado a gestores, servidores e empregados públicos, com o foco nas Prefeituras (mentoradas). Se objetiva na busca de promover as boas práticas da governança, tendo como base a Cartilha da RGB.[91]

Para o PRONAGOV, o IGCP, com o apoio da RGB, desenvolveu uma metodologia exclusiva para apoiar prefeituras na implantação da política de governança. Essa metodologia já foi aplicada em mais de 40 municípios como forma de teste, encapsulada, tendo sete turmas fechadas em 2021 e 2022. Durante esses 2 (dois) anos, as mentorias passaram por diversas melhorias e adaptações para chegarmos ao modelo final do PRONAGOV.

No time de mentores, estão os mais renomados técnicos, consultores, professores e autoridades da administração pública, com conhecimento comprovado em governança. Todos selecionados e treinados para serem mentores, isso aliado à trilha de capacitação desenvolvida pelas áreas de governança, pedagógica, ensino e projetos do IGCP.

O programa consiste em encontros ao vivo com duração de 7 (sete) semanas, sendo um por semana, com duração de duas a quatro horas. Cada semana as mentorias contam com a presença de um grupo de profissionais especialistas na área, responsáveis por ministrarem as aulas e orientarem os participantes quanto às dúvidas. Para ingressar no curso, é necessário atender aos pré-requisitos de participação, que são: finalizar o Programa de Governança Pública Municipal (PGM); demonstrar interesse em fazer parte do programa (formulário ao final do curso); responder o ofício enviado para a prefeitura; e apresentar o certificado de conclusão do PGM.

O curso aborda temas como liderança, estratégia, controle, governança municipal, *compliance*, instrumentos de gestão, transparência, gestão de riscos, processos ágeis, nova lei de licitações e contratos, conselho de governança e afins, utilizando a Cartilha de Governança Pública Municipal desenvolvida pela Rede Governança Brasil, como referência. As mentorias são ao vivo, e em cada sessão cases reais de prefeituras são apresentados pelos próprios servidores, gerando uma troca muito rica, criando uma conexão entre mentor e mentorado.

---

91 Rede Governança Brasil. *Governança pública municipal*: transformando sua administração / Rede Governança Brasil. 3. ed. Salvador, BA: Editora Mente Aberta, 2023. Disponível em: <chrome-extension://efaidnbmnnnibpcajpcglclefindmkaj/https://08f4af24-661e-42cd-bea1-76b941e30c5a.filesusr.com/ugd/5a9d77_705015b9f2f94ce6a803aabc29bacf95.pdf>. Acesso em: 18 nov. 2023.

Ao final do programa, os participantes são desafiados a aplicar os conhecimentos adquiridos na elaboração de um plano de ação para a prefeitura (objeto do capítulo 20) e, no último encontro, os melhores são selecionados para que apresentem aos demais. Esse plano de ação será a chave para a implantação da política de governança na prefeitura. Os planos são revisados, um a um, pelos mentores do PRONAGOV.

Figura 53 – Conteúdo das Mentorias para os entes subnacionais

SESSÕES	CONTEÚDO (24h)
SESSÃO I *2 horas*	Conceitos de Governança e Noções Básicas – participação do Ministro do TCU e Embaixador da RGB, Augusto Nardes.
SESSÃO II *4 horas*	Mentoria em grupo com o *squad* sobre os temas: "Conceito de Governança", "Políticas Públicas" e "Implementação da Governança", além de apresentação de Cases de Sucesso em Governança Pública Municipal – prefeituras de Ouro Branco (MG), Rio Grande (RS) e Arinos (MG).
SESSÃO III *4 horas*	Mentoria em grupo sobre **LIDERANÇA** com *squads* das prefeituras. Cases de sucesso das prefeituras de Diamantina (MG) e Presidente Prudente (SP).
SESSÃO IV *4 horas*	Mentoria em grupo sobre **ESTRATÉGIA** com *squads* das prefeituras. Cases de sucesso das prefeituras de São Cristóvão (SE) e Solonópole (CE).
SESSÃO V *4 horas*	Mentoria em grupo sobre **CONTROLE** com *squads* das prefeituras. Cases de sucesso das prefeituras de Uberlândia (MG) e João Pessoa (PB).
SESSÃO VI *4 horas*	Mentoria em grupo com o *squad* sobre os temas: "Transferência e Parcerias da União", "Nova Lei de Licitações" e "Centro de Governo", além de um momento de dúvidas e questionamentos com os mentores presentes. Orientações para o preenchimento da atividade final – 5W2H.
SESSÃO VII *2 horas*	Cerimônia de encerramento – apresentação dos melhores Planos de Ação, participação da Diretora de Governança do IGCP, Cristiane Nardes, do ex-Ministro Nelson Teich e dos demais mentores.

Fonte: RGB/IGCP.

A análise do desempenho dos cursistas segue o método de média aritmética simples, em que a nota final para obtenção do certificado é composta pela média simples do total de pontos obtidos na avaliação em cada uma das atividades. A verificação do aproveitamento do curso será apurada em uma escala de 0,0 (zero) a 10,0 (dez), sendo considerado aprovado o cursista que obtiver média final igual ou superior a 5,0 (cinco) no curso. Mentoria 100% gratuita. Seguem abaixo as atividades avaliativas.

Participação: O cursista deve participar de, pelo menos, 85% das sessões *on-line* (via Microsoft Teams), ou seja, seis das sete sessões pré-agendadas. Durante os encontros, será enviada a lista de presença para que todos preencham com os dados solicitados.

Atividade final: A atividade final do curso é composta por um plano de ação (5W2H) do desenho da Política de Governança, em que será necessário preencher o documento com todas as informações sugeridas, direcionando-o para o dia a dia da prefeitura.

Todas as atividades desenvolvidas pelo participante durante o processo educacional são computadas no Portal IGCP, no Ambiente Virtual de Aprendizagem – AVA, permitindo o acompanhamento e o controle do ensino e da aprendizagem de todos os módulos do curso. Para obtenção do certificado, o cursista deverá alcançar média igual ou superior a 5,0 (cinco) na atividade final, que consiste em criar um plano de ação (5W2H) para a prefeitura.

15.2.4 Índice de Governança Municipal (IGM)

Este indicador é considerado um dos mais importantes da qualidade da gestão pública brasileira, sendo elaborado com o objetivo de criar um *ranking* nacional englobando todos os municípios. Sendo divididos em oito grupos, conforme o número de habitantes e o PIB per capita, além de avaliações em gestão, finanças e desempenho.

Essa análise tem como foco aferir a maturidade em Governança Municipal de cada prefeitura, avaliando um conjunto de processos que contempla os recursos e serviços de cada município. Esta prática visa também garantir que os serviços sejam oferecidos com eficiência, prática social e, principalmente, transparência. Mais informações sobre o IGM podem ser acessadas no *site*: https://igm.cfa.org.br/.

Em parceria com o Conselho Federal de Administração (CFA), o IGM tem sido utilizado no PRONAGOV para fazer o diagnóstico dos municípios mentorados. Esse diagnóstico, de que falaremos com mais detalhes no capítulo 19, é realizado por meio da avaliação da situação das boas práticas em governança.

15.2.5 Prêmio PRONAGOV

A RGB, que tem como o objetivo fomentar boas práticas e estimular as competências gerais, que articulam e mobilizam competências, princípios, atuação ética e Governança, criou o PRÊMIO REDE GOVERNANÇA BRASIL.

O prêmio nasceu com intuito de agraciar as organizações públicas federais que possuam uma boa governança como requisito fundamental para o desenvolvimento sustentado, que incorpora ao crescimento econômico equidade social e direitos humanos. Com a finalidade de embasar o processo seletivo, o conceito de boa governança e de seus elementos é o que figura no Decreto nº 9.203/2017, mencionado no capítulo 10.

No dia 29 de novembro de 2022, a edição do prêmio trouxe algumas novidades. Pela primeira vez, aconteceu a premiação de entidades que se destacaram na dimensão de gestão de pessoas, com a categoria ESG (sigla de *Environmental, Social and Governance*), que corresponde às práticas ambientais, sociais e de governança de uma organização. Além dessa categoria, a entidade premiou os coordenadores do Programa de Mentoria para Prefeituras Brasileiras, que fizeram um excelente trabalho em diversos municípios.

De uma forma geral, a premiação discute assuntos pertinentes à Governança e é dada às prefeituras que se sobressaíram durante o PRONAGOV e com os melhores resultados no IGOVM. O Prêmio PRONAGOV está inserido no Prêmio RGB.

15.2.5.1 Ganhadores do Prêmio PRONAGOV 2023

Categoria até 20.000 habitantes: Solonópole-CE e Porto Xavier-RS;

Categoria de 20.000 até 50.000 habitantes: Diamantina-MG e Três de Maio-RS;

Categoria de 50.000 a 100.000 habitantes: Três Pontas-MG e Primavera do Leste-MT;

Categoria acima de 100.000 habitantes: Salvador-BA e São José do Rio Preto-SP;

Categoria Prefeito Destaque em Governança Publica: Maceió-AL.

15.2.5.2 Resultados

O PRONAGOV deseja deixar um legado e transformar a gestão pública municipal, preparando os gestores para trabalharem com a governança e, por meio dela, terão a sensação de dever cumprido e trarão muito mais resultados para a comunidade. Isso tudo pode ser feito por meio da utilização, a mais completa possível, das boas práticas dos três pilares fundamentais da governança, que são: Liderança; Estratégia; e Controle.

A governança irá ajudar os gestores a botarem ordem na casa e a fazerem as contas baterem, além disso, vai ajudar os cidadãos do nosso imenso Brasil a se tornarem agentes da boa governança, permitindo o acompanhamento e o melhor entendimento do funcionamento do município, e podendo fiscalizar sobre como as decisões são tomadas pela alta gestão.

15.2.6 Estados e municípios inscritos

O PRONAGOV teve seu pré-lançamento no dia 03 de dezembro de 2022, no Prêmio Rede Governança Brasil (como já dissemos anteriormente) e as inscrições se iniciaram em fevereiro de 2023. Desde essa data, relatórios semanais são gerados para que ocorra a atualização contínua da quantidade de inscritos no Programa de Governança Municipal – PGM e nos Agentes de Governança, além de informar quantos municípios estão participando e quantos cidadãos foram impactados.

Dentro do PGM, o estado com o maior número de inscritos foi Minas Gerais. No curso de Agentes de Governança, Minas Gerais também lidera o número de inscrições.

15.2.7 Cidadãos impactados

O nosso país tem 5.568 municípios, de acordo com o Instituto Brasileiro de Geografia e Estatística (IBGE) e, o PRONAGOV, até o momento, conta com 252 municípios inscritos, o que corresponde a 4,52% do total.

Além disso, 21.808.210 pessoas foram impactadas por meio das iniciativas do programa, a expectativa é que até 2027, 5 mil municípios brasileiros já terão noções básicas de governança, resultando em uma significativa mudança cultural na forma de gerir prefeituras brasileiras, onde de fato a política pública acontece.

15.3 Rede governança para Argentina

A criação e o sucesso da atuação da RGB, no Brasil tem inspirado voluntários do continente a seguirem o mesmo caminho. Trazemos no *box* a seguir a história da formação da Rede Governança para a Argentina, contada, como colaboração a este livro, por seus fundadores, Aníbal Kohlhuber e María del Carmen Sabugal.

RED GOBERNANZA PARA ARGENTINA

VOCÊ PODE NOS VISITAR EM:

www.redga.com.ar

A Red Gobenanza para Argentina (REDGA) surgiu como um fórum colaborativo em 2021 com uma forte crença na diversidade e no respeito mútuo. É formada por servidores públicos, profissionais, professores e especialistas tecnicamente qualificados de diversas localidades geográficas da Argentina. Estes atuam no âmbito acadêmico (centros educativos de associações profissionais), universidades, institutos técnicos, empresas públicas, órgãos legislativos, judiciais e de controle reunidos para trabalhar na divulgação e implementação de boas práticas de Governança no setor público e, como conseqüência, melhorar os resultados dos serviços em benefício de toda a sociedade. É uma marca e iniciativa do Instituto de Desenvolvimento e Pesquisa em Auditoria e Gestão (IDIAG) com laços de colaboração e afinidade com a Rede Brasileira de Governança e juntos formamos a Associação Latino-Americana de Governança (ALAGOV).

O IDIAG é uma sociedade civil sem fins lucrativos criada em 2002 com o objetivo de promover, divulgar, pesquisar e colaborar com a adoção de boas práticas nas atividades de gestão e auditoria nas esferas pública e privada. Durante todos esses anos dedicou-se a produzir, traduzir, adaptar e promover diversos materiais técnicos, bem como ministrar cursos de formação tanto nacional como regionalmente na América Latina.

Desde a sua criação, a Rede vem desenvolvendo uma série de atividades, algumas das quais realizadas em conjunto com a RGB, por exemplo, *webinars* e reuniões presenciais em diversos locais do país, expondo os conceitos e práticas de Governança de organizações internacionais e outras reuniões somente no âmbito argentino, que incluam a exposição de práticas notáveis em nível local.

Por outro lado, foi implementada uma experiência piloto de governança em três importantes municípios da província de Jujuy, onde existe um programa semanal de radiocomunicação que aborda esses aspectos. Foi também finalizado um programa de desenvolvimento de capacidades para o Gabinete Anticorrupção desta província.

O Tribunal de Contas da Província da Terra do Fogo tem sido apoiado em questões de competência para formular planos operacionais e estratégicos, bem como em questões relacionadas com auditoria informática.

A outro nível e em cooperação com a Província de Neuquén, foram ministrados vários cursos para funcionários sobre estratégia, integridade e gestão baseada em dados.

Recentemente, a REDGA concluiu a formulação de vários acordos de cooperação institucional com governos locais, grupos profissionais e universidades que lhe permitirão expandir ainda mais as suas atividades neste país.

15.4 Casos de sucesso das mentorias do PRONAGOV e RGB

A Rede Governança Brasil (RGB) e o Instituto Latino-Americano de Governança e Compliance Público (IGCP) realizaram diversas mentorias conforme quadro da Figura 54 a seguir, antes e depois do PRONAGOV (PGM), alcançando resultados concretos nessas localidades, como a edição de normativos de governança e a elaboração do planejamento (5W2H), pelo menos. Em vários deles já há um Comitê de Governança formado (CGOV).

Figura 54 – Resultados iniciais das mentorias da RGB e PRONAGOV do IGCP (dez/2023)

Prefeitura	UF	Decreto	Lei	Internet?	CGOV	Internet?	Comitês Internos (quantos)	Desenho da Polítca (5W2H) ou outro	Internet?	MENTO-RADO RGB?	PGM?
Ipojuca	PE	Em edição						Sim			Sim
Salvador	BA	37.837 de 2023			Sim			Sim			Sim
Vitória da Conquista	BA							Sim			Sim
Crato	CE	1602001 de2023		Sim	Sim			Sim			Sim
Itaobim	MG	22 de 2022		Não	Sim	Portal em renovação	Cada secretária	Sim	Não	Sim	Sim
Porto Velho	RO									Sim	Sim
Patos de Minas	MG	Em edição			Sim		0	Sim			Sim
Sabará	MG	Não			Não			Sim			Sim
Uberaba	MG	Em edição						Sim			Sim
Rio de Janeiro	RJ	47053 de 2020		Sim	Sim	Sim					SIM
São José do Rio Preto	SP	Em edição						Sim			Sim
Solonópole	CE	16 de 2022		Sim				Sim		Sim	
Arinos	MG							Sim		Sim	
Belo Vale/MG	MG							Sim		Sim	
Capitólio	MG	114 de 2022		Sim	Sim	Sim	1	Sim		Sim	
Diamantina	MG	227 de 2022		Sim	Sim	Sim		Sim		Sim	
Natalândia	MG	1.474 de 2022		Sim				Sim		Sim	
Ouro Branco	MG	10.249 de 2022		Sim				Sim		Sim	
Dourados	MS							Sim		Sim	
Primavera do Leste	MT							Sim		Sim	
Parauapebas	PA									SIM	
Londrina	PR		13.110 de 2021	Sim				Sim		Sim	
Angra dos Reis	RJ									SIM	
Jaru	RO	13.554 de 2021		Sim	Não					Sim	
Canguçu	RS									Sim	
Porto Xavier	RS							Sim		Sim	
Rio Grande	RS	18.087 de 2021		Sim				Sim		Sim	
Roque Gonzales	RS							Sim		Sim	
Santo Ângelo	RS	4.154 de 2022		Sim				Sim		Sim	
São Miguel das Missões	RS		3.021 de 2022	Sim				Sim		Sim	
Três de Maio	RS							Sim		Sim	
Vitória das Missões	RS	2.419 de 2022		Sim				Sim		Sim	
São José	SC	15.588 de 2021		Sim	somente Grupo Gestor de Governo			Sim		Sim	
São Cristovão	SE		589 de 2022, alterado p/ 608 de 2023					Sim		Sim	
Presidente Prudente	SP	33507 de 2022		Sim	Sim	mesmo link	1 (multidisciplinar)	Sim		Sim	
Taubaté	SP	15452 de 2022		Sim				Sim		Sim	
Gurupi	TO							Sim		Sim	
Santa Rita do Tocantins	TO							Sim		Sim	
Uberlândia	MG	18.390 de 2019		Sim	Sim						
João Pessoa	PB	9884 de 2022		Sim	Sim	Sim					

Fonte: Elaboração dos autores.

Apresentaremos, a seguir, em ordem aleatória, uma série de relatos dos próprios municípios sobre o processo de mentoria e dos passos iniciais de implementação da Política de Governança. Os relatos foram enviados como forma de colaboração a esta obra.

15.4.1 Uberlândia (MG) – Contribuição do Prefeito Odelmo Leão Carneiro

A institucionalização da Política de Governança e Compliance Pública em Uberlândia-MG

O Município de Uberlândia-MG instituiu a sua Política de Governança e Compliance por meio do Decreto Municipal nº 18.390/2019, com o objetivo de aperfeiçoar os resultados das políticas e serviços públicos a partir dos mecanismos de liderança, estratégia e controle.

Para assessorar o Prefeito na condução da Política de Governança Pública e Compliance foi instituído o Comitê de Governança Pública – CGOV, colegiado permanente, em posição estratégica, composto por 5 (cinco) agentes públicos representantes dos seguintes órgãos: i) Secretaria Municipal de Governo e Comunicação, que exerce a função de coordenador; ii) Secretaria Municipal de Finanças, iii) Controladoria-Geral do Município; iv) Secretaria Municipal de Gestão Estratégica; v) Procuradoria Geral do Município. O CGOV conta com uma Secretaria Executiva para o apoio técnico e administrativo de suas atividades.

O CGOV, enquanto instância central de governança pública, passou a ter previsão em lei complementar municipal (nº 751/2023), sendo que todos os órgãos e entidades da administração direta e indireta do Poder Executivo submetem às suas orientações.

A Política de Governança e Compliance foi fortalecida na Lei Complementar Municipal nº 751/2023, que passou a prever como diretrizes básicas dos órgãos e entidades da administração pública a garantia, o fomento e o aprimoramento da governança, dos controles internos, da gestão de riscos, da ética e do Plano de Integridade.

Cada órgão e entidade da administração pública municipal direta, autárquica e fundacional possuem os seus Comitês Internos de Governança (CIGs), compostos por no mínimo três servidores, com o objetivo de garantir o desenvolvimento e a apropriação das melhores práticas de governança, de forma contínua e progressiva, nos termos estabelecidos pelo CGOV.

Os CIGs, por estarem próximos à realidade de cada área, atuam no nível mais operacional, de modo a garantir a incorporação dos princípios e diretrizes da governança em todas as pastas do Poder Executivo

Municipal. É uma forma eficiente e rápida de capilarizar as ações voltadas à governança em cada órgão e entidade.

A Política de Gestão de Riscos instituída pelo Decreto Municipal nº 19.745/2022 trouxe a competência aos CIGs de implementar, orientar e monitorar as responsabilidades de gestão de riscos em cada órgão e entidade, bem como de elaborar um plano de ação anual para a expansão da gestão de riscos.

Na Política de Gestão de Riscos Municipal, o CGOV continuou numa posição em nível estratégico para fomentar as práticas e a cultura dessa prática, assegurando que a ferramenta seja integrada aos demais processos, em especial nas atividades mais relevantes do Município.

Neste contexto, houve uma reestruturação orgânica-administrativa para absorver estas novas competências e fortalecer a integridade e a ética no ambiente organizacional. À Controladoria Geral do Município foram levadas as macrofunções de Auditoria, Ouvidoria, Integridade, Transparência e Combate à Corrupção. E foram instituídas a Comissão de Ética Pública Municipal, as Comissões de Éticas Setoriais e a Corregedoria Geral do Município. Todas estas instâncias compõem os pilares do Plano de Integridade Municipal.

Portanto, foi criada uma verdadeira política pública voltada ao fortalecimento da governança e do compliance no âmbito municipal de Uberlândia, pois compreendemos que são ferramentas necessárias ao aprimoramento dos produtos e resultados gerados às demandas de interesse público local.

15.4.2 João Pessoa-PB – Contribuição do Prefeito de João Pessoa, Cícero Lucena, e do Secretário Kleber C. Marques Neto

O Sucesso do Projeto de Governança e Compliance de João Pessoa-PB

Em 2017, o TCU/MS, CGU/MS, TCE/MS, CGE/MS e a CGM/Campo Grande-MS firmaram parceria inédita para realizar auditoria operacional destinada a avaliar susceptibilidade à fraude e à corrupção das organizações públicas do Estado. Para este trabalho, o TCU convidou o Contador Kleber C. Marques Neto, servidor do Instituto Federal da Paraíba, que elaborou o Relatório técnico denominado "O Poder de Compra do Setor Público Federal", conforme Acórdãos 2.377/2017 e 550/2018, todos do Plenário, de relatoria do Ministro Augusto Nardes.

O trabalho tomou repercussão nacional, e fez com que todas as organizações federais elaborassem políticas de governança e implementassem mecanismos de defesa à fraude e corrupção proposicionais ao Poder de Compra de cada organização. Posteriormente, foi aperfeiçoado e transformado em objeto de pesquisa de mestrado de Kleber Marques – que apresenta as melhorias nos Institutos Federais de Educação após os Acórdãos.

Em 2021, o prefeito Cícero Lucena assume a prefeitura de João Pessoa, capital da Paraíba, que convidou Kleber para assumir uma pasta em sua gestão. Seu projeto era criar, estruturar e implementar um programa de integridade e governança para a capital para Paraíba. Assim, efetuou uma avaliação de maturidade do município, as boas práticas de prevenção à corrupção recomendadas pelo Referencial do TCU. Foi criada a Secretaria de Integridade, Governança e Prevenção à Corrupção em julho de 2021, por meio da Lei municipal nº 14.174/2021. Dentre outras competências, a secretaria recém criada tem atribuições de editar atos complementares e estabelecer procedimentos para configuração, execução e monitoramento de processos de governança pública e compliance.

Em dezembro do mesmo ano, foi elaborado o Decreto do Farol – O programa de Integridade e Governança de João Pessoa, decreto nº 9.884/2021. O decreto trazia no seu arcabouço as orientações da RGB – Rede Governança Brasil para a melhoria da Governança Pública municipal. Em março de 2022, o município de João Pessoa firmou um termo de cooperação técnica com a RGB, com o objetivo de ser mentorado no processo de implementação do Programa de Compliance. Dentre os resultados de destaque, atualmente o Farol tem uma metodologia de análise de riscos autoral, desenvolvida pela equipe da SEIG e que inicialmente estará direcionada ao mapeamento de cinco categorias de risco: O poder de compra, operacional, compliance, orçamentário e integridade.

Em 2023, os resultados começaram a aparecer. No primeiro semestre foi publicada política de gestão de riscos do município (decreto nº 10.256/23), e, posteriormente, a Lei nº 14.787/23, transformando o Programa Farol em uma política pública municipal. A implementação se deu primeiro em sete secretarias, e a mentoria realizada pela RGB auxiliou na política de capacitação municipal, sendo capacitados 1.118 servidores em 2023, em diversos temas ligados à ética, governança, gestão de riscos, comunicação, integridade, investigações internas, entre outros.

Em agosto, a secretaria foi agraciada como Melhor Programa de Integridade da América Latina – prêmio Diligent Latin America Awards 2023, e foi concedido ao Secretário o prêmio de Destaque em Ética e Conformidade empresarial. Em setembro, Kleber foi reconhecido como um dos 100 melhores Executivos de Compliance e Governança do Mundo, por meio do Modern Governance 100, na categoria Risk & Strategy Advisor e, em dezembro de 2023, o prêmio RGB.

"As premiações são consequências de um trabalho planejado e executado de forma a melhorar as entregas das políticas públicas e a qualidade do serviço público municipal. O melhor programa de integridade é aquele que não aparece. E se a transparência é o remédio para a corrupção, o programa de integridade é a vacina. Quanto mais se investe em integridade menos se investe em correções e controles desnecessários", ressaltou Kleber Marques.

O prefeito de João Pessoa, Cícero Lucena, recebeu um dos mais importantes prêmios nacionais de reconhecimento a práticas exemplares na administração pública. O gestor foi agraciado com a Menção Honrosa Líder de Destaque, do Prêmio Rede Governança Brasil (RGB) 2023. O secretário de Integridade, Governança e Prevenção à Corrupção (SEIG), Kleber Marques, também venceu uma das categorias da premiação.

"Esse prêmio é mais um reconhecimento do trabalho feito por várias mãos dentro da Prefeitura de João Pessoa. Para mim, é uma honra Deus ter me colocado como prefeito dessa cidade que amo e dedico minha vida para melhorar a qualidade de vida dos moradores e de quem nos visita. Tenho certeza de que estamos no caminho certo e vamos fazer muito mais!", destacou Cícero Lucena.

15.4.3 Solonópole-CE – Contribuição da Prefeita Ana Vladia Nogueira Pinheiro Jucá

Elaboração do Desenho e Planejamento da Política em Solonópole

Localizado no interior do estado do Ceará, o município de Solonópole, com cerca de 17 mil habitantes, encontra-se sob a liderança da segunda mulher a ser eleita prefeita em sua história. Neste momento, a cidade se destaca como um notável exemplo de governança pública, evidenciando o compromisso com a eficiência administrativa e o progresso comunitário.

Como um dos indicadores que ressaltam a eficiência administrativa de Solonópole, temos o Índice Comparativo de Gestão Municipal (ICGM). O índice estadual denota relevância do município, ocupando este a melhor colocação entre as localidades com menos de 20 mil habitantes no Estado do Ceará.

O município se destaca como um exemplo de governança municipal eficiente, incorporando os três pilares essenciais: liderança, estratégia e controle. No âmbito da liderança, adotam-se atitudes importantes como reuniões periódicas entre o executivo e a alta administração de todos os órgãos, pelo papel crucial desta ação na avaliação, direção e monitoramento da gestão. Abordagem esta considerada indispensável também para o fortalecimento da governança municipal.

Quanto às metodologias voltadas para a estratégia, a equipe de servidores desenvolveu uma sólida identidade organizacional, fundamentada em uma missão, visão e valores alinhados ao plano de governo. Este alinhamento interno é evidenciado pela colaboração entre todas as secretarias na definição de objetivos estratégicos macro, integrando a prefeitura.

A partir desses objetivos estratégicos e macros, a gestão adota uma abordagem que busca traçar caminhos que atendam às demandas setoriais específicas. Para isso, cada órgão municipal estabeleceu objetivos táticos que desempenham um papel crucial no direcionamento das metas globais da cidade. Essa estratégia é fundamentada em uma metodologia consolidada, nomeada Balanced Scorecard, ou em tradução para o português: Indicadores Equilibrados. Por meio dessa metodologia, os órgãos administrativos desenvolvem indicadores de desempenho internos para cada secretaria, proporcionando uma avaliação precisa do cumprimento das metas predefinidas. Esses indicadores são essenciais para garantir que se consiga uma gestão eficiente e transparente, permitindo a análise abrangente do desempenho de cada setor em relação aos objetivos táticos estabelecidos.

Além disso, adota-se o modelo 5w2h para facilitar a divisão de atividades e a delegação de competências no processo de elaboração do plano de ação. Esse modelo fornece respostas claras para as perguntas "o quê", "por quê", "onde", "quem", "quando", "como" e "quanto", garantindo uma compreensão abrangente e uma execução eficaz das iniciativas delineadas.

Dessa forma, não apenas estabelece metas ambiciosas, mas também implementa estratégias práticas e metodologias sólidas para garantir que esses objetivos sejam alcançados de maneira eficiente e alinhada aos interesses da comunidade local. Ademais, a fim de otimizar o processo, o município ainda conta com assessoramento de empresas especializadas para suporte técnico, e com sistemas voltados ao monitoramento das ações.

O município também adere à gestão de riscos nas contratações, seguindo o seguinte fluxo: Primeiro procede-se à análise de cada contratação, após isso identifica-se os riscos para então avaliar os eventos e os pontos de controle. A partir daí, inicia-se o tratamento dos riscos conforme o apetite determinado pela gestão. O monitoramento se dá diariamente e/ou mensalmente e/ou semestralmente. A gestão também conta com sistemas específicos para análise dos riscos.

Portanto, a implementação efetiva da governança em municípios de menor porte não é apenas possível, mas alcançável. O município ilustra que a governança não está atrelada a fatores financeiros, mas sim à determinação da alta administração. A adesão a metodologias como o Balanced Scorecard, modelo 5w2h e o fluxo da gestão de risco demonstra a necessidade de estratégias claras e pragmáticas para o desenvolvimento da governança. Essa abordagem acessível destaca que a governança é uma ferramenta dinâmica, dependendo principalmente do comprometimento dos líderes em orientar a gestão municipal para atender de maneira eficiente aos interesses dos principais, a população.

15.4.4 Porto Xavier-RS – Contribuição do Prefeito Gilberto Menin

Os resultados iniciais da Mentoria em Porto Xavier-RS

A experiência de mentoria em governança pública em Porto Xavier-RS revelou-se transformadora, destacando-se por uma abordagem estratégica que resultou na concepção e implementação bem-sucedida de programas pilotos inovadores. Esse caso de sucesso reflete a importância crítica da análise e do planejamento no desenvolvimento de iniciativas governamentais impactantes.

O município de Porto Xavier, ao se engajar em um processo de mentoria em governança pública, foi capacitado a explorar oportunidades estratégicas e superar desafios de maneira proativa. A mentoria proporcionou estímulo e direcionamento para a elaboração de um planejamento estratégico abrangente, catalisando uma visão coesa para o desenvolvimento local.

A partir desse planejamento estratégico, foram identificadas lacunas e áreas de oportunidade, dando origem à idealização de programas pilotos. Esses programas foram concebidos com base em análises aprofundadas das necessidades locais, alinhando-se aos objetivos de longo prazo estabelecidos durante a mentoria. Dessa forma, a análise e o planejamento não apenas apontaram caminhos, mas também orientaram a criação de soluções práticas e adaptáveis.

Um exemplo notável desse processo é o Programa Integra, desenvolvido para escolas com turno integral e atividades no contraturno. Ao unir informações provenientes dos setores de educação, saúde e assistência social, o Projeto Integra adotou uma abordagem inovadora e integrada. Compreendendo os propósitos educativos de cada escola, foram desenvolvidas ações coletivas direcionadas para identificar e atender às necessidades específicas de cada instituição. Esse processo culminou em oficinas continuadas, ministradas por profissionais especializados durante o contraturno escolar.

A monitorização das atividades por uma rede de apoio permitiu uma abordagem adaptativa, garantindo que as intervenções fossem personalizadas e eficazes. Quando necessário, estudantes eram encaminhados para atendimentos individualizados conduzidos por uma rede interdisciplinar, assegurando suporte adequado às demandas específicas de cada aluno.

Os quatro pilares fundamentais do Integra – Qualidade do ensino, Saúde, Inclusão Social e Valores – serviram como alicerces para o seu sucesso. Esses pilares não apenas nortearam as ações, mas também proporcionaram uma visão abrangente e holística das necessidades das escolas e dos estudantes.

Outros pilotos que surgiram a partir desse estímulo estratégico incluem os Programas "Juro Zero" e "COM VIDA – Inclusão e Cidadania". O "Juro Zero", ao subsidiar os juros de financiamentos bancários para agricultores, impulsionou atividades produtivas e estimulou o desenvolvimento econômico no meio rural. Em apenas quatro meses de operacionalização, já são 95 agricultores demandantes, com projetos que ultrapassam R$6 milhões.

O Programa COM VIDA – Inclusão e Cidadania, por sua vez, focou na promoção da cidadania e inclusão social, proporcionando aos cidadãos acesso ao mundo do trabalho por meio de informações, orientações e atividades práticas. Com suas atividades iniciadas em outubro de 2023, três turmas estão recebendo capacitação em áreas específicas, cujas atividades teóricas e práticas visam prepará-las e estimulá-las a novos e melhores estágios produtivos, bem como integrá-los no ambiente público e na sociedade. Os participantes recebem benefício a título de incentivo.

Os resultados positivos desses programas atestam a eficácia da mentoria em governança pública como catalisadora de iniciativas inovadoras e impactantes.

Em resumo, a experiência de mentoria em governança pública em Porto Xavier demonstrou que a análise e o planejamento estratégico são fundamentais para desencadear o potencial transformador das práticas governamentais. Os programas pilotos idealizados e implementados refletem não apenas a visão estratégica delineada durante a mentoria, mas também a capacidade do município de traduzir essa visão em ações concretas que beneficiam diretamente a comunidade local. Esse caso de sucesso destaca o poder da governança eficaz em impulsionar o desenvolvimento sustentável e a qualidade de vida.

15.4.5 Três de Maio-RS – Contribuição do Prefeito Marcos Vinícius Benedetti Corso

Monitoramento e Avaliação da Política de Governança Municipal na Prefeitura Municipal de Três de Maio-RS

A busca por uma gestão pública eficiente e transparente é um desafio constante para líderes municipais comprometidos com o desenvolvimento de sua cidade e região, seja após o cenário pós-pandêmico que vivemos ou até mesmo no cotidiano do funcionamento dos órgãos públicos, procurando conciliar as demandas existentes com a capacidade administrativa de um Governo Municipal.

Desta forma, compartilho aqui minha jornada como Prefeito de Três de Maio, no noroeste do Rio Grande do Sul, destacando a relevância do monitoramento e avaliação na nossa política de governança, a qual trouxe aprendizados valiosos que estão sendo aplicados para aprimorar a entrega de serviços, promover a transparência e fortalecer a confiança dos cidadãos em nossa administração.

Em nossa busca pela excelência na gestão pública, identificamos que o monitoramento e a avaliação desempenham um papel crucial na eficácia de nossas políticas de governança. Implementamos sistemas robustos de monitoramento para acompanhar de perto a execução de projetos e a prestação de serviços à comunidade. Essa abordagem permitiu uma visão mais clara dos progressos e desafios enfrentados em diferentes áreas – infraestrutura, programas sociais e novas práticas na saúde e educação.

Ao adotarmos práticas de avaliação, ganhamos a capacidade de analisar a efetividade de nossas políticas e ajustá-las conforme novas necessidades ou novos desafios. Realizamos avaliações periódicas para medir o impacto de nossas ações, considerando o *feedback* da população e os indicadores de desempenho estabelecidos. Esta abordagem baseada em evidências não apenas fortaleceu a responsabilidade da administração perante a comunidade, mas também nos proporcionou *insights* valiosos para aprimorar continuamente nossas iniciativas.

Contudo, enfrentamos desafios significativos ao implementar essa cultura de monitoramento e avaliação. A resistência à mudança por parte de servidores e a necessidade de capacitação foram obstáculos iniciais, que ainda persistem, mas estamos investindo em treinamentos e conscientização para superar essas barreiras. Estamos criando uma equipe dedicada ao monitoramento e avaliação, composta por profissionais qualificados, que desempenham um papel crucial na integração dessas práticas em todos os setores e níveis da administração municipal.

Os desafios enfrentados fortaleceram nossa determinação em aprimorar a gestão municipal. A capacitação contínua dos funcionários e a promoção de uma mentalidade orientada para resultados foram fundamentais. Ao longo do tempo, temos observado uma melhoria notável na eficiência dos processos, uma maior satisfação dos cidadãos e uma otimização dos recursos públicos. Os indicadores de desempenho tornaram-se ferramentas valiosas para a tomada de decisões de novos projetos e novas ações.

O sucesso alcançado na implementação dessas práticas reforçou a confiança da comunidade em nossa administração. Os cidadãos passaram a perceber não apenas um compromisso retórico, mas ações tangíveis e resultados mensuráveis. Ouvir as vozes da comunidade por meio de mecanismos de avaliação contribuiu para uma governança mais inclusiva e responsiva às necessidades da população.

Ainda estamos no caminho para uma governança mais robusta e plena, porém os resultados observados já indicam que o sucesso de uma administração eficiente passa por mecanismos de controle e gestão que auxiliem a gestão pública na tomada de decisões, em ações e projetos mais assertivos e em um maior cuidado com o recurso público. Seguramente podemos afirmar que o curso da Rede Governança Brasil foi crucial para este sucesso que estamos obtendo e que irá colocar o Município de Três de Maio nos trilhos de uma gestão pública mais eficiente.

Estamos comprometidos em dar seguimento a esta trajetória de inovação e melhoria contínua. Nossa visão é de uma administração que não apenas responda às necessidades atuais, mas também antecipa e se prepara para os desafios futuros. Pretendemos expandir a utilização de tecnologias avançadas e análises de dados para aprimorar ainda mais a tomada de decisões e a eficiência dos serviços oferecidos à comunidade. Além disso, a participação cidadã permanecerá no cerne de nossa governança, assegurando que as vozes de nossa comunidade continuem a ser um guia essencial em nosso caminho.

15.4.6 Diamantina-MG – Contribuição do Prefeito Juscelino Brasiliano Roque Nascimento

Governança lançada e implementada no município de Diamantina-MG – Grandes passos

Os desafios primordiais para a gestão municipal residem na complexidade e na diversidade de competências, bem como nos obstáculos práticos enfrentados cotidianamente. No entanto, esses desafios também constituem os motivos fundamentais para a implementação da governança pública.

Diante dessas adversidades e do crescente interesse social por uma gestão governamental mais eficiente, o gestor necessita de instrumentos, mecanismos e ferramentas que propiciem, de maneira integrada, o planejamento, o monitoramento, o controle e a tomada de decisões. Neste contexto, a governança permeia todo esse processo de gerir e governar o Município.

Foi nesse contexto que o Município de Diamantina-MG implementou a política de governança por meio do Decreto nº 227, de 26 de maio de 2022. Posteriormente, tal política foi devidamente regulamentada pela Lei nº 4.240, de 25 de agosto de 2023, o que representa a garantia formal dessa iniciativa como uma política de governo e não apenas de gestão, assegurando sua futura continuidade e corroborando, assim, com o melhor interesse público.

A governança pública já é realidade em nossa administração municipal com grande reconhecimento, inclusive nacional, e essa conquista é fruto do compromisso da atual gestão em promover uma administração mais responsável, ética e alinhada com os princípios da boa governança, oferecendo diretrizes claras para garantir a integridade, transparência e eficácia em todas as esferas administrativas.

O Município de Diamantina instituiu, por meio da mencionada lei, o Conselho de Governança composto pela Alta Administração. Este Conselho tem por finalidade assessorar o Prefeito na condução da política de governança pública e Compliance do Poder Executivo do Município.

Além disso, cada Secretaria possui o seu Comitê Interno, composto por servidores estratégicos e proativos, cujo objetivo é garantir as boas práticas de governança de forma contínua e progressiva, amadurecer o controle e acesso de informações de modo a refletir numa comunicação institucional mais clara, objetiva e eficiente, reportar qualquer ilegalidade ou conduta que viole as diretrizes e princípios da governança ou as leis que regem o Município, além de possuir a tarefa de identificar pontos de melhoria em sua Secretaria e, com isso, desenvolver, juntamente com o respectivo gestor, um plano de ação para alcançar metas estabelecidas.

Esses mecanismos de atuação permitem criar indicadores de desempenho e progresso, contribuindo para a obtenção de resultados mais eficazes, eficientes e efetivos na Administração, além de promover uma mudança cultural de atuação dos servidores, que inovam seu modo de perceber e gerir a coisa pública.

A implementação de uma política de governança pública tem se mostrado um catalisador fundamental para transformar e otimizar a gestão dos recursos e serviços públicos. Os resultados obtidos em Diamantina-MG a partir dessa abordagem inovadora têm sido notáveis e refletem positivamente na vida dos cidadãos. Somos espelho do que vem dando certo e reflexo de mudança e progresso para toda a região que já passa a entender a importância da mudança de olhar sobre a administração pública.

Novos tempos requerem novas formas de gestão!

15.4.7 Presidente Prudente-SP – Contribuição do Prefeito Edson Tomazini

Presidente Prudente dá os passos iniciais da Política de Governança

Presidente Prudente, conhecida como "Capital do Oeste Paulista", dista 979 km de Brasília, capital federal e 558 km de São Paulo. Com cerca de 231 mil habitantes (IBGE – 2021), seu nome é uma referência ao ex-presidente brasileiro Prudente de Morais. Cidade de excelentes indicadores, a exemplo do IDHM (0,806 em 2010), é polo regional de serviços, indústria e comércio.

Dentre seus atributos:

- 12ª posição no *ranking* das Melhores Cidades para se viver após a aposentadoria – Fonte: Estudo do Instituto de Longevidade Mongeral Aegon / FGV.
- 63ª no *ranking* das 100 melhores cidades mais inteligentes – Smart Cities – Fonte: Revista Exame.
- Top 25 das cidades mais eficientes do Brasil – Fonte: Folha de São Paulo.
- 24ª Melhor cidade para se investir no País – Fonte: Pesquisa da Urban System.
- 27ª colocada no *ranking* das cidades mais promissoras para se construir uma carreira profissional – Fonte: Fundação Getúlio Vargas.
- Top 1 na Qualidade ao Ar – Fonte: Cetesb.
- Entre as 100 melhores cidades do Brasil para se viver e investir – Revista Exame.
- Finalista do Prêmio 'Cidades Excelentes' 2023 – Grupo Bandeirantes de Comunicação e Instituto Aquila.

Em 2022, por meio da Rede Governança Brasil – RGB, Presidente Prudente organizou uma equipe extremamente comprometida, com vistas a buscar excelência dos processos de governança pública e planejamento estratégico.

Dia 22 de julho de 2022 se tornaria histórico para este processo. Seria o primeiro encontro com a equipe da RGB, iniciando o processo de mentoria. Foram dezenas de encontros e um árduo trabalho da equipe que proporcionaram, no dia 28 de setembro do mesmo ano, a assinatura do Decreto nº 33.507/2022, que instituiu a Política de Governança Pública e Compliance do Município.

O Decreto unificou as ambições de fazer de Presidente Prudente um exemplo em seriedade. Prazos foram definidos e grupos de trabalhos criados. Começa aqui o início de uma mudança cultural fundamental paras as políticas públicas contemporâneas. Liderança, estratégia e controle deixam de ser apenas palavras de impacto e se tornam um rito sistemático e organizado de busca de resultados.

Obstáculos vão sendo superados, novos processos são criados e a cada dia é notório que avaliar, direcionar e monitorar a gestão tem se tornado rotina aos servidores e aos prudentinos.

Fruto deste trabalho, o Conselho de Governança Pública - CGOV e o Comitê Interno de Governança - CIG hoje orientam e dão suporte para o avanço dos trabalhos. A Governança, como movimento, elevou tecnicamente Presidente Prudente em um patamar nunca imaginado.

Em nome de seu embaixador Ministro Augusto Nardes, os mais sinceros agradecimentos a toda equipe da RGB. Os mais sinceros agradecimentos à equipe da prefeitura, em especial aos desbravadores que deram todo suporte para iniciar este movimento.

SQUAD Municipal: Ana Paula Setti – Sec. Mun. de Desenvolvimento Econômico; Célia Marisa Molinari de Mattos – Sec. Mun. de Finanças; Claudionor Paschoalotto Junior – Sec. Mun. de Meio Ambiente; David Santos – Sec. Mun. de Desenvolvimento Econômico; Edilson Magno da Silva – Sec. Mun. de Planejamento, Desenvolvimento Urbano e Habitação; Helton Sapia – Sec. Mun. de Tecnologia da Informação; Ivone Alves Campos Lima – Sec. Mun. de Finanças; João David Ferreira Leite – Sec. Mun. Assuntos Jurídicos e Legislativos; Lorena Caroline de Souza Barreiros – Gabinete do Prefeito; Matheus Grosso – Sec. Mun. de Obras e Serv. Públicos; Michael Hellison Jantorpe Gomes – Controladoria Geral do Município; Prefeito Municipal - Edson Tomazini (ED THOMAS); Vice – Prefeito – Izaque Silva; Andrea Esper Xavier – Sec. Mun. de Assuntos Jurídicos e Legislativos.

15.4.8 Capitólio-MG – Contribuição do Prefeito Cristiano Geraldo da Silva

Resultados concretos dos passos iniciais de governança no município de Capitólio-MG

De acordo com o portal TCU, a "Governança refere-se a todas as possibilidades e mecanismos que ajudam as múltiplas partes do negócio a avaliar condições e opções, determinando também a direção, o monitoramento, a conformidade, o desempenho e o progresso, alinhando, desta forma, os planos e os objetivos do negócio, visando satisfazer as metas específicas da organização.

E com a ajuda da mentoria da RGB, pudemos aprender na prática como implementar e saudar as ações benfeitoras para a administração pública.

Terminada a mentoria, o município de Capitólio assinou o decreto nº 114/22 que dispõe sobre a política de governança pública e Compliance no âmbito do Poder Executivo do município de Capitólio.

Após o decreto, foi criado o Comitê Interno de Governança e o Conselho de Governança, que se empenharam nas definições de metas e estratégias a fim de melhorar o funcionalismo do setor de Compras e Licitação, detectado como o principal e com maiores obstáculos, visto que havia retrabalho e a falta de padronização nos processos.

Dessa maneira, em diversas reuniões, estabeleceu-se o plano estratégico a seguir: implementação de organograma e fluxograma funcional; com isso, a equipe do setor de Compras e Licitação elaborou um manual interno, transcrevendo toda operacionalização dos processos licitatórios.

A implementação possibilitou agrupar em uma única licitação referente a alimentos, todos os pedidos, o que resultou em uma economia de aproximadamente R$500.000,00 (quinhentos mil reais).

Com o propósito de enaltecer e validar o trabalho de toda a equipe do setor de Compras e Licitação, elaboramos e entregamos um Certificado e o Selo de Boas Práticas.

Após dez meses da aplicação da Governança no setor de Compras e Licitação, o comitê decidiu mensurar os resultados com o propósito de verificar a eficácia das operações. A equipe foi instruída a responder um questionário, de modo anônimo, e por meio dele, pudemos verificar pontos de melhoria.

CAPÍTULO 16

16.1 Criação e funcionamento do Comitê ou Conselho de Governança (CGOV)

Após serem apresentados à governança, com o auxílio dos voluntários da RGB, as lideranças locais começam a compreender sua importância para incrementar a eficiência, eficácia e efetividade de suas organizações e políticas públicas, conforme tivemos oportunidade de testemunhar no capítulo anterior. A partir desse entendimento, começam uma longa jornada para formular e implementar as boas práticas de liderança, estratégia e controle.

Atarefados, no entanto, por sua liderança junto a toda a comunidade que governam, essas lideranças necessitam de assessoramento para que essa nova política tenha coordenação, integração e coerência de ações, de forma que abranja, no tempo certo, toda a estrutura do governo local e que seja sustentável ao longo do tempo, a ponto de se configurar como um grande legado para as gestões seguintes.

Normalmente, essa tarefa de assessoramento ao governante seria desempenhada pelo Centro de Governo, formalmente estruturado. Não obstante, vimos no capítulo 7 que no governo nacional do Brasil as funções do Centro estão dispersas por vários ministérios. Com essa configuração, foi criado, alternativamente, o Comitê Interministerial de Governança (CIG) para dar mais poder de coordenação e integração entre os órgãos que exercem as funções do Centro, como: gerenciamento estratégico; prevenção e gestão de riscos; articulação política e orientação; coordenação do desenho e implementação das políticas públicas; monitoramento e avaliação; e comunicação e Accountability.

Com base nessa experiência é que entes subnacionais, que normalmente também não contam com uma estrutura formal de centro de governo, devem criar e colocar em funcionamento, assim que decidem lançar a política de governança, um Comitê, ou Conselho, de Governança (CGOV), para fazer tarefas semelhantes às do CIG, relatadas ao longo do capítulo 7.

Nos municípios brasileiros, a Cartilha da RGB recomenda que o CGOV deve ser formado minimamente pelo Prefeito, ou Prefeita, e seu Chefe de Gabinete além dos titulares das seguintes pastas: Secretaria de Governança (onde houver), Secretaria de Controle Interno, Secretaria de Finanças ou de Fazenda. A RGB recomenda ainda incluir nesta composição o planejamento estratégico e, havendo necessidade, setores mais sensíveis da Prefeitura, responsáveis pela saúde, segurança e educação, além, é claro, das áreas envolvidas no controle, como controladores, auditores e contadores.

A composição e funcionamento do CGOV, mesmo sendo montado e iniciando suas atividades antes da edição de uma lei ou decreto, devem estar previstos no normativo. A montagem do Conselho, antes mesmo do normativo, facilita o processo de negociação com o Legislativo (no caso de uma lei), ou os procedimentos para agilização do decreto.

O CGOV, após seu pleno funcionamento, e na condição de órgão integrador das secretarias que exercem funções de Centro de Governo, será responsável por coordenar as políticas e programas prioritários, fornecer orientação estratégica, adaptar os programas, entre outras tarefas. A função de planejamento do CGOV, **inclusive a da política de governança**, refere-se a uma visão macro do governo, na qual as prioridades são definidas para atingir objetivos coerentes, possíveis e mensuráveis. É importante destacar que esse Conselho não planeja todas as ações do governo.

Não obstante se ocupar, depois de formado, de uma gama de atividades estratégicas, o grande foco inicial do CGOV deve ser a coordenação, integração e coerência da política de governança. Nesse sentido, é o CGOV que deve agilizar a edição de um normativo (lei ou decreto), providenciar a escolha do indicador de desempenho, coordenar a criação dos comitês internos, gestão de riscos e integridade e coordenar a publicação de manuais para orientação das secretarias setoriais.

Outra tarefa de alto relevo de atribuição do CGOV é a elaboração do desenho da política de governança (também o 5W2H), no qual são estabelecidas ações, objetivos e metas de implementação das boas práticas de liderança, estratégia e controle em toda a estrutura do governo.Todas essas tarefas serão objeto dos capítulos seguintes.

Em suma, é necessário que todas as lideranças dos entes subnacionais que se disponham a implementar a governança como uma política pública, deleguem a coordenação desse desenho ao CGOV. Mesmo que a ideia inicialmente no município seja plantada por um servidor ou mais servidores de carreira – muitas vezes voluntários da RGB –, e talvez sejam iniciados estudos antes mesmo do conhecimento do governante, é fundamental que, convencido da importância do tema, o líder máximo confira à política a ser implementada a importância estratégica que deve ter.

É necessário, no caso da Política de Governança e de todos os demais assuntos prioritários do município, que uma autoridade com maior poder e proximidade do líder coordene, monitore e avalie a ação setorial das secretarias e verifique como essa ação se encaixa no objetivo maior da Administração. Ao definir as ações, metas e planos, o Poder Executivo deve, por meio da atuação do CGOV, cuidar para que os resultados esperados sejam priorizados e que tenham sucesso, prevenindo eventuais desacertos futuros com uma adequada identificação e gestão dos riscos estratégicos, além de efetivo monitoramento e avaliação das ações propostas.

Ao conferir a coordenação da Política de Governança e dos temas prioritários ao CGOV, o chefe do Poder Executivo garante à sua condução uma abordagem integrada e coerente, com uma visão de que todos da equipe, em qualquer órgão, são uma só equipe, ou *whole-of-government*, como tanto defende a OCDE.

Com o auxílio e a mentoria da RGB e do IGCP, diversos municípios brasileiros, após iniciarem sua jornada com a Política de Governança, têm providenciado a criação do CGOV, conforme demonstra a Figura 54, no capítulo anterior. Além de se espelhar no exemplo desses municípios, os líderes locais podem considerar a atuação do Comitê Interministerial de Governança (CIG), mostrada no tópico 7.2, como outra fonte de inspiração importante, especialmente com relação à transparência dada às suas reuniões e decisões, de fácil acesso a todos na Internet.

CAPÍTULO 17

17.1 Institucionalização da política – Lei ou Decreto de governança

Temos insistido, ao longo desta obra, que a governança deve ser implementada nos entes subnacionais, assim como ocorreu no âmbito federal, por meio de uma política pública. Como tal, e para que sua implementação possa atender às boas práticas previstas nos principais referenciais disponíveis, deve haver a sua adequada institucionalização.

Segundo Referencial do TCU,[92] a institucionalização deve ocorrer de maneira formal, por meio de norma legal (lei, decreto, resolução etc.), emitida por órgão com legitimidade e competência para fazê-lo e na qual conste a atuação dos diversos órgãos e esferas de governo envolvidos.

Na mesma linha, o Guia Ex Ante,[93] destaca que políticas que partem de experiências concretas (como a de governança, que se espelha no modelo federal), têm a vantagem de se aproveitar de experiências

---

[92] BRASIL. Tribunal de Contas da União – TCU. *Governança pública*: referencial de avaliação de governança de políticas públicas. Brasília: TCU, Secretaria de Planejamento, Governança e Gestão, 2014. Disponível em: <https://portal.tcu.gov.br/referencial-para-avaliacao-de-governanca-em-politicas-publicas.htm >. Acesso em: 17 set. 2023.

[93] BRASIL. Casa Civil da Presidência da República, Instituto de Pesquisa Econômica Aplicada: Ipea, 2018. *Avaliação de políticas públicas*: guia prático de análise ex ante. volume 1. Disponível em: <https://www.gov.br/casacivil/pt-br/assuntos/governanca/comite-interministerial-de-governanca/arquivos/avaliacao-de-politicas-publicas-guia-pratico-de-analise-ex-ante.pdf>. Acesso em: 28 nov. 2023.

já vivenciadas, mas ressalta que parte significativa das definições devem vir previamente institucionalizadas, ou seja, inscritas nos próprios normativos dos programas.

> Leis, decretos, portarias e instruções normativas estabelecem os órgãos responsáveis pelas decisões, os parceiros na gestão, os fundos de financiamento a serem provisionados, os mecanismos de controle e participação social, as rotinas de monitoramento, os mecanismos de transparência etc. (BRASIL, 2018)

Não obstante algumas críticas quanto à multiplicidade de leis ou decretos existentes no Brasil, com as quais concordamos, no caso da governança, sempre defendemos a necessidade de uma lei ou decreto, para que sua evolução, sob a forma de uma política pública, ocorra de maneira permanente, duradoura e sustentável.

Caso não seja editada uma lei, ou pelo menos um decreto, as iniciativas de liderança, estratégia e controle podem se perder ao longo dos anos, jogando por terra esforços e recursos financeiros. Por sinal, tivemos oportunidade de discorrer em algumas passagens deste livro sobre os riscos de descontinuidades, especialmente em períodos de transição entre uma gestão e outra.

Estando institucionalizada a política, como no caso federal (formalizada por meio do Decreto nº 9.203/2017), as boas práticas de governança começam a evoluir em uma gestão e perduram por outras. Pontos de divergências ou discordâncias pontuais podem ocorrer, com alterações no curso de algumas ações previstas, mas o cerne da política é mantido.

Os entes subnacionais (estados e municípios) brasileiros devem, portanto, seguir o modelo que vem sendo implementado com sucesso. Convencido de que a governança pode ser aprimorada em sua localidade, com perspectivas de ganhos no desempenho das organizações e das políticas públicas, deve ser providenciado um normativo para sua institucionalização, com o assessoramento de sua equipe, conforme mostramos no capítulo anterior. Funcionando como uma política pública, e devidamente institucionalizada, as boas práticas previstas no plano de ação vão sendo implementadas e aperfeiçoadas, governo após governo, com incrementos positivos persistentes nos resultados das organizações e das demais políticas públicas.

A Cartilha da RGB[94] auxilia as lideranças do ente na elaboração do seu normativo. Com base no Decreto Federal, detalhado no tópico 5.3 deste livro, a publicação apresenta, em seu Anexo I, uma proposta de minuta que poderá ser tomada como modelo. A redação proposta contém um conjunto de boas práticas iniciais que poderão ser ajustadas para a realidade e especificidade de cada ente, conforme suas demandas e estruturas disponíveis, sendo esse o primeiro passo dessa longa caminhada pela boa Governança nos municípios. Seguindo o roteiro delineado no Decreto nº 9.203/2017, a Cartilha recomenda que o decreto dos entes subnacionais também contenha os mesmos princípios, diretrizes e mecanismos.

É necessário ainda que o Decreto preveja as responsabilidades pela coordenação, implementação, monitoramento e avaliação da política que se está institucionalizando. A Cartilha sugere a divisão de responsabilidades ilustrada na Figura 55 a seguir, para o conjunto de municípios brasileiros. Da estrutura sugerida, abordamos o papel do Conselho de Governança no capítulo anterior e falaremos dos Comitês Internos no capítulo seguinte.

---

[94] Rede Governança Brasil. Governança pública municipal: transformando sua administração / Rede Governança Brasil. 3. ed. Salvador, BA: Editora Mente Aberta, 2023. Disponível em: <chrome-extension://efaidnbmnnnibpcajpcglclefindmkaj/https://08f4af24-661e-42cd-bea1-76b941e30c5a.filesusr.com/ugd/5a9d77_705015b9f2f94ce6a803aabc29bacf95.pdf>. Acesso em: 18 nov. 2023.

Figura 55 – Atores responsáveis pela condução da Política de Governança

Nível	Agentes da Governança	Passos sob sua responsabilidade
Estratégico (estabelecem as diretrizes e direcionam)	Prefeito Municipal	Responsável maior pelo lançamento da política de Governança, por meio de um Decreto ou Projeto de Lei, e por sua implementação. É o(a) Prefeito(a) quem presta contas de tudo isso à sociedade e aos órgãos de controle.
	Alta administração – secretários, controladores, contadores e outros	Responsáveis pela implementação da normativa de governança e demais práticas de Governança, incluídos o sistema de gestão de riscos e o plano de integridade, além de prestar contas dos resultados de sua pasta.
	Conselho de Governança – CGOV	Assessorar o prefeito, planejando e coordenando a implementação da Governança e reportando ao prefeito o resultado dessa e das demais políticas do município.
Tático e Operacional (realizam as rotinas)	Comitês Internos de Governança - CIG	Garantem o desenvolvimento e a apropriação das melhores práticas de Governança de forma contínua e progressiva, nos termos estabelecidos pelo CGOV, e são apoiados, quando necessário, pelas Unidades de Integridade. Responsáveis pela execução das ações deliberadas.

Fonte: RGB.

CAPÍTULO 18

18.1 Comitês internos de governança

Um passo muito importante para que as boas práticas de liderança, estratégia e controle sejam implementadas paulatina e progressivamente em toda a estrutura dos entes subnacionais (estados e municípios) é a instituição de Comitês Internos de Governança, assim como tem ocorrido no âmbito nacional.

Conforme mostramos no capítulo 4, a ideia de comitês em cada órgão do governo foi lançada no modelo proposto pelo TCU, em 2017, que sugeriu a criação de Conselhos de Melhoria de Desempenho e Comitês de Acompanhamento de Resultados.

Alternativamente, como apresentamos no capítulo 7, o ente nacional previu a criação de Comitês Internos de Governança. Suas competências, no entanto, definidas no art. 15 do Decreto nº 9.203/2017, mantiveram o objetivo de sua criação, proposto pelo TCU, de incrementar o desempenho e o resultado das organizações por meio da assimilação de boas práticas de liderança, estratégia e controle.

Para alcançar seus objetivos e serem efetivos em suas decisões, a Cartilha da RGB sugere que os Comitês de estados e municípios sejam formados, no prazo máximo de 60 dias após a edição do normativo, pelo titular de cada Secretaria, Chefe de Gabinete e responsáveis pelas áreas de planejamento estratégico, controle interno e administração. Com essa configuração, os comitês teriam as seguintes competências, que também devem ser especificadas no normativo:

I. implementar e manter processos e mecanismos adequados à incorporação dos princípios e das diretrizes da Governança previstos na política;
II. incentivar e promover iniciativas voltadas para: a) a implementação do acompanhamento de resultados no órgão ou na entidade, valendo-se inclusive de indicadores e medidas; b) a promoção de soluções para melhoria do desempenho institucional; e c) a implementação de mecanismo para mapeamento de processos e a adoção de instrumentos para o aprimoramento do processo decisório;
III. acompanhar e promover a implementação de medidas, mecanismos e práticas organizacionais de Governança pública definidos pelo CGov;
IV. apoiar e incentivar políticas transversais de governo; e
V. promover a implantação de metodologia de Gestão de Riscos.

Como já dissemos, a formação e funcionamento desses comitês internos em cada secretaria municipal ou estadual (ou órgãos da Administração Indireta) dos entes subnacionais brasileiros é um passo essencial para o êxito da implementação das boas práticas de governança planejadas. Municípios menores podem compor comitês setoriais, por exemplo, abrangendo mais de uma secretaria. Mas não recomendamos, mesmo nas localidades bem pequenas, um Comitê Interno apenas para toda a estrutura da Administração Pública.

Formados em cada secretaria ou aglutinados por setores, os Comitês Internos, além das competências explicitadas anteriormente, têm o importante papel de fazer a integração entre o CGOV e os responsáveis pela execução da política (alta administração das secretarias setoriais), conforme ilustrado na Figura 56 a seguir.

Figura 56 – Articulação entre CGOV e Comitês Internos

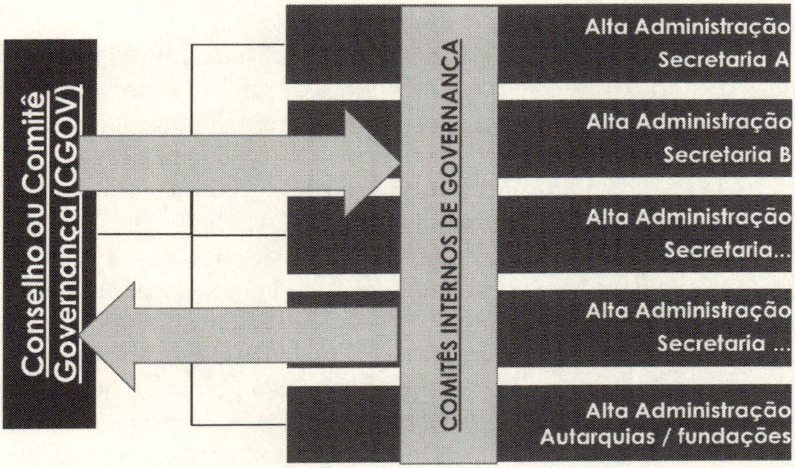

Fonte: Elaboração dos autores.

Esse fluxo de comunicação entre o governante e seu CGOV com as pastas setoriais (secretarias dos municípios e dos estados, no caso do Brasil), facilita a formatação de soluções para a população (*top-down* ou *bottom-up* – dadas pelo topo ou pela base), sejam estas soluções viabilizadas por meio de políticas públicas ou serviços.

Cria-se, com os Comitês Internos, um fórum natural (com espaço e periodicidades predefinidas) de debate de soluções mais inovadoras e aderentes às demandas da população. Estabelece-se também um canal permanente para que todas as secretarias sugiram soluções novas ou aperfeiçoamentos ao CGOV que, em última instância representa a liderança máxima da localidade (prefeito ou governador, no Brasil). Além disso, as estratégias de governo são mais facilmente disseminadas, implementadas, monitoradas e avaliadas. As políticas públicas, como um todo, são favorecidas por essa estrutura de articulação, coordenação e integração, além de monitoramento e avaliação.

No caso específico da política de governança, após a criação do CGOV, pode-se ter um ganho muito grande de concepção e de adesão da equipe se os comitês internos (pelo menos das secretarias mais importantes em termos de resultados para a população) forem criados e entrarem em funcionamento de imediato. Isso permite que o desenho da política, de que falaremos nos capítulos seguintes, seja elaborado em conjunto, garantindo, já de início, um comprometimento da maior parte das lideranças de todo o governo.

Caso isso seja viável, o desenho pode ser feito antes mesmo da edição do normativo, com parte da política estruturada, em linhas gerais, em seu texto base. Caso não seja, o normativo pode ser editado mais rapidamente, seguindo a minuta padrão, de que falamos.

Conforme enfatizamos no capítulo 16, a coordenação de uma política de governança deve ser feita pelo CGOV. Mas as boas práticas previstas no seu desenho (5W2H), de que falaremos no capítulo 20, serão, em sua grande maioria, implementadas nas secretarias, aí sim, com a coordenação dos comitês internos. Em conjunto, CGOV e comitês internos estabelecem prioridades e articulam a execução das ações.

À medida que vai sendo implementada a política, o monitoramento e avaliação das ações previstas devem ser feitas, primeiro, pelos comitês internos, que reportam os resultados setoriais para consolidação pelo CGOV, que os apresentará ao governante. Eventuais melhorias das ações devem ser sugeridas pelos comitês internos, prática que tende a disseminar as boas ideias para toda a Administração.

Essa forma de atuação, colocada em prática primeiro para a política de governança, tende a transformar a maneira como se concebem e implementam todas as demais políticas públicas e serviços prestados à comunidade. Os servidores, mais próximos dos comitês internos que do CGOV, ganham voz e começam a perceber o seu valor na geração de valor para a sociedade.

Como dissemos, o governante deve ter a visão exata, tempestivamente, de todas as políticas que ocorrem na sua localidade. De preferência, sob a forma de um painel de fácil compreensão e visualização. A vantagem de ter conselhos consolidados para fornecer e receber informações é que os riscos podem ser conhecidos com antecedência e gerenciados, evitando-se fracassos rotineiros e dando mais credibilidade à atuação de toda a equipe.

Governança Pública e Gestão são diferentes, conforme frisamos no tópico 10.4 deste livro, porém, caminham juntas. O governante, com o assessoramento do CGOV, direciona, monitora e avalia a política de governança e as demais. A alta liderança dos órgãos setoriais implementa a estratégia, por meio de PDCAs, com o auxílio dos comitês internos. E presta contas, além de apresentar sugestões de aprimoramento.

Por fim, enfatizamos que a formação de colegiados específicos para atuarem como comitês internos nem sempre é necessária. Um só colegiado pode concentrar, também, as atividades relacionadas à governança, funcionando, também como unidades de integridade, riscos e controles internos, além de planejamento estratégico, regulação e desburocratização, por exemplo.

Atuando dessa maneira, a Gestão, de forma natural e sem necessidade de cobranças, dá à Governança o suporte para o alinhamento e retroalimentação das ações de todas as políticas públicas, ou pelo menos das mais prioritárias. As ações prioritárias, mesmo executadas em pastas setoriais, ganham coordenação, integração e coerência, com todos trabalhando, de fato, como um governo único.

CAPÍTULO 19

19.1 Diagnóstico do problema – indicador de governança

Apresentaremos neste capítulo um passo decisivo para a implementação da política de governança, assim como de qualquer política pública. Apesar de já termos introduzido, nos capítulos anteriores, alguns passos importantes, pode-se considerar, conforme ilustramos no início do capítulo 15, que o diagnóstico se constitui no primeiro grande passo para que as lideranças decidam lançar qualquer política. De fato, os governantes somente tomam a decisão quando estão conscientes do diagnóstico da situação de sua localidade, com relação ao problema que se pretende atacar.

No caso da política de governança pública, nosso objeto de estudo, os entes subnacionais (estados e municípios, no Brasil), devem se espelhar no que vem ocorrendo no âmbito nacional para sua tomada de decisão. Ao acompanharem esse modelo, alguns passos, tratados nos capítulos anteriores, podem ser antecipados: a formação do CGOV, a edição do normativo e os comitês internos já podem ser providenciados, antes do diagnóstico, desde que compreendido e assimilado o modelo de sucesso do Decreto nº 9.203/2017.

Tratando do diagnóstico do problema, que motiva a criação de políticas públicas, o Guia Prático Ex Ante[95] recomenda responder a um

---

[95] BRASIL. Casa Civil da Presidência da República, Instituto de Pesquisa Econômica Aplicada: Ipea, 2018. *Avaliação de políticas públicas*: guia prático de análise ex ante. Volume

checklist para se conhecer a sua natureza e dimensão. São sugeridos os seguintes questionamentos para esse *checklist*: Qual problema ou necessidade a proposta visa solucionar? Quais as causas que acarretam o problema? Quais são as evidências da existência do problema na realidade brasileira? Quais as razões para que o governo intervenha no problema?

Na parte III deste livro procuramos fundamentar a necessidade de uma política de governança, para incrementar a capacidade do Setor Público, de uma forma geral, contribuir para a superação dos grandes desafios locais, nacionais e mundiais. Com base no que escrevemos, responderíamos a esse *checklist* conforme a seguir. Salientemos, no entanto, que as respostas que daremos retratam a situação brasileira, de uma forma geral. Embora essas respostas possam até ser suficientes para convencerem os governantes locais, é tarefa deles e de suas equipes responderem as essas questões, nesse passo decisivo de diagnosticar a situação em sua localidade.

1) Qual problema ou necessidade a proposta visa solucionar? O problema são as dificuldades, registradas nos relatórios internos, dos órgãos de controle e na mídia, em geral, de se concretizar plenamente, com eficiência, eficácia, efetividade e sustentabilidade (de forma duradoura) os resultados pretendidos pelos governos (por meio de políticas públicas e prestação de serviços). Essas dificuldades podem comprometer a contribuição do Setor Púbico na superação dos desafios de caráter local, nacional ou mundial.

2) Quais as causas que acarretam o problema? Conforme fundamentamos no capítulo 14, as causas de insucessos de governos diversos decorrem de falhas nas entregas dos serviços de interesse da população e das políticas públicas, concebidas, estas últimas, para solucionar desafios coletivos nas áreas de saúde, educação, segurança pública, geração de emprego e renda, entre outras. Essas falhas, que impedem os resultados e os impactos pretendidos, ocorrem, em grande parte, pela ausência de boas práticas de governança dessas políticas ou das organizações que as implementam, inclusive as do Centro de Governo.

3) Quais são as evidências da existência do problema na realidade brasileira? Desde 2012, quando o TCU, em conjunto com os demais tribunais de contas brasileiros, intensificou seus esforços de

1. Disponível em: <https://www.gov.br/casacivil/pt-br/assuntos/governanca/comite-interministerial-de-governanca/arquivos/avaliacao-de-politicas-publicas-guia-pratico-de-analise-ex-ante.pdf>. Acesso em: 7 nov. 2023.

indução da governança, vários indicadores começaram a evidenciar que os órgãos do Setor Público carecem de boas práticas de liderança, estratégia e controle (nos entes nacionais e subnacionais). Há também uma farta documentação disponível sobre avaliação de políticas, mostrada no tópico 14.2, evidenciando insucessos variados, ocasionados por planejamento e ausência de objetivos claros, além da inadequada avaliação e monitoramento e falta de coordenação, integração e coerência entre as políticas e as organizações que as viabilizam.

4) Quais as razões para que o governo intervenha no problema? A melhoria da governança, por meio de uma política pública específica para esse fim, tende a conferir mais eficiência, eficácia e efetividade na atuação governamental, reduzindo, inclusive eventuais brechas para atividades corruptas. Com isso, os governantes e suas equipes conseguem gerar e dar mais visibilidade aos resultados de suas ações, com mais entregas de soluções, em respostas efetivas e úteis às necessidades ou às demandas de interesse público ou melhorias substanciais da realidade da população, de uma forma geral.

A terceira pergunta desse *checklist*, principalmente, é essencial para que as lideranças estabeleçam objetivos e metas de melhorias do patamar de governança de sua localidade. Ao diagnosticar, por meio de evidências, que práticas (organizacionais, de políticas públicas e de Centro de Governo) ainda não são conhecidas e implementadas por suas equipes, o líder pode estabelecer, de forma planejada, monitorada e avaliada, as intervenções necessárias e prioritárias para atingir patamares de excelência em termos de governança.

Para que esse diagnóstico seja de fácil leitura e visualização pelas lideranças, recomenda-se a utilização de um indicador, como o iGG, do TCU, sobre o qual falamos mais detalhadamente no capítulo 3. O iGG seria um excelente indicador para dar aos governantes de estados e municípios, o diagnóstico de que necessita, sobre suas organizações. Concebido a partir do Referencial Organizacional do TCU, o iGG configura-se como uma medida de maturidade das instituições na utilização das boas práticas de liderança, estratégia e controle, recomendadas por organismos nacionais e mundiais, como a OCDE.

Assim, em uma fácil visualização, o governante sabe, por meio do indicador, se suas organizações aplicam amplamente essas boas práticas (classificação avançada, na cor verde), se as empregam em parte, somente (classificação intermediária, na cor amarela), ou se utilizam uma parcela residual dessas boas práticas (cor vermelha).

A partir desse conhecimento, o governante, sabendo o ponto em que se encontra, estabelece objetivos e metas de sua política. Por exemplo, se está no patamar inicial, pode-se estabelecer um tempo para chegar ao patamar amarelo e depois, ao nível avançado (verde). Se a governança já é avançada, a meta pode ser manter esse nível e, talvez, fazer intervenções mais específicas e institucionais para que o sucesso atual tenha sustentabilidade mais assegurada, mesmo nas gestões seguintes. Essa forma de fazer um diagnóstico ágil, por meio do iGG, e planejar os passos a serem dados a partir da situação atual, foi muito comum entre os ministérios do governo nacional que fizeram as mentorias organizadas pelo CIG (por meio da Casa Civil) e pelo TCU, sobre as quais falamos no tópico 7.6.

Ainda que seja um excelente indicador para avaliar o nível de governança de estados e municípios, a sua mensuração, para esses entes, não foi mais realizada pelo TCU após o levantamento de 2014 (capítulo 3). Assim, torna-se difícil sua utilização para fins de um diagnóstico da situação atual. Na remodelação do iGG, que se chamará iESGo, está prevista a possibilidade de os municípios saberem a sua situação, por meio de um autodiagnóstico realizado na internet. Até que isso ocorra, no entanto, os entes subnacionais podem se valer de alternativas disponíveis.

Nos trabalhos realizados junto a estados e municípios brasileiros, a RGB tem utilizado, em parceria com o Conselho Federal de Administração (CFA), o Índice de Governança Municipal (IGM), especialmente para apurar os vencedores do Prêmio Rede Governança Brasil, conforme falamos no capítulo 15.

Alternativamente, no entanto, a Rede tem desenvolvido, em parceria com o Instituto Rui Barbosa (IRB), um projeto de monitoramento da implantação da governança por meio do Índice Governança Municipal (IGOVM). Esse trabalho está andamento e quando for finalizado, teremos um indicador mais aderente à política proposta aos municípios, nesta parte do livro.

Enquanto aguarda esse indicador, a RGB sugere, no anexo III de sua Cartilha, um questionário que diagnostica como está o município na utilização de princípios e boas práticas de governança. A RGB recomenda que tal questionário seja respondido pelo governante e seus assessores mais próximos e o resultado obtido pode subsidiar o plano de ação (5W2H) a ser concebido no desenho da política, de que falaremos no próximo capítulo.

CAPÍTULO 20

20.1 Desenho e planejamento da política

Neste capítulo, nos ateremos ao desenho da política de governança, que segundo ensinado no Guia Ex Ante do Governo Federal,[96] trata-se de um passo, também essencial, no processo de sistematização de ações eficientes e eficazes para o atingimento dos objetivos, resultados e metas da política estabelecida, a partir do diagnóstico realizado, tema de nosso capítulo anterior.

Segundo o mesmo guia, e em linha com o que temos defendido nesta obra, sanar um problema coletivo, como se configura a governança, por meio de uma política, confere à decisão do governante grande potencialidade de alcançar os resultados pretendidos, com maior racionalidade (mesmo limitada). Ter um ótimo desenho não quer dizer, no entanto, que o escopo ideal formulado seja integralmente aplicado ou que ele obtenha o resultado esperado em sua totalidade. Porém, sua arquitetura servirá certamente para orientar a ação pública de forma mais racional e efetiva.

Dados os passos anteriores para o lançamento da política, o guia do TCU "Política Pública em Dez Passos"[97] orienta, para se ter um bom

---

96 BRASIL. Casa Civil da Presidência da República, Instituto de Pesquisa Econômica Aplicada: Ipea, 2018. *Avaliação de políticas públicas*: guia prático de análise ex ante. Volume 1. Disponível em: <https://www.gov.br/casacivil/pt-br/assuntos/governanca/comite-interministerial-de-governanca/arquivos/avaliacao-de-politicas-publicas-guia-pratico-de-analise-ex-ante.pdf>. Acesso em: 9 nov. 2023.

97 BRASIL. Tribunal de Contas da União – TCU. *Política pública em dez passos*. Brasília: TCU. Disponível em: <https://portal.tcu.gov.br/politica-publica-em-dez-passos.htm>. Acesso em: 18 nov. 2023.

desenho, que sua caracterização ocorra por um modelo lógico, explicitando, entre outras coisas, seus objetivos, insumos, produtos, atividades, resultados e impactos. O fluxo do modelo lógico, ilustrado na Figura 57 a seguir, estabelece graficamente uma conexão entre os resultados pretendidos e os recursos e ações a serem planejadas e depois monitoradas e avaliadas.

Figura 57 – Modelo Lógico da Política de Governança

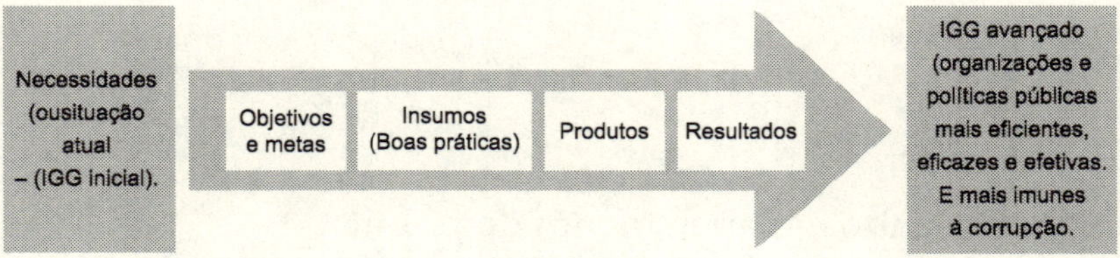

Fonte: Elaboração dos autores, adaptado do Referencial de Controle de Políticas Públicas do TCU.

O ponto de partida, portanto, após o diagnóstico da situação atual, é estabelecer os objetivos e metas. É por meio dos objetivos que os governantes comunicam aos gestores os resultados e impactos esperado das ações que irão implementar.

Com relação à política de governança, a identificação da situação atual deve ser feita, conforme destacamos no capítulo anterior, utilizando-se um indicador já existente, como o iGG, ou por meio de formulários, como o da RGB. A partir desse diagnóstico, são definidos os objetivos e metas, como: atingir o patamar intermediário, ou avançado, do indicador de governança. Tudo de acordo com a capacidade e o momento de cada organização.

Os objetivos e as metas devem ser previstos para o governo de uma forma geral, mas com desdobramentos por cada secretaria de governo, ou para um conjunto delas. A vantagem de se desdobrar o indicador por secretaria é possibilitar que a responsabilidade pelas ações, mesmo com coordenação do CGOV, seja atribuída aos titulares de cada pasta e que sua implementação respeite a capacidade de cada uma delas.

Atuando desse modo, e aproveitando a experiência do governo nacional, poderão ser obtidas informações pontuais das secretarias que não conseguirem avançar, por carência de pessoal, deficiência financeira ou por outras dificuldades em implementar as boas práticas em seu âmbito de atuação.

Estabelecidos os objetivos e as metas, as primeiras providências a constar de um bom plano de ação da política de governança devem ser retiradas do próprio Decreto, cuja minuta padrão consta do Anexo I da Cartilha da Rede Governança Brasil (RGB).[98] A implementação do CGOV e dos comitês internos, além do programa de integridade e a instalação da auditoria interna, por exemplo, constam da minuta. É importante observar que, mesmo que o conselho e alguns dos comitês se formem antes do desenho, conforme recomendado nos capítulos anteriores, seu pleno funcionamento deve ser previsto no plano de ação.

As diretrizes de governança constantes da minuta de normativo, reproduzidas a seguir, também se constituem, na verdade, em grandes ações que devem inspirar o plano dos entes subnacionais.

I. direcionar ações para a busca de resultados para a sociedade, propondo soluções tempestivas e inovadoras para lidar com a limitação de recursos e com as mudanças de prioridades;
II. promover a desburocratização, a racionalização administrativa, a modernização da gestão pública e a integração dos serviços públicos, especialmente aqueles prestados por meio eletrônico, conforme orientações do órgão central de planejamento;
III. monitorar o desempenho e avaliar a concepção, a implementação e os resultados das políticas públicas e das ações prioritárias para assegurar que as diretrizes estratégicas sejam observadas;
IV. promover a integração entre os diferentes níveis e esferas do setor público, com vistas a gerar, preservar e entregar valor público;
V. incorporar padrões elevados de conduta pela alta administração para orientar o comportamento dos agentes públicos, em consonância com as funções e as competências dos órgãos e entidades;

98 Rede Governança Brasil. *Governança pública municipal*: transformando sua administração / Rede Governança Brasil. 3. ed. Salvador, BA: Editora Mente Aberta, 2023. Disponível em: <chrome-extension://efaidnbmnnnibpcajpcglclefindmkaj/https://08f4af24-661e-42cd-bea1-76b941e30c5a.filesusr.com/ugd/5a9d77_705015b9f2f94ce6a803aabc29bacf95.pdf>. Acesso em: 18 nov. 2023.

VI. implementar controles internos fundamentados na gestão de risco, que privilegiará ações estratégicas de prevenção e correção antes de processos sancionadores;
VII. avaliar as propostas de criação, expansão ou aperfeiçoamento de políticas públicas e aferir seus custos e benefícios;
VIII. avaliar a conformidade da execução das políticas públicas com as diretrizes de planejamento estratégico;
IX. manter processo decisório orientado pelas evidências baseado no nível de serviço comparado, pela conformidade legal, pela qualidade regulatória, pela desburocratização e pelo apoio à participação da sociedade;
X. editar e revisar atos normativos, pautando-se pelas boas práticas regulatórias e pela legitimidade, estabilidade e coerência do ordenamento jurídico e realizando consultas públicas sempre que conveniente;
XI. promover a participação social por meio de comunicação aberta, voluntária e transparente das atividades e dos resultados do órgão ou entidade, de maneira a fortalecer e garantir o direito de acesso à informação, que será franqueada, mediante procedimentos objetivos e ágeis, de forma transparente, clara e em linguagem de fácil compreensão; e
XII. promover a tomada de decisão levando em consideração a avaliação dos ambientes interno e externo do órgão ou entidade e dos diferentes interesses da sociedade.

O art. 6º da minuta de normativo, que trata da competência dos secretários (alta administração), também deve ser observado na elaboração dos planos de ação:

> Art. 6º Compete à alta administração implementar e manter mecanismos, instâncias e práticas de Governança compreendendo, no mínimo: I - formas de acompanhamento de resultados, inclusive por meio do Índice Integrado de Governança e Gestão Públicas (IGG) e do Nível de Serviço Comparado; II - soluções para melhoria do desempenho do órgão ou entidade; III - mecanismos institucionais para mapeamento de processos; IV - instrumentos de promoção do processo decisório com base em evidências; e V- elaboração e implementação de planejamento estratégico do órgão ou entidade. (RGB, 2023)

Além desses passos iniciais, o conjunto completo das iniciativas a serem implementadas pelos entes subnacionais, pode ser consultado em uma rica gama de manuais e guias hoje disponível no Brasil. No Referencial Básico de Governança do TCU[99] essas boas práticas estão divididas, didaticamente, conforme ilustrado na Figura 58, em mecanismos de Liderança, Estratégia e Controle.

Figura 58 – Mecanismos e Boas Práticas de Governança

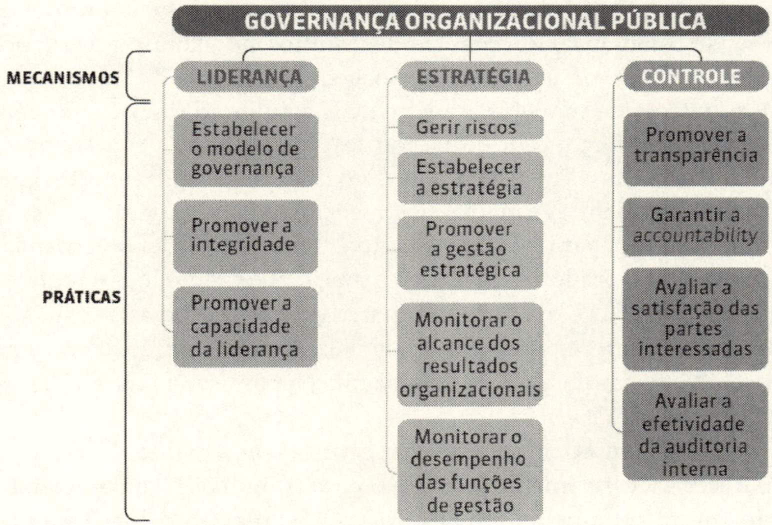

Fonte: TCU.

Inspirado no referencial do TCU e atento ao modelo do governo federal do Brasil, o Código de Boas Práticas em Governança Pública,[100] elaborado pela RGB, IGCP e entidades parceiras, por certo, se converterá, em pouco tempo, na fonte de inspiração mais utilizada por estados e municípios brasileiros para definição das ações a serem previstas no planejamento da política.

---

99 TRIBUNAL DE CONTAS DA UNIÃO, *op. cit.*

100 Rede Governança Brasil. *Código de boas práticas em governança pública* / Rede Governança Brasil. Salvador, BA. Brasília, DF. Editora Mente Aberta; Rede Governança Brasil, 2021. [E-book]. Disponível em: <chrome-extension://efaidnbmnnnibpcajpcglclefindmkaj/https://www.rgb.org.br/_files/ugd/5a9d77_181c0326ae21443288c4b6a329063312.pdf>. Acesso em: 18 nov. 2023.

As boas práticas do Código resultam não só da experiência aprendida com o modelo do governo nacional do Brasil, mas, principalmente, da maior proximidade de seus elaboradores com a distinta realidade de diversos municípios e estados brasileiros, preocupando-se, a partir da diversidade dos contextos regionais e econômicos de cada localidade, em responder às seguintes questões: a) Como indicar boas práticas de governança que possam ser difundidas em organizações públicas que possuem estruturas, orçamentos, vinculações, arranjos e maturidades distintas?; b) Como incluir práticas de distintos modelos de governança (de contratações, de gestão de pessoas, de tecnologia da informação, dentre outros) de maneira abrangente e equilibrada?; c) Como considerar e difundir conceitos importantes relacionados à governança?

Atento a essas questões, o Código traça um amplo espectro com 135 ações, também agrupadas nos mecanismos de Liderança, Estratégia e Controle. Para facilitar o exato entendimento de governantes, gestores e colaboradores, o Código avança, no entanto, em relação ao referencial do TCU, explicitando, para cada ação proposta, os resultados que podem ser alcançados com sua implementação, bem como fornecendo exemplos teóricos e/ou práticos para cada boa prática de governança pública.

Esse conjunto amplo de boas práticas, no entanto, talvez possa parecer excessivamente complexo para os municípios de pequeno porte, muito comuns no Brasil. Para os governantes dessas localidades, embora incentivemos a leitura do material já mencionado, sempre recomendamos, em todos esses anos de divulgação do tema entre as lideranças brasileiras, que uma política de governança de sucesso fosse implementada a partir da adoção das boas práticas resumidas no guia do TCU "Dez Passos para a Boa Governança".[101]

Utilizando a ferramenta do 5W2H, recomendada pela Cartilha da RGB, e tendo por base as práticas previstas nos "Dez Passos para a Boa Governança", elaboramos, a título de exemplo, o plano de ação simplificado na Figura 59. Importante notar que o instrumento, 5W2H, além das ações (O que) e a forma de implementá-las (Como), induz os responsáveis pela política de governança a definirem pontos importantes

[101] BRASIL. Tribunal de Contas da União – TCU. *Dez passos para a boa governança*. Brasília: TCU; Secretaria de Planejamento, Governança e Gestão, 2014. Disponível em: <https://portal.tcu.gov.br/governanca/governancapublica/organizacional/levantamento-de-governanca/>. Acesso em: 18 nov. 2023.

da estratégia de implementação de qualquer política, como os atores (Quem) e o cronograma de execução (Quando).

Na elaboração do plano de ação deve-se atentar que há providências, como "Implementar o Programa de Integridade", que devem ser previstas inicialmente de forma mais simplificada. Nesse caso, o prazo inicial, de responsabilidade do CGOV, é estabelecido para definir a unidade competente pela coordenação do programa. O cumprimento do cronograma das ações, no entanto, de responsabilidade das secretarias, será definido posteriormente, e acompanhado por essa unidade coordenadora. O Prefeito e o CGOV podem, também, definir um prazo final para que o programa todo esteja implementado. E a unidade coordenadora organiza esse prazo de acordo com a capacidade de cada secretaria.

Para planejar e viabilizar um bom Programa de Integridade, os governantes dos entes subnacionais podem se espelhar no modelo do governo nacional do Brasil, coordenado pela CGU (apresentado no capítulo 7). Além do modelo nacional, uma das fontes principais para os municípios brasileiros atualmente é a "Cartilha para Estruturação de Programas de Integridade para Prefeituras",[102] da RGB/IGCP, que orienta sobre a implementação do programa e auxilia na elaboração de um Plano de Integridade.

Figura 59 – Plano de Ação simplificado da Política de Governança

O Que - Passo	Quem	Quando	Por que	Como - o que você pode fazer para dar esse passo?	Quanto
1) Estabelecer o modelo de governança adequado à realidade do município				- crie e faça funcionar o CGOV - edite o normativo de governança (Lei ou Decreto) - estabeleça um modelo e cronograma para a instalação e funcionamento dos comitês internos de governança - estabeleça as responsabilidades pela coordenação e implementação da política de governança - defina a responsabilidade pela sensibilização e capacitação de gestores, servidores e colaboradores sobre o tema governança	
2) Implementar o programa de integridade				- defina uma unidade responsável pelo programa - estabeleça em conjunto a unidade criada um plano de ação e um cronograma de implementação	
3) Promover a capacidade da liderança				- estabeleça critérios para escolha das lideranças - crie modelo de avaliação do desempenho e dos resultados das lideranças	
4) Implementar sistema de gerenciamento de riscos e controles internos				- defina e implemente as estruturas e responsabilidades pela gestão de risco (inclusive a segunda linha de defesa) - assegure por normativos que a gestão de riscos será incorporada ao plano estratégico e demais processos das organizações - implemente normatize o processo de gestão de crises e continuidade de negócios	
5) Estabelecer a estratégia e promover a gestão estratégica				- defina a estratégia da organização com objetivos, metas e indicadores de desempenho - garanta o alinhamento da estratégia do município, internamente, com cada secretaria, e externamente com planos estaduais e nacionais - defina o modelo de monitoramento da estratégia.	
6) Promover a transparência				- identifique e divulgue todas as informações exigidas legal e jurisprudencialmente - institua estrutura de atendimento às demandas por informação (ouvidoria) - disponibilize informações em forma de dados abertos	
7) Garantir accountability (prestação de contas e responsabilização)				- disponibilize, inclusive na Internet, as prestações de contas nos termos da legislação vigente e de acordo com os interesses da sociedade - garanta a estrutura e o funcionamento das instâncias de responsabilização	
8) Assegurar a efetividade da Auditoria Interna				- garanta o funcionamento da auditoria interna - garanta o fluxo de informações para e da auditoria interna, inclusive as ações previstas neste plano - dê transparência sobre os motivos de não cumprimento eventual de recomendações da auditoria interna	
9) Avaliar a satisfação das partes interessadas				- elabore, divulgue e mantenha atualizada Carta de Serviços - identifique, junto aos cidadãos, os requisitos para a prestação dos serviços e para as políticas públicas - realize pesquisas de satisfação	
10) Monitorar os resultados das políticas públicas, inclusive a política de governança				- escolha ou institua um indicador de governança - institua indicadores de desempenho de qualidade e confiáveis - estabeleça os resultados prioritários e garanta seu acompanhamento pelo CGOV - garanta um fluxo rotineiro de informações prioritárias e das demais das secretarias pelo CGOV - dê publicidade aos resultados, com justificativas e planos de ajustes para os insucessos	

Fonte: Elaboração dos autores.

Um ponto muito importante para garantir o sucesso de qualquer política pública, inclusive a de governança, está resumido no item 10 da figura anterior, que diz respeito ao monitoramento e avaliação. Esse passo deve constar do planejamento, como um compromisso formal para sua efetiva realização e com os ajustes que se mostrarem necessários.

Chamamos atenção, com relação à Política de Governança, que seu monitoramento e avaliação, no primeiro momento, não precisa se concentrar em aspectos mais complexos, atinentes aos impactos nas organizações e demais políticas públicas, que as boas práticas de liderança, estratégia e controle irão provocar, ao longo do tempo. No momento inicial de maturação da política, a avaliação deve se concentrar na adequação e implementação dos passos previstos no plano de ação.

No entanto, é importante prever (no 5W2H), prazos para entrega de "produtos" importantes como o CGOV, os Comitês, o Programa de Integridade, o Sistema de Gestão de Riscos, o Planejamento Estratégico etc. Embora seja importante o estabelecimento de um marco final para que cada um desses itens esteja funcionando em toda a estrutura, as lideranças, na definição de sua estratégia de implementação, devem estabelecer em que tempo cada uma das suas organizações serão capazes de alcançar os avanços pretendidos. Em suma, podem ser estabelecidos prazos diferenciados para as secretarias mais e menos preparadas, mas o cronograma deve contemplar todas elas, sem deixar ninguém para trás.

O acompanhamento da entrega dos produtos deve ser feito por meio da mensuração periódica dos indicadores de governança, que darão a dimensão do percentual de execução dos objetivos e metas inicialmente traçados. Além disso, recomendamos que o prefeito, CGOG e os próprios gestores das pastas, utilizem-se de um painel de controle, tendo esses "produtos" da política como marcos. Outros painéis de controle, para avaliar mais detalhadamente ações do programa de integridade, ou do sistema de gestão de riscos, por exemplo, também são recomendados.

Por fim, o leitor pode notar que o plano de ação que propomos, embora se baseie no modelo simplificado dos "Dez Passos" do TCU, abrange, na verdade, várias ações previstas nas demais fontes citadas. Temos convicção de que, mesmo com esse modelo simplificado, qualquer município de pequeno porte, no tempo adequado às suas capacidades – financeira e de pessoal –, seja capaz de galgar de uma situação inicial de governança a um patamar intermediário ou até avançado.

Ainda assim, mesmo nesses pequenos municípios, à medida que seus órgãos e políticas públicas avançam, a ambição dos governantes deve ser a implementação de um conjunto o mais completo possível das boas práticas de liderança, estratégia e controle.

Para municípios maiores ou para os estados brasileiros, planos mais completos, com ações adicionais às sugeridas em nosso modelo simplificado dos Dez Passos, podem ser necessários e possíveis. Para esses planos mais elaborados os entes subnacionais podem se valer de outras publicações da RGB/IGCP, para avançar com relação à Proteção de Dados (Cartilha Governança em Proteção de Dados[103] e LGPD – Boas Práticas Para os Municípios Brasileiros),[104] Gestão de Pessoas (Governança em Gestão de Pessoas)[105] e Contratações (Nova Lei de Licitações e a Inexorável Chegada da Governança das Contratações),[106] além da importantíssima Governança ambiental (Agenda de Governança Climática para os Municípios Brasileiros: primeiros aportes do Comitê de Desenvolvimento Sustentável da Rede Governança Brasil).[107]

[103] Rede Governança Brasil. *Cartilha de governança em proteção de dados para municípios* / Lucas Paglia, Bruno Ferola, Fábio Xavier. Salvador, BA; Brasília, DF: Editora Mente Aberta, 2021. [*E-book*]. Disponível em: <chrome-extension://efaidnbmnnnibpcajpcglclefindmkaj/https://www.rgb.org.br/_files/ugd/5a9d77_ae67b7230a7d46bcbb77d1f523e209ea.pdf>. Acesso em: 19 nov. 2023.

[104] XAVIER, Fábio Correa; Paglia, Lucas. LGPD: boas práticas para os municípios brasileiros / coordenação Fábio Correa Xavier e Lucas Paglia. Salvador, BA: Editora Mente Aberta, 2022. Disponível em: <chrome-extension://efaidnbmnnnibpcajpcglclefindmkaj/https://www.rgb.org.br/_files/ugd/5a9d77_64403b8da1eb440cbd4396676446464e.pdf>. Acesso em: 19 nov. 2023.

[105] MENDONÇA, Ana Cláudia *et al.Governança em gestão de pessoas*: da teoria às boas práticas / Ana Cláudia Mendonça *et al.* Salvador, BA: Editora Mente Aberta, 2023. Disponível em: <chrome-extension://efaidnbmnnnibpcajpcglclefindmkaj/https://www.rgb.org.br/_files/ugd/5a9d77_fad2df44bad746caa92ac2ebc6908e22.pdf>. Acesso em: 19 nov. 2023.

[106] CARDOSO, Lindinei de Oliveira; ALVES, Paulo Ribeiro. *A nova Lei de Licitações e a inexorável chegada da governança das contratações*. Salvador, BA; Brasília, DF: Editora Mente Aberta; Rede Governança Brasil, 2021. [E-book]. Disponível em: <chrome-extension://efaidnbmnnnibpcajpcglclefindmkaj/https://www.rgb.org.br/_files/ugd/5a9d77_bd90e3945f06435a826e0e64d93a6b93.pdf>. Acesso em: 19 nov. 2023.

[107] Rede Governança Brasil. *Agenda de governança climática para os municípios brasileiros*: primeiros aportes do Comitê de Desenvolvimento Sustentável da Rede Governança Brasil / Rede Governança Brasil – Salvador, BA: Editora Mente Aberta, 2023. Disponível em: <chrome-extension://efaidnbmnnnibpcajpcglclefindmkaj/https://www.rgb.org.br/_files/ugd/5a9d77_e25f7e9afd7545c192113b3d6614774e.pdf>. Acesso em: 19 nov. 2023.

PARTE V

UM PROJETO DE GOVERNANÇA PARA A AMÉRICA LATINA E CARIBE

Resumo

Após expormos na parte I desta obra como a governança está avançando no Brasil, sob a forma de uma política pública, desde a edição do Decreto nº 9.203/2017, e de apresentarmos, na parte IV, os esforços que vêm sendo desenvolvidos nos governos subnacionais (estados e municípios) brasileiros, para que essa política de governança se dissemine no país, trataremos, a partir de agora, das possibilidades de um projeto semelhante para os países da América Latina e Caribe, abrangidos pela atuação da Olacefs, uma organização de Instituições Superiores de Controle do continente (semelhantes ao TCU).

Tal projeto foi apresentado, durante os trabalhos da XXXI Assembleia Geral Ordinária da OLACEFS, ocorrida em 23 de setembro de 2022, na cidade de Oaxaca de Juárez, México, pelo TCU, ISC do

Brasil.[108] O projeto, em dez grandes passos, foi concebido para o desenvolvimento da governança pública na região, baseado no sucesso do modelo brasileiro, apresentado na parte I. A ideia foi posteriormente detalhada pelo ministro Augusto Nardes para outros membros da Organização, quando participou de Webinar organizado pelo Equador, em outubro de 2022.

Como o projeto contempla um papel de indução relevante da Olacefs, bem como das ISC dela componentes, na disseminação das boas práticas de governança no Continente, veremos no capítulo 21 desta parte V, algumas breves considerações sobre as formas de organização dos Estados e dos governos dos países da região para entendermos que o Controle Externo (objeto das ISC) nasce na esteira do surgimento da democracia e, em boa parte dos conceitos republicanos, tipos mais comuns de organização atual dos países componentes da Olacefs.

Feita a correlação entre Controle Externo e Democracia, trataremos, no capítulo 22, da Organização Internacional de Instituições Superiores de Controle (INTOSAI), bem como de seu braço no continente, a Organização Latino-Americana e do Caribe de Instituições Superiores de Auditoria (Olacefs), deixando claro a todos, os esforços que ambas têm empreendido ao longo dos anos, para disseminar os conceitos da boa governança pelo mundo e no continente.

No capítulo 23, veremos que a Olacefs tem, inclusive, uma Comissão Técnica, específica para desenvolver Práticas de Boa Governança (CTPBG), que propôs, no ano de 2022, um indicador de governança, tema do capítulo 24. Também há uma Força Tarefa específica de capacitação e de disseminação da governança, no âmbito do Comitê de Capacitação (CCC).

Com respaldo na importância estratégica que a Governança Pública apresenta para a INTOSAI e Olacefs, apresentaremos, no capítulo 25, o inteiro teor do projeto proposto pelo TCU e avaliaremos, no capítulo 26, as possibilidades de a Olacefs capitanear um grande projeto de desenvolvimento desse importante tema na região. Por fim, para concluir com um exemplo ilustrativo das possibilidades que se deseja alcançar, traremos os resultados iniciais do piloto que iniciamos em três ilhas do Continente (Santa Cruz, componente das Ilhas Galápagos, do Equador; Fernando de Noronha, do estado de Pernambuco, no Brasil e uma ilha do México, que ainda está em processo de seleção).

---

108 Representado pelo Ministro Augusto Nardes, coautor desta obra.

APRESENTAÇÃO

Esta seção propõe que a governança tem uma de suas maiores ameaças no populismo como estratégia de governo e clima cultural predominante em vários países, destacando especialmente duas de suas características usuais: sua tendência a deslegitimar o pluralismo político e o uso da pós-verdade como uma de suas ferramentas retóricas cotidianas. A governança, embora opere em um nível institucional em vez de discursivo, exige dos atores políticos à frente das instituições uma visão política que reconheça a legitimidade da dissidência e a dignidade do adversário no mapa das pretensões políticas; nada disso é o caso dos populismos. Mas tudo isso requer mais elaboração argumentativa.

Retornando à essência do que foi explicado nos capítulos anteriores, a governança é sempre tratada em relação a algo, portanto, podemos situá-la como um conceito de articulação: boa governança, redes, participação cidadã, processos políticos (de democratização ou regressão ao autoritarismo), transparência, prestação de contas e implementação efetiva de políticas de cooperação entre entidades políticas autônomas. Também sugerimos que se trata de um termo polissêmico (PORRAS, 2019)[109], com pelo menos os seguintes significados:

1. A convergência de atores, recursos e instituições do governo, da sociedade civil e dos mercados para resolver um determinado problema de política.

[109] PORRAS Sánchez, Francisco. *Gobernanza, propuestas, límites y perspectivas*. México: Instituto Mora, 2019.

2. O mandato por trás dessa convergência.
3. Uma certa identificação entre governança e bom governo, especialmente na dimensão de ter metas mensuráveis e sensibilidade às demandas dos cidadãos. Em nossa opinião, esse significado, louvável em suas intenções, é academicamente arriscado, pois corre o risco de confundir o que é essencialmente mecanismo e disposição (governança no sentido minimalista) com conteúdos específicos, gerando assim confusão e possível contaminação ideológica nas discussões da ciência política.
4. A partir da teoria da complexidade (PORRAS, 2019), é equivalente à ordem sociopolítica e econômica que resulta dos esforços para governar. Isso implica que todos governam, ou todos nós governamos: atores públicos e privados. Também pressupõe que os governos devem usar uma combinação de rigidez legal e instrumentos flexíveis (NYE, 1990)110 para alcançar os resultados desejados. Nesse caso, a distribuição de informações e a indução de um comportamento livre e consciente são fundamentais; a governança aqui tem mais afinidade com o conceito clássico de autoridade do que com o de poder.
5. A mudança em um governo do uso intensivo de hierarquias para o uso intensivo de redes.
6. O denominador comum desse conceito de rádio é que todos eles têm em seu núcleo, ou como parte importante dele, a questão da cooperação entre atores de diferentes jurisdições ou de diferentes setores sociais.

É interessante insistir no ponto das redes porque ele tem implicações importantes. Não se trata de uma mudança de paradigma que obedece a uma convicção democrática, mas de uma mudança completa na maneira de entender as relações humanas e institucionais. A sociedade hierárquica ou baseada em classes tem sido a mais predominante na história humana e, de fato, foi amplamente questionada no Ocidente até o Iluminismo. Mesmo assim, a igualdade legal entre os seres humanos não impediu que certas organizações mantivessem uma estrutura vertical e fechada, em que as decisões são tomadas de cima para baixo (ou seja, de forma hierárquica): exemplos cotidianos disso são a instituição eclesiástica e a família, para não ir mais longe. Este

[110] NYE, J. S. *Soft Power*. Foreign Policy, 80, 1990. 153-171.

artigo não está preocupado em analisar as razões pelas quais muitas células em sociedades democráticas permanecem hierárquicas e autoritárias, se isso é desejável ou se uma realidade diferente é possível. Interessa-nos destacar que uma das instituições emblemáticas da sociedade moderna, o Estado nacional, foi criada dentro de um imaginário de verticalidade absoluta e hierarquia absoluta (a ideia de soberania, nem mais nem menos), e para a formação do conceito de governança foi necessário desmistificar essa imagem. Desde logo, quando se fala em governança dentro do próprio Estado, reconhece-se que a vontade do Estado não é unívoca nem monolítica, ou seja, que muitos entes dentro do próprio Estado podem se confrontar, suas agendas podem se chocar, e mesmo aqueles com objetivos complementares podem se atrapalhar ou se anular, na realidade administrativa. Além disso, quando se fala em governança em um sentido mais amplo, incluindo atores privados, reconhece-se que o Estado não pode fazer tudo e que os objetivos comuns mais importantes (saúde pública, segurança pública, reação a desastres naturais) só podem ser alcançados por meio de ações conjuntas e sob corresponsabilidade. Para quem está familiarizado com a ciência da administração pública moderna, isso pode ser um fato óbvio, mas não é. De fato, tudo o que foi dito acima se choca profundamente com os fundamentos teóricos do Estado moderno, entendido como um Estado-nação soberano.

Essa humildade, digamos assim, das pretensões do Estado também explica outra das ideias frequentes de governança, a do famoso "*helming*". Ela se refere ao fato de que o governo é uma forma de orientação e não de imposição de decisões. Em inglês, usa-se o termo "*steering*", que é mais ilustrativo, pois é o que se faz com o volante de um carro. Ele é dirigido e um movimento suave pode levar a mudanças decisivas de rota. Trata-se de uma influência dos atores governamentais em processos que têm sua própria dinâmica e sempre podem apresentar inércia e resistência. Nesse sentido, o governo se torna um "facilitador" ou "capacitador". Isso pressupõe que outras organizações sociais sempre têm um grau de auto-organização e uma agenda própria. A governança pressupõe que, às vezes, mesmo que se tenha a competência legal para forçar uma decisão, é mais eficiente e eficaz se o resultado for alcançado sem o uso do poder coercitivo do aparato judicial ou administrativo.

De fato, o Estado administrativo, em sua concepção clássica de estrutura de comando, dá lugar a um modelo mais inteligente, no qual, também seguindo Joseph Nye, a entidade estatal utiliza situacionalmente seu lado impositivo e seu lado colaborativo ou coordenador de setores e atores. Tanto as premissas quanto os mecanismos usados nessa última hipótese são radicalmente diferentes daqueles da teoria clássica do estado *weberiano* ou da tradição de Heller, em que o estado não só pode, mas deve comandar e impor, legitimamente, pela força, o que é de interesse público. A força é, de fato, um elemento diferenciador e específico do Estado, que também é concebido como estando fora da sociedade e agindo sobre ela (HELLER, 1997).[111]

A governança torna-se particularmente importante nas democracias em que há muitas instituições autônomas, mas que não têm recursos suficientes para cumprir seus mandatos. Existe uma interdependência institucional, diz Porras, 2019. Acrescentaríamos que isso ocorre especialmente em um contexto de fragmentação do poder (como no México de 1988 a 2018, em que o mesmo partido voltou a ocupar a presidência da república e a maioria simples no Congresso), em que a autoridade política representativa vê sua legitimidade em declínio, e é imperativo para estabilizar o clima político que o governo se desfaça de poderes que antes lhe pertenciam (eleitorais, monetários, de proteção dos direitos humanos e até mesmo em questões como energia e telecomunicações). O resultado natural é que alguns poderes, que necessariamente pertencem a poderes com representação popular, tornam-se "patos mancos", e que outros órgãos autônomos, dotados de autonomia quase total, carecem da legitimidade derivada do voto e, portanto, exigem constante negociação e cooperação com os poderes clássicos. A fragmentação do poder nas democracias leva a uma infeudação da autoridade, às vezes por território, às vezes por sujeito, e a disposição de cooperar se torna uma necessidade para todos, porque não pode, como nos países autoritários, ser suplantada por um poder de comando universal.

O declínio do poder político vai além de um mero arranjo conjuntural de forças partidárias durante períodos de polarização (embora esse último tenha seu próprio impacto). Moisés Naím (2013),[112] em seu jovem clássico intitulado "O Fim do Poder", procura demonstrar, acreditamos que com algum sucesso, que as mudanças tecnológicas

---

[111] HELLER, H. *Teoría del Estado*. 4. ed. Cidade do México: Fondo de Cultura Económica, 1997.

[112] Naím, M. *O fim do poder*: empresas que afundam, forças armadas derrotadas, papas que renunciam e governos impotentes: Como o poder já não é o que costumava ser. Espanha: Debate, 2013.

globais enfraqueceram inerentemente o núcleo da formação de qualquer poder, não apenas político, mas também econômico, social e até cognitivo. Hoje – menciona o autor – adquirir uma posição de poder ou autoridade (aqui ele mistura os dois conceitos) é mais fácil, mas a posição adquirida é mais frágil, tende a durar menos e a margem de manobra, quando se tem, é comparativamente menor do que em outros tempos. Assim, um funcionário público sênior pode fazer menos hoje do que há meio século, porque suas ações estão sob rigoroso escrutínio em tempo real; um CEO de uma empresa multinacional não desfruta mais, na mesma medida, das informações privilegiadas e do conhecimento de elite que lhe permitiam estar acima de 99,9% da população, porque hoje tanto as informações públicas quanto as habilidades comerciais específicas estão disponíveis para muito mais pessoas. Essa não é apenas uma hipótese teórica; há cada vez mais casos em que os governantes caem antes de cumprirem seus mandatos, a hegemonia das grandes corporações é desafiada com sucesso por pequenas empresas (às vezes até o ponto de um colapso completo e vertiginoso, como nos casos da Kodak, Nokia e IBM) e o *status* de celebridade é cada vez mais efêmero ou pulverizado, pois é compartilhado com centenas de milhares de pessoas que adquirem fama e influência por qualquer meio, todos os dias. Como podemos ver, a relativa inadequação de um estado ou de uma organização para atingir seus objetivos é apenas uma manifestação, entre outras, da relativização do poder.

Embora os setores e atores visados pela ação de governança busquem seus próprios objetivos identificáveis, em teoria, presume-se que também existam objetivos comuns desejáveis, e todos os envolvidos em uma determinada rede farão sua parte para alcançá-los. Isso pode parecer ingênuo para os identitários mais recalcitrantes, mas se não houver luta pela existência de algo que se assemelhe ao bem comum, não há autoridade, governo ou lei que valha, a não ser como representação dos interesses do grupo, e não apenas a governança, mas até mesmo a comunicação, torna-se impossível.

Ele também discute os problemas fundamentais da governança e destaca os seguintes aspectos de forma tradicional:

a) Cooperação: em que consiste e como é alcançada e mantida, e quais são suas implicações. É importante ressaltar que, para a governança, o Estado é, de muitas maneiras, limitado na implementação e aplicação de suas regras e decisões, ou no exercício do uso legítimo da força, mesmo em períodos de governo democrático. Aqui voltamos à necessária superação do conceito de Estado como um monopolizador bem-sucedido da violência legítima, uma entidade soberana que molda e transcende a sociedade sobre a qual atua, e todas essas concepções da ciência política clássica.

Mais útil é o conceito de Estado de Joel Migdal (MIGDAL, 1988),[113] do Estado dentro da sociedade (em oposição a fora dela, como na teoria clássica). Migdal supõe que a entidade estatal é uma das organizações sociais que está em permanente tensão com outras entidades criadoras de normas (família, igreja) e que nem sempre prevalece, embora seu conceito normativo lhe atribua supremacia indiscutível sobre as outras. Para ele, a fraqueza do Estado não é um vício, mas uma condição natural da complexidade social. Isso nos apresenta a vantagem de que, em vez de vermos Estados fracassados em toda parte, vemos a riqueza da negociação, da imposição e do consenso em que o poder público baseia sua ação na realidade material.

Mas também, sob a ótica da governança, o Estado não se considera a entidade supraordenada em todas as situações e em todos os problemas. Às vezes, ele reconhece que depende dos recursos que os mercados e a sociedade civil organizada possuem para lidar, com sucesso, com uma questão preocupante. Os Estados que não têm consciência disso acabam recebendo uma dose de realidade traumática em casos como o terremoto de 1985, em que o governo se mostrou hilariamente ineficaz, não apenas na reconstrução do que caiu, mas também em lidar com as medidas imediatas mais básicas após a catástrofe, desde a comunicação entre as famílias até a eliminação de cadáveres. Foi a sociedade que se organizou para lidar com a crise, muito antes das autoridades públicas. A partir de então, o governo mexicano não teve outra escolha a não ser reconhecer a sociedade civil como um ator político relevante com o qual deveria se sentar, negociar e ouvir suas demandas (LOAEZA e PRUD'HOMME, 2010).[114]

b) A governança também tem uma relação complexa com a auto-organização social, pois enquanto parte dela deriva da criação e do uso harmonioso de redes, outra parte pode ser devida à fragmentação indesejável do poder e dos recursos, ou seja, à

113 MIGDAL, J. S. *Strong Societies and Weak States*: State-Society Relations and State Capabilities in the Third World [Sociedades Fortes e Estados Fracos: Relações Estado-Sociedade e Capacidades Estatais no Terceiro Mundo]. Princeton University Press, 1988.

114 LOAEZA, S. e PRUD'HOMME, J. *Instituciones y procesos políticos*. México D. F.: El Colegio de México, 2010.

feudalização do poder em uma sociedade. Aqui também Naím (2013) é útil para entender a tendência global de pulverização do poder, o que torna a perspectiva da governança, se não uma convicção, ao menos uma necessidade para os governos.

Levando em conta tudo o que foi dito até agora, de que forma ou por qual motivo o populismo é incompatível com a governança? Argumentamos que, sob uma perspectiva, a de considerar o populismo como qualquer expressão personalista e a governança como qualquer expressão institucional, a política é reduzida a uma disputa entre populismo e governança (URBINATI, 2020).[115] Entretanto, para que a análise seja útil, ela requer nuances. O conceito de populismo não é mais tão elusivo quanto era há 20 anos, talvez devido ao seu ressurgimento no mundo nas últimas décadas.

Para Nadia Urbinati, o populismo é mais do que um movimento de inconformismo, e ele de fato tem traços identificáveis quando se torna governo, traços que deformam os três pilares da democracia moderna: o povo, o princípio da maioria e a representação.

Essa proposta é nova e mais ambiciosa do que outras, porque o populismo tem sido considerado por muitos estudiosos como uma mera estratégia, uma casca vazia de retórica por meio da qual os políticos populistas incentivam a mobilização permanente do público para apoiar o líder ou modificam a constituição para aumentar o poder da maioria. Para o autor italiano, o fenômeno é mais perigoso porque o populista busca tomar o lugar do poder constituinte. É duplamente perigoso porque permanece sempre dentro dos limites de um conceito de democracia, ainda que paleolítico, mas não falso, e, nesse sentido, o populista pode realizar as ações mais autoritárias e vexatórias contra as liberdades civis e políticas da minoria, mantendo uma aura de legitimidade democrática. Vejamos.

Em primeiro lugar, na medida em que o populismo busca construir um sujeito coletivo por meio do consentimento do povo (a maioria), ele não é compatível com um regime não democrático e se distingue especificamente do fascismo. A construção desse sujeito coletivo, o povo, é sempre retórica e sempre uma ficção, porque é um conceito possessivo, emotivo e não jurídico. O povo nunca pode ser a população inteira, mas apenas uma parte dela. Na medida em que

---

115 URBINATI, N. *Eu, o povo*: como o populismo transforma a democracia. México: INE/Grano de Sal, 2020.

essa construção, entretanto, ocorre em público e com a vontade dos protagonistas relevantes e do público, o populismo não apenas emerge, mas também se move à margem, embora limítrofe, da democracia representativa (URBINATI, 2020). Isso é de suma importância para a articulação de propostas de políticas (ou a falta delas) em países que estão presos entre a política do ressentimento populista e a surpreendente insensatez das elites tradicionais.

O primeiro está travando abertamente uma batalha diária contra a dissidência do governo, transformando todos os oponentes em corruptos e todos os jornalistas críticos em antipatriotas. A bússola de suas políticas públicas é, na melhor das hipóteses, o clientelismo e, na pior, o revanchismo. A oposição pode ser ainda mais em uma atmosfera de assédio social permanente e repúdio provocado pelas acusações emocionais e permanentes do líder, sem mais provas do que sua raiva vitimizada. Entretanto, os últimos (os membros da elite política institucional, que foram deslocados pelo populista) não conseguem ver as nuances que tornam essa nova forma de governo tão difícil de categorizar. Eles têm uma forma dicotômica de pensar que só reconhece o fascismo e a democracia deliberativa, de modo que qualquer ataque governamental à liberdade de expressão, imposição legislativa sem diálogo (mas com maioria) e trivialização dos critérios legais para decidir controvérsias, eles automaticamente equiparam à destruição da democracia e ao estabelecimento de uma ditadura pura e simples. Mas esse não é o caso. E o ruim é que, quando o tempo passa, e as instituições da democracia, da representação e do Estado de Direito continuam existindo e atuando (mesmo que hostilizadas no discurso), o populista fortalece a narrativa da guerra suja da oposição e mente aos olhos de seus seguidores.

Os políticos institucionalistas precisam aprender a ver, mais uma vez, que diferentes formas de democracia e dimensões da democracia são implantadas nas sociedades. Ao lado da democracia consensual ou deliberativa, há um modelo de democracia mais simples e majoritário que, nas circunstâncias certas de prevalência legislativa, não se envolve em diálogo nem concede nada à oposição ou às minorias. Naturalmente, a democracia deliberativa está mais de acordo com a complexidade do parâmetro de regularidade constitucional e convencional dos direitos humanos, mas isso não significa que a outra seja uma ditadura.

Além disso, para alguns autores, o movimento populista, que sempre começa como um protesto desarticulado e não como um governo, pode ser razoavelmente bem explicado pela ideia de

Contra-Democracia, desenvolvida pelo cientista político francês Pierre Rosanvallon (2008).[116] De acordo com esse autor, a normalidade democrática em um ambiente global de consenso econômico internacional tem um período de desencanto, porque os governos podem fazer cada vez menos em termos de decisões estruturais importantes. Isso é, em parte, um produto da despolitização das economias com o programa neoliberal que foi introduzido em todo o mundo quando o modelo do estado de bem-estar social perdeu força (dizemos isso, não Rosanvallon). Nessas circunstâncias, apesar da existência de uma democracia eleitoral confiável, a diferença entre as alternativas políticas é trivializada, porque nenhuma delas pode promover as mudanças que implicariam uma melhoria substancial no padrão de vida das pessoas, pelo menos em sua percepção como eleitorado nacional. A decepção leva a um fenômeno duplo: a apatia dos cidadãos em relação à participação nos processos institucionais (razão pela qual o abstencionismo tende a ser alto) e, ao mesmo tempo, uma manifestação de desaprovação majoritária e diária de qualquer ação ou programa do governo. Esse dissenso etéreo, mas inegável, que apenas desaprova, mas não propõe nada, deixa os governos desconfortáveis, mas confusos. Esse germe é, em sua essência, antissistêmico e, portanto, está em permanente desacordo com qualquer ação proveniente do que é percebido como um sistema corrupto ou ineficiente como um todo. É fácil ver os pontos de contato entre essa contra-democracia e o populismo, e ela não deixa de ser uma manifestação, incômoda e completa, da vontade do povo. Ao adquirir um pouco mais de forma, permanência e veículos de mobilização dentro do espectro de partidos e candidatos, o descontentamento do momento contra-democrático encontra uma representação adequada na alternativa populista. O populismo toma o poder e está em permanente tensão, tentando conciliar sua responsabilidade governamental com sua inspiração antissistêmica e, portanto, antigovernamental. Não é fácil, mas certamente estamos em uma democracia desfigurada, não em uma das alternativas históricas que a aboliram, como o fascismo ou a ditadura socialista.

Em suma, a oposição antipopulista deve entender que o populismo não acaba com as instituições democráticas e liberais, mas as deforma a tal ponto que o arranjo político acaba sendo muito menos civilizado e liberal; não é o desaparecimento, mas a involução do

---

[116] ROSANVALLON, P. *Counter Democracy*. Boston: Cambridge University Press, 2008.

conceito democrático que deve ser evitado, e essa é uma consequência natural dos governos populistas. Mas se o discurso não for alterado nesse sentido, a minoria continuará sendo mentirosa ou cega para o que as massas veem como a nova realidade.

Os populismos reconhecem a legitimidade dos processos eleitorais, mas usam as eleições como um meio de validação, não de competição. Trata-se de um plebiscito ou aclamação que mostra a "parte boa" da nação e a coloca em um lugar de destaque em relação às outras partes ruins. O que o populismo realmente busca, por meio de todos os recursos da democracia, inclusive as eleições, é um processo de substituição de algumas elites (tradicionais) por outras (as deles). A democracia representativa funciona internamente como uma diarquia de vontade popular (especialmente em eleições e procedimentos institucionalizados) e opinião (os julgamentos e as narrativas da esfera pública).[117] Elas se influenciam mutuamente, mas nunca se confundem. Portanto, não é de se surpreender que, diante de uma eleição acirrada, o populista seja rápido em desconsiderar os resultados. Um exemplo recente disso foi a narrativa contínua de Donald Trump de que o sistema eleitoral dos EUA era corrupto e que ele havia sido enganado. Como outros líderes, ele não viu inconsistência em denunciar falhas sistêmicas de confiabilidade no mesmo sistema e nas mesmas autoridades que reconheceram sua vitória em uma eleição anterior; quando eles vencem, é porque "sua vitória foi tão retumbante que seus oponentes não puderam fazer nada para impedi-la"; quando eles perdem "ele já havia avisado que a fraude era iminente". É muito difícil lidar com o populista porque ele não ignora completamente a lei e as instituições, mas as reconhece de forma seletiva.

Nesse contexto, o populismo é estruturado como uma tentativa de unificação e contra o pluralismo. É por isso que os discursos de hostilidade ou ódio do líder populista contra seus adversários, sejam eles quem forem, são considerados por seus seguidores como um sinal de sinceridade e não de violência. A diferença com o fascismo é que

> o fascismo não se contentou com a propaganda permanente, mas traduziu essa hostilidade em leis repressivas e no uso da força contra os inimigos do Estado. O populismo desfigura a democracia, mas o fascismo a destrói. A essência da separação entre o fascismo e a democracia é a

[117] Urbinati, *op.cit.* p. 40 e seguintes.

dialética entre a maioria e a oposição (que pode permanecer oposição em liberdade e, potencialmente, mais cedo ou mais tarde se tornar uma maioria); não a celebração da unidade coletiva das massas.[118]

O ambiente ideal para o surgimento do populismo é uma das fases da democracia representativa de que fala Bernard Manin: a democracia do público. Isso envolve o público indiferenciado e desorganizado, atuando como um tribunal com autoridade e em constante mudança, em face de um declínio das instituições básicas de representação, partidos e parlamentos.[119] Para que isso seja possível, é necessária uma simplificação excessiva de todos os problemas políticos. Às vezes, esse reducionismo é pré-existente ao populismo (na América Latina, por exemplo, a cultura política se presta a interpretações simplistas e emotivas de qualquer coisa), mas há também um esforço permanente e deliberado por parte dos governos populistas para exacerbar esse efeito, por meio de propaganda de fácil assimilação, repleta de dados imprecisos, meias-verdades ou mentiras diretas impossíveis de verificar. É nesse ponto que o populismo acrescenta a pós-verdade como uma de suas ferramentas essenciais.

Grandes públicos nunca têm a quantidade de informações necessárias para entender as nuances de um problema estrutural, nem a vontade de adquiri-las. É por isso que o populismo propõe um maniqueísmo que permite que todos os problemas políticos sejam transformados em problemas de posições morais: das pessoas boas contra a elite corrupta. Novamente, os atalhos avaliativos não são novos e, até certo ponto, são essenciais nas democracias, porque graças a eles os cidadãos podem ser informados sobre um número significativo de questões públicas, mesmo que não sejam especialistas nelas. O oposto disso, uma sociedade em que apenas especialistas dão opiniões, decidem e resolvem problemas públicos, não é uma democracia de sábios, mas a utopia do despotismo esclarecido. O que vemos aqui, então, é o exagero dessa característica inevitável da democracia e sua ampliação e manipulação, de modo que os cidadãos não têm mais apenas deficiências quantitativas de informação, mas também deficiências qualitativas no julgamento de um problema público. Será dito que essa predisposição

118 Urbinati, *op.cit.*, p. 57.

119 Urbinati, *op.cit.*

para acreditar em qualquer coisa é inerente às pessoas. Isso é falso, ou pelo menos não é exato, e é outro dos problemas da retórica populista, que escolhe muito bem seus termos para torná-los inquestionáveis.

O termo "povo" (sempre um conceito central na retórica populista) é altamente polêmico. Não apenas pela implicação emotiva que carrega e que é enorme (para Fernando Escalante, o povo é uma entidade que se define porque sofre), mas porque, como diz Müller (2016),[120] desde os tempos gregos e romanos, ele tem sido usado em pelo menos três sentidos: como um todo, englobando 100% da população de um território; como sinônimo de pessoas comuns, ou excluídas; e como um todo abstrato, ou seja, como a nação. Podemos ver esse último significado nos discursos de George W. Bush quando ele se referiu à caça aos terroristas como uma reivindicação do povo americano, pois ele não estava se referindo nem aos pobres nem aos indivíduos, mas à entidade estatal que se identificava com seu povo, "os verdadeiros americanos". Essa ambivalência e força emocional significam que qualquer pessoa pode ser considerada parte do povo, mas também, sob certas circunstâncias (reais ou inventadas), permite que qualquer pessoa seja excluída. É, de fato, um termo ideal para criar casos sociais contra bodes expiatórios, individuais e coletivos.

O próprio Müeller (2016) nos lembra que ser um crítico das elites é uma condição necessária, mas não suficiente, para ser considerado um populista. O que é essencial, aqui também, é o antipluralismo: "além de serem antielite, os populistas são sempre antipluralistas; eles afirmam que eles, e somente eles, representam o povo".[121]

Como governo, o populismo manifesta três aspectos, de acordo com o mesmo autor: ele se apropria do aparato estatal (ao contrário de outros movimentos antissistêmicos de mero protesto) e frequentemente recorre à corrupção e ao clientelismo em massa. Além disso, faz um esforço deliberado e sistêmico para suprimir a sociedade civil organizada.

O debate sobre esse fenômeno, mais cedo ou mais tarde, esbarra na questão da responsabilidade e, nesse sentido, se os políticos populistas são responsáveis ou irresponsáveis. Donald Trump é um exemplo de alguém que não assume responsabilidade por nada e, como outros líderes da mesma laia, supõe que os problemas deixados por seus antecessores não lhe dizem respeito, porque ele não os criou. Esse é o

---

120 MÜLLER, Jan – Werner. *O que é populismo?* México: Grano de Sal, 2017.

121 MÜLLER, Jan – Werner (2017), p. 7.

nível mais básico da demagogia, mas não para por aí, pois também nos força a considerar os termos de responsabilidade, ou seja, os valores que são assumidos e que definem os critérios pelos quais as ações ou a culpa do político serão julgadas. Trata-se de uma subversão de valores impessoais (lei, mercado) por valores pessoais (autoridade moral, convicção), que é uma manifestação muito concreta e às vezes perigosa da ética *weberiana* da convicção como o único indicador válido de responsabilidade política.

Biglieri (2021) é um dos autores em que podemos ver uma romantização do populismo, com uma estrutura que visa a devolver as decisões soberanas ao povo. Ele até fala de uma reivindicação dos "plebeus" contra as oligarquias, a fim de recuperar a *res publica*. É difícil ser mais autocongratulatória do que isso. Entretanto, é útil para dimensionar o apelo do populismo, especialmente como um movimento de oposição, não apenas entre as bases que se consideram marginalizadas, mas também entre algumas das elites tradicionais, sejam elas econômicas ou acadêmicas. E, às vezes, parece que a sedução é genuína, e não impostada. É por isso que, paradoxalmente, todos os movimentos populistas e governos têm suas próprias elites, que negam seu *status*, mas não seus privilégios. É por isso que a luta de Donald Trump contra as elites pode ser conciliada com o flagrante favorecimento dos investidores de Wall Street, e é por isso que várias famílias de notáveis estão acomodadas, em sua totalidade, no novo *status quo* da retórica popular. Não há contradição (na mente dos seguidores), porque o elitismo é uma condição subjetiva de desprezo pelo povo, não uma condição social ou econômica objetiva.

Até agora, certamente está ficando claro que o populismo e o governo com conotações populistas são altamente voláteis no uso de seus adjetivos, pois como suas coordenadas são morais e o líder é a medida da moralidade, eles podem ser mudados de bons para ruins e vice-versa em um único dia, com um julgamento sumário da mídia que qualifica alguém como traidor ou redimido. Mas ela vai além, pois redefine conceitos e valores ideológicos de acordo com o que é necessário no momento. Sua flexibilidade é enorme, porque o rigor de sua base programática é inexistente. E, nessas condições, é perfeitamente compreensível que ela forme uma equipe temível com a pós-verdade.

A pós-verdade é um estado de coisas que envolve vários fatores. É muito mais complicado do que mentiras em discursos políticos ou na mídia. Não é que a verdade tenha perdido força, mas que ela se multiplicou. As mentiras sempre existiram na política. De fato, Hannah

Arendt, em um ensaio clássico sobre a mentira na política, diz que a mentira política e a visão política são gêmeas porque vêm da mesma fonte: a imaginação. É a capacidade de imaginar algo que ainda não existe que permite ao ideólogo imaginar mundos possíveis, e é imaginar algo que não existiu que permite aos políticos acomodar o passado para se livrar da responsabilidade. É claro que estamos simplificando, mas essa é a ideia principal.

Arendt foi inspirada a escrever seu ensaio pela publicação no New York Times dos "Pentagon Papers", documentos vazados que demonstravam que o governo dos EUA enganou o público por quase duas décadas sobre a questão da Guerra do Vietnã. Isso é materialmente análogo aos vazamentos maciços que levaram aos escândalos modernos, como os "Panama Papers" ou os "Pandora Papers", que resultaram na exposição de muitos e na prisão de alguns. Mas sempre houve vazamentos. De acordo com um estudioso da pós-verdade, há uma linha que liga os demagogos da Grécia antiga aos populistas contemporâneos e, em todo o mundo, de Hitler e Stalin, a Reagan e Bush, as pessoas recorreram à falsificação de testemunhos, documentos, fabricação de notícias e outras técnicas de propaganda mentirosa para justificar ou ocultar um fato (RUBIO, 2017).

Na época atual, a verdade não se opõe às mentiras, mas a outras verdades, consideradas igualmente válidas, e é aí que reside o problema. Em parte, devido à influência filosófica dos desconstrucionistas, em parte devido à proliferação de dados contraditórios e afirmações científicas, estamos em um momento em que todos, inclusive os jornalistas, tratam a verdade não como algo a ser encontrado, mas como algo a ser construído. Isso tem mais consequências do que a desinformação sistêmica, é claro. A política de identidade (sobre a qual não nos pronunciamos de forma alguma neste artigo, porque não é o assunto) tem em sua base a convicção de que as únicas coisas que existem como verdades são construções sociais, especificamente projetadas para oprimir alguns e exaltar outros, por sistema, de acordo com a participação em um grupo específico. É por isso que o feminismo, a teoria racial crítica, os direitos LGBTI e outros movimentos têm em comum a ancestralidade teórica do trabalho de Foucault e Lyotard. É necessário fazer essa observação porque, ironicamente, sua omissão poderia fazer com que qualquer crítica ao produto do relativismo desconstrucionista parecesse uma crítica à política de identidade, o que não é verdade; ou seja, poderia fazer deste mesmo texto uma vítima da pós-verdade. Portanto, que sirva como uma profilaxia.

Voltando especificamente à pós-verdade, diante da multiplicidade de dados e da falta de consenso, as pessoas optam por se ater ao que melhor se encaixa no que já acreditam, a *veracidade* de que fala Stephen Colbert: coisas que presumo serem verdadeiras porque parecem ser verdadeiras ou porque deveriam ser verdadeiras (RUBIO, 2017).

O hábito de absorver informações de maneiras sobre as quais eles não têm mais controle não ajuda. Dois terços dos usuários de mídias sociais, que chegam a bilhões, consomem notícias por meio de seus murais personalizados. Isso é perigoso. Os algoritmos fornecem cada vez mais conteúdo semelhante ao que o usuário compartilhou ou gostou, portanto, quanto mais você consome, menor é a probabilidade de encontrar dados que contradigam suas opiniões ou visão de mundo. Na verdade, mais convencidos eles ficam de seus próprios preconceitos. Isso sem prejuízo dos riscos envolvidos no desaparecimento dos editores como uma figura outrora necessária no negócio da informação. Embora os meios de comunicação de massa sempre tenham tido sua própria agenda, preconceitos ideológicos e interesses comerciais que moldam sua linha editorial, pelo menos havia algumas verificações básicas sobre os editores profissionais, o que impedia, em princípio, o aparecimento de notícias que eram mentiras diretas para fins estritamente difamatórios, fatos notoriamente falsos com provas tangíveis do contrário ou histórias com fontes que também eram deliberadamente fabricadas. Quando um jornal ou noticiário não seguia um mínimo de decoro profissional, estava destinado a permanecer em um estrato que correspondia mais ao entretenimento ou à propaganda do que à informação. Ninguém teria pensado em colocar o jornal "Alarma" no mesmo nível do "Washington Post" como fonte de informação cujo conteúdo pudesse ser verificado como igualmente confiável, mas, mesmo que o usuário não diga isso, é o que ele faz agora. Eles recebem o artigo cujo conteúdo confirma um preconceito ou ataca aqueles de quem não gostam e o compartilham e viralizam sem nem mesmo lê-lo na íntegra, muito menos verificá-lo.

Um dos eventos que ilustra a complexidade da pós-verdade é o Brexit. Durante toda a campanha, afirmou-se que o fato de a Grã-Bretanha pertencer à UE custava £350 milhões por semana. Esse número, como tal, não era totalmente falso, mas era mais do que enganoso com a intencionalidade com que foi retratado (VICIOSO, 2019). Era a contribuição bruta do país sem deduzir o que ele recebia, de diferentes maneiras, da UE. Foi também um dos dados mais lembrados pelas pessoas após a votação. Isso mostra, então, como a pós-verdade pode ser uma verdade descontextualizada, em vez de uma mentira absoluta. Além disso, longe de ser prejudicada pela atual abundância de dados e estatísticas, ela pode fazer uso deles, interpretando-os de forma oportunista e tendenciosa.

É uma política anticientífica que dá um salto perigoso da afirmação de que todos têm direito a uma opinião para a afirmação de que todas as opiniões são igualmente verdadeiras. Os que mais perdem com essa lógica, é claro, são os especialistas e cientistas, cujas opiniões acabam sendo relativizadas juntamente com as de qualquer leigo.

Na política da pós-verdade não há diálogo porque não há argumentação, mas narrativa, e narrativa é qualquer explicação dotada de significado, independentemente de ser baseada em fatos verdadeiros ou falsos. É uma realidade construída dotada de significado, nada mais. Não se destina a provar nada, mas a mobilizar aqueles que já escolheram acreditar nela. É também por isso que a pós-verdade representa uma descriminalização da mentira na política. Esta citação é, a meu ver, muito ilustrativa: "As redes sociais favorecem a criação de públicos afetivos que só se identificam com sua tribo moral" (VICIOSO, 2019, p.38).

Essa moralização subjetivista torna-se, então, uma lente abrangente por meio da qual se vê toda a realidade. É por isso que é reducionista para um extremo político em qualquer país rotular o grupo oposto como ignorante ou imbecil, como se alguns fossem alienados (no sentido marxista) e outros esclarecidos. O viés cognitivo que ambos tendem a ter é, em parte, um produto do fornecimento indiscriminado de fatos e narrativas e, em parte, do reforço positivo que cada pessoa dá ao conteúdo tendencioso ao reagir positivamente a alguns e negativamente a outros, com critérios viscerais ou emocionais. A pós-verdade é um sistema perverso que se sustenta por meio de uma série de círculos viciosos em que os criadores de conteúdo, jornalistas, propagandistas políticos e consumidores do próprio conteúdo contribuem para a geração, produção, disseminação e lucratividade da desinformação.

Concluindo esta seção: o primeiro ponto irreconciliável entre governança e populismo é que este último tem uma raiz antipolítica que sempre mantém, e concordamos com Müller (2016) no sentido de que a antipolítica não pode gerar políticas reais, entendidas como ações concretas que materializam programas racionais e seguem um ciclo de políticas públicas capaz de ser identificado e avaliado. Nesse caso, o populismo fica atolado em seu próprio ressentimento antissistêmico, correndo o risco de perder a legitimidade e se tornar, ele próprio, um novo sistema (o novo *establishment*). Na melhor das hipóteses, que é o que geralmente acontece, os populistas que chegam ao poder dissociam cada vez mais seu discurso (que nunca moderam) de suas ações (que inventam, exageram ou enquadram de forma absurda para fazer parecer que, por mais tempo que estejam no cargo, não são "como os antigos", ou seja, como governantes comuns). A abordagem de governança busca exatamente o oposto, ou seja, a despersonalização e a despersonalização do maior número possível de ações públicas, porque é isso que torna possível a cooperação de entidades e atores com suas próprias agendas para atingir fins comuns; esses fins, como comuns, não podem sequer ser identificados quando a única coisa que me define é minha discordância permanente com o outro, que considero ilegítimo por definição; o populista não reconhece oponentes dignos e, portanto, não pode haver diálogo, muito menos colaboração. Não há compromisso com o mal.

O segundo ponto, que diz respeito a um tipo específico de atores, é a concepção populista da democracia como a única fonte de legitimidade para a ação coletiva. Isso não é tão fácil quanto parece (em princípio, é disso que se tratam as democracias liberais), porque os regimes constitucionais e as instituições que protegem as liberdades civis e políticas nem sempre são extraídos democraticamente: o caso mais óbvio é o dos juízes. Os juízes e o restante das instituições não eleitas (incluindo muitas das entidades autônomas, como bancos centrais e comissões de direitos humanos, por exemplo) são guardiões do liberalismo, mas são fundamentalmente antidemocráticos em sua origem (MÜLLER, 2016). Pode-se argumentar que a legitimidade democrática é tangencial e está associada a outros valores positivos (por exemplo: que os tribunais são legitimados democraticamente pela qualidade de seus julgamentos, ou os órgãos autônomos pelo respeito à lei), mas nada disso resiste a um teste sério à luz dos princípios democráticos fundamentais. Simplesmente temos que aceitar que nem todas as entidades e organizações de ordens constitucionais são democráticas, porque além das decisões políticas, outras decisões técnicas, científicas, jurídicas e similares têm que ser tomadas, em que a maioria não é um critério razoável ou útil para alcançar o fim desejado, seja pela lei que é obedecida, seja pela mesma maioria que decidiu aprovar a lei sob a qual se age.

Portanto, não é surpreendente que os inimigos naturais de muitos políticos populistas sejam os órgãos técnicos e o judiciário, quando eles tomam decisões técnicas em vez de políticas. Novamente, a menos que sejam construídas pontes permanentes de comunicação entre essas instituições e o governo populista, a cooperação que a governança exige será prejudicada. Na melhor das hipóteses, haverá duas agendas: uma de normalidade burocrática, em que a colaboração é possível, e outra de questões relevantes para o populista, em que, longe de se beneficiar da cooperação, é sua intransigência aberta e agressiva que o legitima aos olhos de sua base eleitoral. Novamente, não são os detalhes da questão que importam, mas o fato de ser uma das que o governante defende como parte de sua luta contra as elites que a torna inegociável. A agenda da migração, por exemplo, está inserida nesse esquema em vários países, porque os dados concretos que demonstram a inocuidade dos migrantes para a taxa de desemprego ou para a segurança pública dos países de destino não importam em nada e são uma questão de "princípio" para os nacionalistas ferrenhos.

A governança não faz parte da teoria democrática mais básica, mas requer um tipo específico de democracia para ser viável e desejável para os atores políticos relevantes: uma democracia em que se aceite que a deliberação é indispensável e que ceder em uma posição é inevitável para se chegar a acordos que permitam o funcionamento do sistema. Nesse sentido, qualquer ameaça ou ataque às instituições básicas da democracia representativa em termos de construção de consenso e reconhecimento dos direitos das minorias também é uma ameaça à governança, porque o autoritarismo (moral ou não, não importa) vê fraqueza no diálogo e traição de seus princípios no consenso, independentemente dos princípios do governo no poder. Qualquer estudo sério sobre o desenvolvimento da governança nos tempos atuais deve incluir, como um de seus limites analíticos, a saúde democrática e a imagem do consenso político que existe na sociedade em análise.

CAPÍTULO 21

21.1 Breves considerações sobre controle e democracia

Como vimos nos capítulos anteriores, a probabilidade de que o Estado colabore, de fato, para o crescimento sustentável ao longo do tempo é tanto maior quanto melhor for a capacidade de governar dos seus líderes e agentes.

Para que os resultados previstos sejam concretizados, é essencial a existência de instrumentos de direcionamento, monitoramento e avaliação das diversas políticas públicas concebidas pelos governantes e gestores para que as ações corretivas, caso necessárias, sejam implementadas tempestivamente.

É nesse contexto que desponta a importância da atuação dos órgãos de controle e do Controle Externo especificamente. Temos a firme convicção, conforme tratamos na parte I, de que as Instituições Superiores de Controle (similares ao TCU), de todo o mundo, podem contribuir sobremaneira na melhoria da governança pública, atuando como indutores desse processo.

Assim, o objetivo deste capítulo é apresentar o Controle Externo, entre outros tipos de controle existentes, pois entendemos que a população em geral ainda conhece pouco sobre as suas funções e competências.

Iniciaremos tratando das formas de Estado e de Governo na América Latina e Caribe, das quais decorrem os modelos de controle existentes, como elemento crucial para a democracia. Na sequência, esperamos que todos entendam que as instituições do Controle Externo são elementos integrantes da estrutura da governança pública de um Estado, corresponsáveis, portanto, em sua tarefa (do Estado) de cumprir seu contrato social com os indivíduos, da melhor forma possível.

21.2 Formas de estado e de governo na América Latina e Caribe

A região da América Latina e Caribe apresenta uma grande diversidade de formas de organização do Estado e dos governos, cada país com sua própria estrutura política e sistema de governo. É importante notar que as formas de governo e organização política podem evoluir ao longo do tempo devido a mudanças políticas, sociais e econômicas. Apresentamos, a seguir, algumas das principais formas de organização política na região, neste momento:

República Presidencialista. Nesse sistema, o chefe de Estado (presidente) é eleito pelo povo e exerce tanto funções executivas quanto cerimoniais. O presidente é o chefe de governo e o chefe de Estado.

Estado Unitário. Alguns países, como a Venezuela e a Argentina, têm um sistema de governo centralizado, onde o poder político está concentrado no governo nacional e os estados ou províncias têm menos autonomia.

República Federativa. Muitos países na América Latina, como o Brasil e o México, são repúblicas federativas. Isso significa que eles têm várias unidades subnacionais (estados, províncias, municípios etc.) que possuem um grau significativo de autonomia política.

República Parlamentarista. Neste sistema, o chefe de Estado (geralmente um monarca ou presidente) tem um papel cerimonial, enquanto o chefe de governo (primeiro-ministro) é o líder do partido ou coalizão com maioria no parlamento. O primeiro-ministro é responsável pela administração do governo.

Embora a maioria dos países na região seja composta por repúblicas, alguns são monarquias constitucionais. Exemplos incluem Jamaica, Bahamas, Belize e Granada.

21.3 Tipos de controle e seus princípios

A complexidade da estrutura organizacional decorrente da atuação do Estado, especialmente os de viés mais desenvolvimentistas, demanda a elaboração de um sistema de controle que abranja todos os atores direta ou indiretamente envolvidos com as decisões que gerem receitas e despesas públicas.

Com efeito, a implantação de um sistema de controle eficiente representa um dos pilares da boa governança, em especial pela construção de mecanismos que acompanhem a atuação dos agentes delegados em função das expectativas e diretrizes apresentadas pelo "principal", a sociedade.

Controle pode ser entendido como um conjunto de ações que avalia resultados e processos em comparação a valores desejados ou preestabelecidos, bem como orienta a adoção de medidas corretivas nas situações em que ocorrem desvios entre as expectativas dos "principais" e os resultados apresentados pelos "agentes".

É nesse sentido de avaliação ou comparação que a palavra controle tem origem na língua francesa por meio da junção das expressões "contre" e "rolê": "rolê" empregado na acepção de papel a ser desempenhado; "contre" na dimensão de contraposto a esse papel, com a ideia de verificação.

Em síntese, podemos classificar a atuação dos diversos órgãos responsáveis por zelar pelo bom e regular uso dos recursos públicos em controle administrativo, interno e externo. Ao lado deles, também deverá ser criado espaço para controle social, realizado diretamente pela sociedade.

Controle Administrativo. Em primeiro plano, o controle deve ser exercido pela própria autoridade administrativa, responsável por seus atos e de seus subordinados. Decorre do princípio da autotutela administrativa, relativo ao poder-dever de a Administração Pública rever ou anular os referidos atos em função de aspectos de legalidade ou de mérito.

Na legislação brasileira, o art. 53 da Lei nº 9.784/1999 traduz com propriedade esse poder ao definir que "A Administração deve anular seus próprios atos, quando eivados de vício de legalidade, e pode revogá-los por motivo de conveniência ou oportunidade, respeitados os direitos adquiridos". A matéria não é nova na jurisprudência. Desde 1969, a Suprema Corte do Brasil, por meio da Súmula nº 473, ratificou tal entendimento.

Trata-se, inegavelmente, do controle mais direto e tempestivo sobre a prática dos atos administrativos. Porém, não pode ser avaliado apenas sob o prisma restrito de um controle individualizado de cada ato, tendo em vista a elevada quantidade de ações praticadas por diversas pessoas, que não permite ao gestor ter plena segurança de que todas estejam em consonância com a legislação e as melhores práticas.

Mas o sistema de controle não pode se esgotar nessa instância. É preciso uma visão global e independente da despesa pública e de seus riscos. Por esse motivo, deve ser prevista a existência de órgãos que não estejam diretamente envolvidos na atividade administrativa: o Controle Interno e o Externo.

Controle Interno. O controle interno é uma função fundamental na gestão governamental e empresarial. Com o avanço da tecnologia e a evolução das práticas de gestão, algumas tendências modernas impactaram o campo de controle interno, sendo relevante destacar: inteligência artificial e *machine learning*; tecnologia da informação e auditoria digital; integração de dados; ênfase na prevenção e detecção de fraudes; auditoria contínua e monitoramento em tempo real; gestão de riscos integrada; transparência e responsabilidade; controle interno na nuvem; educação continuada e certificações; e ênfase na ética e Compliance.

Essas tendências refletem a necessidade de adaptação do controle interno às mudanças no ambiente de negócios e nas práticas de gestão. A capacidade de utilizar tecnologia, integrar dados e identificar riscos é fundamental para um controle interno eficaz nas organizações modernas.

No Setor Público, o Controle Interno Governamental está sujeito às mesmas tendências listadas anteriormente. Mas há outras tendências particulares, ditadas pelos desafios específicos enfrentados pelo setor público de melhorar sua capacidade de alcançar os resultados previstos nos contratos sociais estabelecidos entre o Estado e a Sociedade. Nesse desafio governamental, algumas tendências do controle interno se destacam: transparência e prestação de contas; gestão de riscos e controle interno integrado; governança de dados e privacidade; sustentabilidade e responsabilidade ambiental; colaboração e cooperação internacional.

Essas tendências refletem a necessidade de o Controle Interno Governamental se adaptar a um ambiente em constante mudança e cumprir seu papel fundamental na promoção da transparência, responsabilidade e eficácia na gestão dos recursos públicos.

No Brasil, avançando em relação aos preceitos constitucionais anteriores, a Constituição de 1988 (BRASIL, 1988) brasileira acrescentou a criação de Controle Interno nos Poderes Legislativo e Judiciário e determinou que, juntamente com o do Poder Executivo, já existente na Constituição anterior, esses sistemas fossem conservados de forma integrada. Os artigos 70 e 74 da Carta Magna brasileira estabeleceram as seguintes finalidades para o sistema de Controle Interno:

> Avaliar o cumprimento das metas previstas no plano plurianual, a execução dos programas de governo e dos orçamentos da União; comprovar a legalidade e avaliar os resultados, quanto à eficácia e eficiência,

> da gestão orçamentária, financeira e patrimonial nos órgãos e entidades da administração federal, bem como da aplicação de recursos públicos por entidades de direito privado; exercer o controle das operações de crédito, avais e garantias, bem como dos direitos e haveres da União. (BRASIL, 1988)

Além das citadas acima, o Controle Interno apoia o Controle Externo por meio das seguintes organizações:

Controladoria-Geral da União (CGU). É o órgão de controle interno do Poder Executivo Federal, responsável por auditar e fiscalizar a gestão dos recursos públicos federais, promover a transparência, prevenir e combater a corrupção e promover a ética na administração pública.

Controladorias Estaduais e Municipais. Cada estado e município brasileiro possui sua própria Controladoria ou órgão equivalente, responsável por exercer o Controle Interno nas esferas estadual e municipal.

Controle Interno Governamental. No Brasil, este controle desempenha um papel crucial na garantia da boa governança e na utilização eficiente e transparente dos recursos públicos. Ele contribui para a promoção da *accountability* (prestação de contas) e para o fortalecimento da democracia e do Estado de Direito no país.

Controle social. O controle social é um mecanismo fundamental para a participação dos cidadãos na gestão pública e na fiscalização das ações do governo. Ele permite que a sociedade exerça influência sobre as políticas públicas, promovendo a transparência, a responsabilidade e a democracia. Existem várias formas de atuação do controle social, incluindo: participação em conselhos e comissões; acompanhamento de orçamento; realização de auditorias sociais; denúncias e reclamações; participação em audiências públicas; atuação em organizações da sociedade civil; monitoramento de políticas sociais; uso de ferramentas digitais; parcerias com instituições de controle; atuação na mídia e educação cívica.

O controle social funciona como uma instância externa de apoio e promoção da boa governança, sendo essencial para garantir que o governo seja responsável perante os cidadãos e que as políticas públicas atendam às necessidades da sociedade. Quando bem exercido, ele contribui para a promoção da transparência, da justiça e da eficácia na administração pública.

Afinal, é a sociedade que sente o efetivo resultado das políticas públicas e, por esse motivo, tem a capacidade de melhor avaliar a atuação da burocracia no uso de seus recursos arrecadados mediante tributos. Quanto melhor esse acompanhamento, mais efetivo se torna o poder que os cidadãos dessa sociedade detêm de escolher os agentes políticos por meio de eleições diretas.

No Brasil, além do voto, alguns mecanismos legais foram colocados à disposição do cidadão para eventuais correções de problemas, tais como: possibilidade de denunciar irregularidades ou ilegalidades perante o Tribunal de Contas da União (art. 74, §2º, da Constituição Federal); incentivo à participação popular e realização de audiências públicas, durante os processos de elaboração e discussão dos planos, lei de diretrizes orçamentárias e orçamentos (art. 48 da Lei Complementar nº 101/2000); acesso amplo a informações, previsto no inciso XXXIII do art. 5º, no inciso II do §3º do art. 37 e no §2º do art. 216 da Constituição Federal (Lei nº 12.527/2011); e na atuação de conselhos gestores de políticas públicas, como o Conselho de Alimentação Escolar, o Conselho Municipal de Saúde, o Conselho de Controle Social do Bolsa Família e Conselho do Fundef(Fundo de Manutenção e Desenvolvimento do Ensino Fundamental e de Valorização do Magistério).

O controle e seus princípios. Princípios podem ser entendidos como juízos de valor que direcionam a atuação de pessoas e órgãos e orientam a elaboração e interpretação das normas. São elementos fundantes, sobre os quais se assenta a base do ordenamento jurídico.

O controle possui princípios próprios, como: segregação das funções, relação custo-benefício, independência funcional e técnica, qualificação adequada, aderência a normas e guarda do sigilo. Antes de explicar o significado de cada um deles, vale aqui esclarecer que estamos tratando dos princípios específicos do controle, sem prejuízo da observância dos demais ligados à Administração, como o da legalidade, da impessoalidade, da publicidade, da moralidade e da eficiência, aos quais os órgãos de controle também se subordinam.

De acordo com o princípio da segregação, as funções de controle devem estar separadas daquelas ligadas à administração. "Quem faz, não controla" é uma máxima que transmite a ideia de que a execução e o controle de uma transação não podem estar nas mãos exclusivas de um mesmo agente ou responsável, sob pena de fragilidade estrutural do sistema.

Na mesma linha de raciocínio, os responsáveis pela fiscalização devem ter independência funcional e técnica em relação ao executor para exercerem com isenção suas atribuições; caso contrário, poderiam ser coagidos a emitir pareceres específicos pela regularidade em situações de cenários conturbados.

Essa independência, entretanto, não exime o controle de observar fielmente as normas quando da realização dos trabalhos; afinal, a essência do controle está exatamente em aferir se as regras postas em prol do interesse público estão sendo observadas pelos agentes públicos.

Considerando o elevado número de áreas sobre as quais o controle deve se debruçar, dos mais diferentes tipos e complexidades, é exigido que o profissional responsável esteja preparado em sua área específica de atuação para identificar corretamente fraudes e irregularidades, desde as mais óbvias até as mais sofisticadas. O princípio da qualificação adequada, pois, está umbilicalmente ligado ao princípio da especialização.

Porém, há limites econômicos que devem nortear a atuação dos controladores. Os trabalhos de fiscalização têm custos por vezes elevados; portanto, devem ser direcionados para objetos relevantes. A relação benefício-custo deve ser sopesada sempre que for anunciada a perspectiva de uma ação de monitoramento.

21.4 O controle externo em contextos democráticos

Como visto no início do capítulo, a região da América Latina e Caribe é, atualmente, predominantemente formada por Repúblicas e governos democráticos. Esse legado democrático vem da Revolução Francesa, quando a antiga ideia de poder concentrado nas mãos de uma pessoa e transferido por sucessão hereditária foi substituída por uma nova lógica de que todo o poder emana do povo.

A origem republicana também tem suas raízes nas ideias iluministas da Revolução Francesa, que, no ano de 1789, deixou um de seus mais importantes documentos – a Declaração dos Direitos do Homem e do Cidadão. Inegável a influência das ideias de Montesquieu na aprovação dessa declaração. Segundo o filósofo, na esfera das três espécies de governo – republicano, monárquico e despótico – apenas o primeiro teria a influência do povo nas linhas gerais de ação do Estado. Mesmo no republicano, ainda haveria que se tomar cuidado para que o poder estivesse nas mãos de todo o povo, espelhando a democracia, e não apenas de parte dele, a aristocracia.

Assim, a expressão República tem sua origem na combinação dos vocábulos "res" (coisa) e "publica" (do povo). Pode ser entendida como a forma de governo cujo poder é exercido por uma ou um grupo de pessoas eleitas direta ou indiretamente pelo povo para atuar em nome dele por um período delimitado e, em contrapartida, prestar contas de seus atos. Essa forma de governo dá aos indivíduos o direito de usufruir e exigir qualidade no emprego dos bens e recursos públicos e de conhecer, sempre que necessário, todas as informações a respeito dos gastos realizados por seus "agentes".

Em suma, os avanços na teoria e na filosofia política, como os escritos de filósofos como John Locke e Montesquieu, influenciaram a concepção de sistemas de governo que incluem mecanismos de Controle Externo. Os ideais iluministas do século XVIII, como a liberdade, a igualdade e a justiça, promoveram a ideia de que o governo deveria ser responsável perante o povo e sujeito a supervisão e controle. Episódios de abuso de poder por parte de governantes, monarcas ou líderes autoritários, até então, levaram à necessidade de limitar o poder do governo e criar mecanismos de supervisão.

O fortalecimento das instituições democráticas, com eleições livres e justas, ajudou a consolidar a ideia de que o governo deve ser submetido a um Controle Externo eficaz para garantir a responsabilidade perante os indivíduos do Estado. Organizações internacionais, como as Nações Unidas e o Banco Mundial, ajudaram nesse processo, promovendo padrões de governança que incentivaram a inclusão de disposições relacionadas ao Controle Externo nas constituições dos países.

Nessa linha, o controle desponta como essencial na garantia da democracia. Isso porque, não obstante as diversas teorias que buscam traduzir a formação do Estado, conforme vimos no capítulo 10, a Nação politicamente organizada precisa atuar por meio de agentes. Nesse contexto, por melhor que seja o sistema de delegação da sociedade para esses agentes, conforme tivemos a oportunidade de refletir também no capítulo 10, é necessária a criação de instrumentos que assegurem que as ações empreendidas por eles estejam em sintonia com o interesse dos indivíduos, tanto em termos de planejamento, como de execução.

Jacoby Fernandes[122] tece oportunas considerações a respeito da matéria:

---

[122] JACOBY FERNANDES, Jorge Ulisses. *Tribunais de contas do Brasil*: jurisdição e competência. Belo Horizonte: Fórum, 2008. p. 31.

> Controle e poder, no desenvolvimento histórico, nem sempre puderam estar associados. Ao contrário, chegaram mesmo a ser expressões antagônicas, vez que a máxima expressão do segundo era a ausência do primeiro. Daí a importância da contribuição dos iluministas, destacando-se Montesquieu: "temos a experiência eterna de que todo homem que tem em mãos o poder é sempre levado a abusar deles, e assim irá seguindo, até que encontre algum limite". (JACOBY FERNANDES, 2008)

Dessa forma, a origem do Controle Externo nas constituições dos países remonta à necessidade de estabelecer mecanismos para supervisionar e fiscalizar as ações do governo, garantir a prestação de contas e promover a transparência e a responsabilidade na administração pública.

Esses mecanismos evoluíram ao longo do tempo, refletindo mudanças nas estruturas políticas, nas tradições legais e nas expectativas da sociedade. Muitos países começaram a desenvolver sistemas de Controle Externo durante ou após revoluções ou movimentos de independência. Esses eventos frequentemente resultavam em novos governos que buscavam garantir a transparência e evitar abusos de poder. O surgimento do Estado de Direito, que estabelece que o governo deve operar de acordo com leis e regulamentos, influenciou a necessidade de supervisionar o cumprimento das leis pelo próprio governo.

Assim, o Controle Externo nas constituições dos países é resultado de uma evolução histórica complexa que reflete a busca contínua por sistemas de governo mais responsáveis, transparentes e justos. Cada país desenvolveu seu próprio sistema de Controle Externo com base em sua história, tradições legais e contexto político específico.

As constituições modernas dos Estados, em sua maioria, preveem a existência de um órgão independente de controle, com a competência de fiscalizar a Administração Pública por meio de procedimentos técnicos, identificados como Instituições Superiores de Controle (ISC).

Podemos elencar dois modelos estruturais básicos de controle adotados internacionalmente: o de Tribunal de Contas, também conhecido por napoleônico ou judicial; e o de Auditoria Geral, sistema monocrático, britânico ou anglo-saxão. No primeiro, existe um corpo de ministros, com o rodízio de direção; no segundo, a organização é comandada por um dirigente, denominado auditor-geral, detentor de autonomia decisória.

Jacoby Fernandes[123] sustenta as vantagens do modelo tribunal: atuação em colegiado, alternância de direção, rodízio no controle dos órgãos e distribuição impessoal de processos. O autor ressalta que a implantação de novos paradigmas de ação econômica revelou ao mundo a inteligência dessa estrutura ao ser estabelecido, quando da criação do bloco econômico europeu, um Tribunal de Contas da União Europeia, "afastando de vez todas as concepções que consideram esse modelo como inadequado para fazer face às novas contingências de futuro" (JACOBY FERNANDES, 2008).

No Brasil, o Controle Externo nasceu há mais de 100 anos no modelo de Tribunal de Contas e assim permanece até os dias atuais. A titularidade do Controle Externo, no entanto, é do Parlamento. O art. 70 da Constituição brasileira de 1988 dispõe que compete ao Congresso Nacional, mediante Controle Externo, a fiscalização contábil, financeira, orçamentária, operacional e patrimonial da União e das entidades da administração direta e indireta. Por sua vez, o art. 71 estabelece que esse Controle Externo será exercido com auxílio do Tribunal de Contas da União.

Zymler[124] esclarece que o Controle Externo, de fato, desdobra-se em duas vertentes: o controle político, realizado pelas Casas Legislativas, e o controle técnico, que abrange a fiscalização contábil, financeira e orçamentária, exercido com auxílio do TCU. Ainda segundo o autor, esse modelo de controle, em que um órgão técnico auxilia o político, faz-se imprescindível em uma democracia, na qual a supremacia da maioria não deve excluir os interesses das minorias:

> [...] o controle da Administração Pública não se deve revestir apenas de cunho político. O contrário poderia resultar na inexistência de padrões objetivos de controle e, em consequência, na atenuação dos critérios de fiscalização dos recursos públicos geridos por responsáveis politicamente afinados com a maioria, ou repassados para regiões que estejam submetidas à esfera de influência dos partidos majoritários.
>
> Assentada essa premissa, mostra-se necessário o estabelecimento de um núcleo técnico que propicie ao Legislativo apoio no exercício do Controle Externo, dotado de competências para operacionalizar a fiscalização contábil, financeira e orçamentária. (ZYMLER, 1998)

---

123 JACOBY FERNANDES. *Tribunais de contas do Brasil*: jurisdição e competência. Belo Horizonte, Fórum, 2008. p. 114.

124 ZYMLER. Questões de controle: controle das finanças públicas no Brasil: visão atual e prospectiva. *Revista do Tribunal de Contas da União*, 1998 p. 26.

A independência do TCU em relação ao Poder Legislativo mereceu as seguintes ponderações de Britto:[125]

> Em rigor de exame teórico ou apreciação dogmática, Poder Legislativo e Tribunal de Contas são instituições que estão no mesmo barco, em tema de Controle Externo, mas sob garantia de independência e imposição de harmonia recíproca. Independência, pelo desfrute de competências constitucionais que se não confundem (o que é de um não é do outro, pois dizer o contrário seria tornar inócua a própria explicitação enumerativa que faz a Constituição para cada qual dos dois órgãos públicos). Harmonia, pelo fim comum de atuação no campo do Controle Externo, que é um tipo contábil, financeiro, orçamentário, operacional e patrimonial de controle sobre todas as pessoas estatais-federadas e respectivos agentes, ou sobre quem lhes faça as vezes. (BRITTO, 2001)

O TCU, na condição de órgão técnico, possui uma ampla gama de competências, estabelecidas no art. 71 da Constituição Federal, que englobam, entre outras: apreciar as contas prestadas anualmente pelo Presidente da República; julgar as contas dos administradores e demais responsáveis por dinheiros, bens e valores públicos; apreciar a legalidade dos atos de admissão de pessoal; realizar, por iniciativa própria ou do Congresso Nacional, inspeções e auditorias, nas unidades administrativas dos três poderes; aplicar aos responsáveis, em caso de ilegalidade de despesa ou irregularidade de contas, as sanções devidas, como ressarcimento de prejuízos e multas.

---

125 BRITTO. O regime constitucional dos tribunais de contas. *Revista Diálogo Jurídico*, 2001 p. 6

CAPÍTULO 22

22.1 Controle externo e seu papel indutor da governança

Uma das bases da excelência organizacional é buscar em outros atores do mesmo ramo de negócio as boas práticas a serem implementadas. Não é diferente com o Sistema de Controle Externo, que se estruturou em entidades autônomas e independentes, em todo o mundo, para fortalecer e uniformizar sua experiência e forma de atuação. Veremos a seguir como funcionam essas organizações e procuraremos demonstrar que a governança pública é um tema de destaque para o Controle Externo no mundo.

22.2 INTOSAI

A INTOSAI (International Organisation of Supreme Audit Institutions) ou, em português, Organização Internacional de Instituições Superiores de Controle, é uma entidade autônoma, independente e apolítica, criada exatamente para propiciar o intercâmbio de ideias e experiências entre os órgãos de controle de cada país.

A entidade, com sede permanente em Viena, foi constituída em 1953, por iniciativa da ISC de Cuba. Sua estrutura teve incremento substancial de 34 países, no momento da sua constituição, para atuais 204 países (195 Membros Plenos, cinco Associados e dois Afiliados), segundo folder disponível na página da Organização.[126] Tem como

126 INTOSAI. Folder "Ubout us". Disponível em: <https://www.intosai.org/about-us>. Acesso em: 27 set. 2023.

lema *experientia mutua omnibus prodest* (experiência mútua em benefício de todos).

O Tribunal de Contas da União (ISC do Brasil), segundo sua página de Relações Internacionais,[127] é membro fundador da INTOSAI. Durante o XXIV Congresso Internacional das Instituições Superiores de Auditoria (INCOSAI), realizado no Rio de Janeiro, Brasil, de 7 a 11 de novembro de 2022, o TCU foi nomeado Presidente da instituição por três anos.

Ainda segundo o TCU, os órgãos da INTOSAI são a Assembleia Geral, o Conselho Diretivo, o Secretariado Geral, as Organizações Regionais (Afrosai, Arabosai, Asosai, Carosai, Eurosai, Olacefs, Pasai), comitês técnicos e órgãos de trabalho. Por ser uma organização autônoma, independente e não política, além de sua natureza não governamental, à instituição foi atribuído o *status* consultivo especial junto ao Conselho Econômico e Social (ECOSOC) das Nações Unidas.

A INTOSAI é responsável pela aprovação das International Standards of Supreme Audit Institutions (ISSAIs), que disciplinam os padrões para o funcionamento das entidades de controle externo internacionais e para a realização de auditorias de entidades públicas. Seus princípios fundamentais estão consolidados na Declaração de Lima sobre Diretrizes para Preceitos de Auditoria,[128] também conhecido como a Carta Magna da organização, adotada em outubro de 1977, na IX Incosai realizada em Lima (Peru).

A referida Declaração apresenta também um conjunto relevante de regras atinentes à auditoria governamental. Oportuno transcrever o prefácio da mencionada declaração, que retoma tema tratado no capítulo anterior, ao relacionar os conceitos de democracia e controle independente:

> O propósito essencial da Declaração de Lima consiste em defender a independência na auditoria da Administração Pública. Uma Entidade Fiscalizadora Superior que não possa cumprir esta exigência não se ajusta às normas. Por conseguinte, não chama a atenção que o tema da independência das Entidades Fiscalizadoras Superiores continue sendo

---

127 TCU. Relações Internacionais. INTOSAI. Disponível em: <https://portal.tcu.gov.br/en_us/english/tcu-in-intosai>. Acesso em: 27 set. 2023.

128 INTOSAI. Declaração de Lima sobre as Linhas de Orientação para as Normas de Auditoria. 1977. Disponível em: <chrome-extension://efaidnbmnnnibpcajpcglclefindmkaj/https://nbasp.irbcontas.org.br/wp-content/uploads/2022/11/NBASP-1-Declaracao-de-Lima.pdf>. Acesso em: 27 set. 2023.

> uma questão que se debate de forma reiterada no âmbito da INTOSAI. Todavia, é preciso assinalar que a declaração não se aplica pelo mero feito de que se alcance a independência, se não como também se requer que esta independência esteja sancionada pela legislação. Isto, não obstante, exige que as instituições funcionem corretamente para que haja uma segurança jurídica. O que só poderá ocorrer numa democracia que se rege pelo império da lei.
>
> Em consequência, o império da lei e a democracia constituem premissas essenciais para uma auditoria realmente independente da Administração pública, e ao mesmo tempo, são os pilares nos que se baseiam as declarações de Lima. (INTOSAI, 1977)

A Carta de Lima traz o conceito da finalidade do controle e o insere em uma dimensão de construção de soluções e correções que induzam a melhoria da atuação da administração pública:

> O controle não representa um fim em si mesmo, se não parte imprescindível de um mecanismo regulador que deve assinalar, oportunamente, os desvios das normas e as infrações dos princípios da legalidade, rentabilidade, utilidade e racionalidade das operações financeiras, de tal modo que possam ser adotadas medidas corretivas convenientes em cada caso, determinar-se à responsabilidade do órgão culpado, exigir-se a indenização correspondente ao se adotar as determinações que impeçam ou, pelo menos, dificultem, a repetição de tais infrações no futuro. (INTOSAI, 1977)

22.3 Olacefs

A Organização Latino-Americana e do Caribe de Instituições Superiores de Auditoria (Olacefs) é um dos sete grupos regionais da INTOSAI, criada em 1963. Segundo consta em sua Carta Constitutiva (2015),[129] trata-se de uma entidade internacional com autonomia, independência e neutralidade política. Foi estabelecida como uma associação permanente, que tem como objetivo fomentar a cooperação entre seus membros, visando ao progresso e aprimoramento das instituições que a compõem.

---

129 OLACEFS. *Carta Constitutiva* (2015). Disponível em: <file:///C:/Users/vieiralg/Downloads/Carta_Constitutiva_2015-%20Olacefs.pdf>. Acesso em: 28 set. 2023.

A referida Carta Constitutiva também apresenta a configuração de seus membros, agrupados nas seguintes categorias: I. Membros Titulares, correspondentes às Entidades Fiscalizadoras Superiores dos países latino-americanos e do Caribe; e II. Membros Associados, correspondentes aos Órgãos Fiscalizadores subnacionais, estaduais ou locais, para Instituições Superiores de Auditoria de outras regiões e pessoas jurídicas de direito internacional público que contribuem com seu apoio técnico ou financeiro para o desenvolvimento da organização.

Com essa composição, a organização administrativa da Olacefs configura-se pelo funcionamento dos seguintes órgãos, compostos por representantes eleitos entre seus membros: Assembleia Geral; Conselho de Administração; Presidência; Secretaria Executiva; Comitês; e Comissões.

A Assembleia Geral, que se reúne de forma ordinária ou extraordinária, é o órgão supremo da Olacefs, composto por todos os seus membros. Suas reuniões serão convocadas e presididas pela Presidência, com a colaboração da Secretaria Executiva. Cabe à Assembleia Geral adotar decisões relativas à direção estratégica e orientação da Organização.

O Conselho de Administração é um órgão colegiado composto por seis Membros Titulares, que serão chefiados pela Presidência, cabendo à Secretaria Executiva secretariar o Conselho, com direito a voz. Além do Presidente e do Secretário Executivo, o Conselho é composto: pelo Membro do país designado para sediar a próxima sessão ordinária da Assembleia Geral; o Membro do país anfitrião da última sessão ordinária da Assembleia Geral; e dois membros titulares eleitos por Assembleia Geral, que exercerão as suas funções durante um período de três anos, a contar do ano seguinte ao da sua escolha.

A Presidência é exercida por um membro titular, eleito pela Assembleia Geral, por um período de três anos, sem reeleição. Terminado o mandato, o cargo não poderá ser assumido novamente antes de decorridos dois períodos em que ocupou a Presidência. Segundo consta na página da Olacefs,[130] atualmente a Presidência é exercida pela Controladoria Geral da República do Paraguai, na pessoa de Camilo D. Benítez Aldana, Controlador Geral da República do Paraguai. Sua eleição se deu por unanimidade no âmbito da XXXI Assembleia Geral Ordinária da Olacefs e o cargo será exercido de 2023 a 2025.

---

130 Disponível em: <https://olacefs.com/pt/presidencia-2/>. Acesso em: 28 set. 2023.

A Secretaria Executiva é dirigida por um membro titular, eleito pela Assembleia Geral, e prestará aos órgãos da Olacefs o apoio técnico-administrativo para a execução de suas atividades. O comando caberá ao líder do referido Membro Titular, cargo que será exercido por um período de seis anos, prorrogável por mais três anos. Também eleito para o período de 2023 a 2025, a Auditoria Superior da Federação do México comanda atualmente a Secretaria Executiva, representada por seu titular, David Rogelio Colmenares Páramo.

Os Comitês são órgãos administrativos permanentes, dedicados a colaborar na gestão da Organização. São criados por mandato da Assembleia Geral sob proposta do Conselho de Administração. Seus objetivos e âmbito de atuação serão determinados pela própria Assembleia. As Comissões são órgãos técnicos dedicados ao estudo e desenvolvimento de temas e questões específicas, relacionados com os objetivos e atividades da Organização. Eles são permanentes e serão criados por decisão da Assembleia Geral por proposta do Conselho de Administração.

Por fim, o Conselho de Administração poderá criar, por proposta da Presidência, Grupos de Trabalho aos quais confiará tarefas específicas a serem realizadas em um determinado momento, de acordo com os interesses das EFS. A Figura 60 dá uma visão geral sobre os componentes da Olacefs, podendo-se observar, pela ilustração que algumas ISC se organizam como Tribunais e outras como Controladorias ou Auditorias Gerais.

Figura 60 – Membros componentes da Olacefs

Fonte: Olacefs: <https://olacefs.com/miembros/>.

22.4 O papel indutor da boa governança da INTOSAI e Olacefs

Conforme expusemos há pouco, a INTOSAI é uma organização mundial que reúne Instituições Superiores de Controle (ISC), como o TCU, que, atualmente, em 2023, a preside. O Plano Estratégico 2023-2028[131] da organização declarou como sua missão:

> INTOSAI's mission is to support its members in contributing effectively to the accountability of the public sector, promoting public transparency and good governance, and fostering the economy, effectiveness and efficiency of government programs for the benefit of all. (INTOSAI, 2023)

Em inequívoco compromisso com a boa governança, a instituição declara, em tradução livre, que sua missão é apoiar os seus membros na contribuição eficaz para a responsabilização do setor público, **promovendo a transparência pública e a boa governança**, fomentando a economia, a eficácia e a eficiência dos programas governamentais para o benefício de todos.

Por sinal, desde seu XXI Congresso realizado na China, em 2013, a INTOSAI vinha destacando a importância da governança.[132] A "Declaração de Pequim sobre a Promoção da Boa Governança pelas Entidades de Auditoria"[133] enfatizou o papel da auditoria governamental como um componente indispensável da boa governança e suas instituições, por meio da supervisão e avaliação da eficiência das atividades governamentais.

Mais recentemente, a Declaração de Moscou, de setembro de 2019, contida no Relatório de Resultados do XXIII INCOSAI,[134] expressou ter aquele encontro sido dedicado à discussão de como cada EFS em

---

131 INTOSAI. *INTOSAI Strategic Plan 2023-2028*. Disponível em: <chrome-extension://efaidnbmnnnibpcajpcglclefindmkaj/https://www.intosai.org/fileadmin/downloads/documents/open_access/about_intosai/strategic_plan/EN_2023-2028_intosai_strategic_plan_04_2023.PDF>. Acesso em: 22 set. 2023.

132 O Ministro Augusto Nardes, um dos autores desta obra, presidiu por um dia o Congresso.

133 INTOSAI, Declaración de Beijing sobre la Promoción de la Buena Gobernanza por las Entidades Fiscalizadoras (China: XXI INCOSAI, 2013). Disponível em: <chrome-extension://efaidnbmnnnibpcajpcglclefindmkaj/https:/www.intosai.org/fileadmin/downloads/about_us/Organs/Congresses/2013_Beijing_Declaration/FR_Beijing_Declaration_plus_Annexes.pdf>. Acesso em: 22 set. 2023.

134 INTOSAI. The XXIII INCOSAI Outcomes Report (2019). Disponível em: <chrome-extension://efaidnbmnnnibpcajpcglclefindmkaj/https://www.intosai.org/fileadmin/downloads/about_us/Organs/Congresses/2019_Moscow_OutC_Rep/EN_23_Moscow_OutcomeReport.pdf>. Acesso em: 1º out. 2023.

nível nacional poderia continuar se desenvolvendo tecnicamente, inclusive em termos tecnológicos, para permanecer relevante para supervisionar os objetivos acordados dos países, nacionais ou ligados aos ODS. Entre os quesitos desse desenvolvimento técnico, as ISC foram incentivadas a considerar a aquisição de um papel indutor estratégico para a governança mundial, em cada uma das sedes, mantendo a sua independência, de forma a responder aos desafios globais emergentes.

Conforme publicação atual da página na INTOSAI,[135] que trata da importância da organização para a concretização dos Objetivos de Desenvolvimento Sustentável (ODS), há uma constatação de reconhecimento, e até uma expectativa global crescente, da ONU e das organizações internacionais, do papel central da instituição e de suas ISC na promoção da boa governança.

Esse interesse inequívoco da ONU e INTOSAI com a boa governança reflete-se, no nosso continente, na atuação da Olacefs. O grande interesse pela governança vem desde o ano de 2000, pelo menos, em que ocorreu a X Assembleia Geral de Brasília. Desde então, temas correlatos à boa Governança (transparência, ética, prestação de contas e probidade pública) começaram a ser objeto das assembleias seguintes.

Em 2009, com a aprovação da Declaração de Assunção sobre Princípios de Prestação de Contas, foram contempladas questões especificamente ligadas à transparência e enfatizada a necessidade de foco sobre a governança, definida como: "Governança: capacidade dos governos utilizar eficazmente os recursos públicos para satisfazer necessidades comuns e aumentar o bem-estar dos cidadãos".

No ano de 2013, foi assinada a **Declaração de Santiago sobre "Governança**, luta contra a corrupção e confiança pública",[136] na XXIII Assembleia Geral da Olacefs, realizada em Santiago do Chile (2013). Em 2014, a Olacefs criou a Comissão Técnica de Práticas de Boa Governança – CTPBG. Posteriormente, em novembro 2021, foi instituída uma Força Tarefa especificamente com o objetivo de capacitar a região na temática da governança, para fortalecer as ISC da Olacefs. Falaremos sobre essas duas estruturas no capítulo seguinte.

---

[135] INTOSAI. Disponível em: <https://www.intosai.org/focus-areas/intosai-un-sdgs>. Acesso em: 1º out. 2023.

[136] INTOSAI. OLACEFS. *Declaração de Santiago sobre "Governança, luta contra a corrupção e confiança pública"*. Disponível em: <chrome-extension://efaidnbmnnnibpcajpcglclefindmkaj/https://olacefs.com/wp-content/uploads/2014/07/DOC_10_12_2013_DeclaracionSantiagosobregob.pdf>. Acesso em: 22 set. 2023.

CAPÍTULO 23

23.1 Estruturas da Olacefs dedicadas à governança

A partir do relato do capítulo anterior, nos parece inequívoco que a INTOSAI e Olacefs priorizam, de forma estratégica, o desenvolvimento da boa governança no mundo e na região, que abrange os países membros da América Latina e Caribe.

Dessa prioridade estratégica, há algum tempo, foram sendo criadas, no âmbito da Olacefs, estruturas dedicadas ao tema, que poderiam dar grande suporte a um eventual projeto de indução da governança, de forma coordenada e integrada, em toda a região de sua abrangência.

Falaremos a seguir da atuação dessas duas estruturas: a Comissão Técnica de Práticas de Boa Governança (CTPBG) e a Força Tarefa "Iniciativa para la Difusión de la Gobernanza en la Olacefs: Capacitando la Región Para Fortalecer las EFS".

23.2 Comissão Técnica de Práticas de Boa Governança (CTPBG)

Na cidade de Havana, Cuba, em abril de 2014, foram definidos os Termos de Referência da nova Comissão. Identificados a missão, a visão e os objetivos que marcariam a trajetória de trabalho deste órgão, foi nomeada a ISC da Argentina como seu presidente.[137]

---

[137] A presidência foi dada à ISC da Argentina atendendo a sugestão dada, à época, pelo Ministro Augusto Nardes, um dos autores desta obra.

Em maio de 2014, durante a Reunião do Conselho de Administração, ocorrida na Cidade de Buenos Aires, Argentina, foram aprovadas as ações realizadas na cidade de Havana, dando início formalmente à Comissão Técnica de Boas Práticas de Governança (CTPBG).

Conforme consta em sua página na Internet, a CTPBG é um grupo que busca promover a boa governança em nível regional, por meio da eficiência dos mecanismos de responsabilização e transparência na gestão dos recursos públicos. Esta comissão é presidida por uma ISC eleita entre os seus membros por um período de três anos. Atualmente, a CTPBG é chefiada pela Controladoria Geral do Estado da República do Equador. A Figura 61 ilustra a sua composição atual.

Figura 61 – Composição da CTPBG

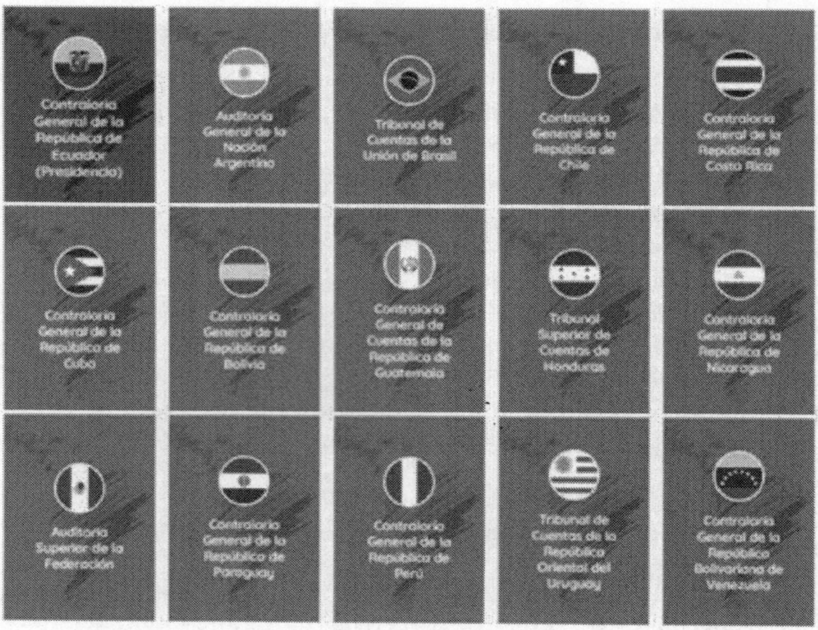

Fonte: CTPBG.

Também segundo consta em sua página, a CTBTG considera que a boa governança nas Instituições Superiores de Auditoria (ISC) é um imperativo essencial para garantir a eficácia e credibilidade do seu trabalho no controle/supervisão dos recursos públicos e confere imparcialidade nas suas investigações e comunicação clara das suas conclusões. Isso, prossegue, não só fortalece a confiança da sociedade no trabalho das ISC, mas também contribui para promover uma gestão governamental mais eficiente e responsável em benefício da comunidade como um todo.

Um dos parâmetros básicos para analisar a qualidade de uma democracia é a eficiência dos mecanismos de responsabilização e transparência na gestão dos recursos públicos. A Assembleia Geral das Nações Unidas, por meio da Resolução A/RES/66/209 sobre a Promoção da eficiência, responsabilização, eficácia e transparência da Administração Pública mediante o fortalecimento das ISC, reconheceu que estas têm condições únicas para servir os cidadãos através da promoção de serviços públicos eficazes, aumentando a eficiência da administração pública, melhorando os resultados do desenvolvimento e promovendo a confiança no governo.

Na página da CTPBG pode-se acessar documento de prestação de contas dos trabalhos realizados de 2014 a 2022.[138] No referido documento, Jesús Rodríguez, titular da Auditoria Geral da Nação (ISC da Argentina) e presidente da Comissão nesse período, apresenta a seguinte reflexão sobre a importância da governança:

> La gobernanza adquiere cada día más importancia dado que su sano ejercicio promueve la existencia de sociedades más prósperas, justas e inclusivas.
>
> Desde la Comisión Técnica de Prácticas de Buena Gobernanza (CTPBG) de la OLACEFS hemos entendido la buena gobernanza como un ingrediente clave para el fortalecimiento de las instituciones, las que además de ser base para una convivencia pacífica y justa, actúan como catalizadoras del desarrollo económico.
>
> Las instituciones sólidas, entonces, se vuelven una condición necesaria para que los países de nuestra región -acuciados por carencias multidimensionales- despeguen, crezcan y proporcionen mayor bienestar a sus poblaciones. (OLACEFS, 2023)

---

138 OLACEFS. CTPBG. *Informe Gestión CTPBG*. Disponível em: <https://olacefs.com/ctpbg/document/informe-rendicion-de-cuentas-ctpbg-2014-2022/>. Acesso em: 05 out. 2023.

Em tradução livre, o presidente destaca a importância crescente da governança, dado que seu exercício promove a existência de sociedades mais prósperas, justas e inclusivas. Rodriguez enfatiza, ainda, que a CTPBG, da Olacefs, entende a boa governança como um ingrediente chave para o fortalecimento das instituições, além de catalisarem o desenvolvimento econômico. E, em linha com o que defendemos nesta obra, que instituições sólidas se configuram como condição necessária para que os países da região, premidos por carências multidimensionais, cresçam e proporcionem maior bem-estar a suas populações.

Ainda no referido documento de prestação de contas, a CTPBG destaca os diversos trabalhos realizados no período, incluindo publicações discriminadas a seguir, sobre governança, algumas delas já referenciadas no capítulo 10 desta obra.

- Fundamentos conceptuales sobre Gobernanza (2015).
- <https://olacefs.com/ctpbg/document/fundamentos-conceptuales-sobre-la-gobernanza/>.
- Características principales de las políticas de contabilidad gubernamental de los países cuyas EFS integran la OLACEFS" (2015).
- <https://olacefs.com/ctpbg/document/caracteristicas-principales-de-las-politicas-de-contabilidad-gubernamental-de-los-paises-cuyas-efs-integran-la-olacefs/>.
- Oportunidades para el fortalecimiento de los sistemas de fiscalización y de rendición de cuentas en la implementación de los Objetivos de Desarrollo Sostenibles – ODS (2016).
- <https://olacefs.com/ctpbg/document/ods-desafios-y-perspectivas-para-el-fortalecimiento-de-la-fiscalizacion-para-la-agenda-2030/>.
- Tendencias regionales del proceso de implementación y fiscalización de los ODS. ¿Cómo avanza la fiscalización gubernamental de los ODS 2015-2020? (2020).
- <https://olacefs.com/ctpbg/document/tendencias-regionales-del-proceso-de-implementacion-y-fiscalizacion-de-los-ods-como-avanza-la-fiscalizacion-gubernamental-de-los-ods-2015-2020/.>
- Buenas prácticas de fiscalización de los ODS, herramientas para la fiscalización de los ODS en América Latina y el Caribe (2021).

- <https://olacefs.com/ctpbg/document/buenas-practicas-de-fiscalizacion-de-los-ods-herramientas-para-la-fiscalizacion-de-los-ods-en-america-l/>.
- Identificación de oportunidades para incrementar el valor y beneficio de la fiscalización de los ODS a partir de los resultados de las auditorías coordinadas (2022).

O documento de prestação de contas também destaca que, após a pandemia foi criada a Série Internacional de Webinars, concebida para debater e refletir sobre a nova realidade e os novos desafios aos governantes e ao Controle.

Organizações internacionais importantes como BID, Banco Mundial, PNUD, OSC, entre outras) participaram desses debates, ocorridos nos seguintes eventos: três encontros, em 2020, sobre Governança Pós-pandemia (com a discussão de temas como progresso social; integridade e políticas públicas; três reuniões de mãos dadas para governança, em 2021; "Controlar os desafios no cumprimento da Agenda 2030", em 2021; e "A transformação digital dos órgãos de controle governamental utilizando análise de dados e Big Data – Mais um passo para uma melhor governança", organizado com o Banco Mundial, em 2021.

Entre tantos trabalhos relevantes, a CTPBG propôs a criação de um indicador de governança, tema que trataremos no capítulo seguinte.

23.3 Força-Tarefa da CCC "Iniciativa para la Difusión de la Gobernanza en la Olacefs: Capacitando la Región Para Fortalecer las EFS"

O Comitê de Capacitação (CCC), da Organização Latino-Americana e Caribe de Entidades de Auditoria Superiores (Olacefs), sob a presidência do Tribunal de Contas da União (TCU) do Brasil desde 2016,[139] é composto e apoiado por 14 Instituições Superiores de Controle (ISC).

Conforme adiantamos no capítulo anterior, em novembro 2021, em reunião anual da CCC, realizada na cidade de Cartagena de Indias, Colômbia, foi criada uma Força Tarefa com o objetivo específico de capacitar a região na temática da governança.

[139] O TCU tem sido representado pelo Ministro Augusto Nardes, um dos autores desta obra.

Denominada de Força Tarefa "Iniciativa para la Difusión de la Gobernanza en la Olacefs: Capacitando la Región Para Fortalecer las EFS", seus trabalhos consistiram inicialmente em pesquisas para se conhecer a capacidade de disseminação do tema governança pelas ISC, bem como os treinamentos já disponíveis.

Nesse sentido, foi aplicado um questionário com o objetivo de levantar as iniciativas de formação existentes sobre o tema governança e elaborar um diagnóstico do papel das EFS da região na sua disseminação. O questionário, aplicado em agosto de 2022, teve respostas de 13 EFS, em quatro eixos. Os resultados e mais informações sobre o trabalho da Força Tarefa estão disponíveis na página da CCC/Olacefs.[140]

No eixo 1 foram solicitados os dados gerais das EFS. No eixo 2, buscou-se compreender o contexto organizacional da EFS e foi questionado se as ISCs possuíam normativo interno, que institucionalizasse uma política de governança organizacional. Como subsídio da pesquisa, foi encaminhado a todas as ISC a Resolução TCU 320/2020,[141] com a Política de Governança da ISC do Brasil.

Dos respondentes, 54% afirmaram que possuem regulamentos internos sobre governança organizacional. Três ISC explicaram que possuem um Código de Boa Governança. As demais possuem apenas regulamentos internos que definem processos versando sobre a gestão da instituição, como o Estatuto Orgânico de Gestão Organizacional, Regulamento Interno Geral, Regulamento de funcionamento do órgão, Regulamento de Procedimentos Disciplinares, Processos internos de movimentação de arquivos, Manuais de Auditoria, Código de Ética. Outros 46% responderam que não possuem regulamentação sobre governança organizacional. Um deles informou que as políticas de boas práticas de governança da OLACEFS são aplicadas como referência.

O terceiro eixo da pesquisa buscou informações sobre as iniciativas de formação disponíveis em cada ISC referentes a temas relevantes de governança. O tema participação cidadã foi o que obteve mais

---

[140] OLACEFS. CCC. *Fuerza de Tarea del Comité de Creación de Capacidades (CCC)*. Iniciativa para la Difusión de la Gobernanza en la OLACEFS: Capacitando la región para fortalecer las ISC. Disponível em: <chrome-extension://efaidnbmnnnibpcajpcglclefindmkaj/https://olacefs.com/ccc/wp-content/uploads/sites/2/2023/10/Relevamiento_de_iniciativas_de_Capacitacion_en_temas_de_gobernanza.pdf>. Acesso em: 10 out. 2023.

[141] TCU. Governança no TCU. *Resolução TCU 320/2020*. Disponível em: <https://portal.tcu.gov.br/governanca/governanca-no-tcu/governanca-organizacional.htm>. Acesso em: 05 out. 2023.

respostas (40%), seguido de Gestão de Riscos (10%) e Governança Regulatória (10%). Outros 15% declararam ter formação em outros temas de governança, tais como: Controle de Gestão Pública; Gestão de Talentos Humanos; Controle e Auditoria Governamental; Regulamentos Constitucionais e Legais para Controle; Função de Transparência e Controle Social; e Controle interno.

O eixo 4 identificou como as ISC estão fazendo a disseminação da Governança no seu âmbito de atuação. Para tanto, e com base na experiência da EFS do Brasil, solicitou-se que fossem listados os principais trabalhos que estão sendo realizados por cada EFS. As auditorias e o trabalho integrado em questões transversais como saúde, educação, ambiente, segurança pública etc., foram as opções com mais respostas (28%), seguidas das auditorias focadas na gestão de riscos e controles internos (25%), prestação de contas (22%), auditorias específicas para avaliar a governança de temas específicos (16%).

23.4 Mentoria da força tarefa para a ISC do Paraguai, presidente da Olacefs

No dia 12 de dezembro de 2022, em formato virtual, foi realizado uma mentoria sobre Boa Governança para a EFS do Paraguai. Os temas abordados tiveram por objetivo principal destacar a importância do Projeto de Governança, sobre o qual falaremos no capítulo 25. Para cumprir seus objetivos, o Gabinete do Ministro Nardes, do TCU, conduziu a mentoria a partir do roteiro da Figura 62 a seguir.

Figura 62 – Roteiro da Mentoria dada pela Força tarefa à ISC do Paraguai (Dez/2022)

HORÁRIO	ATIVIDADE	RESPONSÁVEL
9h	Abertura	Controlador-Geral do Paraguai, Dr. Camilo Benítez Luís Afonso, Assessor do Ministro Augusto Nardes
9h10	Política de Governança Pública – Importância de sua implementação	Luís Afonso, Assessor do Ministro Augusto Nardes
9h30	Política de Governança do TCU – Resolução TCU 320, de 12/8/2020 - Estratégia/Liderança e Controle do TCU	Carlos Alberto Sampaio, Secretaria de Planejamento, Governança e Gestão
9h50	Indicador de Governança – do TCU e dos jurisdicionados - e Referencial Básico Organizacional	Cláudio Cruz, Secretaria de Controle Externo da Administração do Estado
10h10	Perguntas	
10h25	Intervalo	
10h30	Auditoria Interna e Gestão de Riscos do TCU	Edison Franklin Almeida, Secretaria de Auditoria Interna
10h50	Centro de Governo – TCU e jurisdicionados – e Referencial de Governança do Centro de Governo	Aline Rodrigues Ferreira, Secretaria de Controle Externo da Administração do Estado
11h10	Governança de Políticas Públicas e Referencial de Governança de Políticas Públicas	Renata Passos, Coordenação-Geral de Controle Externo da Área Social e de Governança e Gestão Pública
11h30	Acordo com a OCDE (situação do Brasil e possibilidades para a América Latina e Caribe)	Marcelo Barros Gomes, Secretaria-Geral de Controle Externo
11h50	Perguntas	
12h	Fechamento	

Fonte: TCU.

Além da Força Tarefa, para cumprir sua missão de organizar e promover o fortalecimento das capacidades de seus membros da região, a CCC conta com a cooperação de organizações como a Agência Alemã de Cooperação (GIZ), a Iniciativa para o Desenvolvimento de INTOSAI (IDI) e o Banco Interamericano Desenvolvimento (BID).

No Plano de Capacitação 2022-2024,[142] divulgado pela CCC, as instituições cooperadoras apontaram as áreas de formação que, na sua opinião, precisariam de mais desenvolvimento e detalhes tópicos específicos. A Tabela 17 do Plano apresenta as respostas indicadas

[142] OLACEFS. *Plan de Capacitación 2022-2024*. Disponível em: <https://olacefs.com/ccc/document/plan-de-capacitacion-de-la-olacefs-2022-2024/>. Acesso em: 02 out. 2023.

pelas três instituições participantes. Essa tabela foi construída a partir da forma de atuação dessas entidades cooperadoras, que inclui a boa governança (ou bom governo). Essa forma de atuação, explicitada no Plano, foi resumida a seguir, e poderia representar um grande apoio a um eventual projeto de governança para América Latina e Caribe, na forma como pensamos possível, nesta obra:

GIZ. A Deutsche Gesellschaft für Internationale Zusammenarbeit (GIZ) GmbH, mediante solicitação do Ministério Federal de Cooperação Econômica da Alemanha (BMZ), colabora com a Olacefs há quase uma década na promoção de intercâmbio técnico e de boas práticas, fortalecimento institucional e desenvolvimento de capacidades das ISC, bem como na divulgação e apoio à introdução de abordagens e metodologias inovadoras para melhorar a transparência, responsabilidade e governança nos países da região.

Com essa atuação, existiriam três componentes ou áreas de ação do projeto regional da GIZ: o primeiro, relacionado ao Programa de Integridade viabilizado no âmbito da Política de Governança brasileira, contempla a melhoria da oferta de serviços da Olacefs para incentivar a participação ativa das EFS nos sistemas para combater corrupção. O segundo promove a participação de atores não governamentais para aumentar o escopo das auditorias, dando destaque aos cidadãos na identificação de áreas expostas à corrupção. O terceiro promove troca informação e cooperação técnica entre ISCs e outros atores governamentais, permitindo a identificação de riscos de corrupção e compartilhamento de informações com os órgãos competentes para uma melhor coordenação e colaboração interinstitucional para a eficácia, prevenção e combate à corrupção.

IDI. A Iniciativa de Desenvolvimento da INTOSAI (IDI) é um parceiro tradicional da Olacefs e declara no Plano que continuará promovendo ações juntamente com a região no triênio 2022-2024. Para este período, o apoio da IDI seria estruturado em ISCs com boa governança, independentes, relevantes e profissionais.

BID. O Banco Interamericano de Desenvolvimento (BID) tem trabalhado com a Olacefs nos últimos anos em várias iniciativas e diversos apoios. Para o período 2022-2024, o BID considera como prioridades os seguintes pontos, de certa forma relacionados a práticas de governança: maior transparência e integridade em instituições eficazes, incluindo as EFS; fortalecimento dos sistemas nacionais (incluindo instituições e gestão financeira, controle e sistemas auditoria) para uso em projetos financiados pelo BID; uso de tecnologia e dados digitais; diversidade com inclusão. Entre as competências que pretende desenvolver, estão contempladas a liderança e a gestão, o que dá margem a apoio do Banco a um projeto de governança.

CAPÍTULO 24

24.1 O indicador de governança proposto pela CTPBG

Conforme informado no capítulo anterior, a CTPBG propôs, no ano de 2022, a criação de um conjunto de indicadores a serem considerados na estratégia de promoção da boa governança das Instituições Superiores de Controle (ISC), membros da Organização Latino-Americana e do Caribe de Instituições Superiores de Auditoria (Olacefs).

Segundo documento da CTPBG,[143] a ferramenta objetivava avaliar e melhorar os sistemas de governança pública e de responsabilização das organizações auditadas e das próprias ISC. A proposta apresentada foi precedida da compilação do resultado de pesquisas realizadas junto às ISC da região e de reflexões teóricas sobre governança, algumas delas mencionadas no capítulo 10 deste livro. Resumimos a seguir, o conjunto de recomendações propostas pela CTPBG para estruturar um modelo de medição da boa governança pública.

Recomendação 1: Dimensões e componentes da Governança Pública. A CTPBG propõe medir a governança pública em sete dimensões e 24 componentes.

A primeira dimensão foi nomeada de Gestão Institucional, medida por oito componentes, conforme Tabela 4 a seguir.

---

[143] OLACEFS. *Diagnóstico y Recomendaciones para la adopción de uns conjunto de Indicadores de Gobernanza Pública por la Organización Latinoamericana y de Caribe de Entidades Fiscalizadoras Superiores (OLACEFS) y su Comisión Técnica de Prácticas de Buena Gobernanza (CTPBG).* Disponível em: <https://olacefs.com/ctpbg/document/diagnostico-y-recomendaciones-para-la-adopcion-de-un-conjunto-de-indicadores-de-gobernanza-publica-por-la-organizacion-latinoamericana-y-del-caribe-de-entidades-fiscalizadoras-superiores-olacefs-y-s/>. Acesso em: 07 out. 2023.

Tabela 4 – Dimensão Gestão Institucional

Dimensão	Componente	Fonte
I. Gestão Institucional	1.Independência	Código de Ética ISSAI 30.
	2. Planejamento Estratégico	Manual de Gestão Estratégica das ISC – INTOSAI.
	3. Gestão de Riscos	Manual de Gestão Estratégica das ISC – INTOSAI.
	4. Controle da Gestão	Idalberto Chiavenato, 2020.
	5. Gestão de Pessoas	Idalberto Chiavenato, 2007.
	6. Gestão Financeira	Robles, L (2012). Fundamentos de Administração Financeira.
	7. Controle Interno	Guia para as normas de controle interno do setor público. INTOSAI.
	8. Gestão de Redes	

Fonte: Elaboração dos autores.

Cada componente foi definido conforme a seguir.

1. Independência. Estar livre de influências ou circunstâncias que comprometam ou possam comprometer o julgamento profissional e agir de forma imparcial e objetiva.
2. Planejamento estratégico. Elemento principal, mas não a essência da gestão estratégica, que também inclui a gestão de recursos, implementação, controle e avaliação.
3. Gestão de riscos. A gestão de riscos é um componente essencial da gestão estratégica da entidade, uma vez que afeta indiretamente a concretização das suas metas e objetivos. Na sua implementação, a gestão de riscos deve envolver o monitoramento da incidência dos riscos operacionais e estratégicos e a tomada de decisões sobre a melhor forma de os mitigar ou reagir à sua ocorrência. Os gestores controlam os riscos mudando a maneira como agem para aumentar ao máximo suas chances de sucesso e, ao mesmo tempo, reduzir ao máximo as possibilidades de fracasso.

4. Controle da Gestão. Fase do processo administrativo que mede e avalia o desempenho e toma ações corretivas quando necessário. O controle é um processo essencialmente regulatório.
5. Gestão de Pessoas. A gestão de pessoas é um conjunto de competências, técnicas e métodos que permitem garantir que os colaboradores de uma empresa se envolvam na sua atividade e encontram as melhores condições possíveis para desempenharem a sua função dentro dessa organização.
6. Gestão Financeira. A gestão financeira é uma disciplina que otimiza os recursos financeiros para atingir os objetivos da organização com maior eficiência e rentabilidade.
7. Controle Interno. Definido como um processo dinâmico e abrangente que se adapta constantemente às mudanças que a organização enfrenta. A gestão e o pessoal em todos os níveis devem estar envolvidos neste processo para abordar os riscos e fornecer garantias razoáveis de cumprimento da missão e dos objetivos globais da instituição.
8. Gestão de Redes. Entendida como o processo por meio do qual se promove uma relação recíproca e benéfica entre uma organização e os seus grupos de interesse (cidadãos, fornecedores, funcionários públicos, meios de comunicação, entre outros).

A Dimensão Combate à Corrupção seria medida pela conjugação de quatro componentes, conforme Tabela 5 a seguir.

Tabela 5 – Dimensão Combate à Corrupção

Dimensão	Componente	Fonte
II. Combate à Corrupção	1. Sistema de Integridade	Código de Ética ISSAI 30.
	2. Gestão de Riscos	Manual de Gestão Estratégica das ISC – INTOSAI.
	3. Gestão de Pessoas	Idalberto Chiavenato, 2007.
	4. Detecção, persecução e sanção	Elaboração própria.

Fonte: Elaboração dos autores.

1. Os componentes da dimensão Combate à Corrupção foram assim definidos.
2. Sistema de Integridade. Atuar de forma honesta, confiável, de boa fé e em favor do interesse público.
3. Gestão de Riscos. A gestão de riscos é um componente essencial da gestão estratégica da entidade, uma vez que afeta indiretamente a concretização das suas metas e objetivos. Em termos de implementação, a gestão de riscos envolve o monitoramento da incidência dos riscos operacionais e estratégicos e a tomada de decisões sobre a melhor forma de os mitigar ou reagir à sua ocorrência. Os gestores controlam os riscos mudando a maneira como agem para aumentar ao máximo suas chances de sucesso e, ao mesmo tempo, reduzir ao máximo suas chances de fracasso.
4. Gestão de Pessoas. A gestão de pessoas é um conjunto de competências, técnicas e métodos que permitem garantir que os colaboradores de uma empresa se envolvem na sua atividade e encontram as melhores condições possíveis para desempenharem a sua função dentro dessa organização.
5. Detecção, persecução e sanção. Diz respeito à ação e efeito de descobrir um ato de corrupção que não era evidente, de apurar tal comportamento e de aplicar sanção e punição quando apropriado.

As dimensões Participação Cidadã e Perspectivas de Gênero e Inclusão teriam, cada uma, dois componentes, conforme Tabela 6 a seguir, que contempla essas duas dimensões.

Tabela 6 – Dimensões Participação Cidadã e Perspectivas de Gênero e Inclusão

Dimensão	Componente	Fonte
III. Participação Cidadã	1. Mecanismos de Participação Cidadã.	Indicadores para medição do impacto da participação cidadã nas ISC da Olacefs.
	2. Educação Cidadã.	Adaptação do conceito da UNESCO.
IV. Perspectivas de Gênero e Inclusão	1. Perspectiva de Gênero	Guia para Implementação Política sobre Igualdade de Gênero e não Discriminação. OLACEFS, 2021.
	2. Grupos Vulneráveis.	Pobreza, exclusión y vulnerabilidad social. Gustavo Busso 2005.

Fonte: Elaboração dos autores.

Os componentes dessas duas dimensões foram assim definidos.

1. Mecanismos de Participação Cidadã. Ação coletiva que se dá por meio da cooperação dos cidadãos, das quais resulta maior democratização no cumprimento dos propósitos do Estado e na elevação dos níveis de confiança, legitimidade e credibilidade nas instituições de supervisão.
2. Educação Cidadã. A educação para a cidadania pode ser definida como a educação ministrada desde a primeira infância para que os indivíduos se tornem cidadãos críticos e informados que participem nas decisões que dizem respeito à sociedade.
3. Perspectiva de Gênero. Categoria analítica focada em descrever e destacar as diferenças entre as experiências de vida que as pessoas têm, dependendo do seu sexo biológico e/ou identidade de gênero e que têm ligação direta com ideias e/ou estruturas e intersubjetividades sociais, culturais, políticas, econômicas e jurídicas, e que impõem certos estereótipos e comportamentos para categorias biológicas ou de gênero.

A perspectiva de gênero permite reconhecer a realidade diferenciada que as pessoas vivenciam, devido ao sistema de intersubjetividades patriarcais vigente no meio social, que historicamente prejudica as mulheres, relegando-as a uma posição inferior à dos homens.

4. Grupos Vulneráveis. Situação e processo multidimensional e multicausal em relação às quais convergem simultaneamente determinados indivíduos, agregados familiares ou comunidades, com exposição a riscos, a incapacidade de resposta e adaptação. Esses indivíduos ou grupos podem ser prejudicados por mudanças ou permanência de situações externas que afetam o seu nível de bem-estar e o exercício dos seus direitos.

A quinta dimensão foi denominada de Transparência e Acesso à Informação, alcançados pela conjugação de quatro componentes, conforme a Tabela 7 seguinte.

Tabela 7 – Dimensão Transparência e Acesso à Informação

Dimensão	Componente	Fonte
V. Transparência e Acesso à Informação	1. Transparência	INTOSAI – P20 "Princípios de Transparência e Prestação de Contas".
	2. Direito de Acesso à Informação.	Elaboração própria.
	3. Prestação de Contas.	INTOSAI – P20 "Princípios de Transparência e Prestação de Contas".
	4. Dados Abertos.	Open Data Handbook (Guide).

Fonte: Elaboração dos autores.

Os componentes foram assim definidos pelo documento da CTPBG.

Transparência. Refere-se à informação tornada pública pela EFS, de forma tempestiva, confiável, clara e relevante, sobre sua situação, competência, estratégia, atividades, gestão financeira, ações e desempenho. Além disso, inclui a obrigação de reportar os resultados e conclusões das auditorias e de tornar acessíveis ao público as informações relacionadas com a EFS.

1. Direito de Acesso à Informação. Diz respeito à apresentação de solicitação de informação a qualquer órgão público, que está obrigado a responder (entende-se que é sujeito obrigado pela lei de transparência) dentro de um prazo estabelecido e informado. Este requisito tem por finalidade o exercício do direito de acesso à informação pública e tem expressão documental.
2. Prestação de Contas. Refere-se à estrutura legal e de relatórios, estrutura organizacional, estratégia, procedimentos e ações que ajudam a garantir que: as ISC desenvolvam as suas obrigações legais de acordo com os seus poderes de auditoria e apresentem relatórios, no âmbito do seu orçamento; as ISC avaliem e monitorem a sua própria gestão, bem como o impacto da sua função de supervisão; as ISC apresentem relatórios sobre a regularidade e eficiência na utilização de fundos públicos, incluindo suas próprias ações e atividades e a utilização dos recursos da ISC; o Auditor Geral/Presidente, os membros (em instituições colegiadas) e o pessoal da EFS são responsáveis pelas suas ações.
3. Dados Abertos. São dados que podem ser livremente utilizados, reutilizados e redistribuídos por qualquer pessoa, e que estão sujeitos, no máximo, à exigência de atribuição e compartilhamento da mesma forma em que aparecem.

A sexta Dimensão trata da Eficiência e Efetividade em três componentes, conforme definições a seguir.

1. Eficiência. O princípio da eficiência significa obter o máximo dos recursos disponíveis. Refere-se à relação entre os recursos utilizados e os produtos entregues, em termos de quantidade, qualidade e pontualidade.
2. Efetividade. O princípio da eficácia refere-se ao cumprimento dos objetivos traçados e à obtenção dos resultados esperados.
3. Capacidade Técnica. Competência – adquirir e manter conhecimentos e habilidades adequadas à função, agir de acordo com as normas aplicáveis e com o devido zelo. Comportamento profissional – cumprir leis, regulamentos e convenções, e evitar qualquer conduta que possa trazer descrédito à ISC.

Tabela 8 – Dimensão Eficiência e Efetividade

Dimensão	Componente	Fonte
VI. Eficiência e Efetividade	1. Eficiência	ISSAI 300 Princípios Fundamentais de Auditoria de Desempenho.
	2. Efetividade	
	3. Capacidade Técnica	Código de Ética ISSAI 30.

Fonte: Elaboração dos autores.

Por fim, à Dimensão de Transformação digital foi atribuído um só componente, denominado Estratégia e definido como sendo o processo de mudança que uma organização deve empreender para se adaptar ao mundo digital, combinando de forma inteligente a tecnologia digital com o seu conhecimento e alguns dos seus processos tradicionais essenciais, de forma a diferenciar-se e ser mais eficiente, competitiva e rentável. Essa definição foi extraída, segundo o documento, dos ensinamentos de José de la Peña y Mosiri Cabezas La Gran Oportunidad, 2011.

Finalizada a recomendação 1, com as sete dimensões e seus componentes, o documento da CTPBG expõe sua segunda recomendação, com a classificação dos níveis de enquadramento a serem considerados no Modelo de Maturidade

O Modelo de Maturidade é definido como uma sequência de níveis discretos de maturidade para uma classe de processos em um ou mais domínios de negócios e que deve representar um caminho evolutivo desejado ou esperado.

Esses níveis permitiriam identificar "para cada processo, dimensão ou componente" os estados de resultados desejados, estabelecendo uma linha de base e passando por diferentes níveis de desenvolvimento até atingir a sua evolução máxima. Para este modelo de maturidade foram definidos os seguintes estados:

- Iniciado: Providenciar a institucionalização dos processos. Refere-se à linha base de trabalho de cada componente do modelo, onde se espera que, pelo menos, estes sejam reconhecidos e formalizados dentro da organização.
- Gerenciado: Garantir a implementação de acordo com os padrões. Uma vez estabelecida a linha de base operacional,

o status gerenciado refere-se à capacidade das organizações de cumprir seus requisitos legais e regulatórios estabelecidos como padrões operacionais mínimos.

- Avançado: Promover a conformidade além do exigido (boas práticas). Atendendo às necessidades básicas de funcionamento nas fases anteriores, o Estado avançado procura que as organizações incorporem boas práticas nos diferentes componentes que fortaleçam a boa governança institucional, bem como os seus resultados estratégicos.
- Otimizado: Garantir a melhoria contínua dos processos. O Modelo encerra com a fase de otimização, instando as organizações a estarem em permanente avaliação de desempenho de forma a identificar novas necessidades dos cidadãos, bem como outras oportunidades que potenciem a sua Boa Governança e resultados institucionais.

A recomendação 3 detalha o Modelo de Maturidade de Boa Governança das ISC e Entidades Auditadas, sugerindo que para cada componente sejam estabelecidos os diferentes estados de maturidade desejados, parametrizados com base nos sistemas de indicadores já fornecidos pela INTOSAI, Olacefs, diferentes ISC e instituições internacionais como forma de incentivar a transferência de conhecimentos e boas práticas na comunidade de Controle Externo.

O documento da CTPBG conclui que o Modelo de Maturidade de Boa Governança das ISC e das Entidades Auditadas é suportado pela respectiva matriz que descreve os estados de maturidade de cada componente e pelo seu instrumento de avaliação que parametriza os índices. Em seguida, apresenta uma tabela completa resumindo seu entendimento sobre como seria o nível de maturidade inicial, gerenciado, avançado e otimizado para as EFS e entidades auditadas, de cada componente das sete dimensões.

O documento é encerrado com a Recomendação 4, referente à Estratégia Modelo de Sustentabilidade.

Nessa recomendação a CTPBG explica que, para incorporar o instrumento de avaliação de governança sugerido, cada ISC deve proceder à medição interna em consonância com seus processos de planejamento institucional, ou seja, no mesmo período em que se inicia o processo de reflexão estratégica e tomada de decisão institucional.

Acrescenta a Comissão, que a incorporação aos processos estratégicos da organização permite que a ferramenta forneça uma visão holística do funcionamento da boa governança das ISC, de forma que tenham informações tempestivas sobre o seu desempenho e possibilidades de melhoria, com base nas definições de novas estratégias organizacionais.

Por último, destaca a importância de as ISC definirem o estado de maturidade que pretendem atingir num determinado período com base nos resultados obtidos numa primeira instância e alinhando os seus esforços de acordo com os compromissos institucionais assumidos.

Esse modelo de avaliação da boa governança proposto pela CTPBG foi levado ao conhecimento do Plenário do TCU, ISC do Brasil, em Declaração de Voto do Ministro Nardes de junho de 2023, apresentado por ocasião da aprovação do processo de relatoria do Ministro do TCU Vital do Rego, tratando da evolução do iGG para o iESGo, conforme tratado no tópico 3.1. (TC-014.499/2023-1).

CAPÍTULO 25

25.1 Um projeto para a América Latina e Caribe – proposta do TCU

A importância estratégica da governança dada pela INTOSAI e Olacefs, com a criação, nesta última, de estruturas dedicadas exclusivamente ao tema, aliada à evolução da política de governança no Brasil, desde a edição do Decreto nº 9.203/2017, encorajou o Ministro do TCU, Augusto Nardes –[144] na condição de coordenador da CCC e de sua Força Tarefa –, a propor um projeto de implementação da boa governança na América Latina e Caribe, baseado no modelo que vinha tendo sucesso no governo nacional brasileiro.

O projeto foi apresentado em setembro de 2022, na cidade de Oaxaca de Juárez – México, durante os trabalhos da XXXI Assembleia Geral Ordinária da Olacefs. Em reunião realizada com os países membros do México, Paraguai, Argentina, Equador e Guatemala foram expostas as linhas mestras do projeto concebido pelo Brasil. Atendendo ao que foi definido nessa reunião do México, o ministro apresentou novamente o projeto, agora para todos os países membros, em Webinar realizado na Guatemala, no mês seguinte.O projeto apresentado pode ser resumido nos dez seguintes passos:

1. Acordo com a OCDE para assimilação de boas práticas de governança, similar ao que foi desenvolvido com o Brasil (objeto do tópico 2.4 deste livro). O acordo, segundo o

[144] Ministro Augusto Nardes é um dos autores desta obra.

pensamento do Ministro Nardes, poderia ser feito de uma forma conjunta, para todos os países membros da Olacefs e poderia ser coordenado pela CTPBG ou pela Força Tarefa de Governança, da CCC.

2. A partir dos estudos desenvolvidos com a OCDE, a Olacefs, ou cada ISC membro, poderia desenvolver referenciais de governança, semelhantes aos do TCU.
3. Com os referenciais definindo os principais passos a serem dados para a boa governança organizacional dos países da região, poderia ser utilizado um indicador de governança, semelhante ao iGG, do TCU, ou ser aplicado o indicador da CTPBG, após sua aprovação.
4. Com um indicador organizacional escolhido, cada ISC da região definiria seu sistema de governança e apuraria a sua maturidade, de acordo com esse indicador.
5. Estabelecido o sistema de governança das ISC, o próximo passo seria publicar normativos institucionalizando esse modelo, de forma semelhante ao que faz a Resolução TCU 320/2020, referenciada no capítulo 16.
6. Para que um projeto de governança pudesse ser efetivo em todos os países membros da Olacefs, o passo 6 previa uma revisão dos planos das ISC, de forma que a melhoria de governança pudesse ser classificada como prioridade estratégica em todas elas.
7. Com essa priorização estratégica, seriam planejados e implementados trabalhos para avaliar a governança das organizações, das políticas públicas e do centro de governo de cada país, de forma similar ao que ocorreu no Brasil.
8. Um desses trabalhos, obrigatoriamente, teria que mensurar a maturidade de governança organizacional das ISC e dos governos nacionais de seus países, utilizando-se, para essa finalidade, o iGG ou o indicador de governança proposto pela CTPBG.
9. Diagnosticada a situação da governança de cada país, o próximo passo seria as ISC organizarem uma estratégia de convencimento de seus países para o lançamento de uma política específica, semelhante ao que foi feito por meio do Decreto nº 9.203/2017, do governo nacional brasileiro.
10. O sucesso do projeto se consolidaria, portanto, no último passo, com a edição de um normativo para a política de

governança de cada país, com base no que foi feito no Brasil, mas respeitando as particularidades e realidades de cada um dos países membros.

A Figura 63 a seguir, extraída das apresentações do TCU, ilustra o desenho dos dez passos do projeto proposto pelo Ministro Nardes.

Figura 63 – Projeto de melhoria da governança na América Latina e Caribe

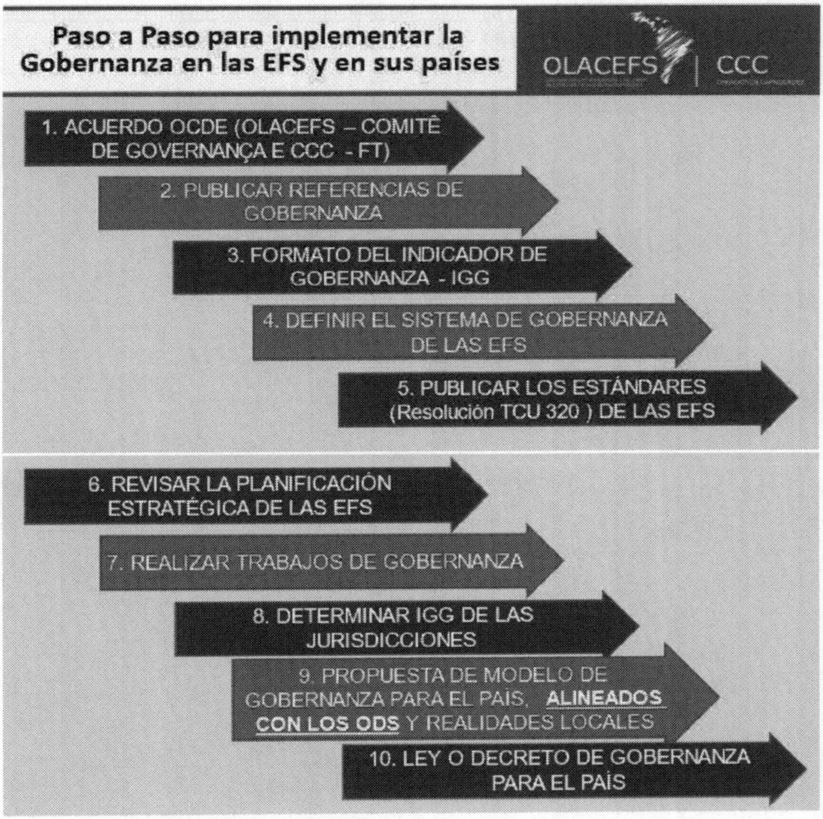

Fonte: TCU. Brasil (2022).

CAPÍTULO 26

26.1 Estudo de caso – Ilhas – Galápagos, Fernando de Noronha e ilha do México

O TCU, representado pelo Ministro Augusto Nardes, presidiu a Reunião Anual do CCC, ocorrida nos dias 17 a 20 de abril, em Puerto Baquerizo Moreno, capital de San Cristóbal e de todo o Arquipélago de Galápagos, no Equador.

Ao final do evento, o ministro teve a oportunidade de visitar Fanny Uribe, Alcaidessa recém-eleita para liderar outra ilha do arquipélago, Santa Cruz. Durante a visita, foram apresentados os passos resumidos para se implementar uma Política de Governança na ilha. A Alcaidessa foi muito receptiva, e acordou com o ministro o início imediato dos procedimentos necessários à viabilização de mentoria com a RGB.

No dia 20 de maio foi criado um grupo de contato composto pela equipe da Alcaidessa e da RGB. A Rede iniciou, após os primeiros contatos, os procedimentos rotineiros de mentoria, remetendo à governante um ofício com esclarecimentos do seu trabalho e do IGCP, bem como, convidando-a, formalmente, para a Mentoria de Governança. Provavelmente devido às dificuldades naturais do começo de mandato, não foi recebida manifestação formal quanto ao convite. Por certo, na próxima edição desta obra, teremos oportunidade de trazer aos leitores o desfecho sobre este caso.

Não obstante a mentoria não ter sido finalizada, ainda, o contato com a ilha de Galápagos deu ao ministro Nardes a ideia de iniciar o projeto para a América Latina e Caribe por meio do desenvolvimento de um piloto em mais duas outras ilhas: Fernando de Noronha, no Brasil e uma ilha do México, ainda em processo de escolha. Contaremos na sequência, como está o processo de mentoria na ilha do Brasil.

26.2 Estudo de caso – Fernando de Noronha

A ideia de iniciar um projeto de governança em Fernando de Noronha, na verdade, nasceu de uma visita que o Ministro Nardes fez à governadora de Pernambuco, Raquel Lyra, em 11 de abril de 2023, quando foi aventada a possibilidade de, após o processo de Mentoria com a RGB, a implementação da Política de Governança naquela ilha servir de paradigma para as demais ilhas – do Equador e do México, além de ser a base para o projeto da boa governança em todo o estado de Pernambuco.

A ida a Galápagos apenas despertou a oportunidade adicional de agregar em um projeto piloto três ilhas do Continente que dessem visibilidade ao que se pretendia para todo o Continente, pela correlação da governança com as consequências das mudanças climáticas, debatidas em todo o mundo. Assim, Fernando de Noronha, poderia servir de inspiração também para as demais ilhas.

Da mesma forma que Santa Cruz, de Galápagos, foi formado, no dia 23 de maio, um grupo de contato entre a RGB e Fernando de Noronha e iniciada a remessa da documentação necessária para o perfeito entendimento do processo de mentoria. No dia 3 de julho de 2023, o Acordo de Cooperação Técnica entre o Distrito de Fernando de Noronha, por meio de sua Controladoria-Geral, e a RGB, possibilitou o início formal dos trabalhos.

Os resultados da mentoria serão detalhadamente relatados na segunda edição deste livro, quando traremos também, por certo, a continuidade do processo iniciado em Galápagos e México.

PARTE VI

GOVERNANÇA E SUPERVISÃO SUPERIOR

Resumo

O ensaio a seguir aborda duas questões centrais no campo da administração pública: governança e auditoria suprema, explorando seu quadro de referência com base em elementos que podem contribuir para uma gestão governamental eficaz, eficiente, transparente e ética.

O texto destaca o papel fundamental da auditoria suprema na revisão e avaliação independente e objetiva das atividades governamentais, especialmente na gestão financeira e no desempenho dos órgãos públicos. Essa função é crucial para garantir o uso adequado dos recursos orçamentários, a aplicação correta dos preceitos legais, a prevenção da apropriação indébita e a promoção da prestação de contas.

Este ensaio também analisa os princípios básicos para uma melhor governança, incluindo a prevenção da corrupção, a promoção de uma cultura de transparência e responsabilidade na administração dos recursos públicos, o fortalecimento da confiança dos cidadãos nas instituições governamentais e a construção de um Estado de Direito eficaz.

Essa análise é complementada por uma revisão dos elementos conceituais que indicam que o governo sozinho não pode ser capaz de gerar os níveis de bem-estar desejados sem uma maior interação entre o setor público e as partes interessadas, a necessidade de processos participativos, igualdade e transparência. Esses fatores implicam uma transição para que o Estado veja os cidadãos como parceiros ativos na defesa do interesse público e destinatários finais da ação governamental, em vez de meros eleitores e consumidores de serviços públicos.

Deve-se observar que o conceito de governança não é estático, pois deve adaptar-se às constantes mudanças que ocorrem na realidade, o que torna necessária a incorporação de novas variáveis às estratégias do Estado.

O objetivo deste documento é fornecer uma estrutura para a conexão entre a auditoria suprema e a boa governança, e como juntas elas podem contribuir para uma melhor administração pública. O documento tem como objetivo mostrar que esses conceitos são fundamentais para criar confiança nas instituições governamentais, promover um governo aberto e responsável perante seus cidadãos e garantir o uso adequado dos recursos orçamentários.

O documento enfatiza a relevância da auditoria suprema no monitoramento do uso de recursos públicos, na detecção de irregularidades, na prevenção de práticas corruptas e em seu papel como avaliadora para melhorar a gestão do governo.

Este ensaio começa com uma análise da estrutura na qual a aplicação da governança surgiu a partir da revisão de diferentes significados apresentados por autores e instituições, seguida de uma revisão de seu conteúdo na estrutura da auditoria suprema, na esfera normativa da Organização Internacional de Instituições de Auditoria Suprema (INTOSAI), e conclui com a perspectiva do Escritório de Auditoria Suprema da Federação (ASF) em relação às implicações do termo. A segunda seção discute os vínculos entre a governança e a auditoria suprema, bem como a importância que ambas adquiriram na promoção de um governo responsável e publicamente examinado. Por fim, são apresentadas algumas reflexões e observações finais.

CAPÍTULO 27

27.1 O contexto do termo "governança"

O conceito de governança começou a tomar forma no final da década de 1980 e no início da década de 1990, após a chamada crise dos Estados de bem-estar social. O período alertava sobre os resultados visíveis dessa situação devido à falta de disciplina financeira, inflação, finanças públicas precárias, endividamento e estagnação das economias que haviam sido lideradas por esses Estados. Esse contexto gerou um aumento da insatisfação dos cidadãos com o desempenho do governo e a desconfiança em relação à criação de um futuro viável.

Governar no século XXI é uma tarefa complexa e difícil, pois envolve a liderança de milhões de pessoas que dependem das regras e dos recursos do Estado. O interesse pela governança foi acentuado pelo questionamento da capacidade gerencial e da eficiência dos governos, a fim de superar os problemas internos e externos que dificultam seu trabalho. Segundo Aguilar Villanueva, os seguintes elementos podem ser identificados:

- **Estagiários**
  - Incapacidade de ter uma representação política majoritária que promova políticas de consenso estáveis e duradouras para melhorar a qualidade de vida da sociedade.
  - Finanças públicas precárias devido à falta de reformas ou baixa arrecadação de receitas e desequilíbrio fiscal incontrolável.
  - Endividamento excessivo.

- o Implementação de políticas equivocadas, controversas ou altamente ideologizadas.
- o Gestão financeira ineficiente na implementação de políticas públicas.
- o Os custos superam os benefícios sociais.
- o Administração pública com serviços de baixa qualidade.
- o Resistência dos funcionários públicos em obedecer à lei, refletida em atos de arbitrariedade e corrupção.

- **Externo**

- o Mudanças na economia, na política e na vida social nas últimas décadas, marcadas pela liberalização e globalização dos mercados de bens e serviços.
- o Prevalência do capital financeiro e a transformação do processo de trabalho.
- o Independência política da sociedade civil.
- o Aumento da individualização da sociedade.
- o A renovação tecnológica se traduziu na modificação das transações econômicas.
- o Dependência de cadeias de valor internacionais.
- o Redes financeiras globais.

Nesse sentido, o surgimento do conceito de governança aponta para diretrizes para orientar uma sociedade e evitar que ela fique à deriva, uma vez que as capacidades e os poderes do Estado foram superados ou limitados por empresas e organizações da sociedade civil; por essa razão, o Estado não pode definir a direção de sua sociedade e orientar o esforço coletivo para atingir metas mais elevadas (AGUILAR VILLANUEVA, 2009).

A governança não tem uma única definição, pois pode ser abordada a partir de duas dimensões diferentes, uma descritiva e outra normativa, que não são opostas, mas complementares (OLACEFS, 2015). O sentido descritivo está relacionado ao processo de tomada de decisão; refere-se a fenômenos governamentais caracterizados pela articulação de vários atores envolvidos na formulação e implementação de políticas. Suas origens estão no surgimento de novas formas de governança que buscavam modificar a ordem administrativa original. Na governança descritiva, são expostos os esquemas de articulação com terceiros, por meio de redes, parcerias governamentais com atores sociais e os problemas que a cooperação acarreta (OLACEFS, 2015).

A governança no sentido normativo está relacionada ao aspecto institucional, que inclui as condições, os componentes, os processos, as práticas ou os valores indispensáveis para que a governança exista como eficácia gerencial. Ela também inclui um conjunto de princípios e valores positivos da ação governamental. Esse tipo de governança descreve um estado ideal de administração pública e é frequentemente dividido em duas correntes: macro, que se refere aos princípios constituintes do setor público como um todo, e micro, entendido como a estrutura e as práticas centrais das organizações (OLACEFS, 2015).

O termo "governança" não se limita às estruturas governamentais tradicionais, envolvendo uma variedade de atores, como a sociedade civil, o setor privado e, às vezes, organizações internacionais. No centro da governança está uma abordagem que privilegia elementos como liderança eficaz, direção estratégica, controle e responsabilidade, conceitos aplicáveis tanto na esfera pública quanto na privada.

Com o tempo, a percepção da governança no setor público evoluiu. Inicialmente focada na eficiência do governo, essa noção cresceu para abranger uma compreensão mais holística da interação entre os atores governamentais e sociais (BAEZ, 2023). Essa evolução levou a uma maior consideração de aspectos como a prestação de contas, com ênfase na importância da descentralização e do desenvolvimento democrático.

A colaboração e a coordenação entre vários atores de diferentes setores são aspectos distintos da governança. Essa sinergia é essencial para a formulação e implementação eficazes de políticas públicas, bem como para enfrentar com sucesso os desafios sociais e econômicos contemporâneos. Entretanto, é necessário reconhecer que o conceito de governança abriga diversas definições e abordagens, que variam de acordo com a perspectiva de cada autor e contexto.

Aguilar Villanueva (2020) destaca a crescente importância da governança na teoria política, especialmente na estrutura pós-democratização de regimes autoritários. A governança deixou de se basear na legitimidade do governante e passou a se concentrar no processo de governar em sociedades democráticas, um sistema político visto como um meio eficaz de abordar problemas sociais.

A governança na sociedade contemporânea envolve a participação de organizações multilaterais, internacionais, nacionais e não governamentais, bem como de órgãos públicos e privados, na formulação e implementação de políticas públicas. O conceito é caracterizado pelo incentivo a uma maior colaboração entre governos, administrações públicas e atores não governamentais na formulação de políticas. A essência da governança está na promoção da colaboração, do consenso e da participação de diversos atores na elaboração de políticas, buscando, assim, melhores resultados e melhor desempenho na implementação de políticas (WEISS, 2000).

A distinção entre os conceitos de governança e governabilidade precisa ser mais bem explorada: enquanto o segundo se concentra na capacidade do governo de governar, a governança considera o processo de dirigira sociedade, no qual o governo é um ator importante, mas não o único. A governança é essencial para a implementação eficaz de políticas públicas e se torna um elemento relevante no funcionamento das instituições governamentais em um ambiente marcado pela globalização, democracia e autonomia pessoal. A governança é, portanto, apresentada como um termo dinâmico e multifacetado, fundamental para compreender e aprimorar a forma como uma sociedade é governada e administrada.

A aplicação e a relevância do termo governança transcendem as esferas governamentais tradicionais, abrangendo um amplo espectro de atores e processos, e enfatizam a necessidade de colaboração efetiva entre eles para atingir objetivos comuns e enfrentar os desafios do mundo atual (BAEZ, 2023). Também é necessário considerar que esse conceito deve se ajustar continuamente ao surgimento de novas variáveis, como as causadas pelo uso de tecnologias de informação e comunicação ou os impactos das mudanças climáticas no meio ambiente, para explicar e resolver problemas cada vez mais complexos.

Por sua vez, o relatório de 2016 da ASF sobre governança no Setor Público Federal, apresentado como parte da revisão da Conta Pública de 2014, forneceu uma visão abrangente e detalhada do conceito. Esse relatório destaca a importância de um conjunto de processos e instituições, formais e informais, que regulam as atividades coletivas de vários grupos, incluindo empresas, organizações civis e governos, na gestão dos assuntos da sociedade.

27.2 Conceito de governança

O debate atual sobre o significado do termo "governança" mudou para uma conotação que reflete os pontos fortes das organizações políticas. A governança também implica aspectos importantes, como liderança, direção, controle e responsabilidade, tanto no setor público quanto no privado.

Embora o termo tenha se concentrado inicialmente na eficiência do governo, com o tempo ele se expandiu para incluir uma compreensão mais ampla da interação entre os atores governamentais e sociais. A colaboração entre esses atores é essencial para a formulação e a implementação de políticas públicas eficazes e para enfrentar os desafios sociais e econômicos com eficiência. Isso levou a uma maior atenção à prestação de contas e à participação dos cidadãos em um ambiente de descentralização e desenvolvimento democrático.

Entretanto, é importante observar que existem diferentes definições e abordagens dentro do conceito de governança. Elas variam de mecanismos regulatórios baseados na interdependência e na coordenação negociada a formas de governança que envolvem vários níveis e centros de tomada de decisão. Algumas abordagens também dão ênfase especial à participação dos setores privado e voluntário no processo de tomada de decisão e à colaboração entre esses atores e o governo.

A partir de 1990, os analistas do termo começaram a vincular a governança ao desenvolvimento. Francis N. Botchway a descreve como democracia, Estado de Direito, discricionariedade limitada e descentralização. Susan D. Phillips menciona colaboração, escolha de instrumentos, gerenciamento horizontal e redes sociais como componentes-chave. Christopher Pollitt, Geert Bouckaert, John D. Donahue e Joseph S. Nye enfatizam que a governança envolve processos e instituições formais e informais que orientam e restringem as atividades coletivas de diversos grupos, dos quais o governo é apenas um. Shafritz, Russell e Borick a definem como esforços entre organizações para resolver problemas por meio de redes de pessoas e organizações coordenadas pelo chefe da instituição (ASF, 2016).

A governança ganhou destaque nos círculos acadêmicos e profissionais devido à sua importância para o desenvolvimento econômico, político e social dos países. Várias perspectivas foram propostas, como a de Merilee Grindle, que aponta que essas demandas são atendidas por meio de organizações privadas e governamentais. Richard J. Stillman destaca a administração como fundamental para melhorar a eficiência das organizações sociais e reconhece a governança como um conceito amplo e complexo relacionado à capacidade do Estado de atender às expectativas dos cidadãos (ASF, 2016).

Para Peters, por outro lado, o conceito responde a problemas de ação coletiva, como segurança ou escassez de recursos: o governo desempenha um papel central na solução desses problemas, portanto, para ele, a governança é a capacidade do Estado de orientar a sociedade e o mercado.

De acordo com Fukuyama, é a capacidade do Estado de exercer autoridade e fornecer bens públicos, portanto, é necessário medir a capacidade do governo, os procedimentos burocráticos, os produtos e serviços que ele fornece, bem como a autonomia das instituições governamentais (INEGI, 20174).

Em outro sentido, Rothstein e Teorell definem o conceito em termos de qualidade, medida pela ação do governo, ou seja, pelo grau de imparcialidade que ele demonstra no exercício do poder aplicado à sociedade. Outros teóricos argumentam que a governança não tem um conteúdo estático, mas uma transformação contínua (INEGI, 2017).

Aguilar Villanueva discute o conceito de governança e sua evolução no cenário internacional: ao longo da década de 1990, o termo começou a ressurgir, embora inicialmente mais nominalmente do que conceitualmente, e com um tom prescritivo, especialmente por organizações internacionais como o Banco Mundial (BM). Essas instituições começaram a falar de "melhor governança" em vez de "melhor governo", enfatizando a importância de otimizar o processo de governança em vez de se concentrar exclusivamente nas instituições governamentais. Por outro lado, o autor supracitado considera que a governança se tornou um conceito teórico ao fornecer declarações causais que explicam por que a antiga forma de governar se tornou insuficiente devido à transformação da sociedade.

Uma parte muito importante da análise do conceito de governança foi gerada em organizações internacionais, que consideraram a necessidade de construir quadros de referência, modelos a serem seguidos e a definição de indicadores agrupados nas dimensões derivadas da conceituação do termo. Nesse sentido, Thomas G. Weiss (2000) propõe uma síntese das definições compiladas em torno do conceito:

- **BM:** Governança refere-se à forma como o poder é exercido na gestão dos recursos econômicos e sociais de um país. O Banco Mundial identifica três aspectos principais: (1) a natureza do sistema político, (2) a alocação de recursos para o desenvolvimento e (3) a capacidade do governo de formular e implementar políticas.
- **Programa das Nações Unidas para o Desenvolvimento (PNUD):** A governança envolve o exercício do poder nas esferas econômica, política e administrativa para gerenciar todos os aspectos de uma nação. Isso é alcançado por meio de mecanismos, processos e instituições que facilitam a expressão de

interesses, o exercício de direitos, o cumprimento de responsabilidades e a resolução de conflitos por cidadãos e grupos.

- **Organização para Cooperação e Desenvolvimento Econômico (OCDE):** Governança refere-se ao exercício do poder político e do controle em uma sociedade em relação à gestão de seus recursos para o desenvolvimento econômico e social. Isso inclui o papel das autoridades na formação do ambiente para os agentes econômicos e a distribuição de benefícios, bem como a dinâmica entre os detentores do poder e os cidadãos governados.
- **Ottawa Governance Institute:** A governança abrange as estruturas, os processos e as regulamentações de uma sociedade que moldam o exercício do poder, a tomada de decisões fundamentais que afetam a sociedade e a participação de diversos interesses nessas decisões.
- **Comissão de Governança Global:** A governança compreende todas as maneiras pelas quais os indivíduos e as instituições, tanto públicas quanto privadas, administram seus assuntos comuns. É um processo contínuo de conciliação de interesses diversos ou conflitantes e de ação cooperativa; engloba instituições formais com autoridade para impor regras, bem como acordos informais com os quais as pessoas e as instituições concordaram ou percebem que são de seu interesse.
- **Secretário-geral da ONU, Kofi Annan:**Boa governança significa respeitar os direitos humanos, fortalecer a democracia, promover a transparência e melhorar a capacidade da administração pública.
- ***International Institute of Administrative Sciences*:** A governança envolve o processo no qual vários elementos da sociedade exercem poder e autoridade para tomar decisões sobre assuntos públicos e desenvolvimento econômico e social. Ao contrário do governo, a governança é mais ampla e engloba a interação entre as instituições formais e a sociedade civil.
- ***Tokyo Institute of Technology*:** Governança é um termo amplo que se refere ao conjunto completo de valores, normas, processos e instituições usados pela sociedade, tanto em ambientes formais quanto informais, para gerenciar seu desenvolvimento e resolver conflitos. A governança envolve não apenas o

Estado, mas também a sociedade civil, que é composta por atores econômicos e sociais, instituições comunitárias, grupos não organizados e a mídia, em todos os níveis, do local ao global.

Além disso, a ASF (2016) destacou as seguintes definições dentro do escopo do controle externo:

- **Federação Internacional de Contadores (IFAC) e o Instituto de Auditores Internos (IIA):** Abordam a governança nos setores público e privado, enfatizando a integridade e a responsabilidade. O IIA refere-se a esse conceito como o conjunto de processos para dirigir e controlar organizações, avaliando sua função no setor público.
- **Tribunal de Contas da União (TCU):** O TCU emitiu um "Referencial Básico de Governança", que define governança no setor público como um conjunto de mecanismos utilizados para avaliar, direcionar e supervisionar a gestão de políticas e serviços públicos. Os principais componentes incluem liderança, princípios, relações com as partes interessadas, gerenciamento de riscos, entre outros. O documento serve de guia para servidores públicos e para aprimorar a governança interna do TCU.

Governança é um termo que engloba a forma como o poder é exercido, e as decisões são tomadas em várias esferas da sociedade, incluindo o governo, a sociedade civil e o setor privado; evoluiu com o tempo e se expandiu além da eficiência do governo para incluir aspectos como a participação do cidadão, a responsabilidade e a colaboração entre diferentes atores. A governança é caracterizada pela colaboração e coordenação entre vários atores em sistemas políticos e sociais e visa a garantir uma gestão eficaz, transparente e ética dos assuntos e recursos públicos. Apesar das diversas perspectivas e abordagens desse conceito, há consenso sobre a relevância de melhorar a forma como governamos em uma sociedade democrática e em transformação.

Em última análise, a governança busca se adaptar às mudanças sociopolíticas e econômicas, promover a democracia, a transparência e a prestação de contas e enfrentar os desafios contemporâneos na tomada de decisões e na gestão dos recursos públicos. Dessa forma, é possível perceber que o conceito de governança está em constante processo de evolução.

27.3 O conceito de governança dentro da estrutura da auditoria suprema

Esta seção discutirá os princípios que emergem da conceituação de governança da INTOSAI e de outros órgãos internacionais. Deve-se observar que as contribuições da auditoria suprema são uma condição necessária, mas não suficiente, para alcançar a governança, pois a governança envolve atores e situações fora de seu escopo; no entanto, o impacto da auditoria suprema na melhoria das estruturas e do funcionamento do aparato governamental é um contrapeso à ação do governo, bem como uma defesa eficaz dos interesses da sociedade.

O exercício da auditoria suprema, por meio da prática de diferentes tipos de auditoria, como as auditorias de conformidade ou de desempenho, é um fator central na promoção do uso adequado dos recursos públicos, bem como na melhoria dos resultados da ação do Estado em benefício dos cidadãos, sendo, portanto, elementos que contribuem para a obtenção de uma melhor governança.

A INTOSAI (INTOSAI, 2016c) utiliza a definição de governança da publicação "Good governance. Guiding principles for implementation", publicada pelo governo australiano em 2000, que menciona o seguinte:

> A boa governança pode ser definida como o exercício do poder ou da autoridade, seja ela política, econômica, administrativa ou outra, para administrar os recursos e assuntos de um país de maneira justa, equitativa, transparente, ética e imparcial. Ela constitui os mecanismos, processos e instituições por meio dos quais os cidadãos e grupos articulam seus interesses, exercem seus direitos legais, cumprem suas obrigações e mediam suas diferenças. (INTOSAI, 2016)

Essa definição se destaca das demais por enfatizar ainda mais a ideia de que a boa governança envolve o exercício do poder ou da autoridade de forma justa, equitativa, transparente, ética e imparcial. Ela também enfatiza que a governança compreende os mecanismos, processos e instituições que permitem que os cidadãos e grupos expressem seus interesses, exerçam seus direitos legais, cumpram suas responsabilidades e resolvam diferenças. Em outras palavras, essa definição enfatiza a justiça, a ética e a imparcialidade no exercício do poder e da autoridade, bem como a participação de cidadãos e grupos diversos.

A governança como conceito está presente em vários documentos da INTOSAI Framework for Professional Pronouncements (IFPP). Alguns princípios que se aplicam às boas práticas internacionais para as EFS, propostos por várias instituições, como a Organização das Nações Unidas (ONU), o Escritório das Nações Unidas sobre Drogas e Crime (UNODC), o PNUD, a Comissão Europeia, a OCDE, o Banco Mundial, a IFAC e a INTOSAI, são: participação, transparência, prestação de contas, abrangência, responsabilidade, eficiência, eficácia, orientação para o consenso, Estado de Direito, capacidade de resposta, gestão do setor público, coerência, visão estratégica; inclusão, pluralismo, abertura e estrutura legal pró-desenvolvimento. Todos os princípios são de igual relevância, no entanto, desse conjunto podem ser destacados os seguintes, incluídos no INTOSAI-P 12 "O valor e o benefício das SAIs – Fazendo a diferença na vida dos cidadãos".

Essa norma enfoca o valor e o benefício das SAIs na vida dos cidadãos por meio da promoção da boa governança no setor público. Seu conceito de governança é baseado em vários princípios-chave (INTOSAI, 2013a):

- **Prestação de contas:** garantir que os gestores públicos cumpram suas obrigações, especialmente em resposta às constatações de auditoria, o que implica a necessidade de tomar medidas corretivas adequadas.
- **Comunicação e transparência:** manter uma comunicação eficaz com as entidades auditadas e outras partes interessadas por meio do fornecimento de informações objetivas e oportunas de forma a promover a transparência na administração pública.
- **Boas práticas e aconselhamento:** fornecer aconselhamento sobre como usar os resultados da auditoria e promover boas práticas na gestão governamental, sem comprometer sua independência.
- **Desenvolver relacionamentos profissionais:** estabelecer contato com os comitês de supervisão legislativa e com a gerência do auditado para facilitar a compreensão dos relatórios de auditoria e a ação apropriada.
- **Prestação de contas:** manter a prestação de contas, a transparência e a boa governança em suas próprias operações, incluindo a divulgação pública de seu mandato, o uso de padrões e métodos de auditoria objetivos e transparentes, o

gerenciamento eficiente de suas operações e a submissão a análises externas e independentes.

- **Boa governança interna:** aceitar e aplicar os princípios da boa governança em sua gestão organizacional e estrutura de suporte, o que envolve a avaliação regular dos riscos organizacionais, a implementação de medidas adequadas de gestão de riscos e o monitoramento contínuo por meio de auditorias internas objetivas.

Juntos, esses princípios, promovidos pelas Instituições Superiores de Auditoria (SAIs), contribuem para um governo mais eficaz, transparente e responsável. O objetivo é fazer uma diferença significativa na vida dos cidadãos, permitindo o uso adequado dos recursos e a tomada de decisões informadas no setor público.

27.4 Governança na área de políticas da INTOSAI

Governança é um termo ligado à gestão de recursos públicos, que está no centro da auditoria suprema. Consequentemente, a INTOSAI, como o mais alto órgão normatizador da área, emitiu diversas diretrizes para as SAIs, que envolvem questões diretamente ligadas à governança. A seguir, apresentamos uma breve análise que fornece uma visão abrangente e detalhada das diversas normas de auditoria da INTOSAI relacionadas a esse termo.

Com base nas disposições dos principais documentos, como ISSAI 100, GUID 5260, ISSAI 300, ISSAI 3000, GUID 3910, GUID 3920, ISSAI 400, ISSAI 4000 e GUID 4900, a norma INTOSAI desenvolve os princípios fundamentais da auditoria do setor público e da gestão eficiente dos ativos públicos, abordando questões críticas como transparência, responsabilidade, anticorrupção, gerenciamento de riscos e melhoria contínua, todas essenciais para a boa governança na administração pública.

A análise a seguir tem como objetivo fornecer uma visão clara da governança no contexto das auditorias do setor público e enfatizar a importância do IFPP para melhorar a administração pública e aumentar a confiança da sociedade em suas instituições governamentais.

A ISSAI 100, intitulada "Princípios Fundamentais de Auditoria do Setor Público" (INTOSAI, 2022), estabelece os princípios essenciais que orientam as auditorias governamentais. Ela se baseia na INTOSAI-P 1: "Declaração de Lima", e aborda questões fundamentais, incluindo a finalidade do IFPP, a estrutura para auditoria do setor público, os componentes da auditoria do setor público e os princípios que devem ser rigorosamente aplicados.

Na auditoria do setor público, a governança refere-se ao processo transparente e objetivo de administrar e supervisionar políticas, programas e operações governamentais e envolve a coleta e a avaliação sistemáticas de evidências para verificar a conformidade com os critérios estabelecidos. A governança busca fornecer informações independentes e objetivas sobre a gestão governamental aos órgãos legislativos, aos responsáveis pela governança e ao público em geral.

Os princípios de transparência, responsabilidade e melhoria contínua são fundamentais para a governança na auditoria do setor público. Isso é promovido por meio de uma comunicação eficaz entre as partes interessadas e da coordenação de esforços para garantir o uso adequado dos fundos públicos e a prestação de contas na administração pública.

O GUID 5260 da INTOSAI: Gestão de Ativos Públicos (2016c) concentra-se na melhoria da gestão e da governança dos ativos públicos. Ele aborda a importância das SAIs na auditoria das contas e operações do governo, promovendo a boa gestão financeira e responsabilizando os governos: além disso, destaca o papel central das SAIs na luta contra a corrupção e sua contribuição para a transparência.

A INTOSAI enfatiza a necessidade de EFS fortes, independentes e multidisciplinares para prevenir e combater efetivamente a corrupção e promover a boa governança (INTOSAI, 2016c). Nesse cenário, foi desenvolvido o GUID 5260, levando em consideração o impacto da crise financeira global e a necessidade de diretrizes para melhorar a integridade, a transparência, a prestação de contas e a boa governança de ativos e entidades públicas.

A boa governança é fundamental para o documento, concentrando-se na gestão competente de recursos e tarefas públicas de forma apropriada, transparente, responsável e equitativa. Esse conceito é visto como uma pré-condição para o desenvolvimento sustentável e para um ambiente que não conduza à corrupção. Ele também menciona a importância da gestão de ativos como um componente essencial da boa governança e a necessidade de alinhá-la ao plano estratégico, institucional e financeiro de uma entidade. O guia estabelece princípios e diretrizes para que as SAIs melhorem a governança dos ativos públicos e fornece recomendações para avaliar e melhorar as práticas atuais de governança.

A primeira seção do GUID 5260 (INTOSAI, 2016c) refere-se a "Termos básicos" e discute os principais conceitos relacionados à governança e sua importância na gestão de bens públicos. Um resumo detalhado de cada termo é apresentado abaixo, destacando sua ligação com o conceito de governança:

- **Prestação de contas:** a responsabilidade de indivíduos, agências e organizações na execução de suas atividades. Inclui processos em que os órgãos de serviço público são responsáveis por suas decisões, ações e gerenciamento de fundos públicos. É definida de três maneiras: diagonal (cidadãos interagindo com instituições governamentais), horizontal (servidores públicos sujeitos à supervisão de outros órgãos governamentais) e vertical (servidores públicos responsáveis perante um grupo constituinte ou cidadãos). Esse conceito é fundamental para a governança, pois garante que os atores encarregados de administrar os bens públicos sejam transparentes e responsáveis.
- **Propriedade (ativos):** itens de valor econômico pertencentes a uma instituição, incluindo ativos financeiros, tangíveis ou intangíveis. A gestão adequada desses ativos é de importância primordial para a boa governança, pois se concentra na administração eficiente e transparente dos recursos públicos.
- **Corrupção:** abuso de fundos públicos ou de cargos públicos para ganhos privados ou políticos. Vale a pena mencionar que a corrupção está inversamente relacionada à governança: a promoção da segunda é fundamental para combater a primeira.
- **Fraude:** um ato intencional de engano para obter uma vantagem injusta ou ilegal. A prevenção de fraudes é um aspecto importante da boa governança, pois permite a integridade e a transparência na gestão de ativos públicos.
- **Boa governança:** o exercício do poder para administrar os recursos e assuntos de um país de forma justa, transparente, ética e imparcial. Inclui mecanismos, processos e instituições que permitem que os cidadãos exerçam seus direitos e responsabilidades. A boa governança é caracterizada pela participação, prestação de contas, transparência, eficiência, consenso, equidade, inclusão e respeito ao Estado de Direito.
- **Integridade:** a qualidade de aplicar princípios morais sólidos, honestidade e sinceridade. Em um fórum institucional, implica responsabilidade, autoridade, moralidade e uma abordagem preventiva e repressiva. A integridade é fundamental para a

boa governança, pois promove práticas éticas na gestão de bens públicos.

- **Lavagem de dinheiro:** ocultação da origem ilícita de propriedade ou renda. As definições e estruturas regulatórias de combate à lavagem de dinheiro são importantes para a governança, pois ajudam a prevenir e detectar o uso indevido de ativos públicos.
- **Gerenciamento de riscos:** identificação, avaliação e comunicação dos riscos associados aos objetivos organizacionais. Isso é relevante para a boa governança, pois ajuda a maximizar as oportunidades e a garantir a sustentabilidade das organizações e comunidades.
- **Avaliação de riscos:** identificação e análise dos riscos relacionados à realização dos objetivos. Esse processo é um componente essencial da boa governança, garantindo a tomada de decisões informadas e a minimização dos riscos na gestão de ativos públicos.
- **Partes interessadas:** indivíduos ou instituições cujas atividades podem afetar ou ser afetadas pelo sucesso de uma organização ou projeto. A consideração das partes interessadas é vital para a boa governança, pois promove a inclusão e a integração de diversos interesses na tomada de decisões.
- **Transparência:** o processo de divulgação de informações sobre o desempenho e as ações das instituições governamentais. É um pilar da boa governança porque promove a prestação de contas, a participação e a confiança na gestão de bens públicos.

Cada um desses termos contribui para a estrutura e a prática da boa governança, que ajuda a garantir que os bens públicos sejam gerenciados de forma eficiente, transparente, com integridade e responsabilidade.

Em sua segunda seção, o GUID 5260 detalha as funções e responsabilidades de várias partes interessadas no aprimoramento da boa governança. Cada uma dessas entidades desempenha um papel indispensável para garantir uma gestão pública eficaz, transparente e responsável, que são elementos fundamentais da boa governança de bens públicos. Cada seção deste documento está resumida abaixo.

- **Legisladores e reguladores:** atores responsáveis por estabelecer regras e diretrizes para as operações organizacionais. Contribuem para a execução dos deveres públicos de acordo com os princípios da boa governança por meio de comitês parlamentares e outros mecanismos para supervisionar e melhorar a governança e a prestação de contas, com foco em áreas como corrupção e lavagem de dinheiro.

- **Comitês de auditoria:** comitês independentes com uma função vital na governança corporativa em alguns países. Eles promovem a integridade dos relatórios e do gerenciamento de riscos financeiros.
- **Governo:** uma instituição que dirige e controla os vários órgãos que o compõem, administra os recursos públicos de forma eficiente e garante a segurança econômica e do Estado. Além disso, supervisiona as atividades do governo local e combate o crime organizado, a corrupção e a lavagem de dinheiro.
- **Unidades de Inteligência Financeira (FIU):** centros nacionais encarregados de coletar e analisar informações financeiras relacionadas a atividades criminosas, inclusive corrupção. Essas unidades desempenham um papel fundamental na luta contra a lavagem de dinheiro.
- **SAIs:** instituições que promovem e apoiam o cumprimento das obrigações públicas, alinhadas com os princípios da boa governança. Elas realizam auditorias e relatam descobertas e recomendações para fortalecer a integridade, a transparência e a responsabilidade no setor público.
- **Outras organizações de auditoria externa:** entidades que fornecem consultoria e recomendações sobre as operações das organizações. Elas desempenham um papel importante na auditoria dos controles internos das entidades governamentais.
- **Outras partes interessadas:** Organizações Não Governamentais (ONGs), mídia, organizações internacionais, entre outras, contribuindo para melhorar a integridade, a transparência e a responsabilidade na gestão de bens públicos.
- **Auditores internos:** funcionários que realizam auditorias de políticas, práticas e procedimentos de controle interno. Sua função contribui para a eficácia contínua do sistema de controle interno.
- **Gerentes:** funcionários responsáveis por estabelecer um ambiente de controle eficaz em suas organizações, gerenciar recursos governamentais e facilitar a conformidade com leis e regulamentos.

- **Pessoal:** funcionários públicos responsáveis por contribuir para os controles internos e relatar problemas que afetam a integridade, a transparência e a responsabilidade na gestão de ativos públicos.

A terceira seção do GUID 5260 diz respeito à "Avaliação de padrões de boa governança de bens públicos". Esses elementos são de importância primordial nas auditorias da SAI, pois ajudam a identificar eficiências econômicas e outros benefícios na gestão governamental de bens públicos. Uma estrutura geral para a gestão de bens públicos é essencial para que os auditores avaliem o cumprimento de metas e objetivos, bem como as necessidades do usuário final. Essa estrutura detalhada ajuda as SAIs a aplicar as melhores práticas de gestão e a promover a boa governança.

- **Estrutura de gerenciamento de ativos:** inclui princípios de decisões de gerenciamento integrado no planejamento estratégico e organizacional, análise de risco-benefício no planejamento de ativos, estrutura de controle eficaz para o gerenciamento de ativos, responsabilidade pela condição e desempenho dos ativos e decisões de descarte com base na análise de desempenho.
- **Estratégia de gerenciamento de ativos:** estabelece metas estratégicas para o portfólio de ativos, programas, métodos de entrega, necessidades de ativos e recursos. Inclui planos detalhados para aquisição, operação, manutenção, reabilitação, substituição e descarte de ativos, bem como monitoramento de desempenho.
- **Plano de gerenciamento de capital:** registra como uma entidade alocará recursos em sua base de ativos para tomar decisões estratégicas e apoiar a execução do programa. Inclui a projeção do portfólio de ativos, a revisão das projeções para fins estratégicos, a determinação das fontes de financiamento e a garantia de qualidade.
- **Diretriz de política e procedimentos de gestão de ativos:** fornece orientação sobre a gestão diária de ativos e reforça a direção estratégica de uma entidade. Inclui aquisição e liquidação de ativos, registro, controle e administração e contabilidade.
- **Registro de ativos:** retém informações financeiras e não financeiras de cada ciclo de vida de um ativo para planejamento,

conformidade legislativa, monitoramento de desempenho e responsabilidade.

- **Medição de desempenho:** inclui objetivos claros, estratégias ordenadas, sistemas de gerenciamento alinhados, medição e relatórios de desempenho, consequências reais e processos de monitoramento, edição, avaliação e verificação.
- **Auditores externos, órgãos reguladores e outras organizações externas:** integram linhas de defesa adicionais, que fornecem garantias aos acionistas da organização.
- **Auditoria interna e cooperação com a auditoria externa:** avalia a eficácia do controle interno e apoia a realização de metas e objetivos, enquanto a cooperação com a auditoria externa permite uma abordagem mais abrangente.
- **Função de auditoria interna:** analisa os pontos fortes e fracos do controle interno, do gerenciamento de riscos e da prevenção de fraudes e corrupção.
- **Relatórios de atividades da SAI:** apresenta um resumo anual do trabalho da SAI, incluindo descobertas, resultados, análises e recomendações.
- **Relatórios de atividades de organizações governamentais:** publicar metas, atividades, despesas e análise de desvios e resultados alcançados.
- **Site e boletim de informações públicas:** comunicar aos cidadãos informações sobre o funcionamento do Estado, irregularidades observadas e descobertas de auditoria.

A quarta seção do GUID 5260, intitulada "Papel das SAIs na melhoria da boa governança dos bens públicos" (INTOSAI, 2016c), é fundamental para promover a transparência, a integridade e a prestação de contas no governo. As SAIs, como órgãos supremos e independentes de auditoria governamental, avaliam o funcionamento do sistema governamental como um todo, ajudando assim a combater atividades ilícitas, como corrupção e lavagem de dinheiro. Os principais aspectos de sua função estão detalhados abaixo.

- **Promoção de um ambiente anticorrupção:** criação de um ambiente que desestimule a corrupção e a lavagem de dinheiro e avaliação de como essas atividades ilícitas prejudicam o crescimento econômico e minam a confiança nas instituições financeiras.
- **Custos da corrupção:** geração de perdas de receita tributária, redução da produtividade do investimento, sobrecarga da

sociedade com impostos excessivos e serviços de baixa qualidade e erosão da confiança nas instituições públicas.

- **Estratégia anticorrupção abrangente:** desenvolvimento de planos para combater a corrupção, a lavagem de dinheiro e outras atividades ilícitas.
- Princípios de boa governança: estabelecer fatores como igualdade, consenso cívico, transparência e gerenciamento eficaz de recursos humanos para promover a boa governança.
- **Reclamações e solicitações:** registro de reclamações e solicitações de cidadãos e da mídia, para análise e resposta.
- **Prevenção de conflitos de interesse:** promover a existência de sistemas de controle interno e monitorar a prevenção de conflitos de interesse e outras práticas ilícitas.
- **Prestação de contas e supervisão:** avaliação da eficácia dos mecanismos de prestação de contas e supervisão nas entidades auditadas.
- **Fortalecimento do sistema de contabilidade:** revisão da robustez do sistema de contabilidade para evitar manipulação financeira e fraude.
- **Promover a boa governança por meio de servidores públicos individuais:** incentivar os servidores públicos a aderir a práticas que promovam a boa governança.
- **Cooperação interinstitucional:** colaboração com outras instituições governamentais para melhorar a boa governança e combater irregularidades.

Dessa forma, as SAIs desempenham um papel integral na promoção da boa governança dos bens públicos, por meio da avaliação dos sistemas governamentais, da promoção de práticas anticorrupção e do fortalecimento da transparência e da responsabilidade na gestão pública.

A quinta seção do GUID 5260 (INTOSAI, 2016c) refere-se à "Promoção da boa governança por meio da gestão de riscos", que envolve uma série de práticas e estratégias voltadas para a identificação, avaliação e resposta aos riscos enfrentados pelos órgãos públicos necessários para a implementação eficaz dos objetivos institucionais. A forma como essa promoção é realizada é detalhada a seguir.

- **Agir no interesse da sociedade:** os órgãos de governança devem agir no interesse da sociedade como um todo, levar em conta as implicações de longo prazo de suas políticas, evitar o excesso de regulamentação, criar estruturas de incentivo adequadas para os participantes do mercado e resistir ao *lobby* e à pressão de grupos de interesse.

- **Redução das irregularidades do mercado e das falhas do governo:** os órgãos de governança devem propor soluções institucionais para mitigar as falhas do mercado e do governo.
- **Abordagem de riscos estratégicos, operacionais e financeiros:** os órgãos públicos devem abordar os riscos decorrentes de fatores internos e externos que possam impedir a realização de seus objetivos.
- **Implementação do gerenciamento de riscos:** as instituições públicas devem desenvolver uma abordagem sistemática para identificar e responder aos riscos, o que leva a decisões mais eficazes e reduz a exposição ao risco.
- **Origem dos riscos:** os riscos podem surgir de mudanças no mercado, nas relações contratuais e na gestão de ativos, tanto públicos quanto privados.
- **Revisão do gerenciamento de riscos pelas SAIs:** as SAIs devem promover e revisar como as entidades auditadas implementam o gerenciamento de riscos, inclusive sendo proativas na identificação de riscos e buscando manter seus impactos em níveis aceitáveis.
- **Princípios de um sistema eficaz de gerenciamento de riscos:** esses elementos incluem a aplicação de estratégias e políticas em toda a organização, serviços de alta qualidade, conformidade com leis e regulamentos, informações precisas e confiáveis e gerenciamento eficiente de recursos.
- **Etapas do planejamento do gerenciamento de riscos:** essas fases incluem identificação, análise de impacto, análise qualitativa e/ou quantitativa, planejamento de resposta e monitoramento e controle de riscos.
- **Respostas adequadas de gerenciamento de riscos:** as ações podem incluir a implementação de controles internos, seguros, suspensão ou modificação de atividades de risco, compartilhamento de riscos ou, em alguns casos, aceitação de riscos.

Tendo mencionado os componentes de governança incluídos na estrutura normativa da INTOSAI, é apropriado analisar o impacto da prática de auditorias de desempenho pelas EFS. Para fins desta análise, as características das auditorias de desempenho e de conformidade são descritas a seguir.

As normas de auditoria de desempenho, como a ISSAI 300 (INTOSAI, 2013c), ISSAI 3000 (INTOSAI, 2001), GUID 3910 (INTOSAI, 2016a) e GUID 3920 (INTOSAI, 2016b), têm um objetivo comum: promover a governança eficaz no governo. A auditoria de desempenho avalia e melhora a gestão governamental, com foco em economia, eficiência e eficácia, promovendo a prestação de contas e a transparência.

A auditoria de desempenho identifica áreas de melhoria e seu impacto é medido por medidas corretivas e melhorias na tomada de decisões, transparência e responsabilidade. Juntos, esses padrões fortalecem a gestão pública e atendem ao interesse público, fornecendo informações objetivas sobre a administração do governo. Esse tipo de auditoria é essencial para a promoção da governança, pois está relacionada à tomada de decisões, à supervisão e ao controle; portanto, é possível estabelecer um vínculo estreito entre os dois conceitos.

A ISSAI 300 "Princípios de Auditoria de Desempenho" (INTOSAI, 2013c) concentra-se na promoção de uma governança econômica, eficaz e eficiente no governo. O principal objetivo da auditoria de desempenho é promover essa governança e, ao mesmo tempo, melhorar a prestação de contas e a transparência na gestão governamental.

A auditoria de desempenho promove a prestação de contas ao avaliar se as decisões governamentais são preparadas e implementadas de forma eficiente e eficaz, garantindo, assim, que os cidadãos recebam um valor justo por seu investimento no governo, e ao apontar áreas em que ela pode agregar valor e fornecer incentivos construtivos para a ação apropriada das partes responsáveis.

Além disso, a auditoria de desempenho promove a transparência ao fornecer uma visão abrangente da administração e dos resultados das ações do Estado aos legisladores, contribuintes, beneficiários de programas e políticas governamentais, à mídia e a outras partes interessadas relevantes, o que facilita o fornecimento de informações úteis aos cidadãos e serve de base para o aprendizado e as melhorias na gestão do governo.

Na ISSAI 3000 "Standard for Performance Auditing" (INTOSAI, 2001), a governança é considerada um componente essencial da auditoria de desempenho no setor público. A auditoria de desempenho tem objetivos fundamentais que incluem a melhoria da economia, da eficiência e da eficácia na gestão dos recursos públicos, a promoção da boa governança, o incentivo à prestação de contas e o aumento da transparência na gestão governamental. A auditoria de desempenho busca identificar áreas de melhoria e fornecer recomendações para fortalecer a governança e a eficiência no setor público e enfatiza a importância do diálogo construtivo com a entidade auditada como um meio de obter melhorias efetivas em sua gestão.

No GUID 3910 "Core Concepts in Performance Auditing" (INTOSAI, 2016a), governança refere-se à gestão e supervisão das atividades do setor público, com foco na eficácia, eficiência e economia na tomada de decisões governamentais e na implementação de políticas. Os principais aspectos da governança nessa estrutura são a responsabilidade na tomada de decisões, a melhoria do desempenho do governo, a responsabilidade, a transparência e a comunicação de descobertas significativas durante as auditorias. O principal objetivo da auditoria de desempenho é promover melhorias na gestão governamental, avaliando como as políticas são preparadas e implementadas de forma econômica, eficiente e eficaz, garantindo que os responsáveis pela gestão sejam responsáveis pelos resultados e possam justificar o uso dos recursos públicos.

No GUID 3920 (INTOSAI, 2016b), a governança refere-se aos processos e estruturas que envolvem a tomada de decisões, a supervisão e o controle em uma entidade ou organização. A auditoria avalia a eficácia da governança ao identificar deficiências e áreas de melhoria na forma como a entidade opera e toma decisões. O impacto da auditoria é medido pelas ações corretivas tomadas como resultado das auditorias e pela influência das descobertas na melhoria da tomada de decisões, transparência e responsabilidade na entidade.

Em resumo, a auditoria de desempenho busca garantir que as decisões governamentais sejam elaboradas e implementadas para assegurar que os cidadãos recebam um valor justo por seu investimento no governo. Ela também promove a transparência ao fornecer informações abrangentes sobre a gestão e os resultados das atividades do governo para várias partes interessadas.

A governança é considerada essencial na estrutura da auditoria de desempenho, pois está relacionada à tomada de decisões, à supervisão e ao controle das entidades públicas. A auditoria identifica áreas de melhoria na governança e avalia seu impacto, implementando medidas corretivas e influenciando a tomada de decisões, a transparência e a responsabilidade nas organizações governamentais.

As normas de auditoria de conformidade, como a ISSAI 400 (INTOSAI, 2013d), ISSAI 4000 (INTOSAI, 2016d) e GUID 4900 (INTOSAI, 2020), concentram-se na promoção de uma governança eficaz no setor público. Isso envolve garantir a transparência, a responsabilidade e a gestão ética e eficiente dos recursos públicos. Esse tipo de auditoria verifica a conformidade com leis e regulamentos, identificando pontos fracos e riscos de fraude, a fim de melhorar a administração pública e ganhar a confiança da sociedade.

Na ISSAI 400 "Princípios de Auditoria de Conformidade" (INTOSAI, 2013d), governança refere-se aos princípios e práticas que regem a gestão de recursos no setor público, com base na transparência, responsabilidade e boa administração. A auditoria de conformidade promove a governança ao avaliar se as entidades públicas cumprem as leis e os regulamentos, garantindo assim a transparência, a responsabilidade e a gestão adequada dos fundos públicos. Além disso, a auditoria de conformidade identifica pontos fracos e desvios nos regulamentos e considera o risco de fraude, o que contribui para uma melhor gestão no setor público.

Na ISSAI 4000 "Norma para Auditoria de Conformidade" (INTOSAI, 2016d), governança refere-se à gestão e administração adequadas de entidades públicas, com foco na responsabilidade de agir com transparência e prestar contas do uso de fundos públicos. A auditoria de conformidade desempenha um papel importante na promoção dessa governança adequada, avaliando se as entidades públicas cumprem as regras e os regulamentos aplicáveis, promovendo, assim, a transparência, a prestação de contas e a boa governança. Além disso, a auditoria de conformidade considera o risco de fraude e corrupção como elementos que atuam contra a transparência e a boa governança no setor público.

No escopo do GUID 4900 (INTOSAI, 2020), a governança refere-se aos princípios, práticas e normas que orientam a conduta dos servidores públicos e das entidades governamentais. Ela se concentra na ética, integridade, transparência e responsabilidade na gestão pública. A reputação dos servidores públicos está relacionada ao seu dever de agir no interesse público e de cumprir as normas éticas e os códigos de conduta. A governança busca garantir que os servidores públicos cumpram esses princípios e evitem benefícios pessoais, nepotismo e promovam a concorrência na concessão de contratos, entre outros aspectos.

Assim, as normas de auditoria de conformidade têm em comum o objetivo de promover a boa governança no setor público, com foco na transparência, responsabilidade, boa administração e ética na gestão pública. A auditoria de conformidade desempenha um papel fundamental ao avaliar se as entidades públicas cumprem as leis e os regulamentos aplicáveis, garantindo a transparência e a responsabilidade na gestão de fundos públicos. Ela também identifica pontos fracos e desvios nos regulamentos e considera o risco de fraude e corrupção como elementos que prejudicam a boa governança.

A governança nessa área se concentra na responsabilidade dos servidores públicos de agir de forma transparente e ética, evitando ganhos pessoais e se engajando na promoção da concorrência e da integridade na gestão pública. A reputação dos servidores públicos baseia-se em seu dever de servir ao interesse público e de cumprir os padrões éticos e os códigos de conduta. Em geral, esses padrões buscam garantir que os recursos públicos sejam gerenciados de maneira adequada, ética e transparente, promovendo assim a confiança da sociedade na administração do governo.

Em resumo, a governança, no que diz respeito às normas de auditoria da INTOSAI, é um elemento fundamental que facilita a gestão pública eficaz, transparente e ética no setor governamental. A definição de governança da INTOSAI enfatiza a justiça, a equidade, a transparência, a ética e a imparcialidade no exercício do poder e da autoridade, bem como a participação dos cidadãos e das partes interessadas na tomada de decisões e na prestação de contas.

Tanto na auditoria de conformidade quanto na de desempenho, a governança exerce uma função essencial na avaliação e no aprimoramento do desempenho do governo. Esses padrões buscam promover a transparência, a responsabilidade e a gestão adequada dos recursos públicos, seja verificando a conformidade com leis e regulamentos ou avaliando a economia, a eficiência e a eficácia das ações governamentais.

Em última análise, essas normas têm como objetivo fortalecer a administração pública e conquistar a confiança da sociedade, garantindo que os recursos públicos sejam usados de forma eficiente e para o benefício de todos. A governança, juntamente com o trabalho das SAIs e a aplicação rigorosa das normas de auditoria, contribui para um governo mais transparente, responsável e eficaz, que faz uma diferença significativa na vida dos cidadãos.

27.5 Governança para a SAI da Federação

Depois de analisar o conteúdo dos padrões relevantes da INTOSAI sobre governança, agora é hora de analisar a maneira como a ASF definiu esse conceito, com base na análise das instituições governamentais do México.

Derivado de seu "Relatório de estudo geral sobre a situação da governança no setor público federal nº 1640" (ASF, 2016), a ASF propôs a definição de governança nos seguintes termos:

> Refere-se a um amplo conjunto de processos e instituições, formais e informais, que orientam e regulam as atividades coletivas de diversos grupos, incluindo empresas, organizações civis e governos. É um conceito complexo que envolve a coordenação de esforços interorganizacionais para resolver problemas por meio do uso de redes de pessoas e organizações. A governança vai além da esfera governamental e inclui colaboração, escolha de instrumentos e métodos, gerenciamento horizontal dentro do governo e redes sociais como componentes-chave. Em última análise, ela analisa como o poder e a autoridade são exercidos na direção da sociedade e no atendimento das demandas dos cidadãos. (ASF, 2016)

Além disso, o relatório complementa a definição do conceito da seguinte forma:

> A governança pública compreende vários elementos relacionados à observância do estado de direito, à gestão de riscos e à avaliação de desempenho por meio de um controle interno robusto e de uma gestão financeira sólida; à participação da sociedade por meio de um governo aberto; ao comportamento dos servidores públicos de acordo com os valores institucionais e os princípios éticos e de integridade; à implementação de boas práticas de transparência; e à prestação de contas efetiva. (ASF, 2016)

Como pode ser visto, existem várias definições e abordagens dentro do conceito de governança, que podem variar conforme a perspectiva dos autores e das organizações que as postulam; entretanto, em sua essência, a governança busca garantir que o poder seja exercido de forma legal, justa, equitativa e ética, promovendo a cooperação entre diferentes atores para enfrentar os desafios da sociedade contemporânea. Uma definição atualizada de governança com foco na auditoria suprema é:

> Um termo que descreve como o poder é exercido e as decisões são tomadas para gerenciar os assuntos de uma sociedade. Esse conceito se aplica a sistemas políticos, econômicos e sociais e exige a interação e a colaboração de vários atores, como o governo, a sociedade civil,

> o setor privado e, às vezes, organizações internacionais. O objetivo é atingir metas comuns, garantir a responsabilidade e promover a transparência na tomada de decisões e no gerenciamento de recursos. Ela se baseia na liderança eficaz, na direção estratégica, na supervisão e na participação dos cidadãos, com a proteção dos direitos humanos, dos valores éticos e da integridade. A boa governança se concentra na promoção da democracia e da participação dos cidadãos para o benefício da sociedade como um todo. (AGUILAR, 2020)

Por outro lado, vale a pena observar que a governança no setor público enfrenta hoje uma série de desafios, incluindo desafios ecológicos e sociopolíticos, como o descontentamento social com a desigualdade e a iniquidade e o consequente desencanto dos cidadãos com a democracia.

A auditoria suprema pode desempenhar um papel importante na prevenção das mudanças climáticas. Essa atividade é fundamental para garantir que as políticas ambientais sejam implementadas de maneira apropriada e que assegure a responsabilidade. A governança, nesse contexto, exige uma abordagem que integre a sustentabilidade ambiental à tomada de decisões de forma a garantir a proteção ambiental e, ao mesmo tempo, promover o desenvolvimento econômico e social.

Com relação à manutenção e ao desenvolvimento da democracia, o aumento do descontentamento social em face da desigualdade e da iniquidade representa um desafio para a governança. A supervisão deve garantir que as políticas públicas abordem efetivamente a lacuna de desigualdade existente, promovendo uma distribuição mais equitativa dos benefícios do crescimento econômico. A participação dos cidadãos e a transparência são essenciais para a criação de políticas inclusivas e equitativas que atendam às necessidades da sociedade como um todo.

A auditoria suprema na governança pública envolve garantir a adesão ao Estado de Direito, o respeito aos direitos humanos, a prevenção e a mitigação de riscos, a avaliação de desempenho e a gestão financeira eficaz. O controle interno robusto e a gestão transparente são fundamentais para a prestação de contas, com integridade e valores éticos na administração do governo no centro. A auditoria governamental é, portanto, um componente necessário nesse contexto, pois promove uma gestão pública responsável, cujos resultados são acessíveis a todos os cidadãos.

A governança atual exige uma abordagem integrada que promova a democracia, a participação dos cidadãos e o benefício da sociedade como um todo, e que enfrente esses desafios por meio de uma gestão colaborativa e transparente. A auditoria suprema é a pedra angular para a geração e o acesso a informações confiáveis sobre os resultados do desempenho do governo e um agente essencial para a promoção da responsabilidade.

CAPÍTULO 28

28.1 A importância da auditoria suprema na governança

Conforme mencionado acima, a auditoria suprema é um componente fundamental da estrutura de governança. A supervisão ajuda a garantir que as operações do governo sigam os padrões legais e éticos, detecta vários tipos de apropriação indébita ou ineficiência e facilita a prestação de contas. Portanto, a auditoria suprema não apenas ajuda a identificar problemas e áreas de melhoria na administração pública, mas também desempenha um papel crucial na prevenção da corrupção e na promoção de uma cultura de transparência e responsabilidade na gestão dos recursos públicos.

As funções de supervisão e avaliação da auditoria governamental contribuem para aumentar a confiança do público nas instituições governamentais e fortalecer a legalidade das ações do Estado. Em última análise, a auditoria suprema é essencial para o desenvolvimento sustentável de uma sociedade, promovendo o uso de fundos públicos para atender às necessidades dos cidadãos.

A governança, que implica o uso justo, equitativo, transparente, ético e imparcial do poder ou da autoridade para administrar os recursos e assuntos de um país, baseia-se na interação do setor público, especialmente da administração pública, com diferentes partes interessadas por meio de processos participativos caracterizados pela igualdade, transparência e responsabilidade (INTOSAI, 2016c). Sua relevância está no papel essencial que as organizações públicas desempenham hoje na implementação do interesse público e é fundamental para o funcionamento das instituições governamentais e a resolução de problemas públicos.

A governança baseia-se no princípio de que os cidadãos são atores responsáveis no pleno exercício de seus direitos, bem como parceiros na defesa do interesse público, e está centrada nas relações entre líderes, instituições públicas e cidadãos, incluindo os processos de tomada de decisão e implementação (INTOSAI, 2016c). Na administração pública, é caracterizada como participativa, responsável, transparente, eficiente, orientada para o consenso, responsiva e inclusiva, e focada na redução da corrupção; alguns de seus princípios mais relevantes são responsabilidade, coerência, orientação para o consenso, eficiência, equidade e inclusão, participação, responsividade, Estado de Direito e abertura, juntamente com uma visão estratégica de desenvolvimento de longo prazo em benefício do bem-estar da sociedade (INTOSAI, 2016c).

As SAIs, como entidades externas ao governo, têm a capacidade de supervisionar de forma objetiva e imparcial o desempenho financeiro das organizações públicas. Sua missão é analisar e avaliar como os recursos públicos foram utilizados, o que permite a detecção de irregularidades e a implementação de ações corretivas. Esses fatores são fundamentais para fortalecer a governança das entidades auditadas, portanto, é necessário maximizar o impacto da auditoria nos principais aspectos da gestão governamental.

Para o Estado, a governança implica usar os recursos públicos de forma responsável, respeitar a lei, agir com integridade, exercer uma direção estratégica clara, assumir a responsabilidade pelas decisões e fornecer aos cidadãos informações acessíveis e verificáveis. A gestão de recursos e a implementação de políticas públicas devem ser eficientes e eficazes para otimizar o uso dos recursos disponíveis e gerenciar os recursos de forma sustentável.

A transparência é essencial para a boa governança, pois postula que todas as ações do governo devem ser claras, acessíveis e verificáveis pelos cidadãos. Os órgãos garantidores têm a responsabilidade de garantir acesso igualitário à informação para todos e de cumprir os padrões de qualidade nessa área.

A auditoria suprema desempenha um papel fundamental na promoção da transparência e da responsabilidade dentro da estrutura governamental. Essa função é relevante para o monitoramento do uso de recursos públicos, o que proporciona uma ferramenta indispensável para a detecção de irregularidades e a prevenção de práticas corruptas. Ao realizar auditorias e avaliações abrangentes das operações do governo, a auditoria suprema oferece uma visão clara e objetiva da gestão financeira e administrativa do Estado.

Uma das principais contribuições da auditoria suprema é sua capacidade de fornecer informações detalhadas e confiáveis aos cidadãos e a outras entidades governamentais. Essas informações são essenciais para garantir que os servidores públicos sejam transparentes em suas ações e decisões. Ao tornar essas informações públicas, ela permite que os cidadãos, a mídia e outros órgãos de supervisão examinem e questionem a maneira como os recursos do Estado são usados e gerenciados. Isso não apenas aumenta a transparência do governo, mas também promove uma cultura de responsabilidade, em que os servidores públicos estão cientes de que suas decisões e ações estão sujeitas ao escrutínio público.

Além disso, a auditoria suprema ajuda a identificar áreas em que as políticas e práticas governamentais podem ser aprimoradas. Ao apontar deficiências e sugerir recomendações, essa função não apenas evita o uso indevido de recursos, mas também orienta os governos para uma gestão mais eficaz.

A auditoria suprema é um pilar fundamental para garantir a transparência e a responsabilidade na administração pública. Sua capacidade de detectar irregularidades, fornecer informações críticas e promover um ambiente de responsabilidade é indispensável para criar confiança nas instituições governamentais e promover um governo aberto e responsável perante seus cidadãos.

A auditoria suprema também é um mecanismo essencial para evitar abusos de poder na administração pública, atuando como um controle do poder do governo, o que limita a possibilidade de mau uso e abuso dos recursos do Estado. Por meio de suas auditorias e avaliações, o órgão de auditoria identifica e evita más práticas, o que promove um governo mais justo e ético e mantém os funcionários públicos do governo sob constante escrutínio. Portanto, ele facilita o uso responsável do poder e dos recursos públicos de acordo com os princípios de justiça e ética, o que contribui para a integridade do governo.

A auditoria suprema tem um papel essencial na prevenção de abusos de poder no governo. Essa função de supervisão e revisão fornece um controle essencial sobre o poder do governo, o que limita a possibilidade de desvio de verbas, abuso de recursos e outras formas de má conduta. Ao auditar e avaliar imparcialmente as operações e o uso de recursos públicos, a auditoria suprema não apenas protege os ativos do Estado, mas também contribui para a manutenção de um governo justo e ético.

Um dos aspectos mais importantes da auditoria suprema é sua capacidade de identificar e prevenir a má administração antes que ela se torne um problema grave. Ao detectar sinais precoces de desvio ou uso indevido de fundos, essa função pode agir de forma preventiva, o que evita perdas significativas de recursos e preserva a integridade das instituições públicas. Essa supervisão constante e detalhada garante que os recursos do Estado sejam usados adequadamente e de acordo com as leis e os regulamentos estabelecidos.

Além disso, a auditoria suprema reforça o Estado de Direito ao garantir que todos os atores governamentais, independentemente de seu nível ou cargo, estejam sujeitos às mesmas regras e regulamentos. Isso promove uma cultura de igualdade perante a lei, que impede que os funcionários públicos cometam atos de corrupção ou abuso de poder, sabendo que suas ações serão analisadas e, se necessário, sancionadas.

Por outro lado, a auditoria suprema também tem uma função formativa. Ao compartilhar suas descobertas e recomendações, ela não apenas expõe a má prática, mas também fornece diretrizes para melhorar a gestão e evitar erros futuros. Essa abordagem construtiva ajuda as instituições governamentais a adotar práticas mais transparentes e éticas, fortalecendo, assim, a confiança dos cidadãos no governo.

O controle externo é uma ferramenta indispensável para evitar abusos de poder no governo. Ao proporcionar um controle rigoroso e objetivo sobre o uso dos recursos públicos, ele não apenas protege os ativos do Estado, mas também promove a justiça, a transparência e a ética na administração pública, que são fundamentais para o desenvolvimento de uma sociedade justa e democrática.

A auditoria suprema desempenha um papel fundamental no fortalecimento da governança, que serve como uma ferramenta vital para garantir o funcionamento do governo dentro dos limites legais estabelecidos. Sua função não se limita à supervisão da eficiência e da eficácia no uso dos recursos públicos, mas também envolve um compromisso com a transparência e a prestação de contas. Isso é essencial para manter e fortalecer a confiança da sociedade em suas instituições governamentais.

A função da auditoria suprema na governança é multifacetada. Ao auditar e revisar as atividades do governo, ela ajuda a identificar e corrigir práticas ineficientes, corruptas ou ilegais, promovendo, assim, que os recursos sejam usados de forma a beneficiar o bem-estar geral da sociedade.

A transparência e a prestação de contas são fundamentais para fortalecer a governança democrática. Quando os cidadãos têm acesso a informações claras e precisas sobre as operações do governo, eles podem participar mais dos processos democráticos e responsabilizar seus governantes. Isso, por sua vez, pressiona os servidores públicos e as instituições a agirem de acordo com altos padrões de integridade e eficiência.

A prática da auditoria é decisiva na política pública, pois se concentra não apenas em seu aspecto financeiro, mas também na avaliação da implementação e da eficácia das políticas públicas. Por meio de seu trabalho, a auditoria verifica se as políticas públicas são implementadas de forma eficiente, eficaz e de acordo com os objetivos declarados. Isso certifica que os recursos públicos são usados de forma otimizada e que as políticas atendem às necessidades e expectativas da sociedade.

As auditorias e revisões também fornecem informações vitais para a tomada de decisões informadas, tanto no ajuste das políticas existentes quanto na formulação de novas iniciativas. A auditoria suprema é essencial para garantir que as políticas públicas não sejam apenas bem-intencionadas, mas também eficazes e benéficas para a comunidade na prática.

O controle governamental externo é fundamental para o fortalecimento de uma governança eficaz e ética. Como um mecanismo de controle independente e especializado, ele se concentra na análise e avaliação rigorosa das operações e finanças do governo.

A auditoria suprema funciona como um baluarte contra o abuso de poder e a corrupção no governo. Ao examinar e questionar o uso de recursos públicos, ela evita a apropriação indébita e o abuso de autoridade, contribuindo para um governo mais justo e ético. Ao limitar a possibilidade de má conduta, a auditoria suprema protege os interesses dos cidadãos, garantindo que os fundos públicos sejam usados para o bem comum e não para benefícios pessoais ou de grupos.

A auditoria suprema faz parte da base da boa governança, que fornece verificações e equilíbrios essenciais na gestão de recursos e políticas públicas. Sua função vai além da mera supervisão; ela contribui para um governo mais transparente, responsável e eficaz, alinhado com os interesses e as necessidades da sociedade.

O controle externo garante uma governança eficaz e ética. Essa função independente analisa e avalia as operações e as finanças do governo, o que promove a eficiência, a eficácia e a transparência na gestão dos recursos públicos. Ela contribui para a transparência e a prestação de contas, evita o abuso de poder, fortalece a governança e tem um papel importante na política pública. Ao proporcionar um controle e equilíbrio essenciais, a auditoria suprema é fundamental para um governo transparente, responsável e alinhado com as necessidades da sociedade.

CAPÍTULO 29

29.1 Considerações finais

A governança é um termo estudado tanto por acadêmicos quanto por organizações internacionais e tem um desenvolvimento recente, que nasceu da análise para contribuir com a maneira pela qual os Estados contemporâneos poderiam conduzir as sociedades a melhores níveis de bem-estar; é nesse contexto que as instituições de auditoria devem contribuir para a realização desse objetivo.

O conceito contém elementos para conduzir uma sociedade adequadamente e evitar que ela se desvie, a fim de orientar o esforço coletivo para o cumprimento de metas mais elevadas. O termo engloba o exercício do poder e a tomada de decisões em sistemas políticos, econômicos e sociais. Envolve uma variedade de atores, indo além das estruturas governamentais tradicionais, e se concentra na liderança eficaz, na direção estratégica, no controle e na prestação de contas.

O conceito evoluiu para incluir princípios de boa governança, como responsabilidade e participação do cidadão, que enfatizam a importância da descentralização e do desenvolvimento democrático. Elas envolvem a colaboração e a coordenação entre vários atores de diferentes setores, o que é significativo para a formulação e a implementação eficazes de políticas públicas. Seu dinamismo os torna essenciais para a compreensão e o aprimoramento da gestão da sociedade, o que destaca a necessidade de colaboração efetiva entre diversos atores para enfrentar os desafios contemporâneos.

O conceito, conforme descrito ao longo destas páginas, ampliou seu escopo para além da eficiência do governo e incorporou aspectos como a participação do cidadão, a responsabilidade e a colaboração entre diferentes setores para formular políticas públicas eficazes; além disso, os processos de democratização e as mudanças socioeconômicas aumentaram sua relevância, o que ressalta sua importância em uma sociedade em constante mudança.

A definição de "boa governança" da INTOSAI, baseada nos princípios de 2000, enfatiza a justiça, a equidade, a transparência, a ética e a imparcialidade no exercício do poder ou da autoridade para administrar os recursos e assuntos de um país, e se concentra em mecanismos, processos e instituições que permitem que cidadãos e grupos expressem interesses, exerçam direitos, cumpram obrigações e medeiem diferenças. Essa visão holística está incorporada nas normas de auditoria da INTOSAI, que enfatizam a responsabilidade, a gestão ética e a participação do cidadão como elementos-chave da governança eficaz.

De acordo com o "Relatório do estudo geral sobre o estado da governança no setor público federal" da ASF, a governança abrange processos e instituições que regulam as atividades coletivas de vários grupos, incluindo empresas, organizações civis e governos. Esse conceito multifacetado se concentra na coordenação interorganizacional, no exercício do poder e na satisfação das demandas dos cidadãos, e se caracteriza por seu foco na cooperação entre vários atores, na liderança eficaz e na promoção da democracia e da participação dos cidadãos para o benefício da sociedade.

A auditoria suprema é essencial para uma governança eficiente e eficaz, pois desempenha um papel indispensável nas análises e avaliações independentes das atividades do governo. Esse processo facilita o uso eficiente, eficaz e transparente dos recursos públicos, o que contribui para a confiança do público nas instituições governamentais e fortalece o Estado de Direito.

A principal função da auditoria suprema é garantir que as operações do governo estejam em conformidade com os princípios de boa governança e com os padrões legais e éticos, e que sejam realizadas auditorias detalhadas para prevenir e detectar qualquer forma de apropriação indevida ou ineficiência. Isso promove uma cultura de acesso a informações e responsabilidade na gestão de recursos públicos, o que é um elemento fundamental na prevenção da corrupção.

No âmbito da boa governança, a auditoria suprema desempenha um papel fundamental na promoção da prestação de contas, que fornece informações essenciais aos cidadãos e a outras entidades governamentais. Ao tornar essas informações públicas, ela permite que os cidadãos, a mídia e outros órgãos de supervisão examinem e questionem como os recursos do Estado são usados e gerenciados.

Além disso, a auditoria suprema ajuda a identificar áreas de risco nas quais as políticas e práticas governamentais podem ser corrigidas e aprimoradas. Ao apontar deficiências e sugerir recomendações, ela não apenas evita o uso indevido de recursos, mas também orienta os governos para uma gestão mais eficiente e eficaz.

Esse mecanismo de controle independente é essencial para um governo responsável e alinhado com as necessidades sociais. Ao proporcionar um controle e um equilíbrio essenciais, a auditoria suprema é fundamental para a estabilidade e o desenvolvimento da sociedade.

Para fortalecer a supervisão e a governança na administração pública, é fundamental promover SAIs robustas e independentes, com foco na supervisão da gestão financeira e operacional do governo. Isso implica uma revisão completa para evitar a corrupção e garantir o uso justo dos recursos públicos.

Além disso, é essencial incentivar a participação dos cidadãos e a inclusão de diversos grupos na tomada de decisões, bem como implementar políticas claras e eficazes que reflitam os interesses e as necessidades da sociedade. A colaboração entre setores e a adoção de boas práticas são essenciais para melhorar a governança e a confiança nas instituições públicas.

As perspectivas futuras para a gestão governamental enfatizam a importância de fortalecer a supervisão e a governança. É possível prever um aumento na transparência e na responsabilidade, impulsionado pela tecnologia e pela demanda dos cidadãos por maior participação na tomada de decisões do governo. A evolução das SAIs para abordagens mais analíticas e orientadas por dados melhorará a detecção de ineficiências e corrupção; esses desenvolvimentos contribuirão para uma gestão mais eficaz, justa e centrada no cidadão, resultando em uma administração pública mais responsável e eficiente.

REFERÊNCIAS

AGUILAR VILLANUEVA, L. F. *Democracia, governabilidade e governança*. INE. México, 2020.

ALCÁNTARA-SANTUARIO, A., &MARÍN-FUENTES, V. Governança, democracia e cidadania: suas implicações para a equidade e a coesão social na América Latina. *Revista Ibero-Americana de Educação Superior*, IV(10), p. 93-112, 2013.

BAEZ, A. Governance: state of the art. Management Studies. *International Journal of Management*, (13), 125-148, 2023.

BIGLIERI, Paula. *Sete ensaios sobre populismo*. Barcelona: Herder, 2021.

Escritório Nacional de Auditoria da Austrália. Governança do setor público. Fortalecimento do desempenho por meio da boa governança. *Guia de Melhores Práticas*, 2014.

Fundação Canadense de Auditoria e Prestação de Contas. *Guia Prático de Supervisão de Auditoria*. O que é governança?, 2023.

HELLER, H. *Teoría del Estado*. 4. ed. Cidade do México: Fondo de Cultura Económica, 1997.

INTOSAI. *Declaração de Pequim sobre a promoção da boa governança pelas Instituições Supremas de Auditoria*, 2013. Disponível em: <https://www.intosai.org/fileadmin/downloads/about_us/Organs/Congresses/2013_Beijing_Declaration/EN_Beijing_Declaration_plus_Annexes.pdf>. Acesso em: 22 set. 2023.

INTOSAI. *GUID 3910*: Conceitos centrais para auditoria de desempenho. Estrutura Internacional de Pronunciamentos Profissionais, 2016a. Disponível em: <https://www.issai.org/wp-content/uploads/2019/08/GUID-3910-Central-Concepts-for-Performance-Auditing.pdf>. Acesso em: 09 maio 2025.

INTOSAI. *GUID 3920*: O processo de auditoria de desempenho. Estrutura Internacional para Pronunciamentos Profissionais, 2016b. Disponível em: <https://www.issai.org/wp-content/uploads/2019/08/GUID-3920-El-Proceso-de-la-Auditoria-de-Desempeno.pdf>. Acesso em: 09 maio 2025.

INTOSAI. *GUID 4900*: Orientação sobre Autoridades. Estrutura Internacional para Pronunciamentos Profissionais, 2020. Disponível em: <https://www.issai.org/wp-content/uploads/2021/01/GUID-4900-Orientaciones-sobre-las-autoridades.pdf>. Acesso em: 09 maio 2025.

INTOSAI. *GUID 5260*: Gestão de ativos públicos. Estrutura Internacional para Pronunciamentos Profissionais, 2016c. Disponível em: <https://www.issai.org/wp-content/uploads/2019/08/GUID-5260-Administracion-de-los-Bienes-Publicos.pdf>. Acesso em: 09 maio 2025.

INTOSAI. *INTOSAI-P 1*: Declaração de Lima. Estrutura Internacional de Pronunciamentos Profissionais, 1977. Disponível em: <https://www.issai.org/wp-content/uploads/2019/08/INTOSAI-P-1-La-Declaracion-de-Lima.pdf>. Acesso em: 22 set. 2023.

INTOSAI. *INTOSAI-P 10*: Declaração do México sobre a Independência das Instituições Superiores de Auditoria. Estrutura Internacional de Pronunciamentos Profissionais, 2007. Disponível em: <https://www.issai.org/wp-content/uploads/2019/08/INTOSAI-P-10-Declaracion-de-Mexico-sobre-la-Independencia-de-las-EFS-1.pdf>. Acesso em: 09 maio 2025.

INTOSAI. *INTOSAI-P 12*: O valor e o benefício das instituições supremas de auditoria: fazendo a diferença na vida dos cidadãos. Estrutura Internacional de Pronunciamentos Profissionais, 2013a. Disponível em: <https://www.issai.org/wp-content/uploads/2019/08/INTOSAI-P-12-El-Valor-y-Beneficio-de-las-Entidades-Fiscalizadoras-Superiores-marcando-la-diferencia-en-la-vida-de-los-ciudadanos.pdf>. Acesso em: 09 maio 2025.

INTOSAI. *INTOSAI-P 20*: Princípios de transparência e prestação de contas. Estrutura Internacional para Pronunciamentos Profissionais, 2013b. Disponível em: <https://www.issai.org/wp-content/uploads/2019/08/INTOSAI-P-20-Principios-de-Transparencia-y-Rendicion-de-Cuentas.pdf>. Acesso em: 09 maio 2025.

INTOSAI. *ISSAI 100*: Princípios fundamentais de auditoria do setor público. Estrutura Internacional de Pronunciamentos Profissionais, 2022. Disponível em: <https://www.issai.org/wp-content/uploads/2019/08/ISSAI-100-Principios-Fundamentales-de-Auditoria-del-Sector-Publico-1.pdf>. Acesso em: 09 maio 2025.

INTOSAI. *ISSAI 300*: Princípios de auditoria de desempenho. Estrutura Internacional de Pronunciamentos Profissionais, 2013c. Disponível em: <https://www.issai.org/wp-content/uploads/2019/08/ISSAI-300-Principios-de-la-Auditoria-de-Desempeno.pdf>. Acesso em: 09 maio 2025.

INTOSAI. *ISSAI 400*: Princípios de auditoria de conformidade. Estrutura Internacional de Pronunciamentos Profissionais, 2013d. Disponível em: <https://www.issai.org/wp-content/uploads/2019/08/ISSAI-400-Principios-de-la-Auditoria-de-Cumplimiento.pdf>. Acesso em: 09 maio 2025.

INTOSAI.*ISSAI 3000*: Norma para Auditoria de Desempenho. Estrutura internacional para normas profissionais, 2001. Disponível em: <https://www.issai.org/wp-content/uploads/2019/08/ISSAI-3000-Norma-para-la-Auditoria-de-Desempeno.pdf>. Acesso em: 09 maio 2025.

INTOSAI. *ISSAI 4000*: Norma para auditoria de conformidade. Estrutura Internacional para Pronunciamentos Profissionais, 2016d. Disponível em: <https://www.issai.org/wp-content/uploads/2019/08/ISSAI-4000-Norma-para-la-auditoria-de-cumplimiento.pdf>. Acesso em: 09 maio 2025.

LOAEZA, S. e PRUD'HOMME, J. *Instituciones y procesos políticos*. México D. F.: El Colegio de México, 2010.

MARTÍNEZ N.; ESPEJEL, I. Pesquisa sobre governança no México e sua aplicabilidade ambiental. *Economia, Sociedade e Território*, XV(47), 153-183, 2015.

MEDINA, J. Somoza. Governança urbana, competitividade e processos de renovação em cidades espanholas de médio porte. *Boletim da Associação de Geógrafos Espanhóis*, 61, 47-66, 2013.

MIGDAL, J. S. *Strong Societies and Weak States*: State-Society Relations and State Capabilities in the Third World [Sociedades Fortes e Estados Fracos: Relações Estado-Sociedade e Capacidades Estatais no Terceiro Mundo]. Princeton University Press, 1988.

MÜLLER, Jan – Werner. *O que é populismo?* México: Grano de Sal, 2017.

NAÍM, M. *O fim do poder*: empresas que afundam, forças armadas derrotadas, papas que renunciam e governos impotentes: Como o poder já não é o que costumava ser. Espanha: Debate, 2013.

NYE, J. S. *Soft Power*. Foreign Policy, 80,153-171.1990. <https://doi.org/10.2307/1148580>. Acesso em: 12 maio 2025.

PORRAS, Francisco Sánchez. Teorias de governança e estudos regionais. Secuencia. *Revista de história e ciências sociais*, (69), 161-185, 2007.

PORRAS, Francisco Sánchez. *Gobernanza, propuestas, límites y perspectivas*. México: Instituto Mora, 2019.

ROSANVALLON, Pierre. Counter Democracy, Boston: Cambridge University Press, 2008.

RUBIO, D. *The politics of post-truth* (A política da pós-verdade). Foreign Policy, 31(176), 58-67. 2017.<http://www.jstor.org/stable/26451910>. Acesso em: 12 maio 2025.

Tribunal de Contas da União (Auditoría Superior de la Federación). Relatório do Estudo Geral sobre a Situação da Governança no Setor Público Federal. Nº 1640, 2016.

URBINATI, N. *Eu, o povo*: como o populismo transforma a democracia. México: INE/ Grano de Sal, 2020.

VICIOSO, J. R. Posverdad y populismo. *Cuadernos de Pensamiento Político*, 63, 31-40. 2019.

WEISS, T. G. *Governance, Good governance and global governance*: conceptual and actual challenges (Governança, boa governança e governança global: desafios conceituais e reais). Third World Quarterly, 21(5), 795-814, 2000.

FSC MISTO Papel FSC® C092828

CARBON NEUTRAL SAVE

Esta obra foi composta em fonte Palatino Linotype, corpo 10
e impressa em papel Pólen Bold 70g (miolo) e Supremo 250g (capa)
pela Gráfica Formato.